A book for You

赤本バックナンバーのご案内

赤本バックナンバーを1年単位で印刷製本しお届けします!

弊社発行の「**高校別入試対策シリーズ(赤本)**」の収録から外れた古い年度の過去問を1年単位でご購入いただくことができます。

「**赤本バックナンバー**」は**amazon(アマゾン)**の***プリント・オン・デマンドサービス**によりご提供いたします。

定評のあるくわしい解答解説はもちろん赤本そのまま,解答用紙も付けてあります。

志望校の受験対策をさらに万全なものにするために,「**赤本バックナンバー**」をぜひご活用ください。

⚠ *プリント・オン・デマンドサービスとは,ご注文に応じて1冊から印刷製本し,お客様にお届けするサービスです。

ご購入の流れ

① 英俊社のウェブサイト https://book.eisyun.jp/ にアクセス

② トップページの「高校受験」 赤本バックナンバー をクリック

③ ご希望の学校・年度をクリックすると,amazon(アマゾン)のウェブサイトの該当書籍のページにジャンプ

④ amazon(アマゾン)のウェブサイトでご購入

⚠ 納期や配送,お支払い等,購入に関するお問い合わせは,amazon(アマゾン)のウェブサイトにてご確認ください。

⚠ 書籍の内容についてのお問い合わせは英俊社(06−7712−4373)まで。

国私立高校・高専 バックナンバー

⚠ 表中の×印の学校・年度は,著作権上の事情等により発刊いたしません。あしからずご了承ください。

(アイウエオ順)

※価格はすべて税込表示

学校名	2019年実施問題	2018年実施問題	2017年実施問題	2016年実施問題	2015年実施問題	2014年実施問題	2013年実施問題	2012年実施問題	2011年実施問題	2010年実施問題	2009年実施問題	2008年実施問題	2007年実施問題	2006年実施問題	2005年実施問題	2004年実施問題	2003年実施問題
大阪教育大附高池田校舎	1,540円 66頁	1,430円 60頁	1,430円 62頁	1,430円 60頁	1,430円 60頁	1,430円 58頁	1,430円 58頁	1,430円 60頁	1,430円 58頁	1,430円 56頁	1,430円 54頁	1,320円 50頁	1,320円 52頁	1,320円 52頁	1,320円 48頁	1,320円 48頁	
大阪星光学院高	1,320円 48頁	1,320円 44頁	1,210円 42頁	1,210円 34頁	×	1,210円 36頁	1,210円 30頁	1,210円 32頁	1,650円 88頁	1,650円 84頁	1,650円 84頁	1,650円 80頁	1,650円 86頁	1,650円 80頁	1,650円 82頁	1,320円 52頁	1,430円 54頁
大阪桐蔭高	1,540円 74頁	1,540円 66頁	1,540円 68頁	1,540円 66頁	1,540円 66頁	1,430円 64頁	1,540円 68頁	1,430円 62頁	1,430円 62頁	1,540円 68頁	1,430円 [illegible]	1,430円 62頁	1,430円 60頁	1,430円 62頁	1,430円 58頁		
関西大学高	1,430円 56頁	1,430円 56頁	1,430円 58頁	1,430円 54頁	1,320円 52頁	1,320円 52頁	1,430円 [illegible]	1,320円 [illegible]	[illegible]	[illegible]	[illegible]						
関西大学第一高	1,540円 66頁	1,430円 64頁	1,430円 64頁	1,430円 56頁	1,430円 62頁	[illegible]	[illegible]	[illegible]	[illegible]	[illegible]	[illegible]	[illegible]	1,320円 52頁	1,320円 50頁	1,320円 46頁	1,320円 52頁	
関西大学北陽高	1,540円 68頁	1,540円 72頁	1,540円 70頁	1,430円 64頁	1,430円 62頁	[illegible]	[illegible]	[illegible]	[illegible]	[illegible]	[illegible]	[illegible]					
関西学院高	1,210円 36頁	1,210円 36頁	1,210円 34頁	1,210円 34頁	1,210円 32頁	[illegible] 32頁	[illegible]	[illegible]	[illegible] 28頁	[illegible] 30頁	1,210円 28頁	1,210円 30頁	×	1,210円 30頁	1,210円 28頁	×	1,210円 26頁
京都女子高	1,540円 66頁	1,430円 62頁	1,430円 60頁	1,430円 60頁	1,430円 60頁	1,430円 54頁	1,430円 56頁	1,430円 56頁	1,430円 56頁	1,430円 56頁	1,430円 56頁	1,430円 54頁	1,430円 54頁	1,320円 50頁	1,320円 50頁	1,320円 48頁	
近畿大学附属高	1,540円 72頁	1,540円 68頁	1,540円 68頁	1,540円 66頁	1,430円 64頁	1,430円 62頁	1,430円 58頁	1,430円 60頁	1,430円 58頁	1,430円 60頁	1,430円 54頁	1,430円 58頁	1,430円 56頁	1,430円 54頁	1,430円 56頁	1,320円 52頁	
久留米大学附設高	1,430円 64頁	1,430円 62頁	1,430円 58頁	1,430円 60頁	1,430円 58頁	1,430円 58頁	1,430円 58頁	1,430円 58頁	1,430円 56頁	1,430円 58頁	1,430円 54頁	×	1,430円 54頁	1,430円 54頁			
四天王寺高	1,540円 74頁	1,430円 62頁	1,430円 64頁	1,540円 66頁	1,210円 40頁	1,210円 40頁	1,430円 64頁	1,430円 64頁	1,430円 58頁	1,430円 62頁	1,430円 60頁	1,430円 60頁	1,430円 64頁	1,430円 58頁	1,430円 62頁	1,430円 58頁	
須磨学園高	1,210円 40頁	1,210円 40頁	1,210円 36頁	1,210円 42頁	1,210円 40頁	1,210円 40頁	1,210円 38頁	1,210円 38頁	1,320円 44頁	1,320円 48頁	1,320円 46頁	1,320円 48頁	1,320円 46頁	1,320円 44頁	1,210円 42頁		
清教学園高	1,540円 66頁	1,540円 66頁	1,430円 64頁	1,430円 56頁	1,320円 52頁	1,320円 50頁	1,320円 52頁	1,320円 48頁	1,320円 52頁	1,320円 50頁	1,320円 50頁	1,320円 46頁					
西南学院高	1,870円 102頁	1,760円 98頁	1,650円 82頁	1,980円 116頁	1,980円 112頁	1,980円 112頁	1,870円 110頁	1,870円 112頁	1,870円 106頁	1,540円 76頁	1,540円 76頁	1,540円 72頁	1,540円 72頁	1,540円 70頁			
清風高	1,430円 58頁	1,430円 54頁	1,430円 60頁	1,430円 60頁	1,430円 60頁	1,430円 60頁	1,430円 60頁	1,430円 60頁	1,430円 56頁	1,430円 58頁	×	1,430円 56頁	1,430円 58頁	1,430円 54頁	1,430円 54頁		

※価格はすべて税込表示

学校名	2019年 実施問題	2018年 実施問題	2017年 実施問題	2016年 実施問題	2015年 実施問題	2014年 実施問題	2013年 実施問題	2012年 実施問題	2011年 実施問題	2010年 実施問題	2009年 実施問題	2008年 実施問題	2007年 実施問題	2006年 実施問題	2005年 実施問題	2004年 実施問題	2003年 実施問題
清風南海高	1,430円 64頁	1,430円 64頁	1,430円 62頁	1,430円 60頁	1,430円 60頁	1,430円 58頁	1,430円 58頁	1,430円 60頁	1,430円 56頁	1,430円 56頁	1,430円 56頁	1,430円 56頁	1,430円 58頁	1,430円 58頁	1,320円 52頁	1,430円 54頁	
智辯学園和歌山高	1,320円 44頁	1,210円 42頁	1,210円 40頁	1,210円 40頁	1,210円 38頁	1,210円 38頁	1,210円 40頁	1,210円 38頁	1,210円 38頁	1,210円 40頁	1,210円 40頁	1,210円 38頁	1,210円 38頁	1,210円 38頁	1,210円 38頁	1,210円 38頁	
同志社高	1,430円 56頁	1,430円 56頁	1,430円 54頁	1,430円 54頁	1,430円 56頁	1,430円 54頁	1,320円 52頁	1,320円 52頁	1,320円 50頁	1,320円 48頁	1,320円 50頁	1,320円 50頁	1,320円 46頁	1,320円 48頁	1,320円 44頁	1,320円 48頁	1,320円 46頁
灘高	1,320円 52頁	1,320円 46頁	1,320円 48頁	1,320円 46頁	1,320円 46頁	1,320円 48頁	1,210円 42頁	1,320円 44頁	1,320円 50頁	1,320円 48頁	1,320円 46頁	1,320円 48頁	1,320円 48頁	1,320円 46頁	1,320円 44頁	1,320円 46頁	1,320円 46頁
西大和学園高	1,760円 98頁	1,760円 96頁	1,760円 90頁	1,540円 68頁	1,540円 66頁	1,430円 62頁	1,430円 62頁	1,430円 62頁	1,430円 64頁	1,430円 64頁	1,430円 62頁	1,430円 64頁	1,430円 64頁	1,430円 62頁	1,430円 60頁	1,430円 56頁	1,430円 58頁
福岡大学附属大濠高	2,310円 152頁	2,310円 148頁	2,200円 142頁	2,200円 144頁	2,090円 134頁	2,090円 132頁	2,090円 128頁	1,760円 96頁	1,760円 94頁	1,650円 88頁	1,650円 84頁	1,760円 88頁	1,760円 90頁	1,760円 92頁			
明星高	1,540円 76頁	1,540円 74頁	1,540円 68頁	1,430円 62頁	1,430円 62頁	1,430円 64頁	1,430円 64頁	1,430円 60頁	1,430円 58頁	1,430円 56頁	1,430円 56頁	1,430円 54頁	1,430円 54頁	1,430円 54頁	1,320円 52頁	1,320円 52頁	
桃山学院高	1,430円 64頁	1,430円 64頁	1,430円 62頁	1,430円 60頁	1,430円 58頁	1,430円 54頁	1,430円 56頁	1,430円 54頁	1,430円 58頁	1,430円 58頁	1,430円 56頁	1,320円 52頁	1,320円 52頁	1,320円 48頁	1,320円 46頁	1,320円 50頁	1,320円 50頁
洛南高	1,540円 66頁	1,430円 64頁	1,540円 66頁	1,540円 66頁	1,430円 62頁	1,430円 64頁	1,430円 62頁	1,430円 62頁	1,430円 62頁	1,430円 60頁	1,430円 58頁	1,430円 64頁	1,430円 60頁	1,430円 62頁	1,430円 58頁	1,430円 58頁	1,430円 60頁
ラ・サール高	1,540円 70頁	1,540円 66頁	1,430円 60頁	1,430円 62頁	1,430円 60頁	1,430円 58頁	1,430円 60頁	1,430円 60頁	1,430円 58頁	1,430円 54頁	1,430円 60頁	1,430円 54頁	1,430円 56頁	1,320円 50頁			
立命館高	1,760円 96頁	1,760円 94頁	1,870円 100頁	1,760円 96頁	1,870円 104頁	1,870円 102頁	1,870円 100頁	1,760円 92頁	1,650円 88頁	1,760円 94頁	1,650円 88頁	1,650円 86頁	1,320円 48頁	1,650円 80頁	1,430円 54頁		
立命館宇治高	1,430円 62頁	1,430円 60頁	1,430円 58頁	1,430円 58頁	1,430円 56頁	1,430円 54頁	1,430円 54頁	1,320円 52頁	1,320円 52頁	1,430円 54頁	1,430円 56頁	1,320円 52頁					
国立高専	1,650円 78頁	1,540円 74頁	1,540円 66頁	1,430円 64頁	1,430円 62頁	1,430円 62頁	1,430円 62頁	1,540円 68頁	1,540円 70頁	1,430円 64頁	1,430円 62頁	1,430円 62頁	1,430円 60頁	1,430円 58頁	1,430円 60頁	1,430円 56頁	1,430円 60頁

公立高校 バックナンバー

※価格はすべて税込表示

府県名・学校名	2019年 実施問題	2018年 実施問題	2017年 実施問題	2016年 実施問題	2015年 実施問題	2014年 実施問題	2013年 実施問題	2012年 実施問題	2011年 実施問題	2010年 実施問題	2009年 実施問題	2008年 実施問題	2007年 実施問題	2006年 実施問題	2005年 実施問題	2004年 実施問題	2003年 実施問題
岐阜県公立高	990円 64頁	990円 60頁	990円 60頁	990円 60頁	990円 58頁	990円 56頁	990円 58頁	990円 52頁	990円 54頁	990円 52頁	990円 52頁	990円 48頁	990円 50頁	990円 52頁			
静岡県公立高	990円 62頁	990円 58頁	990円 58頁	990円 60頁	990円 60頁	990円 56頁	990円 58頁	990円 58頁	990円 56頁	990円 54頁	990円 52頁	990円 54頁	990円 52頁	990円 52頁			
愛知県公立高	990円 126頁	990円 120頁	990円 114頁	990円 114頁	990円 114頁	990円 110頁	990円 112頁	990円 108頁	990円 108頁	990円 110頁	990円 102頁	990円 102頁	990円 102頁	990円 100頁	990円 100頁	990円 96頁	990円 96頁
三重県公立高	990円 72頁	990円 66頁	990円 66頁	990円 64頁	990円 66頁	990円 64頁	990円 66頁	990円 64頁	990円 62頁	990円 62頁	990円 58頁	990円 58頁	990円 52頁	990円 54頁			
滋賀県公立高	990円 66頁	990円 62頁	990円 60頁	990円 62頁	990円 62頁	990円 46頁	990円 48頁	990円 46頁	990円 48頁	990円 44頁	990円 44頁	990円 44頁	990円 46頁	990円 44頁	990円 44頁	990円 40頁	990円 42頁
京都府公立高(中期)	990円 60頁	990円 56頁	990円 54頁	990円 54頁	990円 56頁	990円 54頁	990円 56頁	990円 54頁	990円 56頁	990円 54頁	990円 52頁	990円 50頁	990円 50頁	990円 50頁	990円 46頁	990円 46頁	990円 48頁
京都府公立高(前期)	990円 40頁	990円 38頁	990円 40頁	990円 38頁	990円 38頁	990円 36頁											
京都市立堀川高 探究学科群	1,430円 64頁	1,540円 68頁	1,430円 60頁	1,430円 62頁	1,430円 64頁	1,430円 60頁	1,430円 60頁	1,430円 58頁	1,430円 58頁	1,430円 64頁	1,430円 54頁	1,320円 48頁	1,210円 42頁	1,210円 38頁	1,210円 36頁	1,210円 40頁	
京都市立西京高 エンタープライジング科	1,650円 82頁	1,540円 76頁	1,650円 80頁	1,540円 72頁	1,540円 72頁	1,540円 70頁	1,320円 46頁	1,320円 50頁	1,320円 46頁	1,320円 44頁	1,210円 42頁	1,210円 42頁	1,210円 38頁	1,210円 38頁	1,210円 40頁	1,210円 34頁	
京都府立嵯峨野高 京都こすもす科	1,540円 68頁	1,540円 66頁	1,540円 68頁	1,430円 64頁	1,430円 64頁	1,430円 62頁	1,210円 42頁	1,210円 42頁	1,320円 46頁	1,320円 44頁	1,210円 42頁	1,210円 40頁	1,210円 40頁	1,210円 36頁	1,210円 36頁	1,210円 34頁	
京都府立桃山高 自然科学科	1,320円 46頁	1,320円 46頁	1,210円 42頁	1,320円 44頁	1,320円 46頁	1,320円 44頁	1,210円 42頁	1,210円 38頁	1,210円 42頁	1,210円 40頁	1,210円 40頁	1,210円 38頁	1,210円 34頁	1,210円 34頁			

※価格はすべて税込表示

府県名・学校名	2019年 実施問題	2018年 実施問題	2017年 実施問題	2016年 実施問題	2015年 実施問題	2014年 実施問題	2013年 実施問題	2012年 実施問題	2011年 実施問題	2010年 実施問題	2009年 実施問題	2008年 実施問題	2007年 実施問題	2006年 実施問題	2005年 実施問題	2004年 実施問題	2003年 実施問題
大阪府公立高(一般)	990円 148頁	990円 140頁	990円 140頁	990円 122頁													
大阪府公立高(特別)	990円 78頁	990円 78頁	990円 74頁	990円 72頁													
大阪府公立高(前期)					990円 70頁	990円 68頁	990円 66頁	990円 72頁	990円 70頁	990円 60頁	990円 58頁	990円 56頁	990円 56頁	990円 54頁	990円 52頁	990円 52頁	990円 48頁
大阪府公立高(後期)					990円 82頁	990円 76頁	990円 72頁	990円 64頁	990円 64頁	990円 64頁	990円 62頁	990円 62頁	990円 62頁	990円 58頁	990円 56頁	990円 58頁	990円 56頁
兵庫県公立高	990円 74頁	990円 78頁	990円 74頁	990円 74頁	990円 74頁	990円 68頁	990円 66頁	990円 64頁	990円 60頁	990円 56頁	990円 58頁	990円 56頁	990円 58頁	990円 56頁	990円 56頁	990円 54頁	990円 52頁
奈良県公立高(一般)	990円 62頁	990円 50頁	990円 50頁	990円 52頁	990円 50頁	990円 52頁	990円 50頁	990円 48頁	990円 48頁	990円 48頁	990円 48頁	990円 48頁	×	990円 44頁	990円 46頁	990円 42頁	990円 44頁
奈良県公立高(特色)	990円 30頁	990円 38頁	990円 44頁	990円 46頁	990円 46頁	990円 44頁	990円 40頁	990円 40頁	990円 32頁	990円 32頁	990円 32頁	990円 32頁	990円 28頁	990円 28頁			
和歌山県公立高	990円 76頁	990円 70頁	990円 68頁	990円 64頁	990円 66頁	990円 64頁	990円 64頁	990円 62頁	990円 66頁	990円 62頁	990円 60頁	990円 60頁	990円 58頁	990円 56頁	990円 56頁	990円 56頁	990円 52頁
岡山県公立高(一般)	990円 66頁	990円 60頁	990円 58頁	990円 56頁	990円 58頁	990円 56頁	990円 58頁	990円 60頁	990円 56頁	990円 56頁	990円 52頁	990円 52頁	990円 50頁				
岡山県公立高(特別)	990円 38頁	990円 36頁	990円 34頁	990円 34頁	990円 34頁	990円 32頁											
広島県公立高	990円 68頁	990円 70頁	990円 74頁	990円 68頁	990円 60頁	990円 58頁	990円 54頁	990円 46頁	990円 48頁	990円 46頁	990円 46頁	990円 46頁	990円 44頁	990円 46頁	990円 44頁	990円 44頁	990円 44頁
山口県公立高	990円 86頁	990円 80頁	990円 82頁	990円 84頁	990円 76頁	990円 78頁	990円 76頁	990円 64頁	990円 62頁	990円 58頁	990円 58頁	990円 60頁	990円 56頁				
徳島県公立高	990円 88頁	990円 78頁	990円 86頁	990円 74頁	990円 76頁	990円 80頁	990円 64頁	990円 62頁	990円 60頁	990円 58頁	990円 60頁	990円 54頁	990円 52頁				
香川県公立高	990円 76頁	990円 74頁	990円 72頁	990円 74頁	990円 72頁	990円 68頁	990円 68頁	990円 66頁	990円 66頁	990円 62頁	990円 62頁	990円 60頁	990円 62頁				
愛媛県公立高	990円 72頁	990円 68頁	990円 66頁	990円 64頁	990円 68頁	990円 64頁	990円 62頁	990円 60頁	990円 62頁	990円 56頁	990円 58頁	990円 56頁	990円 54頁				
福岡県公立高	990円 66頁	990円 68頁	990円 68頁	990円 66頁	990円 60頁	990円 56頁	990円 56頁	990円 54頁	990円 56頁	990円 58頁	990円 52頁	990円 54頁	990円 52頁	990円 48頁			
長崎県公立高	990円 90頁	990円 86頁	990円 84頁	990円 84頁	990円 82頁	990円 80頁	990円 80頁	990円 82頁	990円 80頁	990円 80頁	990円 80頁	990円 78頁	990円 76頁				
熊本県公立高	990円 98頁	990円 92頁	990円 92頁	990円 92頁	990円 94頁	990円 74頁	990円 72頁	990円 70頁	990円 70頁	990円 68頁	990円 68頁	990円 64頁	990円 68頁				
大分県公立高	990円 84頁	990円 78頁	990円 80頁	990円 76頁	990円 80頁	990円 66頁	990円 62頁	990円 62頁	990円 62頁	990円 58頁	990円 58頁	990円 56頁	990円 58頁				
鹿児島県公立高	990円 66頁	990円 62頁	990円 60頁	990円 60頁	990円 60頁	990円 60頁	990円 60頁	990円 60頁	990円 60頁	990円 58頁	990円 58頁	990円 54頁	990円 58頁				

英語リスニング音声データのご案内

英語リスニング問題の音声データについて

（赤本収録年度の音声データ）　弊社発行の**「高校別入試対策シリーズ（赤本）」に収録している年度**の音声データは，以下の一覧の学校分を提供しています。希望の音声データをダウンロードし，赤本に掲載されている問題に取り組んでください。

（赤本収録年度より古い年度の音声データ）　**「高校別入試対策シリーズ（赤本）」に収録している年度よりも古い年度**の音声データは，6ページの国私立高と公立高を提供しています。赤本バックナンバー（1～3ページに掲載）と音声データの両方をご購入いただき，問題に取り組んでください。

ご購入の流れ

① 英俊社のウェブサイト https://book.eisyun.jp/ にアクセス
② トップページの「高校受験」 リスニング音声データ をクリック
③ ご希望の学校・年度をクリックすると，オーディオブック（audiobook.jp）のウェブサイトの該当ページにジャンプ
④ オーディオブック（audiobook.jp）のウェブサイトでご購入。※初回のみ会員登録（無料）が必要です。

⚠ ダウンロード方法やお支払い等，購入に関するお問い合わせは，オーディオブック（audiobook.jp）のウェブサイトにてご確認ください。

音声データを入手できる学校と年度

赤本収録年度の音声データ

ご希望の年度を1年分ずつ，もしくは赤本に収録している年度をすべてまとめてセットでご購入いただくことができます。セットでご購入いただくと，1年分の単価がお得になります。

⚠ ×印の年度は音声データをご提供しておりません。あしからずご了承ください。

国私立高（アイウエオ順）

※価格は税込表示

学校名	税込価格 2020年	2021年	2022年	2023年	2024年
アサンプション国際高	¥550	¥550	¥550	¥550	¥550
5か年セット	¥2,200				
育英西高	¥550	¥550	¥550	¥550	¥550
5か年セット	¥2,200				
大阪教育大附高池田校	¥550	¥550	¥550	¥550	¥550
5か年セット	¥2,200				
大阪薫英女学院高	¥550	¥550	¥550	¥550	×
4か年セット	¥1,760				
大阪国際高	¥550	¥550	¥550	¥550	¥550
5か年セット	¥2,200				
大阪信愛学院高	¥550	¥550	¥550	¥550	¥550
5か年セット	¥2,200				
大阪星光学院高	¥550	¥550	¥550	¥550	¥550
5か年セット	¥2,200				
大阪桐蔭高	¥550	¥550	¥550	¥550	¥550
5か年セット	¥2,200				
大谷高	×	×	×	¥550	¥550
2か年セット	¥880				
関西創価高	¥550	¥550	¥550	¥550	¥550
5か年セット	¥2,200				
京都先端科学大附高（特進・進学）	¥550	¥550	¥550	¥550	¥550
5か年セット	¥2,200				

※価格は税込表示

学校名	税込価格 2020年	2021年	2022年	2023年	2024年
京都先端科学大附高（国際）	¥550	¥550	¥550	¥550	¥550
5か年セット	¥2,200				
京都橘高	¥550	×	¥550	¥550	¥550
4か年セット	¥1,760				
京都両洋高	¥550	¥550	¥550	¥550	¥550
5か年セット	¥2,200				
久留米大附設高	×	¥550	¥550	¥550	¥550
4か年セット	¥1,760				
神戸星城高	¥550	¥550	¥550	¥550	¥550
5か年セット	¥2,200				
神戸山手グローバル高	×	×	×	¥550	¥550
2か年セット	¥880				
神戸龍谷高	¥550	¥550	¥550	¥550	¥550
5か年セット	¥2,200				
香里ヌヴェール学院高	¥550	¥550	¥550	¥550	¥550
5か年セット	¥2,200				
三田学園高	¥550	¥550	¥550	¥550	¥550
5か年セット	¥2,200				
滋賀学園高	¥550	¥550	¥550	¥550	¥550
5か年セット	¥2,200				
滋賀短期大学附高	¥550	¥550	¥550	¥550	¥550
5か年セット	¥2,200				

国私立高（アイウエオ順）

※価格は税込表示

学校名	税込価格 2020年	2021年	2022年	2023年	2024年
樟蔭高	¥550	¥550	¥550	¥550	¥550
5か年セット			¥2,200		
常翔学園高	¥550	¥550	¥550	¥550	¥550
5か年セット			¥2,200		
清教学園高	¥550	¥550	¥550	¥550	¥550
5か年セット			¥2,200		
西南学院高（専願）	¥550	¥550	¥550	¥550	¥550
5か年セット			¥2,200		
西南学院高（前期）	¥550	¥550	¥550	¥550	¥550
5か年セット			¥2,200		
園田学園高	¥550	¥550	¥550	¥550	¥550
5か年セット			¥2,200		
筑陽学園高（専願）	¥550	¥550	¥550	¥550	¥550
5か年セット			¥2,200		
筑陽学園高（前期）	¥550	¥550	¥550	¥550	¥550
5か年セット			¥2,200		
智辯学園高	¥550	¥550	¥550	¥550	¥550
5か年セット			¥2,200		
帝塚山高	¥550	¥550	¥550	¥550	¥550
5か年セット			¥2,200		
東海大付大阪仰星高	¥550	¥550	¥550	¥550	¥550
5か年セット			¥2,200		
同志社高	¥550	¥550	¥550	¥550	¥550
5か年セット			¥2,200		
中村学園女子高（前期）	×	¥550	¥550	¥550	¥550
4か年セット			¥1,760		
灘高	¥550	¥550	¥550	¥550	¥550
5か年セット			¥2,200		
奈良育英高	¥550	¥550	¥550	¥550	¥550
5か年セット			¥2,200		
奈良学園高	¥550	¥550	¥550	¥550	¥550
5か年セット			¥2,200		
奈良大附高	¥550	¥550	¥550	¥550	¥550
5か年セット			¥2,200		
西大和学園高	¥550	¥550	¥550	¥550	¥550
5か年セット			¥2,200		
梅花高	¥550	¥550	¥550	¥550	¥550
5か年セット			¥2,200		
白陵高	¥550	¥550	¥550	¥550	¥550
5か年セット			¥2,200		
初芝立命館高	×	×	×	×	¥550
東大谷高	×	×	¥550	¥550	¥550
3か年セット			¥1,320		
東山高	×	×	×	×	¥550
雲雀丘学園高	¥550	¥550	¥550	¥550	¥550
5か年セット			¥2,200		
福岡大附大濠高（専願）	¥550	¥550	¥550	¥550	¥550
5か年セット			¥2,200		
福岡大附大濠高（前期）	¥550	¥550	¥550	¥550	¥550
5か年セット			¥2,200		
福岡大附大濠高（後期）	¥550	¥550	¥550	¥550	¥550
5か年セット			¥2,200		
武庫川女子大附高	×	×	¥550	¥550	¥550
3か年セット			¥1,320		
明星高	¥550	¥550	¥550	¥550	¥550
5か年セット			¥2,200		
和歌山信愛高	¥550	¥550	¥550	¥550	¥550
5か年セット			¥2,200		

公立高

※価格は税込表示

学校名	税込価格 2020年	2021年	2022年	2023年	2024年
京都市立西京高（エンタープライジング科）	¥550	¥550	¥550	¥550	¥550
5か年セット			¥2,200		
京都市立堀川高（探究学科群）	¥550	¥550	¥550	¥550	¥550
5か年セット			¥2,200		
京都府立嵯峨野高（京都こすもす科）	¥550	¥550	¥550	¥550	¥550
5か年セット			¥2,200		

赤本収録年度より古い年度の音声データ

以下の音声データは,赤本に収録以前の年度ですので,赤本バックナンバー(P.1～3に掲載)と合わせてご購入ください。
赤本バックナンバーは1年分が1冊の本になっていますので,音声データも1年分ずつの販売となります。

※価格は税込表示

国私立高（アイウエオ順）

学校名	税込価格																
	2003年	2004年	2005年	2006年	2007年	2008年	2009年	2010年	2011年	2012年	2013年	2014年	2015年	2016年	2017年	2018年	2019年
大阪教育大附高池田校		¥550	¥550	¥550	¥550	¥550	¥550	¥550	¥550	¥550	¥550	¥550	¥550	¥550	¥550	¥550	¥550
大阪星光学院高(1次)	¥550	¥550	¥550	¥550	¥550	¥550	¥550	¥550	¥550	¥550	×	¥550	×	¥550	¥550	¥550	¥550
大阪星光学院高(1.5次)			¥550	¥550	¥550	¥550	¥550	¥550	×	×	×	×	×	×	×	×	×
大阪桐蔭高						¥550	¥550	¥550	¥550	¥550	¥550	¥550	¥550	¥550	¥550	¥550	¥550
久留米大附設高				¥550	¥550	×	¥550	¥550	¥550	¥550	¥550	¥550	¥550	¥550	¥550	¥550	¥550
清教学園高														¥550	¥550	¥550	¥550
同志社高						¥550	¥550	¥550	¥550	¥550	¥550	¥550	¥550	¥550	¥550	¥550	¥550
灘高																¥550	¥550
西大和学園高				¥550	¥550	¥550	¥550	¥550	¥550	¥550	¥550	¥550	¥550	¥550	¥550	¥550	¥550
福岡大附大濠高(専願)											¥550	¥550	¥550	¥550	¥550	¥550	¥550
福岡大附大濠高(前期)				¥550	¥550	¥550	¥550	¥550	¥550	¥550	¥550	¥550	¥550	¥550	¥550	¥550	¥550
福岡大附大濠高(後期)				¥550	¥550	¥550	¥550	¥550	¥550	¥550	¥550	¥550	¥550	¥550	¥550	¥550	¥550
明星高															¥550	¥550	¥550
立命館高(前期)						¥550	¥550	¥550	¥550	¥550	¥550	¥550	¥550	×	×	×	×
立命館高(後期)						¥550	¥550	¥550	¥550	¥550	¥550	¥550	¥550	×	×	×	×
立命館宇治高										¥550	¥550	¥550	¥550	¥550	¥550	¥550	×

※価格は税込表示

公立高（府県順）

府県名・学校名	税込価格																
	2003年	2004年	2005年	2006年	2007年	2008年	2009年	2010年	2011年	2012年	2013年	2014年	2015年	2016年	2017年	2018年	2019年
岐阜県公立高				¥550	¥550	¥550	¥550	¥550	¥550	¥550	¥550	¥550	¥550	¥550	¥550	¥550	¥550
静岡県公立高				¥550	¥550	¥550	¥550	¥550	¥550	¥550	¥550	¥550	¥550	¥550	¥550	¥550	¥550
愛知県公立高(Ａグループ)	¥550	¥550	¥550	¥550	¥550	¥550	¥550	¥550	¥550	¥550	¥550	¥550	¥550	¥550	¥550	¥550	¥550
愛知県公立高(Ｂグループ)	¥550	¥550	¥550	¥550	¥550	¥550	¥550	¥550	¥550	¥550	¥550	¥550	¥550	¥550	¥550	¥550	¥550
三重県公立高				¥550	¥550	¥550	¥550	¥550	¥550	¥550	¥550	¥550	¥550	¥550	¥550	¥550	¥550
滋賀県公立高	¥550	¥550	¥550	¥550	¥550	¥550	¥550	¥550	¥550	¥550	¥550	¥550	¥550	¥550	¥550	¥550	¥550
京都府公立高(中期選抜)	¥550	¥550	¥550	¥550	¥550	¥550	¥550	¥550	¥550	¥550	¥550	¥550	¥550	¥550	¥550	¥550	¥550
京都府公立高(前期選抜 共通学力検査)												¥550	¥550	¥550	¥550	¥550	¥550
京都市立西京高 (エンタープライジング科)		¥550	¥550	¥550	¥550	¥550	¥550	¥550	¥550	¥550	¥550	¥550	¥550	¥550	¥550	¥550	¥550
京都市立堀川高 (探究学科群)												¥550	¥550	¥550	¥550	¥550	¥550
京都府立嵯峨野高(京都こすもす科)		¥550	¥550	¥550	¥550	¥550	¥550	¥550	¥550	¥550	¥550	¥550	¥550	¥550	¥550	¥550	¥550
大阪府公立高(一般選抜)														¥550	¥550	¥550	¥550
大阪府公立高(特別選抜)														¥550	¥550	¥550	¥550
大阪府公立高(後期選抜)	¥550	¥550	¥550	¥550	¥550	¥550	¥550	¥550	¥550	¥550	¥550	¥550	¥550	×	×	×	×
大阪府公立高(前期選抜)	¥550	¥550	¥550	¥550	¥550	¥550	¥550	¥550	¥550	¥550	¥550	¥550	¥550	×	×	×	×
兵庫県公立高	¥550	¥550	¥550	¥550	¥550	¥550	¥550	¥550	¥550	¥550	¥550	¥550	¥550	¥550	¥550	¥550	¥550
奈良県公立高(一般選抜)	¥550	¥550	¥550	¥550	×	¥550	¥550	¥550	¥550	¥550	¥550	¥550	¥550	¥550	¥550	¥550	¥550
奈良県公立高(特色選抜)				¥550	¥550	¥550	¥550	¥550	¥550	¥550	¥550	¥550	¥550	¥550	¥550	¥550	¥550
和歌山県公立高	¥550	¥550	¥550	¥550	¥550	¥550	¥550	¥550	¥550	¥550	¥550	¥550	¥550	¥550	¥550	¥550	¥550
岡山県公立高(一般選抜)					¥550	¥550	¥550	¥550	¥550	¥550	¥550	¥550	¥550	¥550	¥550	¥550	¥550
岡山県公立高(特別選抜)												¥550	¥550	¥550	¥550	¥550	¥550
広島県公立高	¥550	¥550	¥550	¥550	¥550	¥550	¥550	¥550	¥550	¥550	¥550	¥550	¥550	¥550	¥550	¥550	¥550
山口県公立高					¥550	¥550	¥550	¥550	¥550	¥550	¥550	¥550	¥550	¥550	¥550	¥550	¥550
香川県公立高					¥550	¥550	¥550	¥550	¥550	¥550	¥550	¥550	¥550	¥550	¥550	¥550	¥550
愛媛県公立高					¥550	¥550	¥550	¥550	¥550	¥550	¥550	¥550	¥550	¥550	¥550	¥550	¥550
福岡県公立高				¥550	¥550	¥550	¥550	¥550	¥550	¥550	¥550	¥550	¥550	¥550	¥550	¥550	¥550
長崎県公立高					¥550	¥550	¥550	¥550	¥550	¥550	¥550	¥550	¥550	¥550	¥550	¥550	¥550
熊本県公立高(選択問題Ａ)													¥550	¥550	¥550	¥550	¥550
熊本県公立高(選択問題Ｂ)													¥550	¥550	¥550	¥550	¥550
熊本県公立高(共通)					¥550	¥550	¥550	¥550	¥550	¥550	¥550	¥550	×	×	×	×	×
大分県公立高					¥550	¥550	¥550	¥550	¥550	¥550	¥550	¥550	¥550	¥550	¥550	¥550	¥550
鹿児島県公立高					¥550	¥550	¥550	¥550	¥550	¥550	¥550	¥550	¥550	¥550	¥550	¥550	¥550

受験生のみなさんへ

英俊社の高校入試対策問題集

各書籍のくわしい内容はこちら→

近畿の高校入試シリーズ

最新の近畿の入試問題から良問を精選。
私立・公立どちらにも対応できる定評ある問題集です。

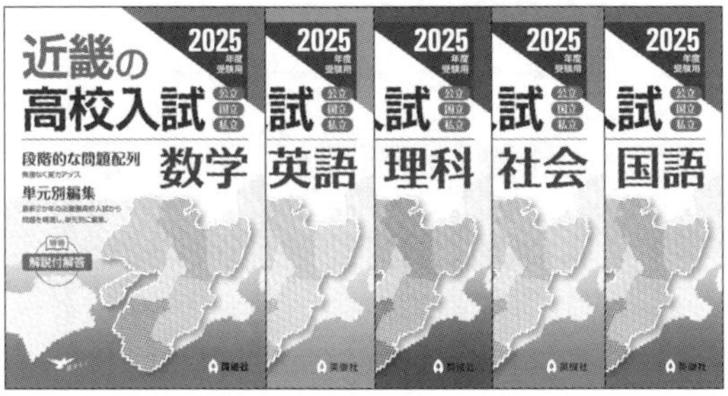

近畿の高校入試シリーズ

中1･2の復習

近畿の入試問題から１・２年生までの範囲で解ける良問を精選。
高校入試の基礎固めに最適な問題集です。

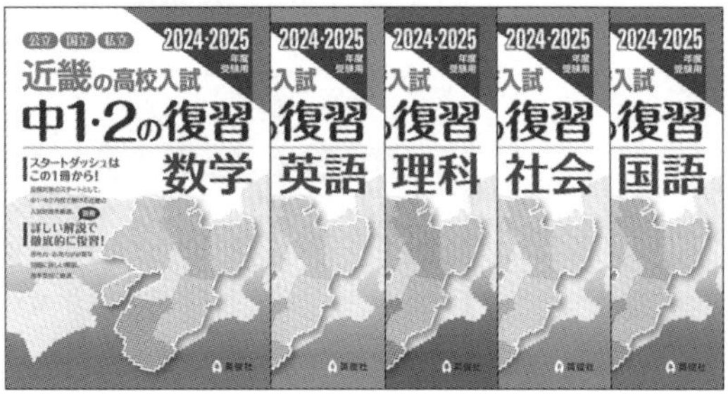

最難関高校シリーズ

最難関高校を志望する受験生諸君におすすめのハイレベル問題集。
灘、洛南、西大和学園、久留米大学附設、ラ・サールの最新７か年入試問題を単元別に分類して収録しています。

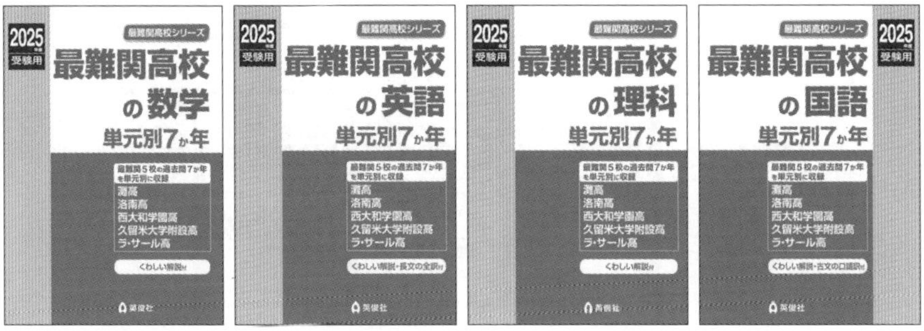

ニューウイングシリーズ　出題率

入試での出題率を徹底分析。出題率の高い単元、問題に集中して効率よく学習できます。

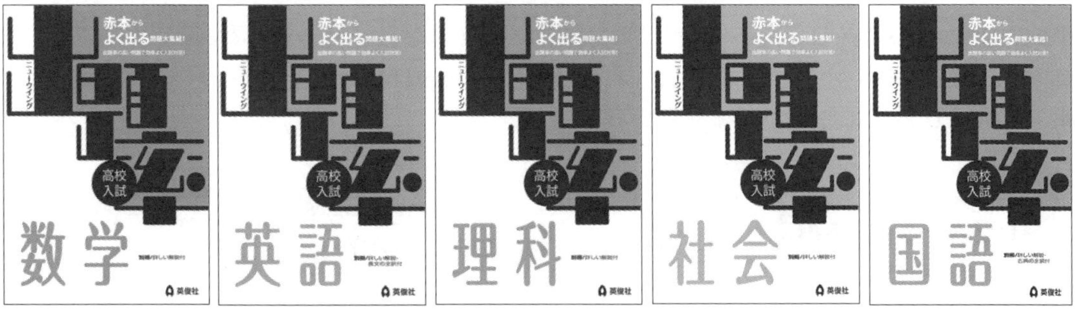

近道問題シリーズ

重要ポイントに絞ったコンパクトな問題集。苦手分野の集中トレーニングに最適です！

数学5分冊

01 式と計算
02 方程式・確率・資料の活用
03 関数とグラフ
04 図形〈1・2年分野〉
05 図形〈3年分野〉

英語6分冊

06 単語・連語・会話表現
07 英文法
08 文の書きかえ・英作文
09 長文基礎
10 長文実践
11 リスニング

理科6分冊

12 物理
13 化学
14 生物・地学
15 理科計算
16 理科記述
17 理科知識

社会4分冊

18 地理
19 歴史
20 公民
21 社会の応用問題 ー資料読解・記述ー

国語5分冊

22 漢字・ことばの知識
23 文法
24 長文読解 ー攻略法の基本ー
25 長文読解 ー攻略法の実践ー
26 古典

学校・塾の指導者の先生方へ

赤本収録の**入試問題データベース**を利用して、**オリジナルプリント教材**を作成していただけるサービスが登場!! 生徒**ひとりひとりに合わせた**教材作りが可能です。

プリント教材作成システム
KAWASEMI Lite

くわしくは KAWASEMI Lite 検索 で検索!
まずは**無料体験版**をぜひお試しください。

※指導者の先生方向けの専用サービスです。受験生など個人の方はご利用いただけませんので、ご注意ください。

公立高校入試対策シリーズ 3038

もくじ

●公立入試はこうだ！

●過去５か年の公立高入試問題

（注） 著作権の都合により，実際に使用された写真と異なる場合があります。 （編集部）

2020～2024年度のリスニング音声（書籍収録分すべて）は
英俊社ウェブサイト「**リスもん**」から再生できます。
https://book.eisyun.jp/products/listening/index/

リスもん
リスニング問題 音声再生ウェブページ

再生の際に必要な入力コード→ **28436759**
（コードの使用期限：2025年７月末日）

スマホはこちら ——→

※音声は英俊社で作成したものです。

❖全日制公立高校の入学者選抜について(前年度参考)

※　以下の内容は，2024 年度(前年度)に実施された入学者選抜の概要です。2025 年度の受検に際しては，2025 年度入学者選抜実施要項を必ずご確認ください。

1．一般入学者選抜

①実施学科　すべての学科について実施する。

②募集人員　当該学科の募集定員から推薦入学確約者数を差し引いた数とする。くくり募集をする学科では，その募集の単位を一つの学科とみなす。

● 2024 年度入学者選抜において，くくり募集を行う学校

宇和島東高校　理数科・普通科

北宇和高校三間分校　農業科・普通科

③出　　願

⑴　出願期間

2024 年 2 月15日(木) 午前 9 時から 2 月21日(水) 正午 (平日のみ)

⑵　出願制限

ア　二つ以上の公立高校または課程に出願することはできない。

イ　次の㈠，または㈡に該当する場合を除いては，二つ以上の学科に出願することはできない。

㈠　同じ学校，同じ課程の農業，工業，商業，水産に関する各学科に属する二つの小学科を志望する場合で，それらの小学科のうち一つの小学科を第 2 志望とするとき。

㈡　理数科または国際文理科に出願する場合で，その県立高校の普通科を第 2 志望とするとき。

⑶　出願手続

入学願書に入学選考料(2,200 円)に相当する愛媛県収入証紙を貼付し，受検票を添え，在籍中学校長を経て志願先高等学校長に提出。

⑷　志願変更

2024 年 2 月22日(木) 午前 9 時から 2 月29日(木) 正午 (平日のみ) までの期間に，1 回に限り志願変更をすることができる。

④学力検査

⑴　検査教科

国語(作文を含む)，社会，数学，理科，英語の 5 教科。

⑵　実技テスト

今治工業高校繊維デザイン科(その学科を第 2 志望とする者を含む)，松山南高校砥部分校デザイン科においては実技テストを行う。

⑶　面接

入学志願者全員に対して，面接を行う。

(4) 期日及び日程

期　日	時　間	教　科　等
2024年 3月7日(木)	9：00～ 9：30	点呼，受検上の注意
	9：45～10：30	国　　語
	10：50～11：15	国　　語（作文）
	11：35～12：25	理　　科
	12：25～13：20	（昼食）
	13：25～14：15	社　　会
2024年 3月8日(金)	9：00～ 9：30	点呼，受検上の注意
	9：45～10：35	数　　学
	10：55～11：55	英　　語
	11：55～12：55	（昼食）
	13：05～	面　　接 （実技テストを行う学科にあっては，実技テスト（30分）終了後に面接）

⑤選抜方法

(1) 学力検査の成績は，各教科50点満点，合計250点満点とする。ただし，次の学科については，傾斜配点を実施する。この場合，理数科は数学・理科の得点を1.5倍，総合学科は5教科の中で得点の高い2教科の得点を1.5倍して，それぞれ75点満点とし，5教科合計で300点満点とする。

【傾斜配点を実施する学校】

理数科：松山南高校　　**総合学科**：新居浜南高校，北条高校，川之石高校

(2) 調査書点（調査書の各教科の学習の記録の第1学年から第3学年までの評定の合計）は，135点満点とする。

(3) 調査書の各教科の学習の記録以外の記録，面接，実技テストの評価方法等については，高等学校長が定める。

(4) 次の第1選抜及び第2選抜の順に選抜し，合格者を決定する。

a　第1選抜

調査書点の高い順から，募集人員の90％程度以内の者を選定した上で，調査書の記録や面接，実技テストの結果が良好な者を対象にして，学力検査の成績の上位順に，募集人員の70％程度の合格者を選抜する。このとき，農業，工業，商業，水産に関する各学科，理数科，国際文理科においては，その学科を第1志望とする者を対象とする。

b　第2選抜

- 第1選抜で選抜されなかったすべての者を対象に，「学力検査の成績に基づく得点(A)」のほか，「調査書に基づく得点(B)」，「調査書の各教科の学習の記録以外の記録，面接等の評価に基づく得点(C)」を用いて，募集人員の30％程度の合格者を選抜する。このとき，農業，工業，商業，水産に関する各学科，理数科や国際文理科を置く高校の普通科においては，その学科を第2志望とする者も対象にする。
- A，B，Cの合計は500点満点とする。また，2024年度入学者選抜における各高校のA，B，Cの満点の比率は，5ページの別表のとおり。

●学力検査の成績，調査書の記録または面接，実技テストの結果のいずれかにより成業の見込みがないと判断した場合には，合格者としない。

●具体的な得点の算出方法は次の表のとおり。

【普通科，専門学科(理数科を除く)】

満点の比率			得点を算出するときに乗じる数		A，B，Cのそれぞれの満点		
A	B	C	A	B	A	B	C
6	2	2	$\frac{50x}{250}$	$\frac{50y}{135}$	300	100	100
5	3	2			250	150	100
5	2	3			250	100	150
4	4	2			200	200	100
4	3	3			200	150	150
4	2	4			200	100	200
3	4	3			150	200	150
3	3	4			150	150	200

【理数科，総合学科】

満点の比率			得点を算出するときに乗じる数		A，B，Cのそれぞれの満点		
A	B	C	A	B	A	B	C
6	2	2	$\frac{50x}{300}$	$\frac{50y}{135}$	300	100	100
5	3	2			250	150	100
5	2	3			250	100	150
4	4	2			200	200	100
4	3	3			200	150	150
4	2	4			200	100	200
3	4	3			150	200	150
3	3	4			150	150	200

注）Aの満点の比率をxとし，Bの満点の比率をyとする。

＜普通科の算出例＞

普通科でA，B，Cの満点の比率をそれぞれ6，2，2とした場合

A＝学力検査の成績×$\frac{300}{250}$（300点満点）

B＝調査書点×$\frac{100}{135}$（100点満点）

C＝調査書の各教科の学習の記録以外の記録並びに面接及び実技テストの評価の得点を換算（100点満点）

⑥合格発表　2024年3月18日(月）午前10時　各高校において受検番号を掲示

2．特色入学者選抜（2025年度入試より実施）

2024年度入試まで実施されていた推薦入学者選抜が廃止され，2025年度から特色入学者選抜が新しく導入される。特色入学者選抜の概要は以下のとおり。

①募集人員

●普通科，社会共創科，理数科，国際文理科及び普通科とのくくり募集をする学科は30％を上限。

●職業教育を主とする学科，健康スポーツ科及び総合学科は50％を上限。

※各高校において設定する。

※募集人員内で，「文化・スポーツ活動の取組・成果等を重視した選抜（仮称)」を実施する。

②検査項目

●調査書等

●作文

●小論文（数学的な思考力や計算，英語による表現力等を問う出題を含む場合がある。)

●面接または集団討論

●実技テスト

●プレゼンテーション

※各高校で定める「アドミッション・ポリシー（入学者の受入れに関する方針)」に基づき，各高校が，最も適当な検査項目を選択して実施する。

③出願書類　調査書，入学願書，自己アピール書等　※在籍中学校の推薦は必要なし

（別表）2024年度一般入学者選抜における学力検査の成績に基づく得点(A)，調査書点に基づく得点(B)，調査書の各教科の学習の記録以外の記録，面接・実技テストの評価に基づく得点(C)の満点の比率

学校名		学科名	満点の比率			A, B, C のそれぞれの満点		
			A	B	C	A	B	C
川之江		普通	4	3	3	200	150	150
三島		普通	4	3	3	200	150	150
		商業	3	3	4	150	150	200
土居		普通	3	3	4	150	150	200
新居浜東		普通	4	3	3	200	150	150
新居浜西		普通	5	3	2	250	150	100
新居浜南		総合	3	3	4	150	150	200
新居浜工業		工業	3	3	4	150	150	200
新居浜商業		商業	3	3	4	150	150	200
西条		普通	4	4	2	200	200	100
		国際文理	6	2	2	300	100	100
		商業	3	3	4	150	150	200
西条農業		農業	3	3	4	150	150	200
小松		普通	3	3	4	150	150	200
		家庭	3	3	4	150	150	200
東予		工業	3	3	4	150	150	200
丹原		普通	4	3	3	200	150	150
		農業	3	3	4	150	150	200
今治西	本校	普通	5	3	2	250	150	100
	伯方	普通	3	3	4	150	150	200
今治南		普通	3	3	4	150	150	200
		農業	3	3	4	150	150	200
今治北	本校	普通	4	3	3	200	150	150
		商業	4	3	3	200	150	150
	大三島	普通	4	2	4	200	100	200
今治工業		工業	3	3	4	150	150	200
弓削		普通	3	3	4	150	150	200
北条		総合	3	3	4	150	150	200
松山東		普通	6	2	2	300	100	100
松山南	本校	普通	6	2	2	300	100	100
		理数	6	2	2	300	100	100
	砥部	工業	3	3	4	150	150	200
松山北	本校	普通	6	2	2	300	100	100
	中島	普通	3	3	4	150	150	200
松山中央		普通	4	3	3	200	150	150
松山工業		工業	4	3	3	200	150	150
松山商業		商業	4	3	3	200	150	150
東温		普通	3	3	4	150	150	200
		商業	3	3	4	150	150	200
上浮穴		普通	3	3	4	150	150	200
		農業	3	3	4	150	150	200

学校名		学科名	満点の比率			A, B, C のそれぞれの満点		
			A	B	C	A	B	C
伊予農業		農業	3	3	4	150	150	200
伊予		普通	4	3	3	200	150	150
大洲		普通	4	3	3	200	150	150
		商業	3	3	4	150	150	200
大洲農業		農業	3	3	4	150	150	200
長浜		普通	3	3	4	150	150	200
内子		普通	4	3	3	200	150	150
	本校	普通	3	3	4	150	150	200
八幡浜	小田	普通	4	3	3	200	150	150
		商業	4	3	3	200	150	150
八幡浜工業		工業	3	3	4	150	150	200
川之石		総合	3	3	4	150	150	200
三崎		その他普通	4	3	3	200	150	150
宇和		普通	4	3	3	200	150	150
		農業	3	3	4	150	150	200
野村		普通	4	3	3	200	150	150
		農業	3	3	4	150	150	200
宇和島東	本校	理・普	4	3	3	200	150	150
		商業	3	3	4	150	150	200
	津島	普通	3	3	4	150	150	200
宇和島水産		水産	3	3	4	150	150	200
吉田		普通	4	3	3	200	150	150
		工業	3	3	4	150	150	200
北宇和	本校	普通	4	3	3	200	150	150
		農業	3	3	4	150	150	200
	三間	農・普	3	3	4	150	150	200
南宇和		普通	4	3	3	200	150	150
		農業 t	3	3	4	150	150	200

❖2024年度一般入学者選抜志願状況（志願変更後）

（注１）入学志願者数には推薦入学確約者数を含む。
（注２）推薦は，推薦入学確約書提出者数である。
（注３）宇和島東の理･普は，理数科と普通科のくくり募集，北宇和三間の農･普は，農業科と普通科のくくり募集の略称である。

学校名		学科名	定員Ⓐ	入学志願者数Ⓑ	推薦	倍率Ⓑ/Ⓐ
川之江		普通	200	181	29	0.91
三島		普通	240	215	38	0.90
三島		商業	40	36	12	0.90
土居		普通	120	72	4	0.60
新居浜東		普通	240	244	38	1.02
新居浜西		普通	280	262	44	0.94
新居浜南		総合学科	120	113	37	0.94
新居浜工業		機械	40	33	7	0.83
新居浜工業		電子機械	40	38	6	0.95
新居浜工業		電気	40	40	12	1.00
新居浜工業		情報電子	40	31	10	0.78
新居浜工業		環境化学	40	27	3	0.68
新居浜商業		商業	120	119	19	0.99
新居浜商業		情報ビジネス	40	21	9	0.53
西条		普通	200	191	31	0.96
西条		国際文理	40	45	6	1.13
西条		商業	40	42	12	1.05
西条農業		食農科学	40	40	2	1.00
西条農業		環境工学	40	32	6	0.80
西条農業		生活デザイン	40	33	12	0.83
小松		普通	120	118	19	0.98
小松		ライフデザイン	40	32	11	0.80
東予		機械	40	13	0	0.33
東予		電気システム	40	24	1	0.60
東予		建設工学	40	15	3	0.38
丹原		普通	120	82	19	0.68
丹原		園芸科学	40	19	6	0.48
今治西	本校	普通	280	269	39	0.96
今治西	伯方	普通	60	30	7	0.50
今治南		普通	200	150	24	0.75
今治南		園芸クリエイト	40	35	7	0.88
今治北	本校	普通	200	195	30	0.98
今治北	本校	商業	40	38	12	0.95
今治北	本校	情報ビジネス	40	35	12	0.88
今治北	大三島	普通	40	28	6	0.70
今治工業		機械造船	40	31	12	0.78
今治工業		電気	40	36	12	0.90
今治工業		情報技術	40	46	12	1.15
今治工業		環境化学	40	38	7	0.95
今治工業		繊維デザイン	40	21	8	0.53

学校名		学科名	定員Ⓐ	入学志願者数Ⓑ	推薦	倍率Ⓑ/Ⓐ
弓削		普通	40	33	14	0.83
北条		総合学科	120	71	25	0.59
松山東		普通	360	381	39	1.06
松山南	本校	普通	320	362	35	1.13
松山南	本校	理数	40	40	6	1.00
松山南	砥部	デザイン	40	45	12	1.13
松山北	本校	普通	360	416	57	1.16
松山北	中島	普通	40	27	5	0.68
松山中央		普通	360	374	57	1.04
松山工業		機械	40	56	12	1.40
松山工業		電子機械	40	49	12	1.23
松山工業		電気	40	48	10	1.20
松山工業		情報電子	40	52	12	1.30
松山工業		工業化学	40	44	12	1.10
松山工業		建築	40	48	12	1.20
松山工業		土木	40	50	12	1.25
松山工業		繊維	40	43	12	1.08
松山商業		商業	80	82	18	1.03
松山商業		流通経済	120	114	36	0.95
松山商業		地域ビジネス	40	30	10	0.75
松山商業		情報ビジネス	120	122	36	1.02
東温		普通	240	136	23	0.57
東温		商業	80	56	11	0.70
上浮穴		普通	30	14	5	0.47
上浮穴		森林環境	30	23	12	0.77
伊予農業		生物工学	40	34	12	0.85
伊予農業		園芸流通	40	42	12	1.05
伊予農業		食品化学	40	43	10	1.08
伊予農業		生活科学	40	31	8	0.78
伊予農業		環境開発	40	28	5	0.70
伊予農業		特用林産	40	27	3	0.68
伊予		普通	200	195	31	0.98
大洲		普通	120	106	18	0.88
大洲		商業	40	36	12	0.90
大洲農業		生産科学	40	15	3	0.38
大洲農業		食品デザイン	40	38	11	0.95
長浜		普通	60	63	21	1.05
内子	本校	普通	120	92	18	0.77
内子	小田	普通	60	37	14	0.62

学校名		学科名	定員 Ⓐ	入学志願者数Ⓑ		倍率 Ⓑ/Ⓐ
					推薦	
八幡浜		普　通	160	125	22	0.78
		商　業	40	37	11	0.93
八幡浜工業		機械土木工学	40	24	2	0.60
		電気技術	40	16	1	0.40
川之石		総合学科	120	73	10	0.61
三　崎		社会共創	60	55	20	0.92
宇　和		普　通	80	68	10	0.85
		生物工学	40	36	7	0.90
野　村		普　通	40	20	6	0.50
		畜　産	40	18	5	0.45
宇和島東	本　校	理・普	160	141	24	0.88
		商　業	80	82	24	1.03
	津　島	普　通	60	22	2	0.37
宇和島水産		水産食品	35	22	5	0.63
		水産増殖	35	27	5	0.77
		海洋技術	35	20	2	0.57
吉　田		普　通	80	41	9	0.51
		機械建築工学	40	23	5	0.58
		電気電子	40	19	1	0.48
北宇和	本　校	普　通	80	55	16	0.69
		生産食品	40	33	9	0.83
	三　間	農・普	60	4	0	0.07
南宇和		普　通	120	59	5	0.49
		農　業	40	26	2	0.65
合　計			8,765	7,619	1,460	0.87

❖傾向と対策〈数学〉

出題傾向

	数と式							方程式						関数					図形								資料の活用	
	数の計算	数の性質	平方根の計算	平方根の性質	文字式の利用	式の計算	式の展開・因数分解	一次方程式の計算	一次方程式の応用	連立方程式の計算	連立方程式の応用	二次方程式の計算	二次方程式の応用	比例・反比例	一次関数	関数 $y=ax^2$	いろいろな事象と関数	関数と図形	図形の性質	平面図形の計量	空間図形の計量	図形の証明	作図	中3単元			場合の数・確率	資料の分析と活用・標本調査
																								相似	三平方の定理	円周角の定理		
2024 年度	○		○		○	○	○				○					○		○		○	○	○	○	○	○	○	○	
2023 年度	○	○	○	○	○	○	○									○	○	○	○	○		○	○	○	○	○	○	○
2022 年度	○		○		○	○	○				○	○					○			○	○	○	○	○	○		○	○
2021 年度	○		○			○	○				○				○	○		○	○	○		○	○	○	○		○	○
2020 年度	○		○		○	○	○				○	○		○			○			○		○	○		○	○	○	○

出題分析

★数と式…………正負の数や平方根の計算，単項式や多項式の計算，式の展開などが出題されている。

★方程式…………計算問題は２次方程式から出題されることが多い。また，連立方程式を利用する文章題もよく出題され，途中過程を記述する形式になっている。

★関　数…………放物線と直線のグラフについて，比例定数，関数の式を求める問題や，座標平面上の図形とからめた問題などが出題されている。また，点の移動や図形などと関連させた出題もみられ，グラフの作成や選択を求める問題が含まれることもある。

★図　形…………平面図形，空間図形について，バランスよく出題されている。円の性質，三平方の定理，合同，相似など多方面にわたっている。また，作図や証明も毎年出題されている。

★資料の活用……さいころ，カード・玉の取り出しなどを題材とした場合の数や確率について出題されている。その他，度数分布表やヒストグラム，標本調査などを利用した基本的な問題も出題されている。

来年度の対策

①**基本事項をマスターすること！**……出題は広範囲にわたっているので，全範囲の復習をし，基本をマスターすることが大切だ。高校入試で出題頻度の高い問題を分析・抽出した「**ニューウイング 出題率 数学**」（英俊社）を使って，効率よく全体の総仕上げをしよう。

②**関数，図形の計量に強くなること！**……関数のグラフと図形の融合問題，平面図形，空間図形の計量に関して，十分に練習しておこう。作図や証明問題にも慣れておきたい。苦手単元がある人は，**数学の近道問題シリーズ**「**関数とグラフ**」「**図形〈1・2年分野〉**」「**図形〈3年分野〉**」（いずれも英俊社）を弱点補強に役立ててほしい。

英俊社のホームページにて，中学入試算数・高校入試数学の解法に関する補足事項を掲載しております。必要に応じてご参照ください。

URL → https://book.eisyun.jp/

スマホはこちら――→

❖傾向と対策〈英語〉

出題傾向

	放送問題	語い	音声			英文法					英作文			読解		長文問題										
			語の発音	語のアクセント	文の区切り・強勢	語形変化	英文完成	同意文完成	指示による書きかえ	正誤判断	整序作文	和文英訳	その他の英作文	問答・応答	絵や表を見て答える問題	会話文	長文読解	長文総合	設問の内容							
																			音声・語い	文法事項	英文和訳	英作文	内容把握	文の整序・挿入	英問英答	要約
2024 年度	○										○		○			○		○		○		○	○	○		○
2023 年度	○										○		○			○		○		○		○	○	○		○
2022 年度	○										○		○			○		○		○		○	○	○		○
2021 年度	○										○		○			○		○		○		○	○	○		○
2020 年度	○										○		○			○		○	○	○		○	○	○		○

出題分析

★長文問題では，内容理解に関するもののほかに，英作文や文法などさまざまな問題がバランスよく出されている。文法問題は，過去５年間，独立した大問での出題はないが，長文問題や英作文の中で不定詞，関係代名詞，分詞など３年間の学習範囲からの幅広い文法知識が問われている。

★リスニングテストでは，英文を聞いて質問に対する答えの絵を選ぶ問題，対話の応答を選ぶ問題，質問に対する答えを選ぶ問題が出題されている。

来年度の対策

①長文を数多く読んでおくこと！

日頃から長文に触れ，内容を正確に読み取れるようにしておきたい。その際，単語・連語のチェックをしたり，文法知識，会話特有の表現を確認したりするなどして，総合的な知識を習得するようにしよう。**英語の近道問題シリーズ**「**長文基礎**」「**長文実践**」（ともに英俊社）をやってみてほしい。

②リスニングに慣れておくこと！

リスニングテストは今後も実施されると思われるので，日頃からネイティブスピーカーの話す英語に慣れておこう。問題集では，上記シリーズの「**リスニング**」（英俊社）から始めるのがよい。

③作文に強くなっておくこと！

さまざまな形式の英作文が出されている。総合的な英語力と表現力が必要とされるので，しっかりと練習しなければならない。上記シリーズの「**文の書きかえ・英作文**」（英俊社）に取り組んでおこう。

❖傾向と対策〈社会〉

出題傾向

	地理							歴史							公民										融合問題
	世界地理			日本地理			世界地理・日本地理総合	日本史					世界史	日本史・世界史総合	政治				経済				国際社会	公民総合	
	全域	地域別	地図・時差（単独）	全域	地域別	地形図（単独）		原始・古代	中世	近世	近代・現代	複数の時代			人権・憲法	国会・内閣・裁判所	選挙・地方自治	総合・その他	しくみ・企業	財政・金融	社会保障・労働・人口	総合・その他			
2024年度	○			○							○	○						○						○	
2023年度	○			○							○	○										○		○	
2022年度	○			○							○	○						○						○	
2021年度	○			○							○	○						○				○			
2020年度	○			○							○	○										○		○	

出題分析

★出題数と時間　過去5年間，大問数は6で一定。小問数は41～44なので，50分の試験時間に対する問題量は多くない。ただし，資料の読解や文章の正誤判断が必要なため，時間配分には気をつけないといけない。

★出題形式　短文による説明を求められる問題が大問ごとに必ず1題出されていることが特徴。使用する語句が指定されることも多い。選択式の問題では短文の正誤判断などで正確な知識を必要とするものが多い。

★出題内容　①地理的内容について

世界地理では世界全図や特徴的な地図が提示された上で，位置・自然・産業・貿易などについて問われる。日本地理でも日本全図や地方の部分地図が提示され，気候・産業・人口などについて問われることが多い。世界・日本ともに毎年，表やグラフ・雨温図などが多用されていることも特徴。

②歴史的内容について

日本史を中心とした出題だが，外交史などの内容で世界史の知識が必要なこともある。古代～近世，近現代と時代を区切って大問2題が出題されている。写真や年表，グラフなどの資料から多角的な歴史的事象について問われることが多い。また，年代順・時代順に関する問いが多いことも特徴。

③公民的内容について

政治・経済の両単元からかたよりなく出題されている。統計表やグラフ，模式図などが多用されており，単に公民用語を問う問題だけではなく，読解力・思考力が試される問題が含まれているので注意を要する。環境・国際連合などをテーマとした国際分野からの出題もある。

★難 易 度　全体的に標準的なレベルだが，統計の読み取りなど日ごろから練習を積んでおかないと得点できない問題もあり，油断は禁物。

来年度の対策

①地図・グラフ・統計・地形図などを使って学習しておくこと！

地理分野では教科書だけでなく，地図帳・資料集等をうまく活用し，広く丁寧な学習を心がけること。

②人物や代表的な事件について年代とともにまとめておくこと！

年代順や時代判断，時代背景を問う問題がよく出ている。問題にも年表が使われているので，自分で年表を作成し，重要事項や関連人物などを整理する学習が有効。また，教科書・参考書などの写真や史料にも注意しておきたい。

③時事問題にも関心を持とう！

公民分野では，グラフや統計表の読解を必要とする出題も見られる。新聞の解説やニュース番組，インターネットなどを上手に利用し，時事問題に対する理解度も高めておこう。

④標準的な問題に対しては不注意から出るミスをなくすことが重要だ！

教科書を中心に基礎的な事項が整理できたら，**社会の近道問題シリーズ**（全4冊）（英俊社）で苦手な部分を集中的に学習してみよう。また，仕上げに出題率の高い問題が収録された「**ニューウイング 出題率 社会**」（英俊社）を使って問題演習もこなしておこう。

❖傾向と対策〈理科〉

出題傾向

	物理					化学					生物					地学					環境問題
	光	音	力	電流の性質とその利用	運動とエネルギー	物質の性質	物質どうしの化学変化	酸素が関わる化学変化	いろいろな化学変化	酸・アルカリ	植物	動物	ヒトのからだのつくり	細胞・生殖・遺伝	生物のつながり	火山	地震	地層	天気とその変化	地球と宇宙	
2024 年度		○		○	○	○			○	○	○				○			○	○	○	
2023 年度	○			○	○	○	○		○			○	○	○			○		○	○	
2022 年度	○		○	○	○	○		○	○		○	○			○			○	○	○	
2021 年度			○	○	○	○		○			○		○	○			○	○	○	○	
2020 年度	○		○	○		○	○			○	○	○			○			○	○	○	

出題分析

★物　理…………力，運動，電流と磁界・発熱などから多く出題され，基礎的な内容が問われている。計算は必ず出題されており，単元によっては短文説明・図示・グラフ作成が出題されている。

★化　学…………化学変化，物質の性質についての出題が多い。化学変化については，化学式や化学反応式に関する問題が必ず出題されており，化学変化の前後で変化する質量についての計算問題もよく出題される。また，問題は実験をもとに構成されているので，その知識も必要となる。

★生　物…………細胞・生殖・遺伝や植物，ヒトの体のしくみなどがよく出題されている。選択・記述が主となっているが，短文説明や計算も出題されているので注意しておこう。

★地　学…………単元によっては短文説明や計算問題も出題されており，他の分野に比べて出題形式は多様。

★全体的にみると…各分野から１題ずつ出題され，加えて小問集合形式の問題が１題出題されている。

来年度の対策

①化学式・化学反応式を覚えよう！

化学分野の出題では，化学反応式が頻出しており，電気分解などの単元ではイオンの化学式についても出題されている。化学式や化学反応式は丸暗記するだけではあまり効果は見込めない。実験の内容や化学反応などとからめて，複合的に覚えておこう。

②短文説明に慣れておこう！

使う言葉が指定される場合や，会話文にあてはまるように書く場合など，出される短文説明の問題には様々な種類がある。問題で問われている内容を理解した上で，指定された内容で書く力が問われる。教科書で重要事項を復習したあとは，短文で説明できるように練習をしておこう。対策には，短文説明の重要事項がコンパクトにまとまった**理科の近道問題シリーズ「理科記述」**（英俊社）がおすすめだ。

③小問集合に備えよう！

小問集合で出題される範囲は非常に広く，すべての範囲をおさえようとすると非常に時間がかかる。そこで，**「ニューウイング 出題率 理科」**（英俊社）を活用してほしい。入試でよく出される問題ばかりを集めているので，要領よく復習するには最適だろう。

❖傾向と対策〈国語〉

出題傾向

	現代文の読解									国語の知識									作文		古文・漢文								
	内容把握	原因・理由	接続語	適語挿入	脱文挿入	段落の働き・論の展開	要旨・主題	心情把握・人物把握	表現把握	漢字の読み書き	漢字・熟語の知識	ことばの知識	慣用句・ことわざ・四字熟語	文法	敬語	文学史	韻文の知識	表現技法	課題作文・条件作文	短文作成・表現力	読解問題	主語・動作主把握	会話文・心中文	要旨・主題	古語の意味・口語訳	仮名遣い	文法・係り結び	返り点・書き下し文	古文・漢文・漢詩の知識
2024 年度	○	○	○	○				○	○	○	○		○	○							○		○			○			
2023 年度	○		○	○				○		○	○	○	○	○							○		○			○			
2022 年度	○	○	○	○				○	○	○			○	○							○	○	○			○			
2021 年度	○	○	○						○	○	○	○	○	○							○					○			
2020 年度	○			○				○	○	○	○	○		○							○	○	○			○			

【出典】

2024年度　1 論理的文章　原　瑠璃彦「日本庭園をめぐる　デジタル・アーカイヴの可能性」
　　　　　2 文学的文章　万城目　学「十二月の都大路上下ル」　5 古文　「耳嚢」

2023年度　1 論理的文章　山竹伸二「共感の正体」
　　　　　4 文学的文章　木内　昇「剛心」　5 古文　「紙魚室雑記」

2022年度　1 論理的文章　福田育弘「ともに食べるということ」
　　　　　4 文学的文章　朝倉宏景「あめつちのうた」　5 古文　「逢原記聞」

2021年度　1 論理的文章　吉見俊哉「知的創造の条件」
　　　　　4 文学的文章　楡　周平「食王」　5 古文　「燕居雑話」

2020年度　1 論理的文章　桑子敏雄「何のための『教養』か」
　　　　　4 文学的文章　辻村深月「東京會舘とわたし」　5 古文　本間游清「みみと川」

出題分析

★現代文…………論理的文章と文学的文章が各１題，出されている。論理的文章は内容把握を中心に，接続詞・副詞を入れる問題，文法の問題なども出題される。文学的文章は内容や心情，表現把握が中心である。

★古　文…………細かい口語訳や語句の意味などは出題されておらず，現代かなづかい，会話文指摘，主語，特に内容把握が中心となっている。文章全体の流れを読みとり，内容をとらえる力が求められている。

★漢　字…………読みがな，書きとりが，それぞれ４つずつ大問で出題される。小問で画数が問われることもある。問題数は多くないが，読みがなは特別な読み方をするものが出題されることがある。

★文　法…………現代文で品詞名，動詞の活用，修飾語，主語・述語などが出題されている。

★国語の知識……現代文の中で，四字熟語や慣用句が出題されることがある。

★作　文…………例年，国語の試験時間（45分）とは別に，時間（25分）を設けて課されている。与えられたテーマについて，自分の意見や考えを300〜400字でまとめる力が求められている。

来年度の対策

①漢字や国語の知識を身につけよう！

漢字については，問題数は多くないものの，やや難読の文字が出されるので，読みがなを中心におさえておきたい。また，文法についても，品詞名や活用形，修飾語，文節など基本的なところはおさえておく必要がある。

②古文の学習もおこたりなく！

古文については，大まかに内容を読みとる力が重要となるので，全体の話の流れをつかむ読解力をつけられるよう，日頃から多くの問題に取り組んでおこう。

③作文対策をきちんとしておこう！

作文は，制限字数がやや長めなので，ニュースを見たり新聞を読んだりするときに気になることがあれば自分の意見をまとめる練習をし，400字という字数の感覚をつかんでおくこと。

④国語全体としては

長文の読解力，文法や漢字・ことばの知識，古文の読解力など中学校で学習する内容が総合的に問われているので，**国語の近道問題シリーズ**（全5冊）（英俊社）のような単元別の問題集で苦手分野をなくしておこう。そのうえで，入試で出題率の高い問題を集めた「**ニューウイング 出題率 国語**」（英俊社）をやっておけば万全だろう。

【写真協力】

o331128・https://flic.kr/p/2j2yjfX CC-BY SA ／ World Imaging・Dogu Miyagi 1000 BCE 400 BCE・via Wikimedia・CC BY-SA ／ ピクスタ株式会社 ／ 株式会社フォトライブラリー ／ 首相官邸ホームページ・Junichiro Koizumi 20020507・via Wikimedia・CC BY

【地形図】

本書に掲載した地形図は，国土地理院発行の地形図・地勢図を使用したものです。

~MEMO~

愛媛県公立高等学校

2024年度
入学試験問題

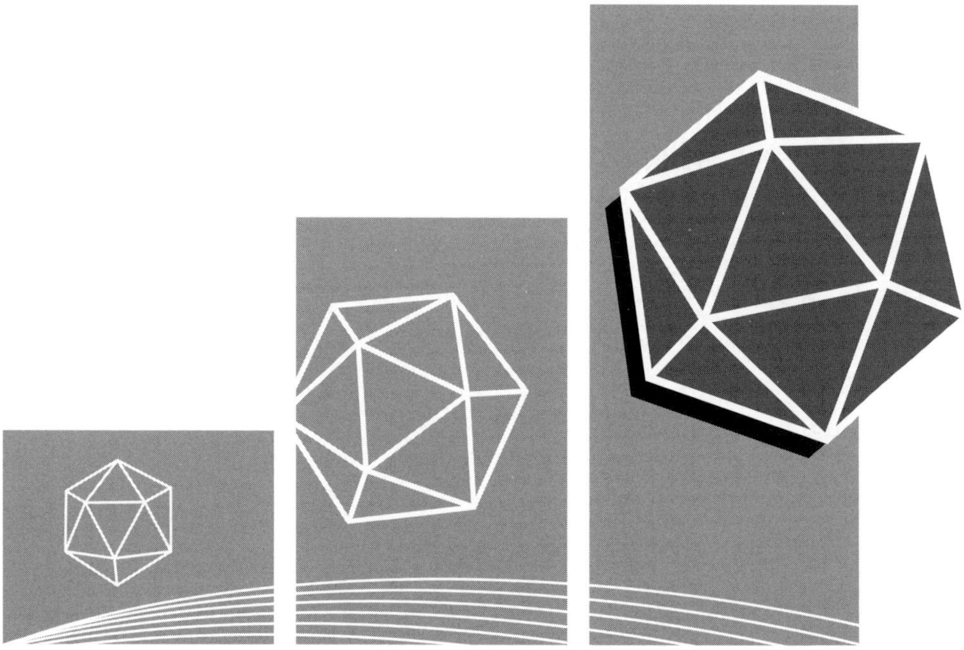

数学

時間　50分　　　　満点　50点

（注）　答えに $\sqrt{\ }$ が含まれるときは，$\sqrt{\ }$ を用いたままにしておくこと。
また，$\sqrt{\ }$ の中は最も小さい整数にすること。

1　次の計算をして，答えを書きなさい。

1　$-3+8$　(　　　)

2　$\left(-\dfrac{9}{2}\right)\div\left(-\dfrac{3}{4}\right)$　(　　　)

3　$(-3a)^2\times 2a$　(　　　)

4　$(\sqrt{3}+1)^2-\dfrac{9}{\sqrt{3}}$　(　　　)

5　$(x+4)(x-4)+(x-5)(x-1)$　(　　　)

2　次の問いに答えなさい。

1　$x^2-3x-18$ を因数分解せよ。(　　　　　)

2　右の図のように，箱の中に，1，2，3，4の数字が1つずつ書かれた4枚のカードが入っている。この箱の中からカードを1枚取り出し，書かれた数字を見て箱にもどす。このことをくり返し行うときの，カードの出方について述べた文として正しいものを，次のア～エから1つ選び，その記号を書け。ただし，どのカードが取り出されることも同様に確からしいものとする。(　　　)

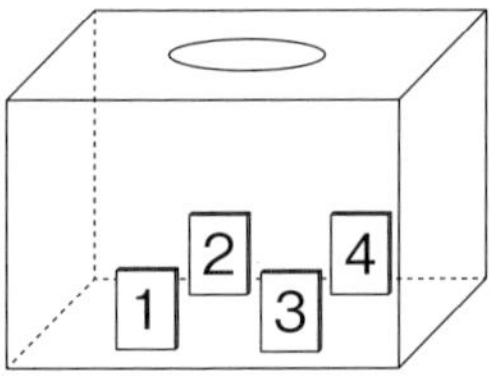

ア　カードを4000回取り出したとき，1の数字が書かれたカードは1000回ぐらい出る。

イ　カードを40回取り出したとき，1の数字が書かれたカードは必ず10回出る。

ウ　カードを3回取り出したとき，1の数字が書かれたカードが1回も出なければ，次は必ず1の数字が書かれたカードが出る。

エ　同じ数字が書かれたカードが2回続けて出ることはない。

3　右の図において，放物線①，②，③はそれぞれ関数 $y=ax^2$，$y=bx^2$，$y=cx^2$ のグラフである。a，b，c を，値の小さい順に左から並べて書け。(　　　)

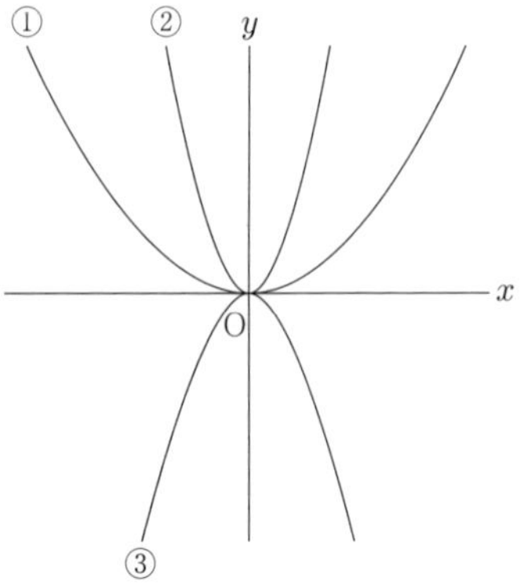

4　右の図は，1 辺に 4 個の碁石を並べた正五角形で，並べた碁石は全部で 15 個である。1 辺に n 個の碁石を並べた正五角形をつくったとき，並べた碁石は全部で何個か，n を使って表せ。ただし，n は 2 以上の自然数とする。(　　　個)

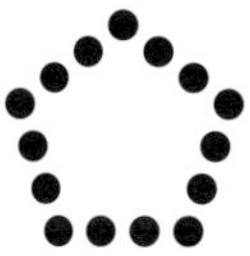

5　下の図のような△ABC がある。辺 AC 上にあって，∠PBC ＝ 30° となる点 P を作図せよ。ただし，作図に用いた線は消さずに残しておくこと。

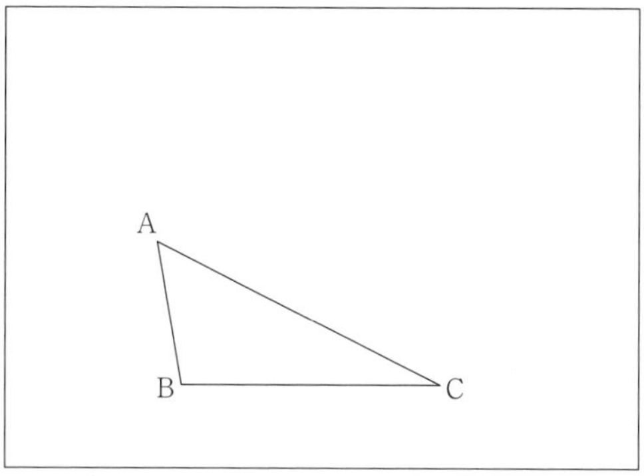

6　右の図のような，底面が直角三角形で，側面が全て長方形の三角柱がある。この三角柱の表面積を求めよ。(　　　cm^2)

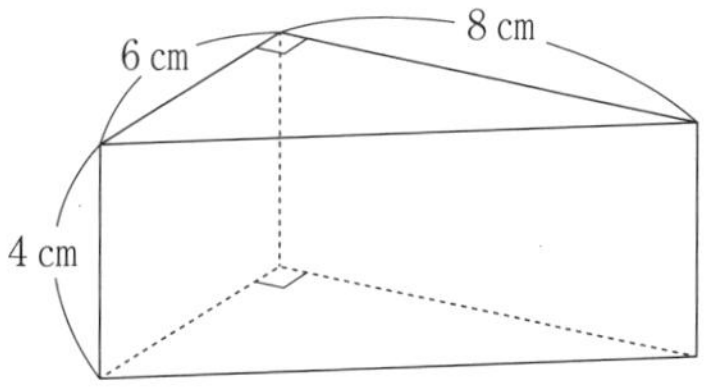

7　ある市のテニス大会は，下のような要項により開催される。今回，73 人から参加申し込みがあったので，予選リーグの各組の人数は，4 人または 5 人になった。4 人の組と 5 人の組は，それぞれ何組あるか求めよ。ただし，用いる文字が何を表すかを最初に書いてから連立方程式をつくり，答えを求める過程も書くこと。

(解)(　　　　　　　　　　　　　　　　　　　　　　　　　　　　　　　　　　)

(答)(4 人の組　　　)(5 人の組　　　)

〇〇市テニス大会開催要項

1　日時　〇年〇月〇日（日曜日）　9：00 開始

2　場所　〇〇市総合公園テニス場

3　競技方法

・予選リーグは，参加者を 16 の組に分けて行う。

・予選リーグの各組の 1 位が，決勝トーナメントに進出する。

[3]　下の会話文は，花子さんが，総合的な学習の時間に，公園で，身の回りの数学について，太郎さんと話をしたときのものである。

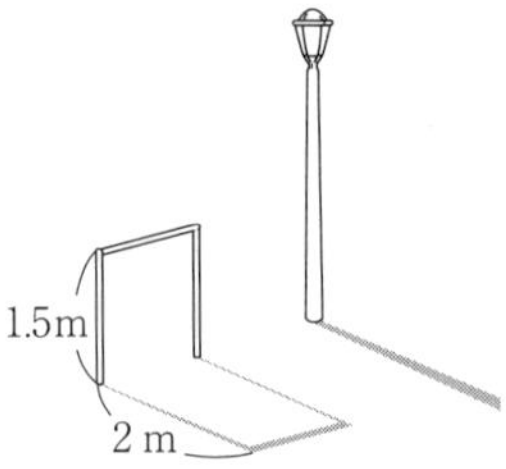

花子さん：すべり台の斜面にボールを転がすとき，ボールが斜面を転がりはじめてからの時間と，その間に進んだ距離には関係があることを習ったね。

太郎さん：そうだったね。街灯や木の高さを求める方法も習ったよ。今，高さ 1.5m の鉄棒の影の長さは 2 m，街灯の影の長さは 8 m だから，街灯の高さは [　ア　] m と分かるね。

花子さん：確かにそうなるね。でも，同じ方法で木の高さを求めようとすると，木の影の長さは，花壇などの障害物があって測ることができないね。他に木の高さを求める方法はないか，先生に質問してみよう。

このとき，次の問いに答えなさい。ただし，地面は水平であり，鉄棒，街灯，木は，地面に対して垂直に立っているものとする。

1　ある斜面にそって，ボールが転がりはじめてから x 秒間に進んだ距離を y m とすると，y は x の 2 乗に比例し，$x = 2$ のとき $y = 8$ であった。y を x の式で表せ。(　　　)

2　会話文中のアに当てはまる数を書け。(　　　)

3　花子さんの質問に対して，先生は，木の高さを求める方法を次のように説明した。説明文中のイに当てはまる数を書け。(　　　)

図1

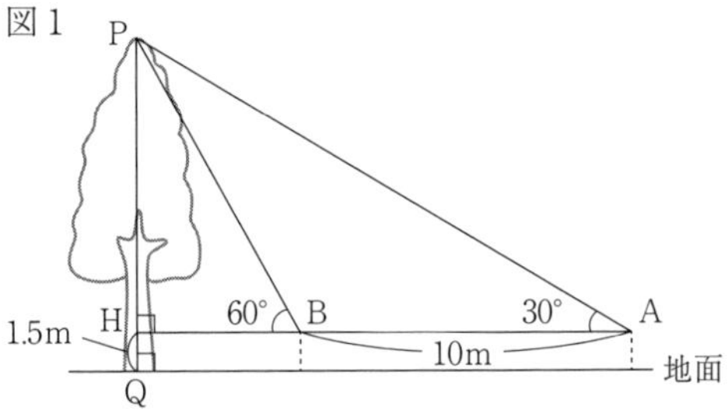

右の図 1 のように，木の先端を点 P とし，点 P から地面に垂線をひき，地面との交点を Q とします。花子さんが点 P を見上げる角度が水平の方向に対して 30° になるときの花子さんの目の位置を点 A，その場所からまっすぐ木に近づいていき，点 P を見上げる角度が 60° になるときの花子さんの目の位置を点 B とします。また，直線 AB と線分 PQ との交点を H とすると，∠PHA = 90° です。例えば AB = 10m のとき，PH の長さは [　イ　] m となります。花子さんの目の位置の地面からの高さは 1.5m なので，木の高さ PQ は（[　イ　] + 1.5）m となります。

4　公園の花壇は円形であり，下の図 2 のように，同じ形のレンガを並べてつくられている。また，下の図 3 は，花壇を真上から見たときのレンガの 1 つで，直線 AB と直線 DC との交点を O とすると，おうぎ形 OBC からおうぎ形 OAD を取り除いた図形となっている。このとき，花壇の内側の円の直径は何 cm か求めよ。(　　　cm)

図 2

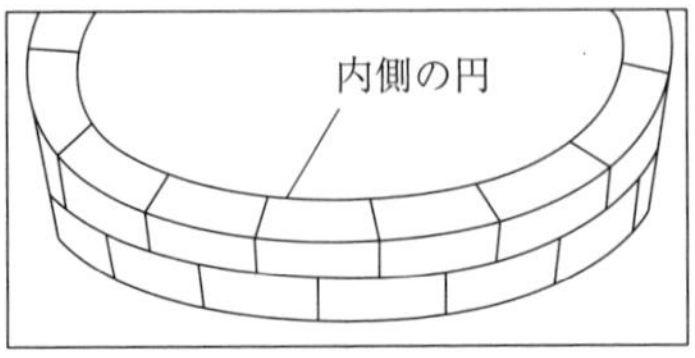

図 3

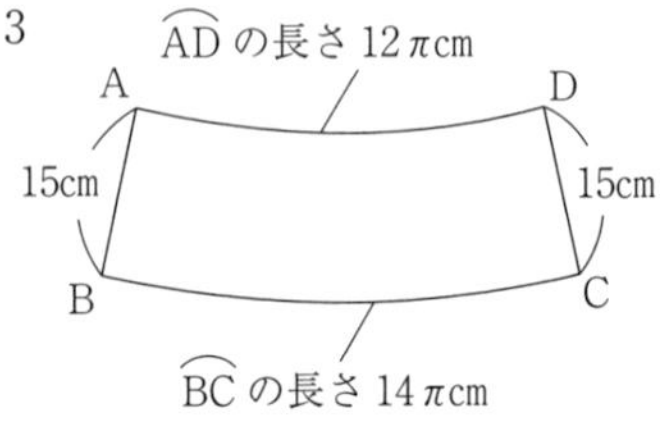

4　右の図1において，放物線①は関数 $y = \frac{1}{4}x^2$ のグラフであり，①上の x 座標が－4，8である点をそれぞれA，Bとする。また，直線②は2点A，Bを通る。

このとき，次の問いに答えなさい。

図1

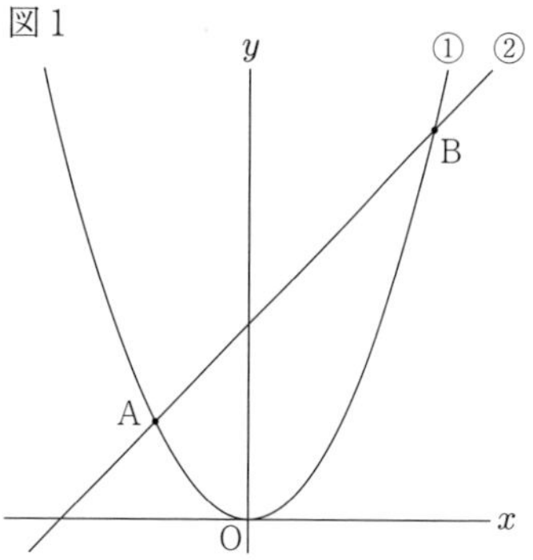

1　関数 $y = \frac{1}{4}x^2$ について，x の値が4から8まで増加するときの変化の割合を求めよ。(　　　)

2　直線②の式を求めよ。(　　　)

3　右の図2のように，点Pは，放物線①上を，原点Oから点Aまで動く点とする。点Pを通り y 軸に平行な直線と直線②との交点をQとし，点Pから y 軸にひいた垂線と y 軸との交点をR，点Qから y 軸にひいた垂線と y 軸との交点をSとする。また，点Pの x 座標を t とする。

図2

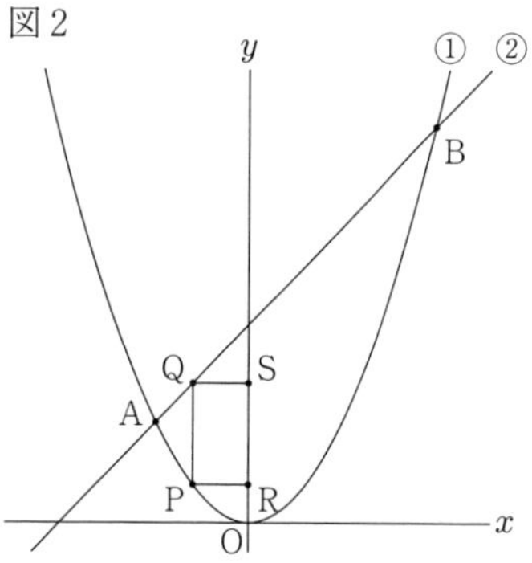

(1)　点Sの y 座標を t を使って表せ。(　　　)

(2)　四角形PQSRが正方形となるとき，t の値を求めよ。

(　　　)

5　右の図1のように，線分AB上に点Cを，AC＞CBとなるようにとり，AC，CBをそれぞれ1辺とする正三角形CAD，BCEを，直線ABについて同じ側につくる。この状態から，△BCEを，点Cを回転の中心として時計回りに回転させる。

このとき，次の問いに答えなさい。

図1

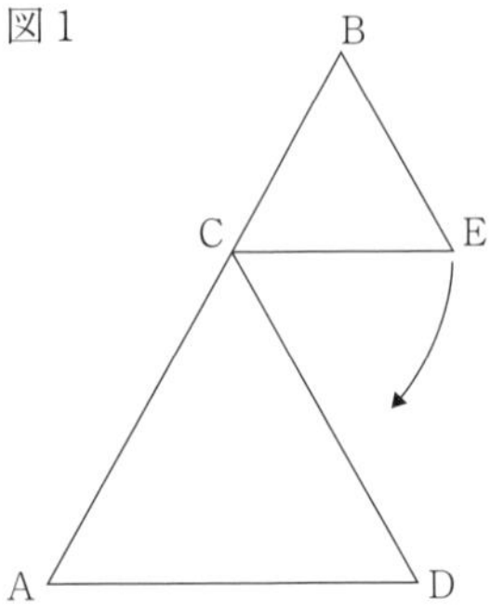

1　右の図2のように，点Eが線分BD上にあるとき，線分AEと線分CDとの交点をFとする。このとき，

(1)　△CAE≡△CDBであることを証明せよ。

(2)　次のア～エのうち，1つの円周上にある4点の組として正しいものを1つ選び，ア～エの記号で書け。（　　　）

ア　A，B，C，D　　イ　A，B，C，F　　ウ　A，C，D，E　　エ　B，C，E，F

図2

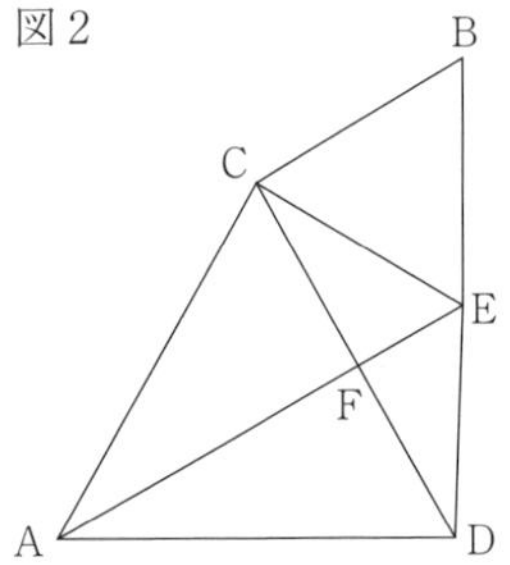

2　右の図3のように，点Eが辺CD上にある。AC：CB＝5：3のとき，四角形ADBCの面積は，△BEDの面積の何倍か求めよ。

（　　　倍）

図3

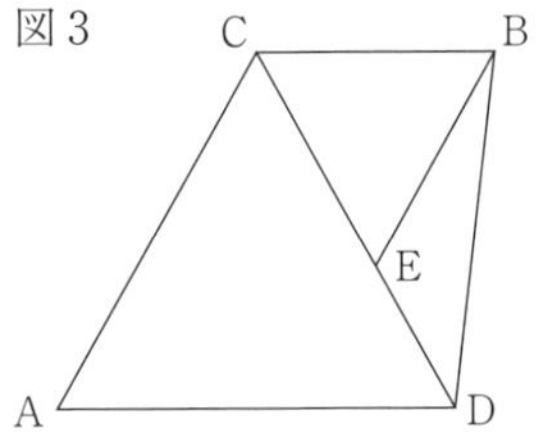

英語

時間　60分　　満点　50点

（編集部注）　放送問題の放送原稿は英語の末尾に掲載しています。
音声の再生についてはもくじをご覧ください。

1　聞き取りの問題　1（　　）　2（　　）　3（　　）

	ア	イ	ウ	エ
1	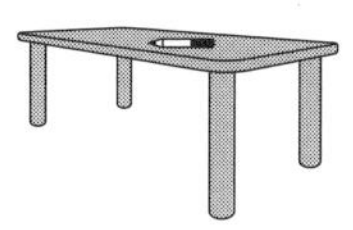			

	ア	イ	ウ	エ
2				

	ア	イ	ウ	エ
3				

2　聞き取りの問題　1（　　）　2（　　）

1　ア　That’s your problem.　　イ　I wasn’t there.　　ウ　That’s good.
　エ　I waited for an hour.

2　ア　It’s a Japanese one.　　イ　It’s not mine.　　ウ　It’s not so good.
　エ　It’s on your left.

③　聞き取りの問題　1(　　　)　2(　　　)　3(　　　)　4(　　　)

1　ア　In January.　イ　In March.　ウ　In April.　エ　In December.

2　ア　They won't be popular among students in Japan.
　イ　They will become more expensive in Japan someday.
　ウ　They won't be necessary for the students in his school.
　エ　They will be good for the health of the students in his school.

3　ア　Because he wanted to become a Japanese teacher in his country.
　イ　Because he wanted to make delicious Japanese food with Ken in class.
　ウ　Because he was sure that he could ask Ken questions about Japanese.
　エ　Because he was sure that he could help Ken study Japanese.

4　ア　He wants them to find their favorite places at school.
　イ　He wants them to know that reading is wonderful.
　ウ　He wants them to show him the books they like.
　エ　He wants them to tell him about their dreams.

④ 次の1，2の問いに答えなさい。

1 次の⑴，⑵の各対話文の文意が通るように，（　　）の中のア～エを正しく並べかえて，左から順にその記号を書け。⑴(　　)(　　)(　　)(　　) ⑵(　　)(　　)(　　)(　　)

⑴ A： Mr. Smith, I'm feeling sick now. Please（ア go イ me ウ let エ home）early.

B： OK. But you shouldn't leave school alone. I'll call your mother.

⑵ A： Excuse me. Could you（ア to イ me ウ the way エ tell）Wakaba Station?

B： The station is near my house. So I'll take you there.

2 次の⑴，⑵について，それぞれの指示に従って英語で書け。ただし，⑴の①と②，⑵は，三つとも，それぞれ8語以上の1文で書くこと。(「,」「.」などの符号は語として数えない。)

⑴ 次の①，②の質問に答える文を書け。

① あなたは，自分の町をより良くするために，将来，どのようなことをしたいですか。

(　　　　　　　　　　　　　　　　　　　　　　　　　　　　　　　　　　　　　　　)

② また，そうすることで，あなたの町はどのように良くなりますか。

(　　　　　　　　　　　　　　　　　　　　　　　　　　　　　　　　　　　　　　　)

⑵ オンライン交流で仲良くなったアメリカ人のトム（Tom）から，次のようなメールが届いた。あなたが，このメールに返信するとすれば，どのような返信をするか。（　　）に当てはまるように文を書け。

(　　　　　　　　　　　　　　　　　　　　　　　　　　　　　　　　　　　　　　　)

【トムからのメール】

> Hello.
> I want to be good at Japanese. However, I don't know what I should do.
> If you have any good ideas, please tell me about them.

【あなたの返信メール】

> Hi, Tom.
> Thank you for your e-mail.
> I have a good idea.（　　　　　）
> I hope you will be good at Japanese.

5　中学生の陸（Riku）と雄太（Yuta）が留学生のジョン（John）と話をしている。対話文とあとのプログラム（program）をもとにして，1～4の問いに答えなさい。

Riku：　Hi, John. Today is your third day at this school. How is your school life?

John：　I'm enjoying it. I like this school very much.

Yuta：　I'm happy to hear that, John. Do you know our school festival will come soon?

John：　Yes, of course. My school in America doesn't have an event like that, so I'm very excited. I've looked at this program of the school festival, but I can't read the Japanese in it.

Riku：　OK. [　①　].

John：　Thank you. What will be held in the morning?

Riku：　Each grade will do a performance in the gym.

John：　What will we do?

Yuta：　We'll sing some famous English songs with our classmates.

John：　Nice! I don't have to worry about the language. What will we do after that?

Riku：　We'll see other performances in the gym.

John：　Well.... You mean [　②　], right?

Riku：　Yes. The students won't go anywhere else.

John：　I see. What will we do after the performances?

Yuta：　We'll have a long lunch break. During the break, we can visit some classrooms and enjoy some kinds of events.

John：　(ア)<u>あなたたちは，どこに行くかを決めましたか</u>。

Riku：　Not yet. Let's go together, John.

John：　Thank you, Riku and Yuta.

Riku：　What should we do first?

Yuta：　We should have lunch. On the first floor, we can enjoy dishes made by parents.

John：　Sounds great! After having lunch, what will we do?

Yuta：　On the same floor, we can play some games. [　③　]. Are you interested in them, John?

John：　Yes. That experience will help me learn more about Japan.

Riku：　OK. After that, let's go to the second floor. We can see a lot of works the students made in some classes, for example, in social studies and science.

John：　Oh, I want to see the scientific works. Where will they be exhibited?

Yuta：　In our classroom. After seeing them, why don't we go to the third floor and enjoy the events by some clubs?

Riku：　I'm a member of the art club. Can we go and see my pictures after seeing the scientific works?

John：　Of course. Oh, our teacher said my calligraphy works would be exhibited.

Yuta： Well..., they will be on the second floor. Let's go there after seeing Riku's pictures.

Riku： Wait. The calligraphy works and the scientific works will be exhibited on the same floor. So we should see John's works after seeing the scientific works.

Yuta： I agree. And then let's go to the third floor to see Riku's pictures.

Riku： OK. Finally, why don't we have the tea ceremony experience?

John： Wow! I want to try it.

Yuta： Sorry, I can't.

John： Why?

Yuta： After the lunch break, the English speech contest will be held in the gym. I'll join it, so I have to go back to the gym earlier. Please enjoy the tea ceremony with Riku.

John： I see. Yuta, your English is very good, and I believe you can give a wonderful speech.

Yuta： Thank you. All the students will listen to my speech, so I'm excited. (イ)私はそのコンテストで勝つために最善を尽くすつもりです。

John： Great! After the contest, what will be held?

Riku： Everyone will enjoy the performances from the dance club and the brass band in the gym.

John： OK. Let's have a good time together.

（注） be held　行われる　grade(s)　学年　gym　体育館　break　休憩　floor　階
work(s)　作品　social studies　社会科　scientific　理科の　exhibit ～　～を展示する
why don't we ～?　～しませんか　calligraphy　書写　tea ceremony　茶道
brass band　吹奏楽部

Program

《文化祭プログラム》

〈スケジュール〉

開始時刻	発表者	内容
8：50	開会式	
9：10	1年生(各クラス)	合唱
10：10	2年生（全体）	演劇
11：10	3年生（代表）	郷土芸能発表
12：00	昼休み（展示見学・体験等）	
13：30	各クラス(代表)	英語スピーチコンテスト
14：20	ダンス部	ダンス
15：00	吹奏楽部	演奏
15：40	閉会式	

〈会場案内図〉

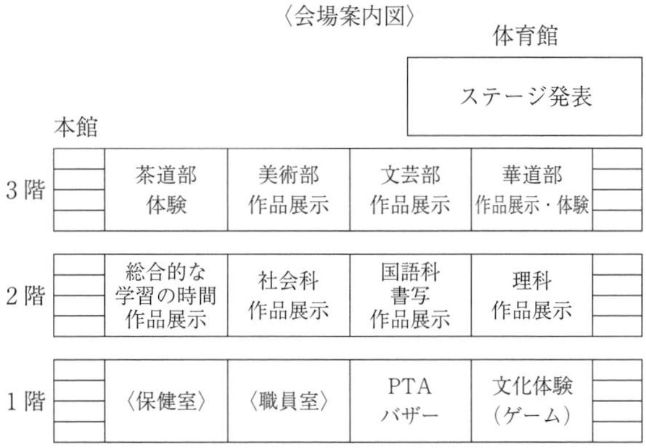

PTAバザーでは，うどんなどの食事を提供しています。

1　対話文中の①～③に当てはまる最も適当なものを，それぞれ次のア～エの中から一つずつ選び，その記号を書け。①(　　　)　②(　　　)　③(　　　)

①　ア　You should study hard　　イ　We can't make it in English
　　ウ　You aren't so excited　　エ　We'll help you

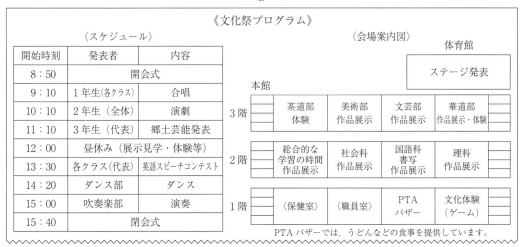

② ア everyone has to choose the best one
イ everyone can see them in other places
ウ everyone will stay there in the morning
エ everyone may go out without seeing them

③ ア They are different from Japanese ones　イ They are traditional Japanese ones
ウ They are popular in John's country　エ They are all from John's country

2 対話文中の(ア)，(イ)の日本語の内容を英語に直せ。

(ア)(　　　　　　　　　　　　　　　　)

(イ)(　　　　　　　　　　　　　　　　)

3 陸，雄太，ジョンは，3人一緒に，どのような順番で，昼休みの展示見学や体験等をすることにしたか。対話文の内容に合うように，次の(a)～(d)にそれぞれ当てはまる最も適当なものを，下のア～カの中から一つずつ選び，その記号を書け。

(a)(　　) (b)(　　) (c)(　　) (d)(　　)

PTA バザー → (a) → (b) → (c) → (d)

ア 文化体験（ゲーム）　イ 社会科作品展示　ウ 国語科書写作品展示
エ 理科作品展示　オ 茶道部体験　カ 美術部作品展示

4 次の(1)～(3)の英文の内容が，対話文，Program の内容に合うように，〔　〕のア～エの中から，最も適当なものをそれぞれ一つずつ選び，その記号を書け。

(1)(　　) (2)(　　) (3)(　　)

(1) John and Yuta are in〔ア the first grade　イ the second grade　ウ the third grade　エ different grades〕of the junior high school.

(2) In Yuta's classroom, the works the students made〔ア in Japanese class　イ in science class　ウ in social studies class　エ in the art club〕will be exhibited.

(3) The program shows that〔ア the teachers' room is on the second floor　イ there will be a performance from the third grade first in the morning　ウ the brass band will do a performance before the dance club　エ the students will have a lunch break of more than an hour〕.

6　次の英文は，実優（Miyu）が英語の時間に発表したものである。これを読んで，1～6の問いに答えなさい。

A student from Australia, Emily, has stayed at my house for two months. She wants to know more about Japanese stationery. I have an aunt, Yuri, and she has worked for a stationery company in Tokyo for eighteen years. [　ア　] Three weeks ago, she took Emily and me to the stationery exposition in Tokyo. At the exposition, people enjoyed buying many kinds of stationery from about seventy stationery companies. We [(A)] three foreign people there, and they told us why they like Japanese stationery so much.

The first person is Jane from Brazil. She came to Japan three years ago. And now she [(B)] to college in Tokyo to study Japanese art. She visits the stationery exposition to buy something cute every year. She enjoys using the special color pencils made by a pencil company in Japan. [　イ　] When you sharpen the color pencils with a pencil sharpener, you can see their unique shavings. They are shaped like the petals of flowers that are often seen in Japan. The shavings of a pink pencil, for example, look like the petals of cherry blossoms. For the color pencils, people working for the pencil company use a special material made from paper. There is a reason for that. Wood is usually used for pencils. However, it doesn't work well for making shavings like petals. By (C) doing so, they can create the shavings that look like real petals. Jane said, "When I sharpen the special color pencils, I feel the seasons in Japan. Such beautiful stationery makes me happy."

The second person is Luca. He works as a nurse in Italy. He sometimes visits Japan on vacation. He loves a silicone note band sold in Japan. He usually wears it around his wrist in the hospital. On a silicone note band, you can write notes with a pen and erase them with your finger. You can write notes on the band repeatedly. Notes will not disappear even in water. So you don't have to take off the band when you wash your hands. Luca said, "I got a silicone note band from my sister. [　ウ　] I am a nurse. I have to write many necessary notes. A silicone note band is very useful for people who work in hospitals and disaster areas. Being functional is the most important to me."

The third person is William. He is from America and works for a junior high school in Japan. He loves Japan and wants to tell his friends in America how unique Japanese stationery is. He showed us one example. It is shaped and looks like a lettuce, but actually it is not a real one. Its material is paper, and you can use its leaves as note paper. They have wrinkles. And that helps the leaves look like real ones. There are two things to do before writing notes. First, pull off its leaf. Second, smooth out the wrinkles. And you can write notes on the leaf. William said, "Someone may say that [(D)]. However, I don't think so. It helps me enjoy my life. Being functional is not important to me. I like to use unique stationery that Japanese people make with their sense of humor."

Through talking with these people, I learned how great Japanese stationery is and became interested in it. Emily looked more excited about it than before. She said, “Japanese people have made much interesting stationery. I think that making such stationery needs creative ideas. And I believe that such stationery can help us improve our lives. My dream is to create the stationery that makes many people happy.” [　　エ　　] I am sure that you will use the stationery made by her someday.

（注） stationery　文房具　　exposition　博覧会　　sharpen ～　～を削る
pencil sharpener　鉛筆削り　　unique　独特の　　shaving(s)　削りくず
shape ～　～を形づくる　　petal(s)　花びら　　cherry blossom(s)　桜　　material　素材
wood　木　　real　本物の　　nurse　看護師　　silicone　シリコーン（素材の名称）
note(s)　メモ　　band　バンド　　wrist　手首　　erase ～　～を消す　　finger　指
repeatedly　何度も　　disappear　消える　　disaster area(s)　被災地
functional　機能的な　　lettuce　レタス　　leaf (leaves)　葉　　wrinkle(s)　しわ
pull off ～　～をもぎとる　　smooth out ～　～を伸ばす　　sense of humor　ユーモア感覚
creative　創造的な

1　本文中の(A), (B)に入る英語として最も適当なものを，次の中から一つずつ選び，それぞれ正しい形の１語に直して書け。(A)(　　　)　(B)(　　　)

build　　go　　happen　　lose　　meet　　rise　　spend

2　本文中の(C)の指す内容を，日本語で具体的に説明せよ。
(　　　　　　　　　　　　　　　　　　　　　　　　　　　　　　　)

3　本文中の(D)に当てはまる最も適当なものを，次のア～エの中から一つ選び，その記号を書け。
(　　　)

ア　it is a lot of fun to use this stationery
イ　more people should buy this stationery
ウ　this stationery can make our lives better
エ　there is nothing good about this stationery

4　次の１文が入る最も適当な場所を，本文中のア～エの中から一つ選び，その記号を書け。
(　　　)

I love it because it helps me a lot during work.

5　本文中に書かれている内容と一致するものを，次のア～キの中から二つ選び，その記号を書け。
(　　　)(　　　)

ア　Emily went to the stationery exposition in Tokyo with Miyu and Yuri two months ago.
イ　Jane feels the seasons in Japan through seeing the shavings of the special color pencils.
ウ　Important notes written on the silicone note band will disappear in water.
エ　Luca wants to know how he can improve his sense of humor to make people happy.
オ　The leaves of a real lettuce will be used as note paper in some countries soon.
カ　Both Luca and William like functional stationery better than unique stationery.
キ　Emily thinks that creative ideas are necessary to make interesting stationery.

6　この発表の題名として最も適当なものを，次のア～エの中から一つ選び，その記号を書け。

(　　)

ア　History of the stationery exposition

イ　Japanese stationery in people's lives

ウ　Interesting stationery around the world

エ　People working for a stationery company

〈放送原稿〉

2024年度愛媛県公立高等学校入学試験英語の聞き取りの問題を始めます。

1　次の1～3の英語による対話とそれについての質問が2回ずつ読まれます。その英文を聞いて，質問に対する答えとして最も適当なものを，問題用紙のア～エの中からそれぞれ一つ選び，その記号を解答欄に記入しなさい。

1　A：　Is this your pen, Ayaka?

B：　Yes. Where did you find it?

A：　I found it under the chair.

Question：Where was Ayaka's pen?

(1を繰り返す)

2　A：　Can you help me choose a present for my grandfather?

B：　Of course. How about this, Maya? It's good for winter.

A：　Nice idea! It will keep his head warm. I'm sure he will like it.

Question：What is the present for Maya's grandfather?

(2を繰り返す)

3　A：　Taro, did you watch the baseball game on TV last night?

B：　No, I didn't. I enjoyed reading a science book in my room. My father bought it for me two days ago.

A：　You like baseball, right?

B：　Yes. But actually, the book was so interesting, and I couldn't stop reading it.

Question：What did Taro do last night?

(3を繰り返す)

2　次の1，2の英語による対話が2回ずつ読まれます。その英文を聞いて，チャイムの部分に入る受け答えとして最も適当なものを，問題用紙のア～エの中からそれぞれ一つ選び，その記号を解答欄に記入しなさい。

1　A：　Hi, Lucy. I'm so sorry. Did you wait for a long time?

B：　No problem. I've just arrived here.

A：　(チャイム)

(繰り返す)

2　A：　Mary, let's go out for dinner. I found a good restaurant on the Internet.

B：　Sounds nice. I'm hungry now. What kind of restaurant is it?

A：　(チャイム)

(繰り返す)

3　次の英文(海外の中学生のオリバーがビデオメッセージで日本の中学生に伝えた内容)が通して2回読まれます。その英文を聞いて，内容についての1～4の英語の質問に対する答えとして最も適当なものを，問題用紙のア～エの中からそれぞれ一つ選び，その記号を解答欄に記入しなさい。

Hi, everyone. My name is Oliver. Today, I'll tell you about my school life in Australia.

My school starts in January and ends in December. My Japanese friend in my school, Ken, told me that schools in Japan start in April and end in March. He also told me that students have school lunch in many schools in Japan. In my school, we don't have school lunch, and I hope school lunches will be given to the students someday. They can keep the students' health good.

I like studying foreign languages. I hear the students in your school study English. In my school, we can choose the Japanese class or the Chinese class. At first, I couldn't decide which class I should choose. One day, Ken said to me, "Oliver, you should take the Japanese class. I can answer your questions about Japanese at any time. Don't worry." I was glad to hear that and took the Japanese class.

My school has a big library. It's my favorite place. After school, I often enjoy reading many books there. I have learned a lot through reading. In the future, I want to be a teacher and help my students realize how wonderful reading is. What are your dreams? And please tell me about your school life.

〔質問〕

1 When does Oliver's school begin?

2 What does Oliver think about school lunches?

3 Why did Oliver take the Japanese class?

4 What does Oliver want his students to do as a teacher?

(英文と質問を繰り返す)

これで聞き取りの問題を終わります。

社会

時間　50分　　　満点　50点

1　次のA～Fの文は，日本のできごとを年代の古い順に上から並べたものである。これを読んで，1～7の問いに答えなさい。

A　①聖徳太子《しょうとくたいし》が，小野妹子《おののいもこ》らを隋《ずい》に送った。

B　桓武《かんむ》天皇が，都を平安京に移した。

C　②鎌倉を拠点とした源頼朝《みなもとのよりとも》が，奥州藤原《おうしゅうふじわら》氏をほろぼした。

D　足利義満《あしかがよしみつ》が，京都の③室町に御所《ごしょ》を建てた。

E　石田三成《いしだみつなり》らの挙兵により，関ヶ原《せきがはら》の戦いが起こった。

F　④徳川吉宗《とくがわよしむね》が，享保《きょうほう》の改革と呼ばれる政治改革を始めた。

1　①が，大王《おおきみ》中心の政治を目指し，家柄にとらわれず，有能な人物を役人に取り立てようとして設けた制度は，一般に□の制度と呼ばれている。□に当てはまる最も適当な言葉を書け。
（　　　）

2　Bのできごとが起こった頃に唐《とう》に渡った僧には，比叡山《ひえいざん》に延暦寺《えんりゃくじ》を建てたXがいる。Xは，日本に多くの経典を持ち帰り，Yを開いた。X，Yにそれぞれ当てはまる言葉の組み合わせとして適当なものを，ア～エから一つ選び，その記号を書け。（　　　）

ア　X　最澄《さいちょう》　　Y　臨済宗《りんざいしゅう》　　イ　X　最澄　　Y　天台宗《てんだいしゅう》

ウ　X　栄西《ようさい》《えいさい》　　Y　臨済宗　　エ　X　栄西　　Y　天台宗

3　②時代に起こった世界のできごととして適当なものを，ア～エから一つ選び，その記号を書け。
（　　　）

ア　ルターが，ローマ教皇やカトリック教会を批判し，宗教改革を始めた。

イ　ムハンマドが，唯一神の教えを伝え，イスラム教を始めた。

ウ　マルコ・ポーロが，ヨーロッパで，日本のことを黄金の国として紹介した。

エ　ナポレオンが，国民の人気を得て，フランスの皇帝となった。

4　次の会話文は，直子さんと先生が，③時代の産業の発展について話をしたときのものである。文中の□に適当な言葉を書き入れて文を完成させよ。ただし，□には，**貴族や寺社・税・営業・独占**の四つの言葉を含めること。（　　　　　　　　　　　　　　　　　　　　　　　）

先生　　：③時代には，商業や手工業の発展により，各地で都市が発達しました。発達した都市などにおいて，商人や手工業者たちがつくった座とは，どのようなものか分かりますか。

直子さん：はい。座とは，□同業者の団体のことです。

先生　　：そのとおりです。

5　Eのできごとから F のできごとまでの期間に起こった，我が国のできごととして適当なものを，ア～エから一つ選び，その記号を書け。（　　　）

ア　雪舟《せっしゅう》が水墨画で日本の風景を描いた。　　イ　伊能忠敬《いのうただたか》が正確な日本地図をつくった。

ウ　松尾芭蕉《まつおばしょう》が俳諧の芸術性を高めた。　　エ　紀貫之《きのつらゆき》らが「古今和歌集《こきんわかしゅう》」をまとめた。

6　④が将軍としてまとめさせた，裁判や刑の基準となる幕府の法典は，一般に□と呼ばれている。□に当てはまる最も適当な言葉を書け。(　　　)

7　右の資料は，国宝に指定されている，ある建物の写真である。この建物が建てられたことを述べた文をつくり，A～Eのできごとの間に加えて，年代の古い順に並べたとき，当てはまる位置として適当なものを，ア～エから一つ選び，その記号を書け。(　　　)

ア　AとBの間　　イ　BとCの間　　ウ　CとDの間　　エ　DとEの間

2　右の略年表を見て，1～7の問いに答えなさい。

年代	できごと
1860	・①桜田門外の変が起こる
1880	・②国会開設の勅諭《ちょくゆ》が出される
1900	・③日露戦争が始まる
	・④第一次世界大戦が始まる
1920	・⑤世界恐慌《きょうこう》が始まる
1940	・朝鮮戦争が始まる ┐
1960	・⑥東海道新幹線が開通する ⑦
	・日中共同声明が発表される ┘
1980	

1　次の文は，略年表中の①の後，幕府が進めた公武合体策の目的について述べたものである。文中の [X] [Y] に，それぞれ適当な言葉を書き入れて文を完成させよ。ただし，[X] には**朝廷**の言葉を，[Y] には**幕府**・**回復**の二つの言葉を，それぞれ含めること。

X (　　　　　　　　　　)　Y (　　　　　　　　　　)

幕府が進めた公武合体策は，幕府が [X] ことにより，[Y] ことを目的としていた。

2　次の資料は，略年表中の②のできごとの後，自由党を結成した人物の写真である。この人物の氏名を書け。(　　　)

3　次の資料は，略年表中の③のできごとが起こった頃の，我が国のある製糸会社で，生《き》糸《いと》をつくっていた女性の1日の就業時間を表したものである。資料で示した就業時間をはじめとする，労働条件の改善が求められるようになったことを受けて，政府が1911年に制定した法律の名称を書け。

(　　　)

就業	4時15分～ 6時00分
朝食	6時00分～ 6時15分
就業	6時15分～11時00分
昼食	11時00分～11時15分
就業	11時15分～15時00分
休憩	15時00分～15時15分
就業	15時15分～19時30分
就業時間の合計　14時間30分	

(注)　6月後半の就業時間表である。

(職《しょっ》工《こう》事《じ》情《じょう》による)

4　次の文は，略年表中の④の講和会議としてパリで開かれた会議について述べたものである。文中の [　　] に当てはまる国の名を書け。(　　　)

ベルサイユ条約が結ばれ，[　　] は，巨額の賠償金の支払いを義務付けられたうえ，軍備を縮小され，領土の一部と全ての植民地を失うこととなった。

5　略年表中の⑤について述べた次の文のa，bの｛　　｝の中から適当なものを，それぞれ一つずつ選び，その記号を書け。a (　　　)　b (　　　)

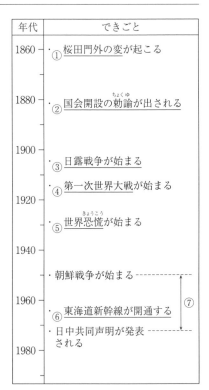

⑤に対応するために，アメリカでは，$_a${ア　リンカン　　イ　ローズベルト}大統領が，$_b${ウ　奴隷解放宣言を発表した　　エ　ダム建設などの公共事業をおこした}。

6　略年表中の⑥のできごとが起こった頃，漫画やアニメーションの分野で活躍し，我が国で初めての本格的な連続長編テレビアニメの制作に関わった人物として適当なものを，ア～エから一つ選び，その記号を書け。(　　　)

ア　手《て》塚《づか》治《おさ》虫《む》　　イ　大《おお》江《え》健三郎《けんざぶろう》　　ウ　黒澤《くろさわ》明《あきら》　　エ　司《し》馬《ば》遼《りょう》太郎《たろう》

7　略年表中の⑦の期間に起こったできごととして適当なものを，ア～エから二つ選び，年代の古い順に左から並べ，その記号を書け。(　　　)→(　　　)

ア　日ソ共同宣言が調印された。　　イ　アメリカとソ連の首脳が冷戦の終結を宣言した。

ウ　日本がポツダム宣言を受諾した。　　エ　サンフランシスコ平和条約が結ばれた。

3　次の1〜6の問いに答えなさい。

1　政党政治において，どの政党も議会で過半数の議席に達しないときなどには，基本的な政策に合意をした政党が集まって政権がつくられる。このような政権は，一般に［　　］政権と呼ばれている。［　　］に当てはまる最も適当な言葉を書け。(　　　)

2　次の会話文は，健太さんと先生が，立憲主義について話をしたときのものである。文中の［　　］に適当な言葉を書き入れて文を完成させよ。ただし，［　　］には，**国家権力・憲法・制限**の三つの言葉を含めること。

(　　)

先生　　：現在，多くの国で取り入れられている立憲主義とは，どのような考え方か分かりますか。

健太さん：はい。国民の基本的人権を保障するなど，よりよい民主政治を実現するために，［　　］という考え方のことです。

先生　　：そのとおりです。

3　我が国における国会の仕事として適当なものを，ア〜エから一つ選び，その記号を書け。

(　　　)

ア　天皇の国事行為への助言と承認　　イ　予算案の作成　　ウ　法律案の議決

エ　条約の締結

4　右の図は，我が国の民事裁判において，簡易裁判所と地方裁判所のいずれかで第一審が行われたとするときの，三審制の流れを模式的に表したものであり，図中の［A］には，第一審の判決に対して不満があるときに行うことを表す言葉が当てはまる。［A］に当てはまる適当な言葉を書け。(　　　)

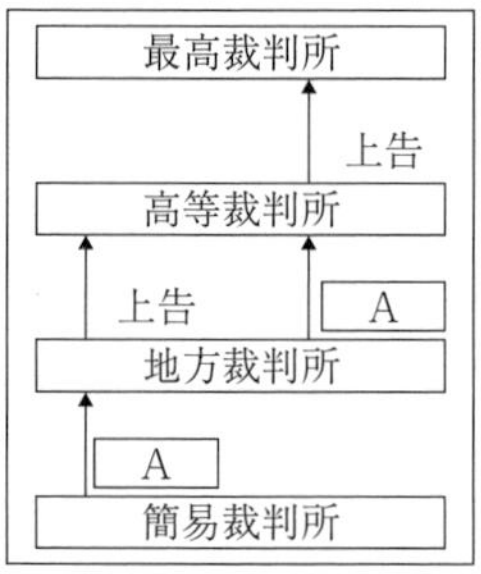

5　我が国の地方自治における住民の直接請求権について述べた次の文の①，②の{　　}の中から適当なものを，それぞれ一つずつ選び，その記号を書け。①(　　　)　②(　　　)

有権者の数が40万人以下の地方公共団体における，議会の解散の請求については，有権者の①{ア　3分の1　　イ　50分の1}以上の署名を集めて②{ウ　首長　　エ　選挙管理委員会}に対し，請求をすることができるとされている。

6　後の表は，2002年，2012年，2022年における，我が国の，就業率と非正規雇用割合を，年齢層別，男女別に表したものである。表から読み取れることを述べた文として適当なものを，次のア〜エから一つ選び，その記号を書け。(　　　)

ア　男性の非正規雇用割合を2012年と2022年で比べると，いずれの年齢層においても2022年の方が大きくなっている。

イ　女性の就業率を，2002年の25〜34歳と2022年の45〜54歳で比べると，2022年の45〜54歳の方が18.6ポイント高くなっている。

ウ　男性の就業率を，表中の三つの年齢層ごとに，表中の三つの年で比べると，いずれの年齢層においても2002年が最も低い。

エ　女性の非正規雇用割合を，表中の三つの年において，表中の三つの年齢層の間で比べると，いずれの年においても35～44歳が最も大きい。

（単位：％）

年齢層	項目	男性			女性		
		2002年	2012年	2022年	2002年	2012年	2022年
25～34歳	就業率	90.1	89.4	91.3	61.2	69.1	81.4
	非正規雇用割合	9.4	15.3	14.3	36.7	40.9	31.4
35～44歳	就業率	93.6	92.6	93.8	63.0	66.7	78.4
	非正規雇用割合	5.6	8.2	9.3	52.6	53.8	48.4
45～54歳	就業率	92.5	92.3	93.2	67.3	72.2	79.8
	非正規雇用割合	7.4	8.6	8.6	54.7	58.4	54.9

（注）就業率とは，人口に占める就業者の割合のことである。また，非正規雇用割合とは，正規雇用労働者と非正規雇用労働者の合計に占める非正規雇用労働者の割合のことである。

（総務省資料による）

4　次の1～5の問いに答えなさい。

1　次の図は，株式会社のしくみを模式的に表したものであり，図中の［ A ］には，株式を購入した出資者を表す言葉が当てはまる。［ A ］に当てはまる最も適当な言葉を書け。(　　　)

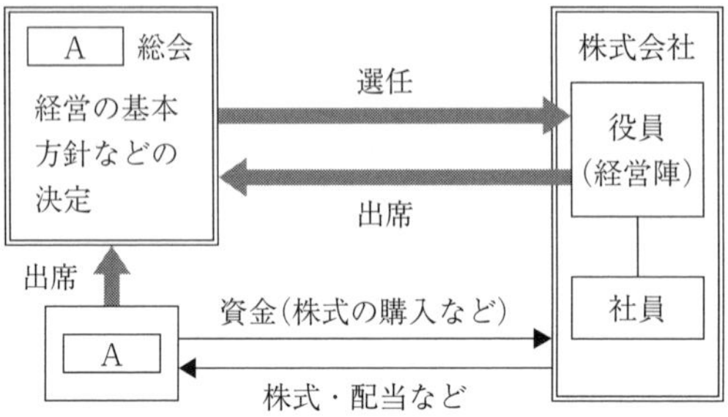

2　右の図は，好景気と不景気が交互にくり返される景気変動を模式的に表したものである。図中の　印で示した時期における経済の様子について述べた次の文の①，②の｛　　｝の中から適当なものを，それぞれ一つずつ選び，その記号を書け。

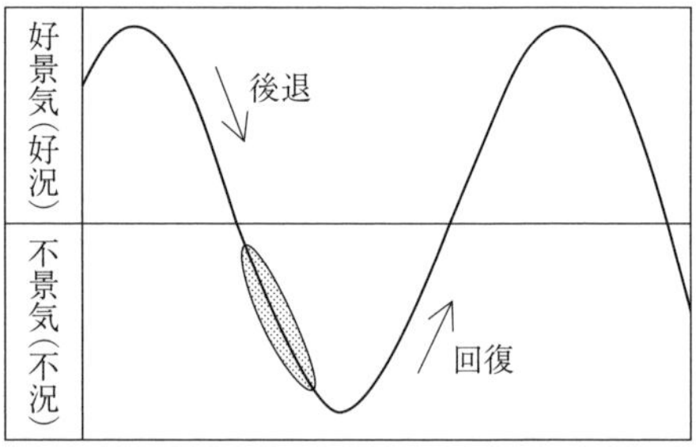

①(　　　)　②(　　　)

　印で示した時期は，一般に，家計の所得が①｛ア　増加　　イ　減少｝し，消費が減ることで，商品の需要が供給を下回るようになる。価格が低くても商品が購入されない状態が続くと，物価が下がり続ける②｛ウ　インフレーション　エ　デフレーション｝が起こることがある。

3　資料1は，2013年度における，スウェーデン，日本，アメリカのそれぞれの国の，国民所得に占める国による社会保障に関する支出の割合と国民負担率を表したものである。また，資料2は，資料1をもとに，表中の三つの国の，社会保障についてのそれぞれの考え方を，位置関係で示して説明するために，先生が作成した模式図である。日本の位置を資料2中の●印としたとき，スウェーデンの位置，アメリカの位置は，それぞれ，資料2中のⅠ～Ⅳのいずれかに当たる。スウェーデンの位置に当たる記号と，アメリカの位置に当たる記号の組み合わせとして適当なものを，後のア～エから一つ選び，その記号を書け。(　　　)

資料1

(単位：%)

項目 / 国	国民所得に占める国による社会保障に関する支出の割合	国民負担率
スウェーデン	41.9	55.7
日本	30.7	41.6
アメリカ	23.5	32.5

(注)　国民負担率とは，国民所得に占める国民が負担する社会保障費と税の割合のことである。

(財務省資料ほかによる)

資料2

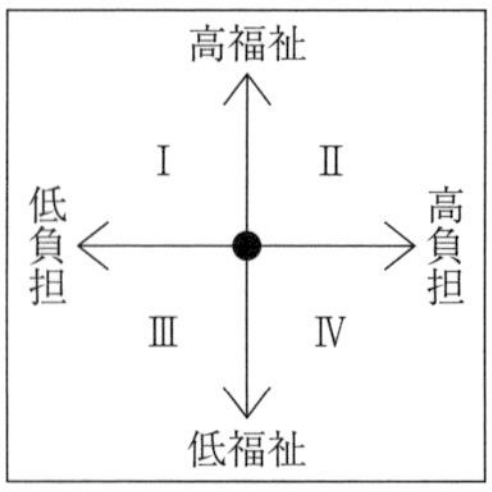

ア　スウェーデン　Ⅰ　　アメリカ　Ⅲ　　イ　スウェーデン　Ⅰ　　アメリカ　Ⅳ
ウ　スウェーデン　Ⅱ　　アメリカ　Ⅲ　　エ　スウェーデン　Ⅱ　　アメリカ　Ⅳ

4　右の表は，国際社会における課題についてまとめたものである。表中の[B]に適当な言葉を書き入れて表を完成させよ。ただし，[B]には，**発展途上国**の言葉を用いること。

課題	課題の説明
南北問題	先進国と発展途上国との間の経済格差
南南問題	[B]

(　　　　　　　　　　　　　　　　　　　　　　　　　　)

5　紛争などにより迫害を受けるおそれがあることを理由に，住んでいた土地を離れて国外へ逃れた[C]を保護するために，国連[C]高等弁務官事務所（UNHCR）が活動している。[C]に当てはまる適当な言葉を書け。(　　　　)

5　次の1～5の問いに答えなさい。

1　地図1を見て，(1)，(2)の問いに答えよ。

地図1

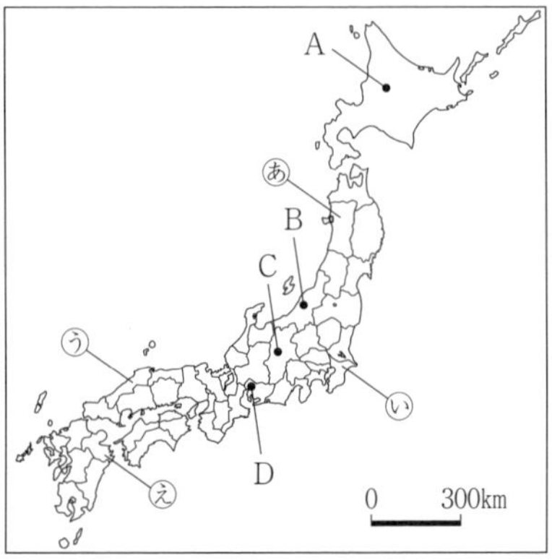

(1)　地図1中のあ～えの県の中には，県名と県庁所在地名が異なる県が一つある。それはどれか。あ～えから一つ選び，その記号と県名を書け。

記号(　　　)　県名(　　　県)

(2)　次のア～エのグラフは，それぞれ，地図1中のA～Dのいずれかの都市における，月別の平均気温と降水量を表したものである。Bの都市に当たるグラフとして適当なものを，ア～エから一つ選び，その記号を書け。また，その記号を選んだ理由を，**夏**・**冬**の二つの言葉を用いて簡単に書け。記号(　　　)　理由(　　　　　　　　　　　　　　　　　　　　　)

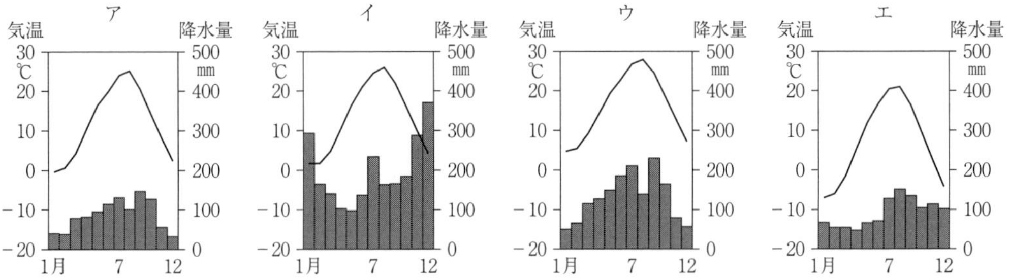

(2024年版　理科年表ほかによる)

2　火山が噴火すると，火口からふき出した高温のガスや火山灰，石などが，高速で山の斜面を流れ下る，［　　　］と呼ばれる現象が発生して大きな火山災害を引き起こすことがある。［　　　］に当てはまる適当な言葉を書け。(　　　)

3　右の表は，2022年における我が国の，都道府県別の就業者に占める，［ X ］産業の就業者の割合の大きい都道府県を，上位7位まで表したものであり，［ X ］産業には［ Y ］が含まれる。［ X ］，［ Y ］にそれぞれ当てはまる言葉の組み合わせとして適当なものを，ア～エから一つ選び，その記号を書け。(　　　)

ア　X　第2次　　Y　建設業

イ　X　第2次　　Y　サービス業

ウ　X　第3次　　Y　建設業

エ　X　第3次　　Y　サービス業

順位	都道府県
1	東京都
2	沖縄県
3	北海道
4	千葉県
5	神奈川県
6	大阪府
7	福岡県

(2024年版　データでみる県勢による)

4　右のグラフは，2022年における，我が国の［　　　］の生産量の，都道府県別の割合を表したものである。［　　　］に当てはまる農産物として適当なものを，ア～エから一つ選び，その記号を書け。(　　　)

ア　りんご　　イ　もも　　ウ　さくらんぼ　　エ　生乳

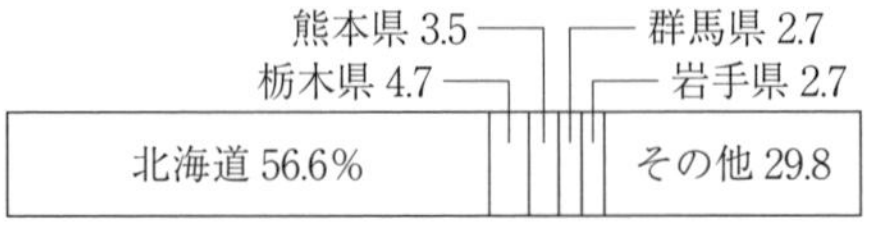

(2024年版　データでみる県勢による)

5　地図2中の•印は，2022年における，我が国の［　　　］を上位10位まで取り上げ，その分布を表したものである。［　　　］に当てはまる言葉として適当なものを，ア～エから一つ選び，その記号を書け。(　　　)

ア　標高が高い山　　　イ　人口が多い市

ウ　最大出力が大きい水力発電所　　　エ　乗降客数が多い空港

地図2

6　次の1～3の問いに答えなさい。

1　地図1は，地図帳の74ページの一部である。この地図帳のさくいんでは，ウェリントンは，[　　]と表記されている。[　　]に当てはまる表記として適当なものを，ア～エから一つ選び，その記号を書け。(　　　)

ア　74C8N　　イ　74C8S　　ウ　74D8N

エ　74D8S

地図1

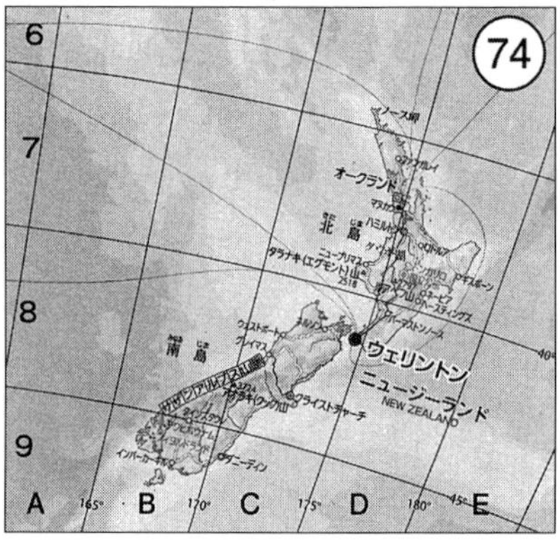

2　地図2は，緯線と経線が直角に交わった地図であり，緯線は赤道から，経線は本初子午線から，それぞれ30度ごとにかかれている。地図2を見て，(1)～(4)の問いに答えよ。

地図2

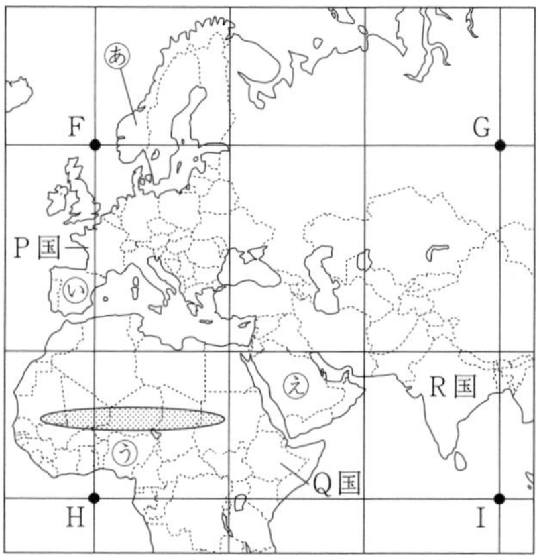

(1)　地図2をもとにして述べた文として最も適当なものを，ア～エから一つ選び，その記号を書け。(　　　)

ア　FG間を結ぶ緯線の地球儀上での長さと，HI間を結ぶ緯線の地球儀上での長さを比べると，同じである。

イ　FG間を結ぶ緯線の地球儀上での長さが，地球儀上でのFG間の最短距離である。

ウ　Gは，Fから見て，真東の方向にある。

エ　P国とQ国の面積はほぼ同じに見えるが，P国とQ国の実際の面積を比べると，Q国の方が大きい。

(2)　地図2中のR国において，国民の約80％が信仰している宗教として適当なものを，ア～エから一つ選び，その記号を書け。(　　　)

ア　キリスト教　　イ　ヒンドゥー教　　ウ　イスラム教　　エ　仏教

(3)　右の表は，2021年における世界の，オリーブの生産量の多い国を上位5位まで表したものである。表中のXに当たる国として適当なものを，地図2中のあ～えから一つ選び，その記号と国の名を書け。記号(　　　)　国の名(　　　)

国	生産量(万t)
X	825.7
イタリア	227.1
トルコ	173.9
モロッコ	159.1
ポルトガル	137.6

(2023—24年版　世界国勢図会による)

(4)　地図2中の(網掛けの楕円)印で示した区域は，サハラ砂漠の南の縁に位置し，[Y]と呼ばれている。[Y]では，人口増加による，たきぎやまきの採りすぎ，放牧する家畜の増加などにより，植物が育たないやせた土地になる砂漠化が進んでいる。[Y]に当てはまる最も適当な言葉を書け。

(　　　)

3　次の表は，熱帯の気候についてまとめたものである。表中の[Z]に適当な言葉を書き入れて表を完成させよ。ただし，[Z]には，**まばら**・**草原**の二つの言葉を含めること。

(　　　　　　　　　　　　　　　　)

気候	気候の特徴	植物の広がりの様子
熱帯雨林気候	一年を通して気温が高く，毎日のように雨が降る。	うっそうとした森林が広がっている。
サバナ気候	一年を通して気温が高く，雨季と乾季がはっきり分かれている。	[Z]が広がっている。

理科

時間　50分　　　　満点　50点

1　音，運動とエネルギーに関する次の１・２の問いに答えなさい。

1　次の実験1〜3を行い，おんさＭ，Ｎが出した音を，マイクを通してオシロスコープに入力し，オシロスコープの画面で波形を観察した。図１のＸ〜Ｚは，その結果を表したものである。

［実験１］　おんさＭをある強さでたたいた。図１のＸは，その結果を表したものである。

［実験２］　実験１でおんさＭをたたいた強さと異なる強さで，おんさＭをたたいた。図１のＹは，その結果を表したものである。

［実験３］　おんさＮをある強さでたたいた。図１のＺは，その結果を表したものである。

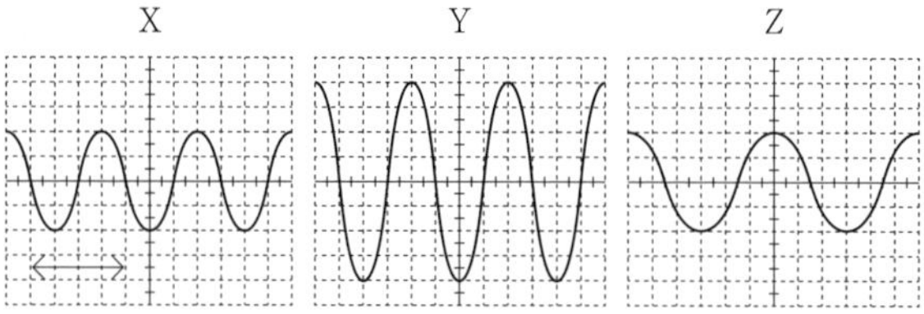

図１〔Ｘ〜Ｚの横軸の１目盛りが表す時間の長さは同じであり，Ｘ〜Ｚの縦軸の１目盛りが表す振幅の大きさは同じである。Ｘの⟷の長さは，１回の振動にかかる時間を示している。〕

(1)　おんさＭ，Ｎのように，振動して音を出す物体は何と呼ばれるか。その名称を書け。(　　　)

(2)　図１のＸで，画面の⟷が示す時間は0.0025秒であった。おんさＭが出した音の振動数は何Hzか。(　　　Hz)

(3)　次の文の①，②の｛　　｝の中から，それぞれ適当なものを１つずつ選び，その記号を書け。
①(　　　)　②(　　　)

実験２でおんさＭが出した音の大きさは，実験１でおんさＭが出した音の大きさと比べて①｛ア　大きい　　イ　小さい｝。実験３でおんさＮが出した音の高さは，実験１でおんさＭが出した音の高さと比べて②｛ウ　高い　　エ　低い｝。

2［実験４］　図２のように，小球ＰをＡの位置から静かにはなし，ＢからＦまでのそれぞれの位置を通過したときの速さを測定した。次に，小球Ｐを体積が同じで質量が２倍の小球Ｑにかえ，小球ＱをＡの位置から静かにはなし，小球Ｐのときと同じ方法で，速さを測定した。表１は，その結果をまとめたものである。ただし，図２の水平面を位置エネルギーの基準面とする。また，小球が運動しているとき，小球がもつ力学的エネルギーは一定に保たれるものとする。

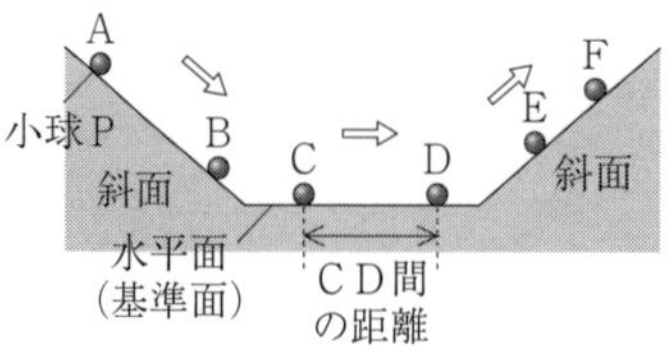

図２〔⇨は運動の向きを示す。〕

表１

位置	B	C	D	E	F
小球Ｐの速さ〔cm/s〕	250	280	280	217	125
小球Ｑの速さ〔cm/s〕	250	280	280	217	125

(1) 次の文の①，②の｛　　｝の中から，それぞれ適当なものを1つずつ選び，その記号を書け。
①(　　　) ②(　　　)

小球PがAの位置からBの位置まで運動したとき，小球Pがもつ位置エネルギーは①｛ア 増加　イ 減少｝し，小球Pがもつ運動エネルギーは②｛ウ 増加　エ 減少｝する。

(2) 実験4で，CD間の距離は42cmであった。小球PがCの位置からDの位置まで運動するのにかかった時間は何秒か。(　　　秒)

(3) 図3の矢印は，水平面上のCD間を運動している小球にはたらく重力を示している。この小球には，もう1つの力がはたらいている。その力を，解答欄の図中に矢印でかけ。また，作用点を●印でかけ。

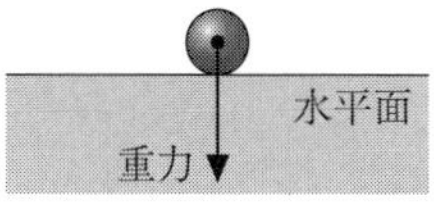

図3 (小球は右向きに運動している。)

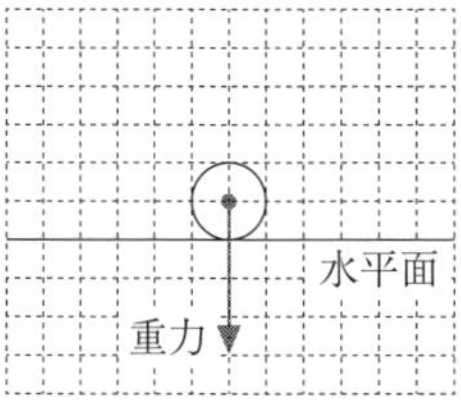

(4) 小球PがEの位置にあるとき，小球Pがもつ運動エネルギーは，小球Pがもつ位置エネルギーの $\frac{3}{2}$ 倍であった。また，小球PがFの位置にあるときの小球Pがもつ運動エネルギーは，小球PがEの位置にあるときの小球Pがもつ運動エネルギーの $\frac{1}{3}$ 倍であった。小球Pがもつ位置エネルギーをEとFの位置で比べると，Fの位置にあるときの位置エネルギーは，Eの位置にあるときの位置エネルギーの何倍か。(　　　倍)

(5) 次の文の①，②の｛　　｝の中から，それぞれ適当なものを1つずつ選び，ア～ウの記号で書け。①(　　　) ②(　　　)

小球Pと小球QがそれぞれAの位置にあるとき，それぞれの小球がもつ位置エネルギーの大きさを比べると，①｛ア 小球Pが大きい　イ 小球Qが大きい　ウ 同じである｝。また，小球Pと小球QがそれぞれCの位置にあるとき，それぞれの小球がもつ運動エネルギーの大きさを比べると，②｛ア 小球Pが大きい　イ 小球Qが大きい　ウ 同じである｝。

2　水溶液の性質と化学変化に関する次の1・2の問いに答えなさい。

1　水溶液Xと水溶液Yがある。これらは，塩酸，水酸化ナトリウム水溶液のいずれかである。

［実験1］　4個のビーカーA～Dに，水溶液Xを同じ体積ずつとったあと，ビーカーB，C，Dに，水溶液Yをそれぞれ4，8，12cm^{3}加えた。次に，ビーカーA～Dの水溶液それぞれを，図1のようにガラス棒でスライドガラスの上にとり，加熱して水を蒸発させると，ビーカーAの水溶液は何も残らなかったが，ビーカーB～Dの水溶液では白色の物質が残った。また，ビーカーA～Dに，緑色のBTB溶液を数滴ずつ加え，色の変化を観察した。ビーカーCの水溶液は緑色であり，pHを調べると7であった。

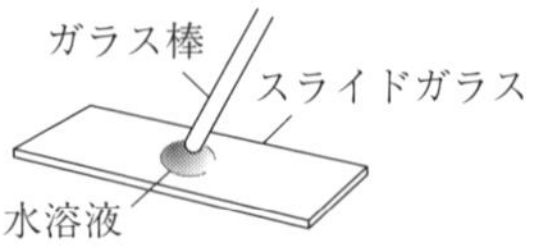

図1

(1)　塩酸と水酸化ナトリウム水溶液が中和して塩《えん》と水ができる化学変化を，化学反応式で表すとどうなるか。解答欄の（　　）に当てはまる化学式をそれぞれ書き，化学反応式を完成させよ。

（　　　）+（　　　）→（　　　）+（　　　）

(2)　次の文の①，②の｛　　｝の中から，それぞれ適当なものを1つずつ選び，その記号を書け。

①（　　　）　②（　　　）

水溶液Xは① ｛ア　塩酸　　イ　水酸化ナトリウム水溶液｝であり，緑色のBTB溶液を加えたあとのビーカーAの水溶液の色は② ｛ウ　黄色　　エ　青色｝であった。

(3)　次のア～エのうち，実験1で，水溶液中のイオンや，中和反応によって生じた水分子について述べたものとして，最も適当なものを1つ選び，その記号を書け。（　　　）

ア　水溶液中の陽イオンと陰イオンの数が同じなのは，ビーカーAの水溶液だけである。

イ　水溶液中に含まれるイオンの総数は，ビーカーDの水溶液だけ異なり，一番多い。

ウ　水溶液中に生じた水分子の数は，ビーカーB，C，Dの水溶液どれも同じである。

エ　水溶液中に水分子が生じたのは，ビーカーCの水溶液だけである。

2［実験2］　ビーカーPにうすい塩酸を14cm^{3}とり，ビーカーPを含めた全体の質量を測定した。次に，図2のように，ビーカーPに石灰石の粉末を1.0g加えて，気体が発生しなくなるまで反応させ，しばらくしてから，ビーカーPを含めた全体の質量を測定した。さらに，ビーカーPに石灰石の粉末を1.0g加えては質量を測定するという操作を，加えた石灰石の質量の合計が5.0gになるまで続けた。表1は，その結果をまとめたもので，ⓐ～ⓒには，発生した気体の質量の合計が当てはまる。

図2

表1

操作回数	加えた石灰石の質量の合計〔g〕	ビーカーPを含めた全体の質量〔g〕	発生した気体の質量の合計〔g〕
操作前	0	74.6	0
1回	1.0	75.2	0.4
2回	2.0	75.8	ⓐ
3回	3.0	76.4	ⓑ
4回	4.0	77.2	ⓒ
5回	5.0	78.2	1.4

(1) 発生した気体は何か。その気体の名称を書け。(　　　)

(2) 石灰石の粉末を2回目に加えたとき，新たに発生した気体は何gか。(　　　g)

(3) 表1のⓒに当てはまる適当な数値を書け。また，表1をもとに，加えた石灰石の質量の合計と発生した気体の質量の合計との関係を表すグラフをかけ。(　　　)

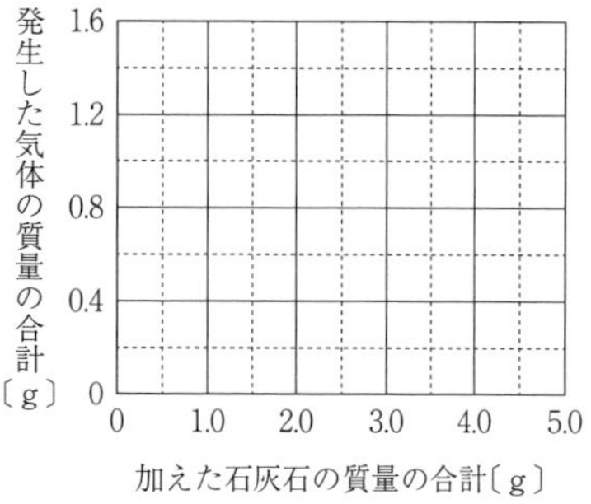

(4) 石灰石の粉末を合計5回加えたビーカーPに，下線部のうすい塩酸を加えると，気体が発生した。気体が発生しなくなるまで反応させるには，うすい塩酸を少なくとも何 cm^3 加えればよいか。(　　　cm^3)

3　植物の葉のはたらきと植物の分類に関する次の1・2の問いに答えなさい。

1［実験］　植物の蒸散について調べるために，葉の枚数や大きさ，枝の太さや長さがそろっている3本のツバキを用意した。図1のA〜Cのように，それぞれの枝を水が入った三角フラスコにさし，水面からの水の蒸発を防ぐために，それぞれの三角フラスコに少量の油をそそいで水面をおおったのち，BとCの葉にワセリンをぬり，三角フラスコを含めた全体の質量を測定した。3時間置いたのち，再び全体の質量を測定した。表1は，その結果をまとめたものである。ただし，下線部のツバキの，からだ全体からの蒸散の量は，それぞれ等しいものとする。また，三角フラスコ内の水の減少量は，蒸散の量と等しいものとする。

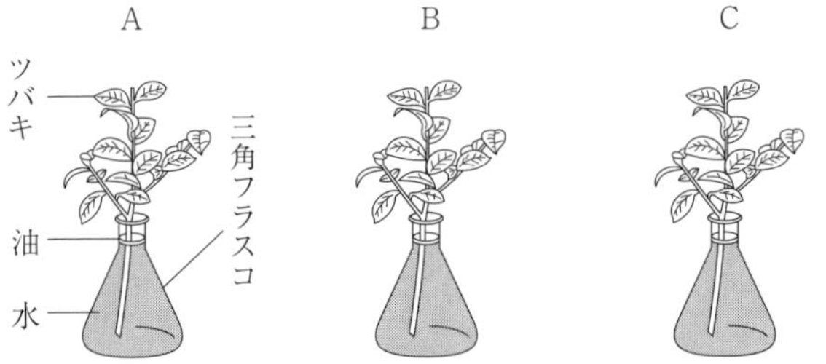

何も処理しない。　全ての葉の表側にワセリンをぬる。　全ての葉の裏側にワセリンをぬる。

図1

表1

	A	B	C
最初に測定した全体の質量〔g〕	75.2	75.6	75.6
3時間後に測定した全体の質量〔g〕	70.1	70.8	75.1

(1)　葉の表皮には，2つの三日月形の細胞がくちびるのように向かい合ってできたすき間がある。このすき間は，［X］と呼ばれ，蒸散は主に［X］で行われる。Xに当てはまる適当な言葉を書け。(　　　)

(2)　次の文の①，②の｛　　｝の中から，それぞれ適当なものを1つずつ選び，その記号を書け。

①(　　　)　②(　　　)

実験で，Bの水の減少量が，Cの水の減少量より①｛ア　大きい　　イ　小さい｝ことから，葉の裏側からの蒸散の量は，葉の表側からの蒸散の量より②｛ウ　大きい　　エ　小さい｝ことが分かる。

(3)　実験で，1本のツバキの，葉以外の部分からの蒸散の量は何gか。表1の値を用いて計算せよ。

(　　　g)

(4)　図1のように三角フラスコにさしたツバキを真上から見ると，図2のようにそれぞれの葉が互いに重なり合わないようについていた。このような葉のつき方には，植物が栄養分をつくる上で，どのような利点があるか。解答欄の書き出しに続けて簡単に書け。(より多くの葉に，　　　　　　　　　　)

図2

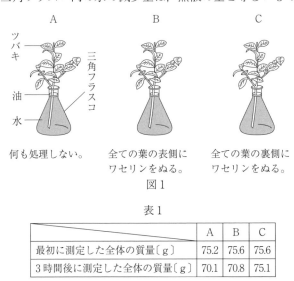

2［観察］　胞子でふえる植物であるイヌワラビを観察し，スケッチした。次に，イヌワラビの胞子のうをスライドガラスにのせ，水を１滴落とし，カバーガラスをかけてプレパラートをつくり，図３のような顕微鏡で，胞子のうや胞子を観察した。図４は，観察する倍率を100倍にして観察したときの様子を表したものである。

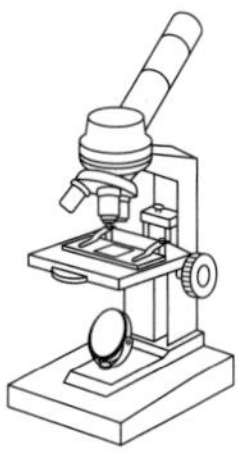
図３

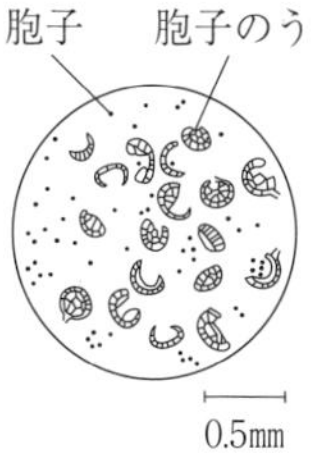

図４

(1)　次のア～エのうち，観察でスケッチを行うときの正しい方法として，最も適当なものを１つ選び，その記号を書け。(　　　)

ア　対象物は，細い線と点ではっきりとかく。　　イ　対象物は，影をつけて立体的にかく。

ウ　対象物だけでなく，周囲の背景も詳しくかく。　　エ　対象物の輪郭は，線を重ねてかく。

(2)　次の文の①，②の｛　　｝の中から，それぞれ適当なものを１つずつ選び，その記号を書け。

①(　　　)　②(　　　)

観察で，顕微鏡の接眼レンズの倍率はそのままで，①｛ア　レボルバー　　イ　調節ねじ｝を回して対物レンズをかえ，観察する倍率を100倍から400倍にすると，見える胞子のうや胞子の数は②｛ウ　増える　　エ　減る｝。

(3)　次の文の①，②の｛　　｝の中から，それぞれ適当なものを１つずつ選び，その記号を書け。

①(　　　)　②(　　　)

胞子でふえる植物の仲間には，イヌワラビのようなシダ植物のほかに，ゼニゴケのようなコケ植物がある。イヌワラビの胞子のうは，葉の①｛ア　表側　　イ　裏側｝で見られ，ゼニゴケの胞子のうは，②｛ウ　雄株《おかぶ》　　エ　雌株《めかぶ》｝で見られる。

(4)　植物の仲間には，胞子でふえるシダ植物やコケ植物のほかに，種子でふえる種子植物がある。次のア～エのうち，子房を持たない種子植物として，適当なものを１つ選び，その記号を書け。

(　　　)

ア　アブラナ　　イ　イチョウ　　ウ　サクラ　　エ　タンポポ

4　気象と太陽に関する次の1・2の問いに答えなさい。

1　図1は，ある年の9月に発生した台風Pの進路を矢印で表したものである。また，図2は，台風Pが図1の地点Aに最も接近した10月1日を含む3日間の，地点Aにおける，気温，湿度，気圧の3時間ごとの記録をグラフで表したものである。

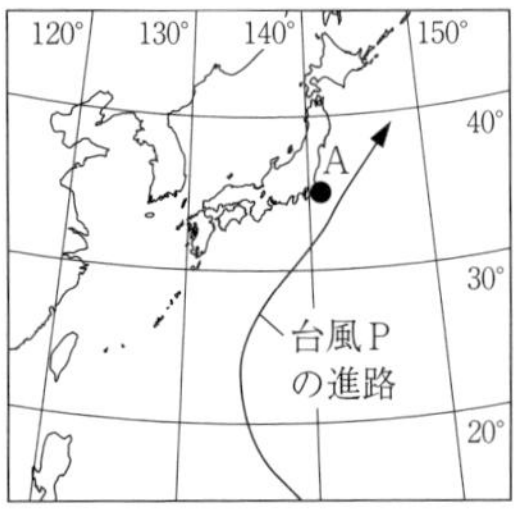

図1

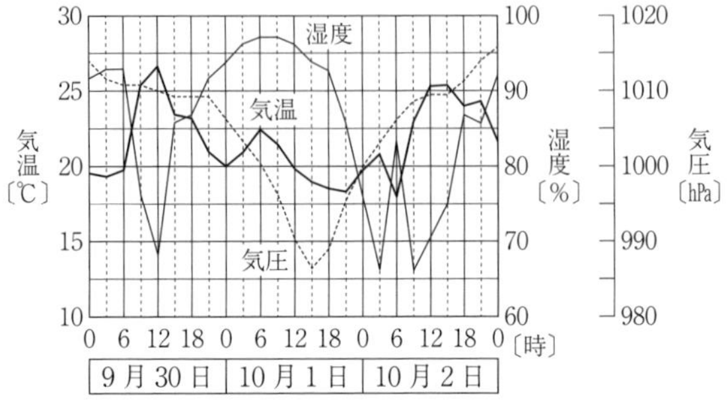

図2

(1)　台風は，［　X　］の海上で発生した［　X　］低気圧のうち，最大風速が約17m/s以上に発達したものである。Xに当てはまる適当な言葉を書け。(　　　)

(2)　次の文の①，②の｛　　｝の中から，それぞれ適当なものを1つずつ選び，その記号を書け。
①(　　　)　②(　　　)

台風Pが，図1のような進路をとるのは，①｛ア　シベリア高気圧　　イ　太平洋高気圧｝の縁に沿って移動し，中緯度帯の上空を吹く②｛ウ　季節風　　エ　偏西風｝に押し流されるからである。

(3)　図2で，次のア～ウの日時における露点を比較して，露点の高い順に，ア～ウの記号で左から書け。(　　→　　→　　)

ア　9月30日18時　　イ　10月2日3時　　ウ　10月2日9時

(4)　次の文の①，②の｛　　｝の中から，それぞれ適当なものを1つずつ選び，その記号を書け。
①(　　　)　②(　　　)

図2で，台風Pの中心が地点Aに最も接近した日時は，①｛ア　10月1日6時頃　　イ　10月1日15時頃｝と考えられ，その日時に地点Aを吹く風の向きは，図1から，②｛ウ　北寄り　エ　南寄り｝であったと考えられる。

2［観察］　図3のように，太陽投影板を天体望遠鏡にとりつけたあと，記録用紙にかいた円の大きさに合わせてうつした太陽の像を観察した。図4は，そのときの黒点の位置と形を記録したものである。

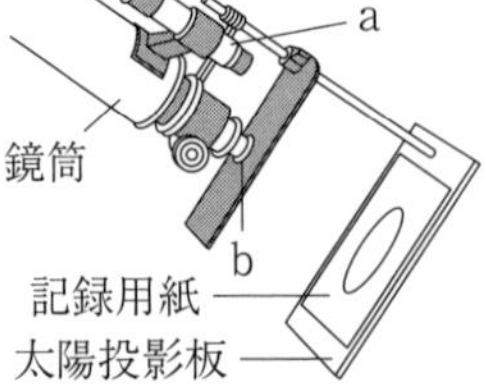

図3〔観察を始める前の様子である。〕

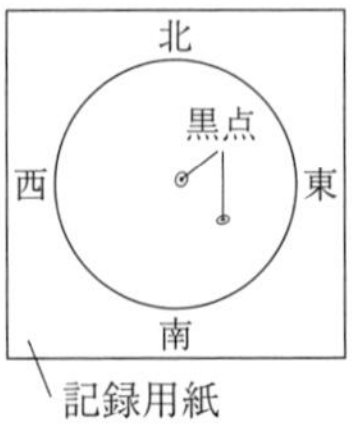

図4

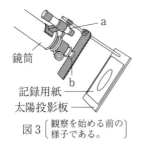

(1) 次の文の①，②の｛　　｝の中から，それぞれ適当なものを１つずつ選び，ア～エの記号で書け。①(　　　) ②(　　　)

ファインダーは，図３の①｛ア　a　　イ　b｝であり，太陽を観察するとき，ファインダーは，②｛ウ　低倍率のものから使用する　　エ　ふたをする｝。

(2) 天体望遠鏡の鏡筒を固定して観察すると，記録用紙にうつる太陽の像が動き，数分で記録用紙から外れていった。次のア～エのうち，この現象が起こる原因として，最も適当なものを１つ選び，その記号を書け。(　　　)

ア　太陽の自転　　イ　太陽の公転　　ウ　地球の自転　　エ　地球の公転

(3) 観察の２日後，観察と同じ時刻，同じ方法で，黒点の位置と形を記録した。次のア～エのうち，観察の２日後の記録として，最も適当なものを１つ選び，その記号を書け。ただし，観察のあと，黒点は，消滅することはなく，新たに出現することもなかったものとする。(　　　)

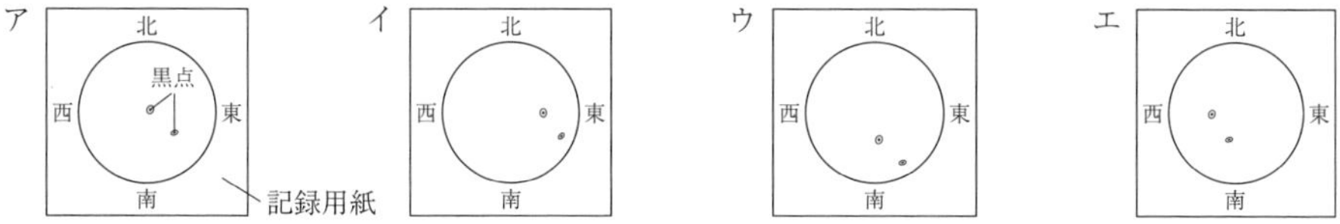

(4) 太陽のような恒星は，宇宙に数多く存在し，数億から数千億個集まって［ Y ］という集団を形成する。このような集団のうち，渦を巻いた円盤状の形をした，太陽を含む約2000億個の恒星からなる集団は［ Y ］系と呼ばれる。Yに当てはまる適当な言葉を書け。(　　　)

5　次の1～4の問いに答えなさい。

1［実験1］　電熱線aを用いて，図1のような装置をつくった。電熱線aの両端に加える電圧を2.0Vに保ち，10分間電流を流したときの水の上昇温度を調べた。次に，電熱線aの両端に加える電圧を3.0V，4.0V，5.0V，6.0Vと変え，同じ方法で水の上昇温度を調べた。表1は，その結果をまとめたものである。

［実験2］　図1の装置で，電熱線aを抵抗の値が分からない電熱線bにかえ，電熱線bの両端に加える電圧を5.0Vに保ち，10分間電流を流したとき，水温は8.0℃上昇していた。

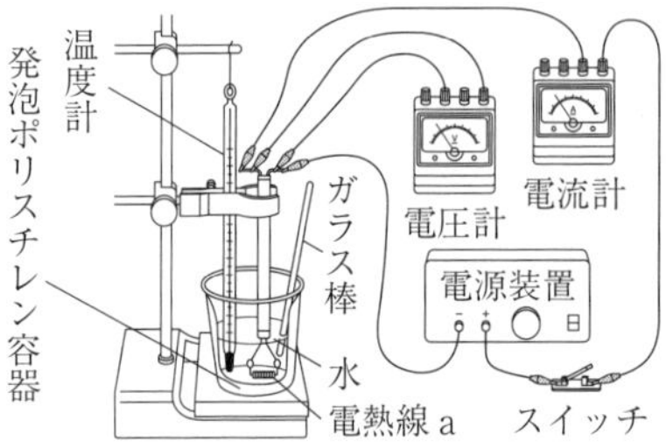

図1

表1（水の上昇温度は，電流を流す前の温度と10分間電流を流したあとの温度との差である。）

電熱線に加えた電圧〔V〕	2.0	3.0	4.0	5.0	6.0
電熱線に流れた電流〔A〕	0.50	0.75	1.00	1.25	1.50
水の上昇温度〔℃〕	2.0	4.5	8.0	12.5	18.0

ただし，実験1・2では，水の量，室温は同じであり，電流を流し始めたときの水温は室温と同じにしている。また，熱の移動は電熱線から水への移動のみとし，電熱線で発生する熱は全て水の温度上昇に使われるものとする。

(1)　表1をもとに，横軸と縦軸にとる量の組み合わせを表2のア～エのようにして，それぞれグラフで表したとき，比例の関係になる組み合わせとして適当なものを，表2のア～エから1つ選び，その記号を書け。(　　　)

表2

	横軸にとる量	縦軸にとる量
ア	電熱線に加えた電圧〔V〕	電熱線の抵抗〔Ω〕
イ	電熱線に加えた電圧〔V〕	水の上昇温度〔℃〕
ウ	電熱線が消費した電力〔W〕	電熱線の抵抗〔Ω〕
エ	電熱線が消費した電力〔W〕	水の上昇温度〔℃〕

(2)　次の文の①，②の｛　　｝の中から，それぞれ適当なものを1つずつ選び，ア～ウの記号で書け。①(　　　)　②(　　　)

実験1で加えた電圧が4.0Vのときの電熱線aから10分間で発生した熱量と，実験2で電熱線bから10分間で発生した熱量とを比べると，①｛ア　電熱線aが大きい　　イ　電熱線bが大きい　　ウ　同じである｝。また，電熱線aの抵抗の値と電熱線bの抵抗の値とを比べると，②｛ア　電熱線aが大きい　　イ　電熱線bが大きい　　ウ　同じである｝。

2　太郎さんは，博物館でシソチョウについて調べ，その特徴を図2のようにまとめた。次の会話文は，太郎さんが先生と話をしたときのものである。

〈主な特徴〉
・羽毛がある。
・前あしは翼になっている。
・翼には爪のついた指がある。
・口には歯がある。

図2

太郎さん：シソチョウについて調べた結果を，図2のようにまとめると，セキツイ動物の2つの仲間の特徴を持つ生物であることが分かりました。

先生　　：そうですね。シソチョウのように2つの仲間の特徴を持つ化石が発見されることや，生物の間に相同器官が見られることから，どのようなことが考えられますか。

太郎さん：現在の生物は，過去の生物が変化して生じたと考えられます。

先生　　：そのとおりです。

(1) 次のア～エのうち，下線部の2つの仲間の組み合わせとして，適当なものを1つ選び，その記号を書け。(　　　)

ア　両生類と鳥類　　イ　両生類と哺乳類　　ウ　は虫類と鳥類　　エ　は虫類と哺乳類

(2) 次のア～エのうち，相同器官について述べたものとして，適当なものを1つ選び，その記号を書け。(　　　)

ア　現在の形やはたらきは同じであり，起源も同じものであったと考えられる器官

イ　現在の形やはたらきは同じであるが，起源は異なるものであったと考えられる器官

ウ　現在の形やはたらきは異なり，起源も異なるものであったと考えられる器官

エ　現在の形やはたらきは異なるが，起源は同じものであったと考えられる器官

3　花子さんのクラスは，ある地域の地層を調べるために，2日間野外観察を行った。図3は，観察地域を模式的に表したもので，地点A～Cは道路沿いの地点を示している。ただし，この地域に断層はなく，地層は，互いに平行に重なり，南西から北東に向かって一定の傾きで下がっているものとする。

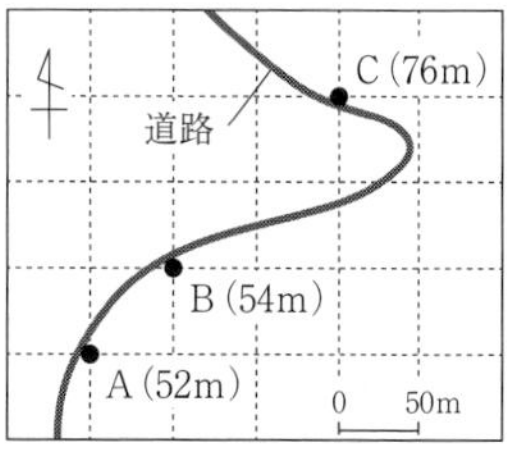

図3 (A～Cの各地点は，正方形のマス目の交点上にあり，(　　)内は，標高を示す。)

野外観察の内容

1日目　地点A，Bにある，垂直に切り立つ崖で見られる地層を観察し，柱状図を作成する。 2日目　地点Cのボーリング試料を観察する。

次の会話文は，1日目の終了後に，花子さんと太郎さんと先生が話をしたときのものである。

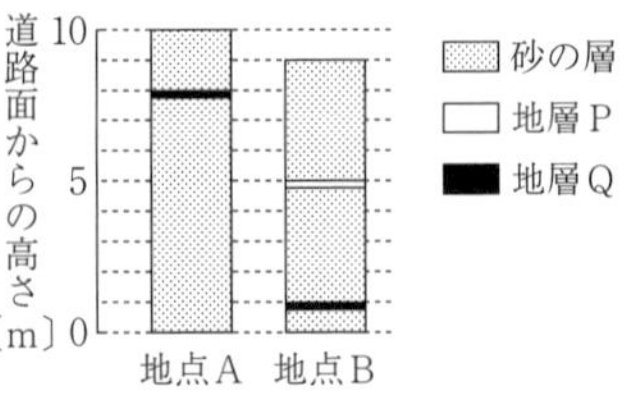

図4〔道路面からの高さ0mは，各地点の標高と一致する。地層には上下の逆転はない。〕

花子さん：地層P，Qは，異なる噴火で噴出した火山灰が堆積したもので，この地域全体に見られるそうよ。また，作成した図4の柱状図によると，地層P，Qそれぞれに含まれる火山灰を噴出した噴火のうち，地層Qに含まれる火山灰を噴出した噴火の方が，［X］が分かるね。

太郎さん：どうして噴火した順番が分かるの。

花子さん：地点Bの柱状図において，地層Qの方が，［Y］分かるよ。

先生　　：そうですね。また，図3，4をもとに，この地域に広がる地層について推測することもできますよ。それでは，地点Cにおいて，地層Pが道路面からおよそ何mの深さにあるか求めてみましょう。そして，明日，実際にボーリング試料を観察して確認しましょう。

(1)　Xに当てはまる適当な言葉を，次のア，イから1つ選び，その記号を書け。また，Yには，Xであることが分かる理由を示す言葉が入る。Yに適当な言葉を書き入れて，会話文を完成させよ。ただし，「地層P」という言葉を用いて，解答欄の言葉につながるように書くこと。

X（　　　）　Y（　　　　　　　　　　　　で見られることから）

ア　先に起こったこと　　イ　あとから起こったこと

(2)　下線部の深さはおよそ何mか。次のア～エのうち，最も適当なものを1つ選び，その記号を書け。（　　　）

ア　27m　　イ　31m　　ウ　45m　　エ　49m

4　3種類のプラスチックA～Cを用意し，次の実験3～5を行った。

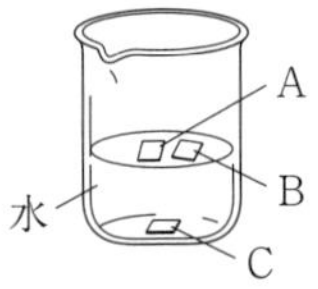

図5〔A～Cの体積はそれぞれ0.40㎤〕

［実験3］　体積が$0.40cm^3$のA～Cを水の入ったビーカーに入れ，ガラス棒でかき混ぜると，図5のように，A，Bは液面に浮いたが，Cはビーカーの底に沈んだ。

［実験4］　体積が$0.40cm^3$のA～Cをエタノール水溶液の入ったビーカーに入れ，ガラス棒でかき混ぜると，Bは液面に浮いたが，A，Cはビーカーの底に沈んだ。

［実験5］　実験3，4で用いた体積が$0.40cm^3$のBと同じ質量であるA～Cを用いて，実験4と同じ方法で実験を行い，浮き沈みを調べた。

ただし，実験3～5は，同じ温度で行うものとし，水の密度は$1.0g/cm^3$，エタノール水溶液の密度は$0.95g/cm^3$とする。

(1)　実験3，4で用いた体積が$0.40cm^3$のBの質量について述べた次の文の①に当てはまる最も適当な数値を書け。また，②の｛　　｝の中から，適当なものを1つ選び，その記号を書け。

①（　　　）　②（　　　）

実験3，4から，体積が$0.40cm^3$のBの質量は，［①］gより②｛ア　大きい　　イ　小さい｝ことが分かる。

(2)　実験5の結果，A，Cはそれぞれどのようになったか。「浮いた」「沈んだ」のどちらかの言葉を書け。A（　　　）　C（　　　）

2　次の会話は、この文章を読んだ里奈《りな》さんと拓也《たくや》さんが、夢からさめた後の糀崎何某の行動について話し合った内容の一部である。会話の中の a 、 b 、 c に当てはまる適当な言葉を書け。ただし、 a は、最も適当な言葉を文中から**五字**でそのまま抜き出して書くこと。また、 b は**七字以上十字以内**、 c は**十五字以上二十五字以内**の**現代語**で書くこと。

a
b
c

里奈さん　「糀崎何某は、夢を見たことをきっかけにして変わったよね。」

拓也さん　「そうだね。糀崎何某の夢に出てきたうずらは、『金銀をちりばめし籠』を『牢』にたとえて、あなた自身がそのような場所に置かれたら、それは、『 a 』であるはずがないと言っていたね。」

里奈さん　「糀崎何某は、そのうずらの言葉を聞き、うずらの気持ちになって考えてみて、 b ことが、うずらを幸せにすることだと考えるようになったのね。」

拓也さん　「野州糀崎郷のうずらが、隣郷のうずらと違って鳴かないのは、糀崎何某が b ときの、『 c 』という教えに由来していると土老は言っているよ。」

③　次の1～4の各文の――線の部分の読み方を平仮名で書きなさい。

1　拍手喝采を浴びる。(　　　)

2　証拠の有無を詮索する。(　　　)

3　品物を安く卸す。(　　す)

4　僅かな変化に気づく。(　　かな)

④　次の1～4の各文の――線の部分を漢字で書きなさい。ただし、必要なものには送り仮名を付けること。

1　今年度のそんえきを計算する。(　　　)

2　外国に行くためにりょけんを取得する。(　　　)

3　世話がやける。(　　　)

4　時をきざむ。(　　　)

⑤　次の文章を読んで、1・2の問いに答えなさい。

(注1)野州《やしゅう》糀崎《はなさき》郷のうづら(注2)は鳴くことなし。その隣郷は音を立つることのよし。土老(注3)の言へる、いつの頃にや、糀崎何某《なにがし》といへる人、その地を領し、うづらを好みてあまた飼ひ置き、金銀をちりばめし籠に入れて寵愛《ちょうあい》(注4)せしが、ある時、かのうづらに向かひて、鳥類にても汝《なんぢ》はしあはせなるものなり。金銀をちりばめし籠に入れて心を尽くして飼ひ置くは、うれしかるべきことなりと①たはぶれしに、その夜の夢にうづら来たりて、「いかなればかく心得たまふや。金銀をちりばめし牢《らう》(注5)を作りて御身を入れ置かば、心よきことなるべきや。」と言ふと見て、夢さめぬ。糀崎何某、感心改節して、うづらを愛することを思ひ止まり、飼ひ置きける鳥を残らず籠を出し、「汝必ず音を立つることあるべからず。音を立てば、また捕られん。」と教化して放しけるが、それよりこの一郷のうづらは、音を立てざると語りし由《よし》。

(「耳嚢《みみぶくろ》」より)

(注1)　野州糀崎郷＝今の栃木県足利《あしかが》市付近。
(注2)　うづら＝鳥の種類。うずら。
(注3)　土老＝その土地に住む老人。
(注4)　寵愛＝特に大切にしてかわいがること。
(注5)　牢＝罪人を閉じ込めておく所。

1　――線①「たはぶれしに」について、次の(1)、(2)の問いに答えよ。

(1)　「たはぶれしに」を現代仮名遣いに直し、**全て平仮名**で書け。

(　　　)

(2)　「たはぶれしに」は、「おどけて言ったところ」という意味であるが、糀崎何某はどのようなことを言ったのか。糀崎何某が言った言葉を文中からそのまま全て抜き出し、その最初と最後のそれぞれ**三字**を書け。最初 [　　　] 最後 [　　　]

（注2）　菱先生＝陸上部の顧問。

1　——線③「[　]を進めた」が、「次の段階に進んだ」という意味の言葉になるように、[　]に当てはまる最も適当な言葉を、次のア～エの中から一つ選び、その記号を書け。（　　）

ア　膝　　イ　話　　ウ　席　　エ　駒

2　——線①「はじめて留学生のランナーを見た。」とあるが、出番を待つ留学生ランナーを見ている坂東について説明したものとして最も適当なものを、次のア～エの中から一つ選び、その記号を書け。（　　）

ア　留学生を見て逃げ出したい気持ちに拍車がかかり、周囲の状況が見えずに慌てふためいている。

イ　不安と緊張で走る準備が整わない自分と、準備が整い余裕がある留学生の差を思い知っている。

ウ　超有名選手である留学生と同じ区間を走る自分が場違いに思えて、現実を直視できないでいる。

エ　高校記録を持つ留学生の存在感に圧倒されて、彼女を遠い存在として憧れの目で見つめている。

3　——線②「早く、走りたい——。」とあるが、坂東がこのような気持ちに至った経緯について説明した次の文章の[a]、[b]、[c]に当てはまる適当な言葉を書け。ただし、[a]は、最も適当な言葉を、文中から**二十四字**でそのまま抜き出し、その最初と最後のそれぞれ**三字**を書き、[b]は、最も適当な言葉を、文中から**二字**でそのまま抜き出して書くこと。また、[c]は、文中の言葉を使って、**三十字以上四十字**以内で書くこと。

a　最初[　　]　最後[　　]　　b[　　]

c[　　　　　　　　　　]

坂東は、走ることに消極的な状態のまま中継所に到着したが、走り去る留学生のほれぼれするようなフォームを見て、[a]ことに思いが至り、[b]が湧いてきた。そして、[c]という、今の状況を肯定的に捉えた開き直りとも取れる大胆な気持ちが徐々に高まり、身体がうずくほど走りたい気持ちになった。

4　——線④「この人には負けたくない——。」とあるが、文中には、坂東が隣の選手を負けたくない相手として初めて意識したときの様子が、比喩を使って表現されている一文がある。その一文として最も適当な**一文**を、文中から抜き出し、その最初の**五字**を書け。[　　　　　]

5　本文から読み取れる坂東の人物像について説明したものとして最も適当なものを、次のア～エの中から一つ選び、その記号を書け。（　　）

ア　先生やチームメイトからの期待が走る原動力となっていたことから、自分が嫌で納得できないことでも、誰かのためならひたむきになれる人物であることがわかる。

イ　自分をその気にさせるための周囲の言葉を真に受けてしまったことから、周りの人間の影響を受けやすく、簡単に口車に乗せられてしまう人物であることがわかる。

ウ　走る重圧や弱い気持ちがチームメイトとの関わりを通して消え去ったことから、周囲の存在や言葉を前向きに捉え、自分の力に変えられる人物であることがわかる。

エ　先輩と先生が下した決定を断り切れずに走る羽目になってしまったことから、自分の思いを相手にはっきり伝えられず、後悔してばかりの人物であることがわかる。

②早く、走りたい――。

身体がうずいて、その場で二度、三度とジャンプして、ステップを踏んだ。

すでに先頭が通過してから、五分以上が経過しただろう。ついに、私の番号が呼ばれた。順位に関しては、良いとは言えない。でも、それは菱《ひし》(注2)先生も事前に予想済みのことだった。というのも、各都道府県で行われた予選大会にて、五人のランナーは本番と同じ距離を走る。コースのつくりや、当日の天候の違いによる影響は多少あるだろうが、都大路に③[　　]を進めた各校のタイムは全て公開されるので、その記録をチェックしたら、おのずと全体における自校のだいたいの位置がわかる。私たちの学校の記録は四十七校中三十六位だった。

「全員がはじめての都大路で、いきなりいい成績なんて出ないから。今回はまずは二十位台を目指そう。」

と菱先生はハッパをかけたが、この場に残っているのは十五人くらい。すでに三十位台にいることは間違いなさそうだ。

中継線に並んでいた選手が四人、目の前で次々とタスキを受け取り、一目散に駆け出していく。ベンチコートを脱ぎ、青いキャップをかぶった係員に手渡し、中継線まで進んだ。

私とほぼ同じタイミングで、すぐ隣に赤いユニフォームの選手が立つ。私よりも五センチくらい背が高い。寒さのせいか、緊張のせいか、血の気のない真っ白な肌に、唇だけが鮮やかな赤色を残していた。ぱっつんと一直線にそろえられた前髪と重なるように、きりりと引かれた眉の下から、切れ長な目が私を見下ろしている。

互いの口から吐き出される白い息を貫き、視線が交わった瞬間――、彼女の目Aと、私の目Bを結ぶ、直線ABの中間点Cにて、何かが「バチンッ」と音を立てて弾《はじ》けるのを聞いた気がした。

相手は目をそらさなかった。

私も目をそらさなかった。

拡声器を手に係員のおじさんが隣を通ったのを合図にしたように、二人して同じタイミングでコースに向き直った。体格を見ても、面構《つらがま》えを見ても、相手は一年生ではなさそうだった。

でも、何年生であっても、④この人には負けたくない――。

むらむらと闘争心が湧き上がってくるのを感じた。

そう言えば、「どうして、私なんですか。」と昨夜、菱先生の部屋で泣きべそをかく寸前の態《てい》で選考の理由をたずねたとき、

「駅伝はみんなで戦うもの。でも、いちばんしんどいときは、誰だってひとりで戦わなくちゃいけない。そこでどれだけ戦えるかは、持ちタイムでは測れない。じゃあ、ひとりで粘り強く戦えるのは一年生で誰かってなったとき、キャプテンもココミも真っ先に挙げたのが、坂東――、アンタの名前だった。」

と告げてから、「鉄のヒシコ」は「私もそう思った。だから、死ぬ気で走ってきな。」と完全に目が据わった表情でニヤリと笑った。

菱先生は勝負師ゾーンに入ってしまった感じで怖すぎるし、二人の先輩が推してくれたことも、それって買いかぶり以外の何物でもない、と今でも思うが、雪が舞う視界の先に自分と同じ黄緑色のユニフォームが見えた途端、全てが頭の中から吹っ飛んだ。

「美莉《みり》センパイ、ラスト！　ファイトですッ。」

目いっぱいの声とともに、私は両手を大きく頭上で振った。

（万城目　学「十二月の都大路上下ル」より）

（注1）　咲桜莉＝坂東の友人で、同じ陸上部の一年生。

2　次の文章は、女子全国高校駅伝（通称「都大路《みやこおおじ》」）に出場するチームの補欠だった「坂東《さかとう》（私）」が、「ココミ」先輩の欠場で、大会前日に一年生ながら急遽《きゅうきょ》アンカーを任されることが決まり、当日、中継所に向かう場面から始まっている。これを読んで、1～5の問いに答えなさい。

本当に私、走るんだ――。

スタジアムからこの中継所までの連絡バスに乗っている間も、雪とともに流れていく京都の街並みを眺めながら、いっそこのまま家の前まで走って帰ってくれないかな、と内心、真面目に願っていた私である。

バスから降りたのち、待機所になっている病院のロビーでは、①はじめて留学生のランナーを見た。彼女のことは陸上競技雑誌で見かけたことがあった。私や(注1)咲桜莉《さおり》が得意とする中距離走の高校記録を持つ超有名選手だった。驚いたのは、彼女が自分よりもずっと身長が低かったことだ。

緊張のしすぎで、身体をどこかに置き去りにしてしまったような私に対し、留学生の彼女は同じデザインのベンチコートを着た女の子二人と談笑していた。サポート要員として、中継所まで部員が駆けつけているのだ。呼び出しの寸前まで、留学生は足のマッサージを受けていた。ひとりでやることもなく、キャラメルをなめていた私とはエラい違いだった。

第二集団のトップを切って、その留学生選手がタスキを受けて出発する。

「すごい。」思わず声が漏れてしまうほど、今まで見たことがない走りのフォームだった。周りの選手たちもハッとした表情で彼女の後ろ姿を目で追っていた。走る際の、足のモーションがまるで違った。走るためのマシーンと化した下半身に、全くぶれない上半身がくっついているようだ。跳ねるように地面を蹴る、その歩幅の広さといい、それを支える筋肉のしなやかさといい、何て楽しそうに走るんだろう、とほれぼれしてしまうフォームで、彼女はあっという間に走り去っていった。

彼女の残像を思い浮かべながら、視線を中継所に戻したとき、

「私は好きだよ、サカトゥーの走り方。大きくて、楽しそうな感じがして。」

緊張のしすぎで、全くごはんを食べる気が起きない朝食会場で、正面に座る咲桜莉に突然告げられた言葉が耳の奥で蘇《よみがえ》った。そんなことを彼女から言われたのははじめてだった。私は咲桜莉の機敏で跳ねるような足の運び方や、テンポのよい腕の振り方が、自分にはできない動きでうらやましく、自分の走り方は大雑把で無駄が多いと思っていたから、驚くとともに純粋にうれしかった。おかげで用意された朝食を全部平らげることができた。

私が留学生の彼女を見て楽しそうと感じたように、咲桜莉が私の走りを見て楽しそうと感じてくれている――。

留学生の彼女と私じゃレベルが全く違うけれど、不思議なくらい勇気が太ももに、ふくらはぎに、足裏に宿ったように感じた。気づくと、あれほど我が物顔でのさばっていた緊張の気配が身体から消え去っている。

そうだ、私も楽しまないと――。

こんな大舞台、二度と経験できないかもしれない。もちろん、来年だってここに戻ってきたいけれど、私が走れる保証はどこにもないのだ。ならば、この瞬間をじっくりと楽しまないと。最初で最後のつもりで、都大路を味わわないともったいないぞ、サカトゥー。

ずうずうしい気持ちがじわりじわりと盛り上がってくると同時に、走る前の心構えが整ってきた。さらには、周囲の様子もよく見えてきた。もっともそれは、半分の選手がすでにゼッケン番号を呼ばれ、待機組の人数が減ったせいかもしれないけれど。

ア「ながめ」が　イ「長雨」と　ウ 掛詞に　エ される

(2)「しばしば」の品詞名として適当なものを、次のア～エの中から一つ選び、その記号を書け。（　　）

ア 副詞　イ 連体詞　ウ 形容詞　エ 感動詞

4 [3]段落の――線③「『ながめる』とは不思議な二重の状態である。」とあるが、「二重の状態」について、本文の趣旨に添って説明した次の文章の[a]、[b]に当てはまる適当な言葉を書け。ただし、[a]は、[2]（引用部分を含む。）・[3]段落の文中の言葉を使って、二十五字以上三十五字以内で書くこと。また、[b]は、最も適当な言葉を、[2]（引用部分を含む。）・[3]段落の文中から二十六字でそのまま抜き出し、その最初と最後のそれぞれ三字を書くこと。

庭をながめることは、[a]ということである。このように、「ながめる」ときは二つのことを並行して行っており、そのときの意識は、[b]状態にある。

a

b 最初　　最後

5 [4]段落の――線④「庭園の石とは、『意味を問わないでくれという不思議なシンボル』だ」とあるが、ここでの「石の意味を問う」とは、どうすることを言っているのか。最も適当な言葉を、[4]段落（引用部分を含む。）の文中から二十字でそのまま抜き出して書け。

こと。

6 [5]・[6]段落に述べられている、西洋と日本における庭園の空間構成の違いについてまとめた次の表の[a]、[b]、[c]に当てはまる最も適当な言葉を、[5]・[6]段落の文中から、[a]、[c]は五字で、[b]は五字以上八字以内で、それぞれそのまま抜き出して書け。

a　　b　　c

西洋	西洋の整形式庭園は、遠近法によって構成され、庭園全体が[a]を意識して作られていることから、[b]と言うことができる。
日本	日本庭園は、非整形式、非遠近法的な構成で作られ、[a]が想定されておらず、最高位の視点や視界の良い地点であっても[c]しか見えない。

7 [5]段落の――線⑤「龍安寺石庭において人が、ただ座って『ながめ』るほかない要因は様々に考えられる」とあるが、非整形式、非遠近法的な構成を有する龍安寺石庭において、人が、「ながめる」ほかない理由を、龍安寺石庭の石の配置の具体的な特徴に触れながら、[7]・[8]段落の文中の言葉を使って、四十字以上五十字以内で書け。

から。

8 本文に述べられていることと最もよく合っているものを、次のア～エの中から一つ選び、その記号を書け。（　　）

ア 日本人に古くから備わっている「ながめる」意識は、庭園の西洋化によって薄れつつある。

イ 古語の「ながむ」の意味が、日本庭園の空間構成を決定づける中心的な要因となっている。

ウ 「見る」と「ながめる」の違いは、西洋の文化に対する日本の文化の優位性を示している。

エ 人に「ながめる」ことを促す日本庭園は、庭の一意的な解釈が不可能な構成になっている。

る。わが国の庭において石が主役であることは間違いないが、その石は、配置を象徴的に解釈したり芸術性を云々《うんぬん》するより、「黙ってながめる」ためのものと考えた方がわかりやすいのではないだろうか。

5　⑤龍安寺石庭において人が、ただ座って「ながめ」るほかない要因は様々に考えられるが、一つには、そこが非整形式、非遠近法的な構成を有しているからではないだろうか。ヴェルサイユ庭園のような西洋の整形式庭園は、遠近法によって構成されており、その消失点こそ、王者、具体的にはルイ十四世による至高の視点になる。もちろん、それ以外の場所からも人はその庭園に目を向けることはできるが、庭園全体は、その至高の視点を念頭に置いて構成されている。整形式庭園とは「見る」ための庭と言うことができるかもしれない。

6　対して、日本庭園のような非整形式、非遠近法的な空間においては、そのような至高の視点はない。もちろん、寝殿造庭園であれば、寝殿が最高位の視点であるし、池泉回遊式庭園であっても、視界の良い地点はいくつかあるが、かと言って、そこからの視点を念頭に置いて全ての要素が構成されているわけではない。程度の差こそあれ、そこで見えるのは庭園の一部である。

7　龍安寺石庭は、どの位置から目を向けても、十五個の石全てを視界に入れることはできないとされる。そのことは、この庭が一意的に解釈できないことと通底しているように思われる。白砂のエリアが長方形という整形であるために、その庭園に対する縁側の中央こそが至高の視点であるようにも感じられるが、そこに立ったとき十五の石全てを視界に収めることはできない。しかも、その一つの石を集中的に見ても、自然石があるだけである。

8　人が海や山の風景を「ながめる」のは、それが「見る」ことが難しいからではないだろうか。眺望が開けていればいるほど多くの対象を視野に収めることができるが、その一つ一つの要素、例えば、海であれば波、山であれば木を集中的に「見る」ことはもはやできない。ただ、全体を漫然と視野に入れることしかできない。その現象の縮小版が、庭園においても生じる。

9　このように、日本庭園とは、そこを訪れた人に、「見る」のではなく、「ながめる」ことを促すような空間構成がなされていると考えられる。

(原　瑠璃彦「日本庭園をめぐる　デジタル・アーカイヴの可能性」より)

(注1)　枯山水庭園＝水を用いず、石組や砂によって自然の風景を表現した庭園。
(注2)　箱庭療法＝心理療法の一つ。
(注3)　昇華＝物事がさらに高次の状態へ高められること。
(注4)　宮本武蔵＝江戸時代初期の剣術家。
(注5)　無自性＝それ自体に決まった本質がないこと。

1　1段落の――線①「縁側」と同じように重箱読みをする熟語を、次のア～エの中から一つ選び、その記号を書け。（　）
ア　傾斜　　イ　本棚　　ウ　毛玉　　エ　場所

2　1段落の A に当てはまる最も適当な言葉を、次のア～エの中から一つ選び、その記号を書け。（　）
ア　ところが　　イ　なぜなら　　ウ　むしろ　　エ　または

3　2段落の――線②「しばしば」について、次の(1)、(2)の問いに答えよ。
(1)　「しばしば」が修飾している一文節として最も適当なものを、次のア～エの中から一つ選び、その記号を書け。（　）

国語

時間　四五分
満点　五〇点(作文共)

1　次の文章を読んで、1～8の問いに答えなさい。(1～9は、それぞれ段落を示す番号である。)

1　(注1)枯山水《かれさんすい》庭園において、①縁側に人々が座り込み、ぼーっとその庭をながめている様子はよく見られる。縁側とは、文字通りに建築の縁《へり》であり、そこは建築と庭の境界と言える。以前から私は、人はそこで何に目を向け、何を考えているのか、という疑問を持っていた。龍安寺《りょうあんじ》石庭など最たるものであるが、白砂の上に配置された十五個の石からなるその庭は、それ自体が謎である。その石組は「虎の子渡し」と説明されるほか、多くの解釈がこれまでなされてきたが、この庭は、一意的に解釈が定められるものではない。［A］、そのような多数の解釈を生み出しうるほど汲《く》み尽くせない深み、絶妙な構成を有していることにこそ注目すべきだろう。

2　ところで、現代語の「ながめる」は古語の「ながむ」に相当するが、ながむとは不思議な言葉である。ながむの「なが」は「長い」から来ているらしく、文字通りに「長目」を語源とする説もある。今日ながめるというと、ある風景に漠然と長時間かけて目を向けることを指し、そこにぼんやりと物思いにふけるという意味が加わることもある。古語のながむは、これと同様の意味を持つが、もう一つ、詩歌を詠《よ》むこと、声を長引かせて詩歌を吟じることも言った。和歌などでは②しばしば「ながめ」が「長雨」と掛詞《かけことば》にされる。「ながめる」について考究してゆく中で参考になったのは、臨床心理学者上田琢哉《うえだたくや》氏の研究である。上田氏は、臨床心理学の立場から、ある対象を集中的に分析してゆく「見る」意識に対して、対象を分析しないまま漫然と全体的に捉える「ながめる」意識の積極性を説いている。このことを、上田氏は、(注2)箱庭療法の事例から導き出しており、「ながめる」について以下のように述べる。

それは「分離し、はっきりさせる」という意識態度ではないが、精神科の診断レベルでいう混濁やもうろう状態などとはまったく異なるものである。むしろ、ある面ではぼんやりした状態とクリアな状態とを同時に保持しているような不思議な状態と言えよう。

3　縁側でぼんやりと庭をながめること。それは、目の前の風景に目を向けてはいるが、分析的・集中的に「見る」のではなく、その全体を漫然と捉えており、かつ、同時にほかのことに考えをめぐらし、詩歌などに(注3)昇華されることもある。それは、その場でなくともできそうにも思えるが、しかし、その風景に目を向けていないと起き得ないことである。右に記されているように、③「ながめる」とは不思議な二重の状態である。

4　上田氏は、この「ながめる」を(注4)宮本武蔵《みやもとむさし》が『五輪書《ごりんのしょ》』で述べている「観の目」――それは、遠いものを近くに見、近いものを遠くに見るという――に接続するなど、刺激的な論を展開しており、その中で日本文化の各所に見られる石を取り上げ、龍安寺石庭にも触れている。そして、④庭園の石とは、「意味を問わないでくれという不思議なシンボル」だとし、龍安寺石庭について次のように述べている。

私たちはお金を払って(注5)無自性の背景にある存在感を感じに行っているのである。そして、無自性の背景にある存在感は、意味分節的に「見」てはわからない。ただ座って「ながめ」るほかないのであ

400字

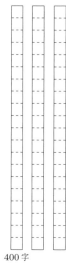

作文

時間　二五分
満点　五〇点(国語共)

1 〈作文問題〉

中学校のあるクラスで、言語コミュニケーションについての話し合いが行われた。次は、話し合いで使用した【資料】と【話し合いの一部】である。あなたは、言語コミュニケーションにおいてどのようなことが大切だと考えるか。【資料】と【話し合いの一部】を読んで、そう考える理由を含めて、後の〈注意〉に従って述べなさい。

【資料】

> 私たちは、一人一人が異なる存在である。現代は価値観が多様化し、共通の基盤が見つけにくい時代になっている。こうした社会で生きていくためには、言語コミュニケーションによって、情報や考え、気持ちを互いにやり取りし、共通理解を深めていくことが欠かせない。
>
> （文化庁「分かり合うための言語コミュニケーション」により作成。）

【話し合いの一部】

情報の送り手は、受け手の気持ちを考えるなど、伝え方を工夫することが大切だと思います。

Aさん

情報の受け手の態度も大切ですね。受け手も積極的に関わらないと、伝え合いにならないと思います。

Bさん

〈注意〉

1　【話し合いの一部】に示された意見のうち、どちらか一つ、または、両方の意見を交えて書くこと。
2　【資料】に示された内容を交えて書いてもよい。
3　あなたが体験したことや見聞したことを交えて書いてもよい。
4　段落は、内容に応じて設けること。
5　文章の長さは、三百字以上、四百字以内とする。
6　**文題は書かないこと。**

100字

200字

300字

2024年度／解答

数　学

1 【解き方】2. 与式 $= \left(-\dfrac{9}{2}\right) \times \left(-\dfrac{4}{3}\right) = 6$

3. 与式 $= 9a^2 \times 2a = 18a^3$

4. 与式 $= 3 + 2\sqrt{3} + 1 - 3\sqrt{3} = 4 - \sqrt{3}$

5. 与式 $= x^2 - 16 + x^2 - 6x + 5 = 2x^2 - 6x - 11$

【答】1. 5　2. 6　3. $18a^3$　4. $4 - \sqrt{3}$　5. $2x^2 - 6x - 11$

2 【解き方】1. 和が－3，積が－18となる2数は3と－6だから，与式 $= (x + 3)(x - 6)$

2. 1の数字が出る割合は $\dfrac{1}{4}$ に近づくが，必ずしも $\dfrac{1}{4}$ になるとは限らない。よって，アが正しく，イは正しくない。また，取り出したカードは箱に戻すので，ウとエも正しくない。

3. ①と②は上に，③は下に開いた放物線より，$a > 0$，$b > 0$，$c < 0$ で，c が一番小さい。また，①と②で，x の値が等しいとき，$ax^2 < bx^2$ で，$x^2 > 0$ より，$a < b$　よって，小さい順に，c，a，b。

4. 1辺に，$5 \times n = 5n$ (個)あり，5つの頂点で重なるから，$(5n - 5)$ 個。

5. 右図のように，DB = DC = BC となる点Dを，辺BCの上側にとり，∠DBC の二等分線と辺ACとの交点を点Pとすればよい。

(例)

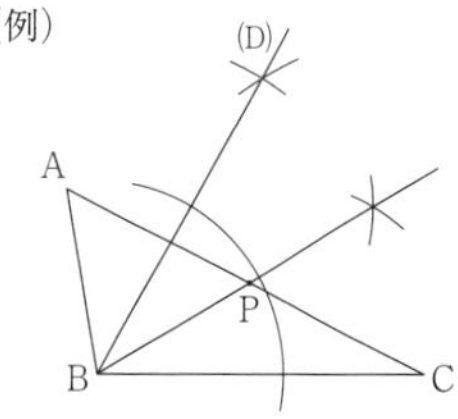

6. 底面積は，$\dfrac{1}{2} \times 8 \times 6 = 24\ (\text{cm}^2)$　また，底面の直角三角形の斜辺の長さは，三平方の定理より，$\sqrt{6^2 + 8^2} = 10$ (cm) なので，側面積は，$(6 + 8 + 10) \times 4 = 96\ (\text{cm}^2)$　よって，表面積は，$24 \times 2 + 96 = 144\ (\text{cm}^2)$

7. 4人の組を x 組，5人の組を y 組とすると，全体の人数より，$4x + 5y = 73$……①　また，組の数より，$x + y = 16$……②　①－②×4より，$y = 9$　②に代入して，$x + 9 = 16$ より，$x = 7$

【答】1. $(x + 3)(x - 6)$　2. ア　3. c，a，b　4. $5n - 5$ (個)　5. (前図)　6. $144\ (\text{cm}^2)$

7. (4人の組) 7組　(5人の組) 9組

3 【解き方】1. $y = ax^2$ とすると，$8 = a \times 2^2$ より，$a = 2$　よって，$y = 2x^2$

2. 街灯の高さを t m とすると，$1.5 : 2 = t : 8$ より，$2t = 12$ なので，$t = 6$

3. △ABP において，∠BPA = ∠PBH － ∠BAP = 30° なので，△BAP は二等辺三角形だから，BP = AB = 10m　△BPH は30°，60°の直角三角形だから，PH $= \dfrac{\sqrt{3}}{2}$BP $= 5\sqrt{3}$ (m)

4. 内側の円の半径を r cm，おうぎ形OBCとおうぎ形OADの中心角を a° とすると，$2\pi \times (r + 15) \times \dfrac{a}{360} = 14\pi$……①，$2\pi \times r \times \dfrac{a}{360} = 12\pi$……②　②を①に代入すると，$12\pi + 2\pi \times 15 \times \dfrac{a}{360} = 14\pi$　これを解くと，$a = 24$　よって，$2\pi \times r \times \dfrac{24}{360} = 12\pi$ より，$r = 90$　したがって，円の直径は，$90 \times 2 = 180$ (cm)

【答】1. $y = 2x^2$　2. 6　3. $5\sqrt{3}$　4. 180 (cm)

4 【解き方】1. $x = 4$ のとき，$y = \dfrac{1}{4} \times 4^2 = 4$　$x = 8$ のとき，$y = \dfrac{1}{4} \times 8^2 = 16$　よって，変化の割合は，$\dfrac{16 - 4}{8 - 4} = 3$

2. A$(-4,\ 4)$，B$(8,\ 16)$より，直線の傾きは，$\dfrac{16-4}{8-(-4)}=1$　求める式を，$y=x+b$とおいて点Bの座標を代入すると，$16=8+b$より，$b=8$　よって，$y=x+8$

3. ⑴ 点Sのy座標は点Qのy座標に等しく，点Qのx座標は点Pのx座標に等しくtなので，$y=t+8$

⑵ 点Pのy座標は，$y=\dfrac{1}{4}t^2$だから，SQ = QPより，$-t=t+8-\dfrac{1}{4}t^2$なので，$t^2-8t-32=0$　よって，解の公式より，$t=\dfrac{-(-8)\pm\sqrt{(-8)^2-4\times1\times(-32)}}{2\times1}=4\pm4\sqrt{3}$　$t<0$だから，$t=4-4\sqrt{3}$

【答】 1. 3　2. $y=x+8$　3. ⑴ $t+8$　⑵ $4-4\sqrt{3}$

5 **【解き方】** 1. ⑵ △CAE ≡△CDBより，∠CAE = ∠CDBだから，円周角の定理の逆より，4点，C，E，A，Dは1つの円周上にある。よって，ウ。

2. △CAD ∽△BCEで，相似比が，5：3より，面積の比は，$5^2:3^2=25:9$なので，△CAD $=25t$とすると，△BCE $=9t$　さらに，CD：CE = 5：3より，DE：CE $=(5-3):3=2:3$なので，△BED = △BCE $\times\dfrac{2}{3}=6t$　よって，四角形ADBCの面積は，$25t+9t+6t=40t$なので，$40t\div6t=\dfrac{20}{3}$(倍)

【答】 1. ⑴ △CAEと△CDBにおいて，仮定より，CA = CD……①，CE = CB……②　また，∠ACE = 60° + ∠DCE……③，∠DCB = 60° + ∠DCE……④　③，④より，∠ACE = ∠DCB……⑤　よって，①，②，⑤より，2組の辺とその間の角がそれぞれ等しいので，△CAE ≡△CDB　⑵ ウ

2. $\dfrac{20}{3}$(倍)

英　語

1 【解き方】1.「あなたはどこでそれを見つけましたか？」という質問に対して，「私はそれをイスの下で見つけました」と答えている。「イスの下」= under the chair。

2.「冬にいい」,「彼の頭を暖かく保ってくれる」ものはイラストの中では帽子のみ。

3. テレビで野球の試合が放送されていた間，タロウは自分の部屋で科学の本を読むことを楽しんでいた。

【答】1. エ　2. イ　3. ア

◀全訳▶ 1.

A：これはあなたのペンですか，アヤカ？

B：はい。あなたはどこでそれを見つけましたか？

A：私はそれをイスの下で見つけました。

質問：アヤカのペンはどこにありましたか？

2.

A：私が祖父のプレゼントを選ぶのを手伝ってくれませんか？

B：もちろんです。これはどうですか，マヤ？　それは冬にいいです。

A：いいアイデアですね！　それは彼の頭を暖かく保ってくれるでしょう。私は彼がきっとそれを気に入るだろうと思います。

質問：マヤの祖父のためのプレゼントは何ですか？

3.

A：タロウ，あなたは昨夜テレビで野球の試合を見ましたか？

B：いいえ，見ませんでした。僕は自分の部屋で科学の本を読むことを楽しみました。父が2日前にそれを僕のために買ってくれました。

A：あなたは野球が好きなのでしょう？

B：はい。でも実は，その本がとてもおもしろかったので，僕はそれを読むのをやめられませんでした。

質問：昨夜タロウは何をしましたか？

2 【解き方】1. 待ち合わせ場所での会話。ルーシーの「私は今ここに着いたばかりです」というせりふに対する応答を選ぶ。That's good. =「それはよかったです」。

2.「それはどんなレストランですか？」という質問に対する返答。It's a Japanese one. =「それは和食のレストランです」。代名詞の one は restaurant を指している。

【答】1. ウ　2. ア

◀全訳▶ 1.

A：こんにちは，ルーシー。本当にごめんなさい。あなたは長い間待ちましたか？

B：問題ないですよ。私は今ここに着いたばかりです。

2.

A：メアリー，夕食に出かけましょう。私はインターネットでいいレストランを見つけました。

B：いいですね。私は今お腹がすいています。それはどんなレストランですか？

3 【解き方】1.「私の学校は1月に始まり12月に終わります」と言っている。

2. 学校給食について，オリバーは「それらは生徒たちの健康をよい状態に保つことができます」と言っている。

3. オリバーが日本語の授業を取ることにしたのは，友人のケンが「僕はいつでも日本語についての君の質問に答えることができる」と言ってくれたから。be sure that ～=「～ということを確信している」。ask A questions =「A に質問をする」。

4.「将来，私は教師になり，読書がどれほどすばらしいのかを生徒たちが気づく手助けがしたいです」と言っている。want A to ～＝「A に～してほしい」。

【答】1. ア　2. エ　3. ウ　4. イ

◀全訳▶　こんにちは，みなさん。私の名前はオリバーです。今日は，オーストラリアの私の学校生活についてあなたたちにお話しします。私の学校は 1 月に始まり 12 月に終わります。私の学校にいる日本人の友だちであるケンは，日本の学校は 4 月に始まり 3 月に終わると私に言いました。彼はまた，日本の多くの学校で，生徒は学校給食を食べると私に言いました。私の学校では，私たちは学校給食を食べませんし，私はいつか学校給食が生徒たちに出されることを願っています。それらは生徒たちの健康をよい状態に保つことができます。

私は外国語を勉強するのが好きです。あなたたちの学校の生徒たちは英語を勉強していると聞いています。私の学校では，私たちは日本語の授業か中国語の授業を選択することができます。最初，私はどちらの授業を選択するべきか決めることができませんでした。ある日，ケンが私に「オリバー，君は日本語の授業を取るべきだ。僕はいつでも日本語についての君の質問に答えることができる。心配はいらない」と言いました。私はそれを聞いて嬉しくなり，日本語の授業を取りました。

私の学校には大きな図書館があります。そこは私の大好きな場所です。放課後，私はよくそこで多くの本を読むことを楽しみます。私は読書を通して多くのことを学びました。将来，私は教師になり，読書がどれほどすばらしいのかを生徒たちが気づく手助けがしたいです。あなたたちの夢は何ですか？　そしてあなたたちの学校生活について私に教えてください。

1. オリバーの学校はいつ始まりますか？
2. オリバーは学校給食についてどう思っていますか？
3. オリバーはなぜ日本語の授業を取ったのですか？
4. 教師として，オリバーは彼の生徒たちに何をしてほしいと思っていますか？

4 【解き方】1. (1)「私を早く帰宅させてください」。「A を～させる」＝〈let ＋ A ＋原形不定詞〉。「帰宅する」＝go home。Please let me go home early.となる。(2)「わかば駅への行き方を私に教えていただけませんか？」。「A に B を教える」＝ tell A B。「～への行き方」＝ the way to ～。Could you tell me the way to Wakaba Station?となる。

2. (1) ① 解答例は「私は外国人のために多くの言語で標識を作ろうと思います」。他にも「公園を掃除して町をきれいに保ちたいと思います」などの文が考えられる。② 解答例は「私の町に外国からより多くの観光客が来るでしょう」。他にも「多くの人が私の町を訪れ，そこでの滞在を楽しんでくれるでしょう」などの文が考えられる。(2) トムからのメールは「僕は日本語が上手になりたいです。しかし，僕は何をすべきかわかりません。もしあなたに何かよいアイデアがあれば，それらについて僕に教えてください」。日本語を上達させるためのアドバイスを考える。解答例は「あなたは簡単な日本語で書かれた子どもの本を読むべきです」。

【答】1. (1) ウ，イ，ア，エ　(2) エ，イ，ウ，ア

2. (例) (1) ① I will make signs in many languages for foreign people. (10 語)　② My town will have more tourists from foreign countries. (9 語)　(2) You should read children's books written in easy Japanese. (9 語)

5 【解き方】1. ① ジョンの「文化祭のこのプログラムを見たのですが，私はその中の日本語が読めません」という発言に対する応答。エの「私たちが君を手伝ってあげましょう」が入る。② 陸の「私たちは体育館で他のパフォーマンスを見ます」という発言を聞いたジョンのせりふ。You mean ～?は，相手に何かを確認する表現。ウの「午前中は全員がそこにいる」が入る。③ 直後にあるジョンの「その経験は私が日本についてより多くのことを学ぶのを助けてくれるでしょう」に注目。イの「それらは伝統的な日本のゲームです」が入る。

2. (ア) 現在完了の文。「あなたたちは～を決めましたか？」＝ Have you decided ～?。「どこに行くか」＝ where to go。(イ)「～するために」は副詞的用法の不定詞〈to ＋動詞の原形〉で表す。「最善を尽くす」＝ do one's best。「そのコンテストで勝つ」＝ win the contest。

3. 雄太の5番目のせりふから8番目のせりふまでにあるやりとりを見る。昼食のあと，3人は「文化体験」→「理科作品展示」→「国語科書写作品展示」→「美術部作品展示」の順に見学することにした。

4. ⑴ 雄太が2番目のせりふで「私たちはクラスメートたちといっしょに有名な英語の歌を何曲か歌います」と述べている。プログラム中にある「スケジュール」より，合唱は1年生によって行われることがわかる。⑵ ジョンの12番目のせりふと直後の雄太のせりふを見る。理科の作品がどこに展示されるのか尋ねたジョンに対して，雄太が「私たちの教室の中です」と答えている。⑶「スケジュール」を見る。昼休みは12時から13時30分までとなっているので，エの「生徒たちには1時間以上の昼食休憩がある」が適切。

【答】1. ① エ ② ウ ③ イ

2. (例) ㋐ Have you decided where to go? ㋑ I will do my best to win the contest.

3. ⒜ ア ⒝ エ ⒞ ウ ⒟ カ

4. ⑴ ア ⑵ イ ⑶ エ

◀全訳▶

陸　：こんにちは，ジョン。今日は君のこの学校での3日目ですね。学校生活はどうですか？

ジョン：楽しんでいます。私はこの学校がとても好きです。

雄太　：それを聞いてうれしいです，ジョン。君は私たちの文化祭がもうすぐやってくることを知っていますか？

ジョン：はい，もちろんです。アメリカの私の学校にはそのようなイベントがないので，私はとてもわくわくしています。文化祭のこのプログラムを見たのですが，私はその中の日本語が読めません。

陸　：わかりました。私たちが君を手伝ってあげましょう。

ジョン：ありがとう。午前中は何が行われるのですか？

陸　：それぞれの学年が体育館でパフォーマンスを行います。

ジョン：私たちは何をするのですか？

雄太　：私たちはクラスメートたちといっしょに有名な英語の歌を何曲か歌います。

ジョン：いいですね！　私は言葉について心配する必要がありません。私たちはそのあと何をするのですか？

陸　：私たちは体育館で他のパフォーマンスを見ます。

ジョン：ええと…。つまり午前中は全員がそこにいるということですね？

陸　：そうです。生徒たちは他のどこにも行きません。

ジョン：わかりました。私たちはパフォーマンスのあとに何をするのですか？

雄太　：私たちは長い昼食休憩をとります。休憩中に，私たちはいくつかの教室を訪れて何種類かのイベントを楽しむことができます。

ジョン：あなたたちは，どこに行くかを決めましたか？

陸　：いいえ，まだです。いっしょに行きましょう，ジョン。

ジョン：ありがとう，陸と雄太。

陸　：最初に何をしましょうか？

雄太　：私たちは昼食を食べるべきです。1階で，私たちは保護者らによって作られた料理を楽しむことができます。

ジョン：いいですね！　昼食を食べたあと，私たちは何をするのですか？

雄太　：同じ階で，私たちはいくつかのゲームをすることができます。それらは伝統的な日本のゲームです。君はそれらに興味がありますか，ジョン？

ジョン：はい。その経験は私が日本についてより多くのことを学ぶのを助けてくれるでしょう。

陸　：わかりました。そのあとは，2階に行きましょう。私たちはいくつかの授業，たとえば社会や理科で，生徒たちの作った多くの作品を見ることができます。

ジョン：ああ，私は理科の作品が見たいです。それらはどこに展示されますか？

雄太　：私たちの教室の中です。それらを見たあと，3階に行っていくつかのクラブによるイベントを楽しみませんか？

陸　　：私は美術部の部員です。私たちは，理科の作品を見たあとで私の絵を見に行ってもいいですか？

ジョン：もちろんです。ああ，私たちの先生は私の書写の作品が展示されると言っていました。

雄太　：ええと…それらは2階にあるでしょう。陸の絵を見たあとでそこに行きましょう。

陸　　：待ってください。書写の作品と理科の作品は同じ階に展示されます。だから私たちは理科の作品を見たあとでジョンの作品を見るべきです。

雄太　：賛成です。そしてそのあとで陸の絵を見るために3階に行きましょう。

陸　　：わかりました。最後に，茶道を経験しませんか？

ジョン：わあ！　私はそれをやってみたいです。

雄太　：残念ですが，私はできません。

ジョン：なぜですか？

雄太　：昼食休憩のあと，体育館で英語スピーチコンテストが行われます。私はそれに参加するので，体育館に早めに戻らなければなりません。陸といっしょに茶道を楽しんでください。

ジョン：わかりました。雄太，君の英語はとても上手です，そして私はあなたがすばらしいスピーチができると信じています。

雄太　：ありがとう。全生徒が私のスピーチを聞くので，私はわくわくしています。私はそのコンテストで勝つために最善を尽くすつもりです。

ジョン：すばらしいです！　コンテストのあとには，何が行われるのですか？

陸　　：全員が体育館でダンス部と吹奏楽部のパフォーマンスを楽しみます。

ジョン：わかりました。いっしょに楽しい時間を過ごしましょう。

6 **【解き方】** 1. (A) meet =「～に会う」。過去形は met。(B) go to college =「大学に通う」。主語が三人称単数形で現在の文なので goes になる。

2. 本物の花びらのように見える削りくずを作るために鉛筆会社がしていること。4つ前の文中にある「紙から作られた特別な素材を使う」ことを指している。

3. 直後にある「しかし，私はそう思いません。それは私が人生を楽しむ手助けをしてくれます」という2文に着目する。However は逆接を表すので，エの「この文房具には何もよいところがない」が入る。

4.「仕事中に私をとても助けてくれるので私はそれが大好きです」という文。看護師をしているルカが多くの必要なメモを書かなければならないことや，シリコーンのメモバンドが病院や被災地で役立つことが述べられている部分の直前のウに入る。

5. ア．第1段落の中ごろを見る。ユリが実優とエミリーを文房具博覧会に連れていったのは3週間前。イ．「特別な色鉛筆の削りくずを見ることを通してジェーンは日本の季節を感じる」。第2段落の最後にあるジェーンの言葉を見る。内容と一致する。ウ．第3段落の8文目を見る。シリコーンのメモバンドに書いた文字は水中でも消えない。エ．ルカが「人々を幸せにするためにユーモアのセンスをどうやって向上させられるのか知りたい」と言っている場面はない。オ．近日中にいくつかの国で本物のレタスの葉がノート用紙に使われるようになるという記述はない。カ．第4段落の最後にあるウィリアムの言葉を見る。「機能的であることは私にとって重要ではありません」と述べられている。キ．「エミリーはおもしろい文房具を作るためには創造的なアイデアが必要であると考えている」。最終段落にあるエミリーの言葉を見る。内容と一致する。

6. 3人の外国人が日常生活で使っている日本の文房具についての英文なので，イの「人々の生活の中の日本の文房具」が適切。

【答】 1. (A) met　(B) goes　2. 紙から作られた特別な素材を使うこと。(同意可)　3. エ　4. ウ　5. イ・キ

6. イ

◀全訳▶ オーストラリアからの生徒であるエミリーは私の家に2か月間滞在しています。彼女は日本の文房具についてもっと知りたがっています。私にはユリというおばがいて，彼女は東京の文房具会社で18年間働いています。3週間前，彼女はエミリーと私を東京の文房具博覧会に連れていってくれました。その博覧会で，人々は約70の文房具会社から多くの種類の文房具を買って楽しみました。私たちはそこで3人の外国人に会い，彼らは私たちになぜ日本の文房具がそれほど好きなのか話してくれました。

1人目はブラジル出身のジェーンです。彼女は3年前に日本に来ました。そして今，彼女は日本の芸術を学ぶために東京の大学に通っています。彼女は毎年何かかわいいものを買うために文房具博覧会を訪れます。彼女は日本の鉛筆会社で作られた特別な色鉛筆を使うことを楽しんでいます。鉛筆削りでその色鉛筆を削るとき，あなたは独特の削りくずを見ることができます。それらは日本でよく見られる花の花びらのように形づくられます。たとえば，ピンクの鉛筆の削りくずは桜の花びらのように見えます。その色鉛筆のために，その鉛筆会社で働いている人々は紙から作られた特別な素材を使います。それには理由があります。鉛筆にはたいてい木が使われます。しかし，それでは花びらのような削りくずを作るのがうまくいきません。そうすることで，彼らは本物の花びらのように見える削りくずを作ることができます。ジェーンは「その特別な色鉛筆を削るとき，私は日本の季節を感じます。そのようなきれいな文房具は私を幸せにしてくれます」と言いました。

2人目はルカです。彼はイタリアで看護師として働いています。彼は休暇でときどき日本を訪れます。彼は日本で販売されているシリコーンのメモバンドが大好きです。彼はたいてい病院でそれを手首に巻いています。シリコーンのメモバンドに，あなたはペンでメモを書いたり，指でそれらを消したりすることができます。あなたはそのバンドに何度もメモを書くことができます。水中でもメモは消えません。だからあなたは手を洗うときにバンドを外す必要がありません。ルカは「私は姉からシリコーンのメモバンドをもらいました。仕事中に私をとても助けてくれるので私はそれが大好きです。私は看護師です。私は多くの必要なメモを書かなければなりません。シリコーンのメモバンドは病院や被災地で働く人たちにとって非常に役立ちます。機能的であることが私にとって最も大切です」と言いました。

3人目はウィリアムです。彼はアメリカ出身で日本の中学校に勤めています。彼は日本が大好きで，アメリカの友だちに日本の文房具がいかに独特であるか伝えたいと思っています。彼は私たちに1つの例を示しました。それはレタスのように形づくられ，レタスのように見えますが，実は本物ではありません。その素材は紙で，あなたはその葉をメモ用紙として使うことができます。それにはしわがあります。そしてそれによって，葉が本物のように見えます。メモを書く前にするべきことが2つあります。まず，葉をもぎとります。次に，しわを伸ばします。そうすればあなたは葉にメモを書くことができます。ウィリアムは「この文房具には何もよいところがないと言う人がいるかもしれません。しかし，私はそう思いません。それは私が人生を楽しむ手助けをしてくれます。機能的であることは私にとって重要ではありません。私は日本人が彼らのユーモア感覚で作った独特の文房具を使うのが好きです」と言いました。

これらの人たちと話すことを通して，私は日本の文房具がいかにすばらしいのかを知り，それに興味を持つようになりました。エミリーは以前よりもそれについてわくわくしているように見えました。彼女は「日本人はたくさんのおもしろい文房具を作ってきました。そのような文房具を作るには創造的なアイデアが必要だと思います。そしてそのような文房具は私たちが生活を向上させる手伝いをしてくれると信じています。私の夢は多くの人々を幸せにする文房具を作ることです」と言いました。私はあなたたちがいつかきっと彼女によって作られた文房具を使うだろうと思います。

社　会

1 **【解き方】** 1. それまでの氏姓制度を改めようとしたもの。

2. 栄西は，鎌倉時代に臨済宗を開いた僧。

3. アは16世紀，イは7世紀，ウは13世紀，エは18～19世紀のできごと。

4. のちに織田信長は座の特権を奪い，商人の自由な経済活動を認める「楽市・楽座」と呼ばれる政策を展開した。

5. 江戸時代前期のできごとを選択。アは室町時代，イは江戸時代後期，エは平安時代。

6. 裁判の公平性を保つために制定された。

7. 写真は奈良時代に建てられた正倉院。

【答】 1. 冠位十二階　2. イ　3. ウ

4. 貴族や寺社に税を納める代わりに，営業を独占する権利を認められた（同意可）　5. ウ

6. 公事方御定書　7. ア

2 **【解き方】** 1. 相次ぐききんや開国にともなう物価の上昇などにより，下級武士や百姓などの江戸幕府に対する不満が高まっていた。

3. 日本で初めて制定された，労働者の保護を目的とした法律。児童労働や，女子の深夜労働の禁止などが定められたが，例外規定も多かった。

4. 第一次世界大戦の敗戦国。

5. 農作物の価格を安定させるために農業生産を制限し，余《よ》剰《じょう》生産物を買い上げたりもした。

6. イとエは小説家，ウは映画監督。

7. 朝鮮戦争は1950年に始まり，日中共同声明は1972年に発表された。アは1956年，イは1989年，ウは1945年，エは1951年のできごと。

【答】 1. X. 朝廷と結び付く　Y. 幕府の権威を回復する（それぞれ同意可）　2. 板垣退助　3. 工場法

4. ドイツ　5. a. イ　b. エ　6. ア　7. エ→ア

3 **【解き方】** 2. 具体的には，国の最高法規である憲法に基づいて政治を行うことを指す。

3. ア・イ・エは内閣の仕事。

4. 三審制とは，裁判を慎重に進めるために，1つの事件につき3回まで裁判を受けられる制度。

5. 条例の制定や改廃の場合は，有権者の50分の1以上の署名を集めて首長に請求する。

6. ア.「25～34歳」は2022年の方が小さくなっている。また「45～54歳」は同じ割合になっている。ウ. 最も低いのは2012年。エ. 最も大きいのは45～54歳。

【答】 1. 連立　2. 国家権力を憲法によって制限する（同意可）　3. ウ　4. 控訴　5. ① ア　② エ　6. イ

4 **【解き方】** 1. 株主は，株式の持分割合に応じて，株主総会で議決権を行使したり，配当を受け取ることができる。

2. ②「インフレーション」は，物価が上がり続けることを指す。

3. スウェーデンは高福祉・高負担，アメリカは低福祉・低負担にあたる。

4. 南半球の途上国の中でも原油などの資源を産出する国は比較的，国家経済が安定していることが多い。

【答】 1. 株主　2. ① イ　② エ　3. ウ　4. 発展途上国の間の経済格差（同意可）　5. 難民

5 **【解き方】** 1. (1) ㋒の県庁所在地は松江市。(2) Bは北西から吹く季節風の影響で，冬の降雪（水）量が多い日本海側の気候に属している。

2. 長野県の御嶽《おんたけ》山や，長崎県の雲仙《うんぜん》普賢《ふげん》岳の噴火では，大きな被害をもたらした。

3. 第1次産業には農林水産業が，第2次産業には製造業や建設業が，第3次産業には商業や金融業，サービス業などが当てはまる。

4. 乳牛の飼育には夏でもすずしい地域が適している。

5. 水力発電所は，高いところから低いところに水を落とすエネルギーを用いて発電する方法であるため，山間部や川が流れている場所に建設されることが多い。

【答】1. (1) (記号) ㋒ (県名) 島根(県) (2) (記号) イ (理由) 夏に比べて冬の降水量が多いから。(同意可)

2. 火砕流 3. エ 4. エ 5. ウ

6 【解き方】1. 最後のNは北側 (North) という意味。南側にある場合はS (South) を使う。

2. (1) ア. 実際の距離は，FG間の方が短い。イ. 地図2のFG間は等角航路というもので，2地点間の最短距離 (大圏航路) を示したものではない。ウ. メルカトル図法では，方位は正しく表すことができない。(2) R国はインド。(3) オリーブは乾燥に強いため，地中海式農業の地域で生産される代表的な農作物。

3. ブラジル中部やオーストラリア北部・インド・タンザニアなどでみられる気候。

【答】1. ア 2. (1) エ (2) イ (3) (記号) ㋑ (国の名) スペイン (4) サヘル

3. まばらに木がある草原 (同意可)

理　科

1 【解き方】1. (2) 図1のXで，画面の矢印が示す区間が1回振動している時間を表しているので，1秒間の振動数は，$\frac{1\ (秒)}{0.0025\ (秒)} = 400\ (\mathrm{Hz})$

(3) ① 図1の波の高さが振幅を表す。実験2でおんさMが出したYの音の振幅の方が，実験1でおんさMが出したXの音の振幅より大きいので，実験2の方が大きい音になる。② 図1の波の数が振動数を表す。実験3でおんさNが出したZの音の振動数の方が，実験1でおんさMが出したXの音の振動数より少ないので，実験3の方が低い音になる。

2. (1) 小球がもつ力学的エネルギーは保存されるので，小球の高さが低くなって位置エネルギーが減少すると，その分，運動エネルギーは増加する。

(2) 表1より，CD間の小球Pの速さは280cm/sなので，$\frac{42\ (\mathrm{cm})}{280\ (\mathrm{cm/s})} = 0.15\ (秒)$

(3) 垂直抗力が重力と同じ大きさではたらいている。

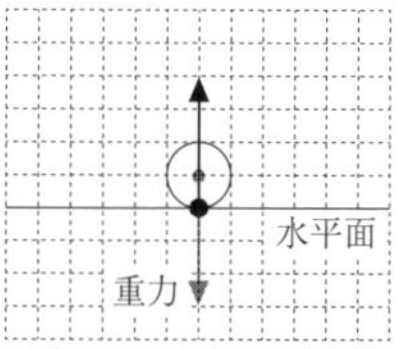

(4) 小球PがEの位置にあるとき，小球Pがもつ運動エネルギーは小球Pがもつ位置エネルギーの $\frac{3}{2}$ 倍なので，小球PがEの位置にあるときの運動エネルギーを3とすると，位置エネルギーは2と表すことができる。小球PがFの位置にあるときの運動エネルギーが，Eの位置にあるときの運動エネルギーの $\frac{1}{3}$ 倍なので，小球PがFの位置にあるときの運動エネルギーは，$3 \times \frac{1}{3} = 1$　小球Pがもつ力学的エネルギーは小球PがEの位置にあるときの運動エネルギーと位置エネルギーの和の，$3 + 2 = 5$ なので，小球PがFの位置にあるときの位置エネルギーは，$5 - 1 = 4$　よって，$\frac{4}{2} = 2$ (倍)

(5) 小球の高さが同じとき，質量が大きいほど小球がもつ位置エネルギーは大きくなるので，Aの位置の小球Pと小球Qでは，質量が大きい小球Qの方が位置エネルギーは大きくなる。小球PとQがCの位置にあるとき，どちらも位置エネルギーは0になるので，小球PとQがAの位置のときの位置エネルギーがすべて運動エネルギーに変換されている。小球の速さが同じとき，質量が大きいほど小球がもつ運動エネルギーは大きくなるので，Cの位置の運動エネルギーは小球Qの方が小球Pより大きくなる。

【答】1. (1) 音源　(2) 400 (Hz)　(3) ① ア　② エ

2. (1) ① イ　② ウ　(2) 0.15 (秒)　(3) (前図)　(4) 2 (倍)　(5) ① イ　② イ

2 【解き方】1. (2) 水溶液Yを加えていないビーカーAの水溶液では加熱して水を蒸発させても何も残らなかったので，水溶液Xは塩酸とわかり，塩酸は酸性なのでBTB溶液は黄色に変化する。

(3) 実験1で水溶液X（塩酸）に水溶液Y（水酸化ナトリウム水溶液）を加えていくと，完全に中和するまでは中和により生じた水分子が増えていく。中和後，さらに水酸化ナトリウム水溶液を加えていくと，水分子はそれ以上生じないが，イオンの総数は増えていく。ア．水溶液中の陽イオンと陰イオンの数はビーカーA，B，C，Dいずれも同じ。ウ・エ．生じた水分子の数はビーカーCとDは同じで，ビーカーBよりも多い。

2. (2) 表1より，石灰石を加える前のビーカー全体の質量が74.6g，石灰石2.0gを加えたときのビーカー全体の質量が75.8gなので，発生した気体の合計は，74.6 (g) + 2.0 (g) − 75.8 (g) = 0.8 (g)　よって，新たに発生した気体は，0.8 (g) − 0.4 (g) = 0.4 (g)

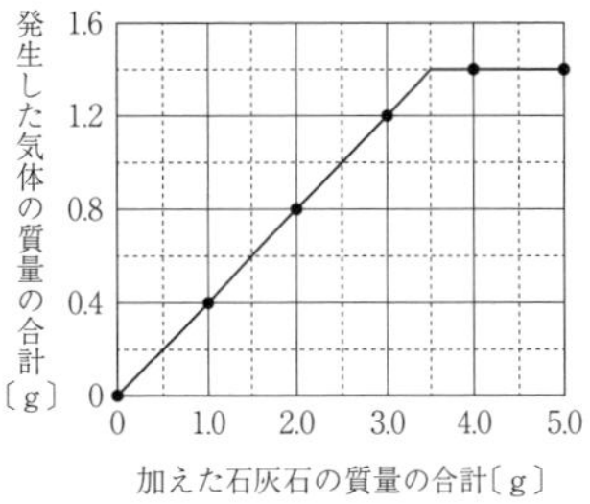

(3) 4 回目の石灰石 4.0g を加えたときのビーカー全体の質量が 77.2g なので，ⓒの値は，74.6 (g) + 4.0 (g) − 77.2 (g) = 1.4 (g)　ⓑの値は，74.6 (g) + 3.0 (g) − 76.4 (g) = 1.2 (g)

(4) (3)のグラフより，うすい塩酸 14cm^3 と過不足なく反応する石灰石の質量は 3.5g になるので，石灰石 5.0g と過不足なく反応するうすい塩酸は，$14\ (cm^3) \times \frac{5.0\ (g)}{3.5\ (g)} = 20\ (cm^3)$　よって，新たに加える塩酸の量は，$20\ (cm^3) - 14\ (cm^3) = 6.0\ (cm^3)$

【答】1. (1) HCl (+) NaOH → NaCl (+) H_2O　(2) ① ア　② ウ　(3) イ

2. (1) 二酸化炭素　(2) 0.4 (g)　(3) ⓒ 1.4　(グラフ) (前図)　(4) 6.0 (cm^3)

3 【解き方】1. (2) ① 表 1 より，B の水の減少量は，75.6 (g) − 70.8 (g) = 4.8 (g)　C の水の減少量は，75.6 (g) − 75.1 (g) = 0.5 (g)　② ワセリンをぬった部分からは蒸散できないので，B の水の減少量は葉の裏と葉以外の部分からの蒸散量，C の水の減少量は葉の表と葉以外の部分からの蒸散量になる。

(3) A の水の減少量は葉の表・裏・葉以外の部分からの蒸散量で，75.2 (g) − 70.1 (g) = 5.1 (g)　A の水の減少量と B と水の減少量の差は葉の表からの蒸散量になるので，葉の表からの蒸散量は，5.1 (g) − 4.8 (g) = 0.3 (g)　よって，C の水の減少量が葉の表と葉以外の部分からの蒸散量を表しているので，葉以外の部分からの蒸散量は，0.5 (g) − 0.3 (g) = 0.2 (g)

2. (2) 観察する倍率を高くすると視野が狭くなるので，見える胞子のうや胞子の数は減る。

(4) 子房を持たない種子植物は裸子植物。アブラナ・サクラ・タンポポは被子植物。

【答】1. (1) 気孔　(2) ① ア　② ウ　(3) 0.2 (g)　(4) (より多くの葉に,) 光が当たるようになる。(同意可)

2. (1) ア　(2) ① ア　② エ　(3) ① イ　② エ　(4) イ

4 【解き方】1. (3) 図 2 のグラフより，9 月 30 日 18 時の気温は約 23 ℃，湿度は約 87 %，10 月 2 日 3 時の気温は約 21 ℃，湿度は約 66 %，10 月 2 日 9 時の気温は約 22.5 ℃，湿度は約 66 % で，気温が高いほど飽和水蒸気量が大きくなるので，空気に含まれる水蒸気量はア＞ウ＞イ。露点はその空気に含まれる水蒸気量が多いほど高くなるので，露点の高い順もア＞ウ＞イ。

(4) ① 台風が接近すると気圧が低くなるので，最も気圧が低い 10 月 1 日 15 時頃に台風が最も接近したと考えられる。② 台風は地点 A の南から東側を通過しているので，台風の中心に向かって北寄りの風が吹く。

2. (3) 太陽の自転により，地球で観察される黒点は東から西に移動する。

【答】1. (1) 熱帯　(2) ① イ　② エ　(3) ア→ウ→イ　(4) ① イ　② ウ

2. (1) ① ア　② エ　(2) ウ　(3) エ　(4) 銀河

5 【解き方】1. (1) 電熱線の抵抗は加える電圧や電熱線が消費した電力によって変化しない。表 1 より，電熱線に加えた電圧が 2.0V のときの水の上昇温度が 2.0 ℃，4.0V のときが 8.0 ℃なので，電熱線に加えた電圧が，$\frac{4.0\ (V)}{2.0\ (V)}$ = 2 (倍) になると，水の上昇温度は，$\frac{8.0\ (℃)}{2.0\ (℃)}$ = 4 (倍) になるので比例の関係ではない。

(2) ① どちらも水の上昇温度は 8.0 ℃で同じなので，電熱線から発生した熱量は同じ。② 表 1 より，発熱量は電力 (電圧×電流) の値に比例する。電熱線に電圧を加える時間はどちらも 10 分間で，電熱線 a に加える電圧が 4.0V，電熱線 b に加える電圧が 5.0V のときの発熱量が同じなので，電熱線 b に流れる電流の方が電熱線 a を流れる電流より小さくなる。よって，電熱線 b の方が抵抗値は大きい。

2. (1) 羽毛があり，前あしが翼になっていることから鳥類，翼には爪のついた指があり，口には歯があることからは虫類の特徴を持つ。

3. (1) 地層は下の層ほど古い。

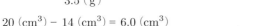

(2) 図3より，地点Aから見て，地点Bは北東に1マスの対角線の長さだけ離れている地点で，図4より，地点Aの地層Qの標高は，52 (m) + 8 (m) = 60 (m)　地点Bの地層Qの標高は，54 (m) + 1 (m) = 55 (m)なので，地点Bの地層は地点Aに比べて，60 (m) − 55 (m) = 5 (m)低くなっている。地点Bから見て，地点Cは北東に2マスの対角線の長さだけ離れているので，地点Cの地層は地点Bより，5 (m) × 2 = 10 (m)低くなっていると考えられ，地点Cの地層Qの標高は，55 (m) − 10 (m) = 45 (m)　地層Pは地層Qの4m上にあるので，地点Cの地層Pの標高は，45 (m) + 4 (m) = 49 (m)になり，地点Cの道路面の標高が76mなので，76 (m) − 49 (m) = 27 (m)の深さになる。

4. (1) Bは水とエタノール水溶液の両方で浮いているので，Bの密度は0.95g/cm^3より小さいとわかる。よって，体積が0.40cm^3のBの質量は，0.95 (g/cm^3) × 0.40 (cm^3) = 0.38 (g)より小さい。

(2) Bと同じ質量にしても，AとCの密度は変わらないので，エタノール水溶液にはどちらも沈む。

【答】 1. (1) エ　(2) ① ウ　② イ　2. (1) ウ　(2) エ

3. (1) X. ア　Y. 地層Pより低いところ(で見られることから) (同意可)　(2) ア

4. (1) ① 0.38　② イ　(2) A. 沈んだ　C. 沈んだ

国　語

1 【解き方】1. アは，上下の漢字がともに音読み。ウは，上下の漢字がともに訓読み。エは，湯桶読み。

2. 龍安寺石庭が「一意的に解釈が定められるものではない」と述べたうえで，そのことよりも「注目すべき」点として「多数の解釈を生み出しうるほど…絶妙な構成を有していること」を強調している。

3. (1) 同じことが何度も行われるさまを表すので，行われる動作にあたる語をおさえる。(2) 活用のない自立語で，用言を修飾する語。

4. a.「庭をながめること」について「その全体を漫然と捉えており，かつ…考えをめぐらし」ていると述べており，「二つのことを並行して行って」いることをとらえる。b.「ながめる」意識について説いた上田氏の言葉に着目し，「むしろ，ある面ではぼんやりした状態と…同時に保持しているような不思議な状態」とあることをおさえる。

5.「龍安寺石庭について次のように述べている」とあるので，上田氏が石庭の石について，「配置を象徴的に解釈したり…云々する」見方を，「黙ってながめる」ことと対比し，否定的にとらえていることに着目する。

6. a・b.「西洋の整形式庭園」は，「至高の視点を念頭に…構成されて」おり，「『見る』ための庭と言うことができる」とある。c.「日本庭園」において「至高の視点」はなく，視界の良い地点からでも「見えるのは庭園の一部である」と述べている。

7. 龍安寺石庭は「十五の石全てを視界に収めることはできない」うえに，「一つの石を集中的に見ても，自然石があるだけ」とある。これと同じ現象について，「人が海や山の風景を『ながめる』のは…『見る』ことが難しいから」であり，「一つ一つの要素…を集中的に『見る』こと」はできず，「全体を漫然と視野に入れることしかできない」と説明し，「その現象の縮小版が，庭園においても生じる」と述べている。

8. 龍安寺石庭の「全てを視界に入れることはできない」構成が「一意的に解釈できないこと」につながっていると述べ，そのように一つ一つの要素を「『見る』ことが難しい」日本庭園は，「『ながめる』ことを促すような空間構成がなされている」と考察している。

【答】1. イ　2. ウ　3. (1) エ　(2) ア

4. a. 庭全体を漫然と捉えると同時に，ほかのことに考えをめぐらす（28字）（同意可）　b.（最初）ぼんや（最後）ている

5. 配置を象徴的に解釈したり芸術性を云々する(こと。)

6. a. 至高の視点　b.「見る」ための庭　c. 庭園の一部

7. 十五個の石全てを視界に入れることはできず，庭のそれぞれの要素を集中的に「見る」ことができない(から。)（46字）（同意可）

8. エ

2 【解き方】2.「緊張のしすぎで，身体を…してしまったような私」と「談笑していた」留学生ランナーを比べ，彼女が走る直前まで「足のマッサージを受けていた」という一方で，「ひとりでやることもなく…なめていた私とはエライ違い」だと感じている。

3. a.「私」は，走り去る留学生のフォームを見て「何て楽しそうに走るんだろう」と感じたことをきっかけに，「私が留学生の彼女を見て…感じたように，咲桜莉が私の走りを見て楽しそうと感じてくれている」と思い至っている。b.「咲桜莉が私の走りを見て…感じてくれている」と思ったあと，「不思議なくらい…足裏に宿った」ように感じている。c.「こんな大舞台，二度と経験できないかもしれない」のだから，「この瞬間をじっくりと楽しまないと…味わわないともったいないぞ」という「ずうずうしい気持ち」が盛り上がってきていることに着目する。

4. 隣の選手と「視線が交わった瞬間」のことを「何かが『バチンッ』と…弾ける」ように感じており，「相手は目をそらさなかった」「私も目をそらさなかった」と強く意識しあっている。

5.「私」はアンカーとして走ることに強い緊張を感じ，「このまま家の前まで…帰ってくれないかな」と弱気になっていたが，咲桜莉の言葉を思い出したことで「不思議なくらい勇気が…足裏に宿った」ように感じ，「緊張の気配が身体から消え去って」いる。そこから，「この瞬間をじっくりと楽しまないと…味わわないともったいないぞ」と前向きに考えるようになっている。

【答】1. エ　2. イ

3. a. (最初) 咲桜莉　(最後) ている　b. 勇気　c. 都大路は二度と経験できないかもしれない大舞台だから，味わわないともったいない (38字) (同意可)

4. 互いの口か　5. ウ

3 【答】1. かっさい　2. せんさく　3. おろ(す)　4. わず(かな)

4 【答】1. 損益　2. 旅券　3. 焼ける　4. 刻む

5 【解き方】1. (1) 語頭以外の「は・ひ・ふ・へ・ほ」は「わ・い・う・え・お」にする。(2) 直前に引用の助詞「と」があるので，「…うれしかるべきことなり」までが発言内容にあたる。また，「かのうづらに向かひて」「汝は」と話しかけていることから，「鳥類にても汝は…」以降が，うずらに向かって話しかけた内容となる。

2. a. 夢の中でうずらが言った「金銀をちりばめし牢…御身を入れ置かば」に続く言葉に着目する。「なるべきや」は，「～であるだろうか，いや，そうではない」の意。b. 夢からさめた糀崎何某が，「飼ひ置きける鳥を残らず籠を出し」「放しける」という行動をとったことから考える。c.「という教えに由来している」に続くことから，「『汝必ず音を立つることあるべからず…また捕られん。』と教化して放しける」に着目する。

【答】1. (1) たわぶれしに　(2) (最初) 鳥類に　(最後) となり

2. a. 心よきこと　b. うずらを放してやる (同意可)　c. 鳴くとまた捕まるので，決して鳴いてはいけない (22字) (同意可)

◀口語訳▶　野州糀崎郷のうずらは鳴くことがない。その隣の郷は (うずらが) 鳴くことが盛んである。その土地に住む老人が言ったことには，いつの頃であろうか，糀崎なんとかといった人が，その土地を所有し，うずらを好んでたくさん飼っており，金銀をちりばめた籠に入れて特に大切にしてかわいがっていたが，ある時，そのうずらに向かって，鳥類でもおまえは幸せ者だ。金銀をちりばめた籠に入れて心を尽くして飼っているのは，うれしいだろうことだとおどけて言ったところ，その夜の夢にうずらが出て来て，「どうしてこのようにお考えになるのか。金銀をちりばめた牢を作ってご自身を入れておいたら，気分のいいものでしょうか (いえ，気分がいいはずがありません)。」と言うのを見たところで，夢からさめた。糀崎なんとかは，感じ入り考えを改めて，うずらを (このような方法で) 愛することを思いとどまり，飼っていた鳥を残らず籠から出し，「おまえは決して鳴くことがあってはいけない。鳴けば，また捕まえられるだろう。」と教え諭して放したが，それ以来この郷のうずらは，鳴かないと語ったことである。

作　文

1 【答】(例)

現代社会の言語コミュニケーションにおいて重要なのは，伝え方を工夫することだと考える。なぜなら，現代はさまざまな国籍や宗教を持つ人々が一つの地域で生活したり共に働いたりする時代であり，多様な価値観に触れる機会が多くなっているからだ。

「やさしい日本語」は，伝え方の工夫の一つだ。難しい表現を使わず，文を簡潔にしたり漢字にルビをふったりすることで，日本語が母語でない人にも情報がきちんと伝わることを目指している。また，表現だけでなく，価値観をおしつけるような内容になっていないかにも気をつけたい。自分が当然だと思って何気なく話すことも，それが相手の価値観と異なるとき，相手を傷つけたり否定したりすることになっているかもしれないのだ。

大事なのは，相手は自分とは違う価値観を持っているということや，自分は相手のことをまだ知らないのだということを前提に，言葉を選ぶことではないかと思う。(395字)

愛媛県公立高等学校

2023年度
入学試験問題

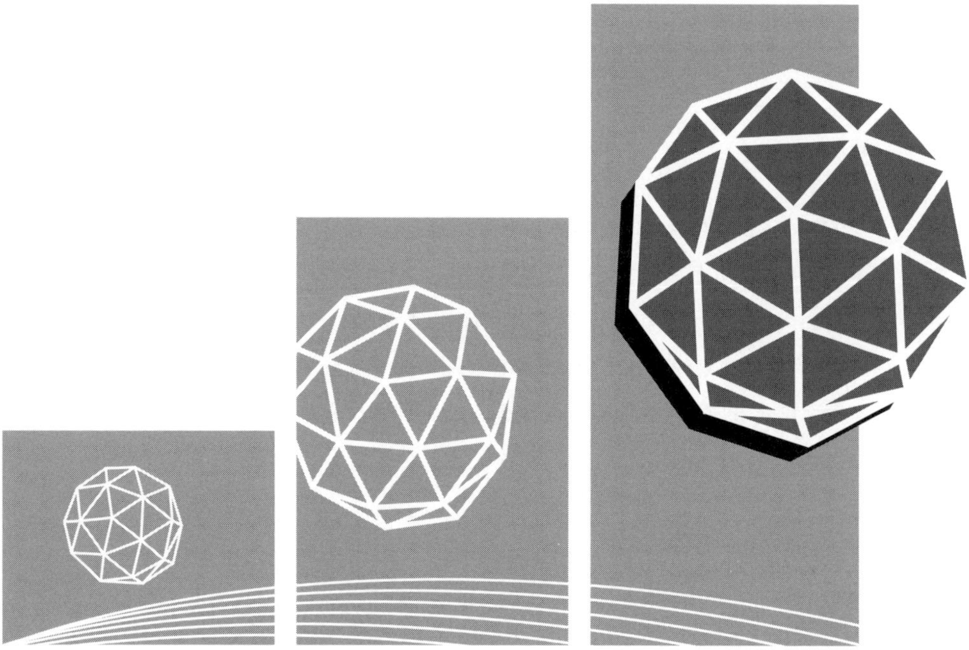

数学

時間　50分　　　　満点　50点

（注）答えに$\sqrt{\ }$が含まれるときは，$\sqrt{\ }$を用いたままにしておくこと。
また，$\sqrt{\ }$の中は最も小さい整数にすること。

1　次の計算をして，答えを書きなさい。

1　$3-(-4)$　(　　　)

2　$4(x-2y)+3(x+3y-1)$　(　　　)

3　$\frac{15}{8}x^2y \div \left(-\frac{5}{6}x\right)$　(　　　)

4　$(\sqrt{6}-2)(\sqrt{6}+3)-\frac{4\sqrt{3}}{\sqrt{2}}$　(　　　)

5　$(3x+1)(x-4)-(x-3)^2$　(　　　)

2　次の問いに答えなさい。

1　$4x^2-9y^2$ を因数分解せよ。(　　　)

2　三角すいの底面積をS，高さをh，体積をVとすると，$V=\frac{1}{3}Sh$と表される。この等式をhについて解け。(　　　)

3　次のア～エのうち，正しいものを1つ選び，その記号を書け。(　　　)

ア　3の絶対値は-3である。

イ　m，nが自然数のとき，$m-n$の値はいつも自然数である。

ウ　$\sqrt{25}=\pm 5$である。

エ　$\frac{4}{3}$は有理数である。

4　2つのさいころを同時に投げるとき，出る目の数の和が5の倍数となる確率を求めよ。ただし，さいころは，1から6までのどの目が出ることも同様に確からしいものとする。(　　　)

5　右の図のような，相似比が2：5の相似な2つの容器A，Bがある。何も入っていない容器Bに，容器Aを使って水を入れる。このとき，容器Bを満水にするには，少なくとも容器Aで何回水を入れればよいか，整数で答えよ。(　　　回)

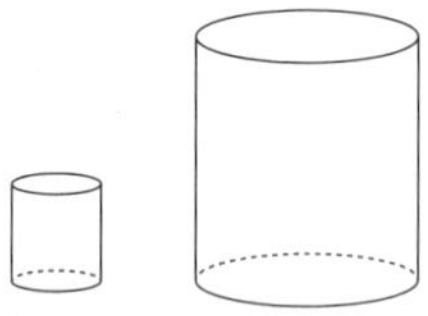

容器A　　容器B

6　右の図のように，2点A，Bと直線ℓがある。直線ℓ上にあって，$\angle APB = 90^\circ$となる点Pを1つ，解答欄に作図せよ。ただし，作図に用いた線は消さずに残しておくこと。

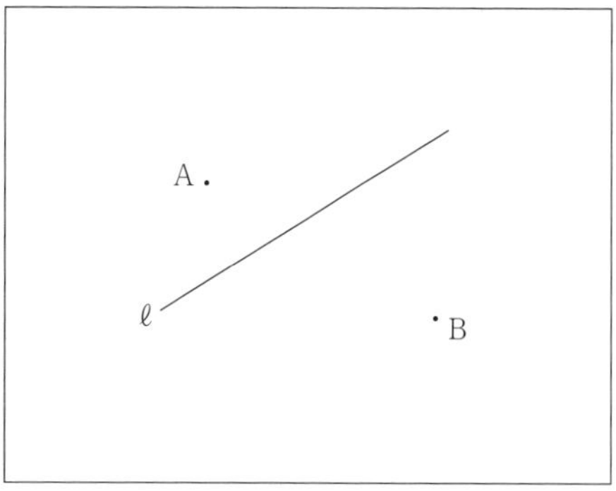

7　連続する3つの自然数がある。最も小さい自然数の2乗と中央の自然数の2乗の和が，最も大きい自然数の10倍より5大きくなった。この連続する3つの自然数を求めよ。ただし，用いる文字が何を表すかを最初に書いてから方程式をつくり，答えを求める過程も書くこと。

(解)(　　　　　　　　　　　　　　　　　　　　　　　　　　　　)

(答)(　　　　)

3　次の問いに答えなさい。

1　ある中学校の，1組，2組，3組で数学のテストを行った。

(1)　右の図1は，1組30人の結果をヒストグラムに表したものである。このヒストグラムでは，例えば，40点以上50点未満の生徒が5人いることがわかる。また，下のア〜エの箱ひげ図には，1組30人の結果を表したものが1つ含まれている。ア〜エのうち，1組30人の結果を表した箱ひげ図として，最も適当なものを1つ選び，その記号を書け。(　　　)

図1

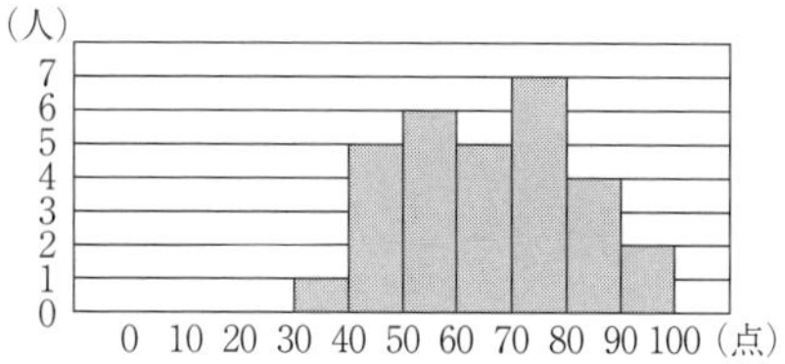

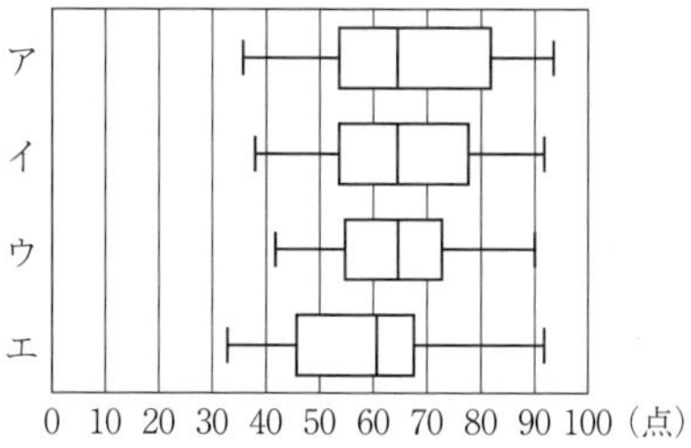

(2)　右の図2は，2組と3組それぞれ30人の結果を箱ひげ図に表したものである。この箱ひげ図から読みとれることとして，下の①，②は，「ア　正しい」「イ　正しくない」「ウ　この箱ひげ図からはわからない」のどれか。ア〜ウのうち，最も適当なものをそれぞれ1つ選び，その記号を書け。

図2

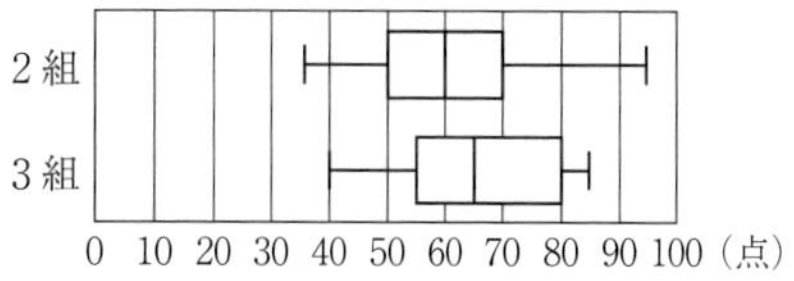

①　四分位範囲は，3組より2組の方が大きい。(　　　)

②　点数が45点以下の生徒は，3組より2組の方が多い。(　　　)

2　太郎さんは，午前9時ちょうどに学校を出発して，図書館に向かった。学校から図書館までは一本道であり，その途中に公園がある。学校から公園までの1200mの道のりは分速80mの一定の速さで歩き，公園で10分間休憩した後，公園から図書館までの1800mの道のりは分速60mの一定の速さで歩いた。

(1)　太郎さんが公園に到着したのは午前何時何分か求めよ。（午前　　時　　分）

(2)　太郎さんが学校を出発してから x 分後の学校からの道のりを y m とするとき，太郎さんが学校を出発してから図書館に到着するまでの x と y の関係を表すグラフをかけ。

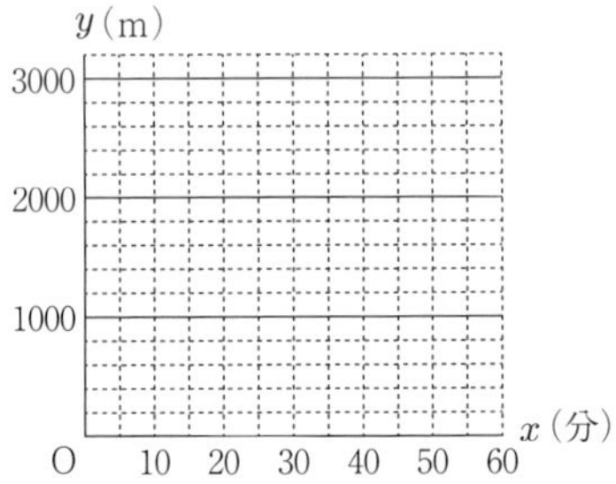

(3)　花子さんは，午前9時20分ちょうどに図書館を出発し，一定の速さで走って学校へ向かった。途中で太郎さんと出会い，午前9時45分ちょうどに学校に到着した。花子さんが太郎さんと出会ったのは午前何時何分何秒か求めよ。

（午前　　時　　分　　秒）

4　右の図1において，放物線①は関数 $y = ax^2$ のグラフであり，直線②は関数 $y = \frac{1}{2}x + 3$ のグラフである。放物線①と直線②は，2点A，Bで交わっており，x 座標はそれぞれ-2，3である。

このとき，次の問いに答えなさい。

図1

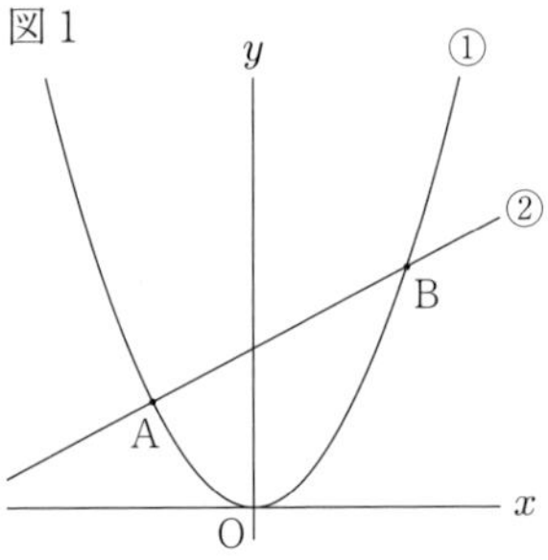

1　関数 $y = \frac{1}{2}x + 3$ について，x の変域が $-2 \leqq x \leqq 3$ のときの y の変域を求めよ。（　　　）

2　a の値を求めよ。（　　　）

3　右の図2のように，放物線①上に，x 座標が-2より大きく3より小さい点Cをとり，線分AC，BCを隣り合う2辺とする平行四辺形ACBDをつくる。

図2

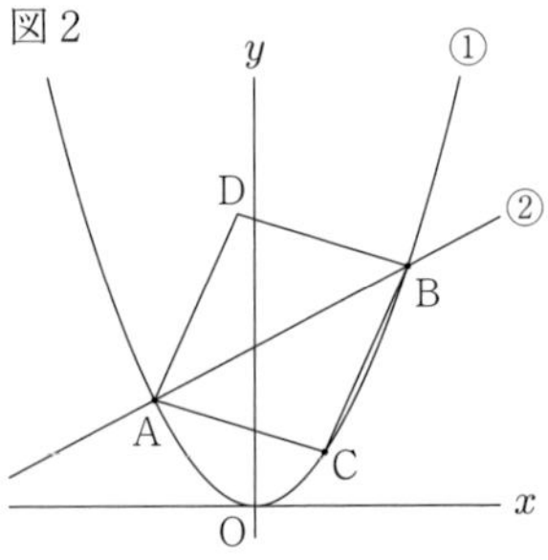

(1)　直線ACが x 軸と平行になるとき，平行四辺形ACBDの面積を求めよ。（　　　）

(2)　点Dが y 軸上にあるとき，点Dの y 座標を求めよ。（　　　）

5　右の図のように，3点A，B，Cが円Oの周上にあり，AB = ACである。点Aを通り線分BCに平行な直線をℓとし，直線ℓ上に点Dを，AB = ADとなるようにとる。直線BDと線分ACとの交点をE，直線BDと円Oとの交点のうち，点Bと異なる点をFとする。また，直線CFと直線ℓとの交点をGとする。ただし，∠CADは鋭角とする。

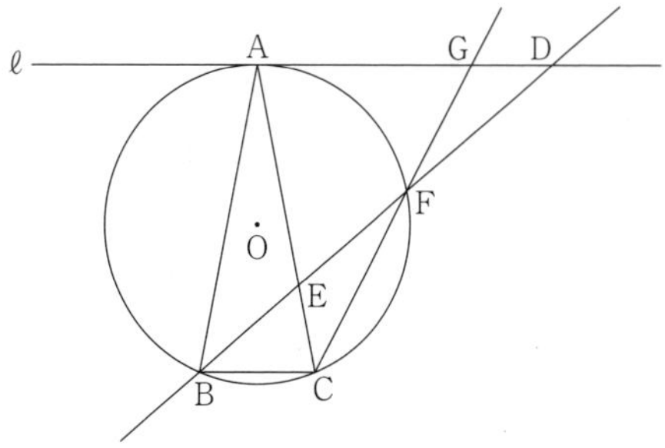

このとき，次の問いに答えなさい。

1　△ACG ≡△ADEであることを証明せよ。

(　　　　　　　　　　)

2　AG = 4 cm，GD = 2 cmのとき，

(1)　線分BCの長さを求めよ。(　　　　cm)

(2)　△DGFの面積を求めよ。(　　　　cm^2)

英語

時間　60分　　　　満点　50点

（編集部注）　放送問題の放送原稿は英語の末尾に掲載しています。
音声の再生についてはもくじをご覧ください。

1　聞き取りの問題　1（　　　）　2（　　　）　3（　　　）

	ア	イ	ウ	エ
1				

	ア	イ	ウ	エ
2			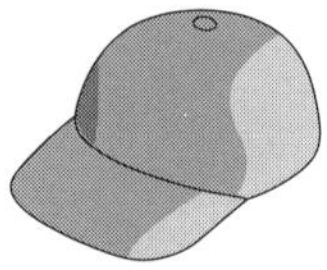	

	ア	イ	ウ	エ
3				

2　聞き取りの問題　1（　　　）　2（　　　）

1　ア　No problem.　　イ　You're already home.　　ウ　I'm so sorry.
　エ　Don't get angry.

2　ア　I want you to answer my question.　　イ　You want to eat something.
　ウ　I'm glad to hear you're feeling fine.　　エ　You should go to a hospital.

3 聞き取りの問題 1（　　） 2（　　） 3（　　） 4（　　）

1 ア Fifteen years old. イ Twenty-three years old. ウ Twenty-nine years old.
エ Thirty-two years old.

2 ア Maki did. イ Maki's father did. ウ John's father did.
エ John's friend did.

3 ア Because she wanted to improve her English.
イ Because she wanted to make him surprised.
ウ Because she wanted to talk about sports.
エ Because she wanted to learn Japanese.

4 ア He wants them to learn more about world history.
イ He wants them to teach him Japanese after school.
ウ He wants them to play baseball together in his team.
エ He wants them to make many friends through English.

4 次の1，2の問いに答えなさい。

1 次の(1)，(2)の各対話文の文意が通るように，（　）の中のア～エを正しく並べかえて，左から順にその記号を書け。(1)（　）（　）（　）（　） (2)（　）（　）（　）（　）

(1) A： Soccer is becoming as（ア baseball イ as ウ among エ popular）boys in my school.
B： Really? In my school, boys like baseball better than soccer.

(2) A： What's the Japanese name of this flower?
B： We（ア in イ it ウ call エ *Himawari*）Japanese. It's one of my favorite flowers.

2 次の(1)，(2)について，それぞれの指示に従って英語で書け。ただし，(1)の①と②，(2)は，三つとも，それぞれ6語以上の1文で書くこと。（「.」「?」などの符号は語として数えない。）

(1) 次の①，②の質問に答える文を書け。

① 日本のことをあまり知らない海外の人に対して，日本について説明する機会があるとすれば，あなたは，どのようなことを伝えますか。
（　　　　　　　　　　　　　　　　　　　　　　　　　　）

② また，そのことを伝えるための準備として，どのようなことをしますか。
（　　　　　　　　　　　　　　　　　　　　　　　　　　）

(2) 英語の授業で，近隣の高校とビデオメッセージを通じて交流することになった。その高校の学校生活について，高校生に質問するとすれば，あなたは，どのような質問をするか。その高校生に尋ねる文を書け。
（　　　　　　　　　　　　　　　　　　　　　　　　　　）

5 中学生の綾（Aya）と奈美（Nami）がスミス先生（Mr. Smith）と話をしている。対話文と，わかば市（Wakaba）で開催される英語キャンプ（English Camp）のちらし（flyer）をもとにして，1〜4の問いに答えなさい。

Mr. Smith： Hi, Aya. Hi, Nami. What are you doing?

Aya ： Hello, Mr. Smith. We're thinking about our plans for this summer.

Nami ： (ア)私たちは，夏休み中に，何か新しいことに挑戦するつもりです。

Mr. Smith： That's great! I have good news. Our city's English Camp will be held this August. I'm going to join it as a teacher. I know you like English very much. I hope you'll join it.

Aya ： Sounds interesting. Could you tell us more about it?

Mr. Smith： Sure. Here is a flyer about it. It will be held at Wakaba Learning Center from August 1 to 3. The students will stay there for three days.

Nami ： [①]?

Mr. Smith： Yes. They have to bring things they need for having two nights away from home. They also need to bring money for the English Camp fee. I believe you'll enjoy the English Camp, and your English will be better.

Aya ： The program shows the students will do many English activities. On Day 1, what will they do in Games and Foreign Cultures?

Mr. Smith： In Games, they will enjoy English quizzes which the teachers have made. I think the students from different schools can build a good relationship with each other through Games. In Foreign Cultures, all the teachers from different countries will talk about the cultures of their countries.

Nami ： I see. [②]? Please tell us about Role-playing.

Mr. Smith： OK. Through some roles in some scenes such as shopping and giving directions, the students will learn what to say in English for each scene.

Nami ： That sounds good. Will the students make dinner that evening?

Mr. Smith： Yes. They will make foreign dishes with the teachers. In that activity, [③].

Nami ： Great! There are many interesting activities. Let's join the English Camp, Aya.

Aya ： OK! Mr. Smith, I have a question about Special Activity. Will we choose only one course for Day 1 and another course for Day 2?

Mr. Smith： Yes. You need to decide which to choose for each day before joining the English Camp.

Aya ： I see. I want to choose Speaking course for Day 1. Which course do you want to choose, Nami?

Nami ： Well..., (イ)私は英語を話すことが得意ではありません。I'm thinking about choosing Listening course.

Mr. Smith： That's OK, but I think you should choose Speaking course. It's important for you to overcome your weak point.

Nami : Oh, I understand what you want to say, Mr. Smith. So I'll choose that course. Aya, which course will you choose for Day 2?

Aya : I'll choose Writing course because I sometimes send e-mails to my friends in foreign countries.

Nami : OK. I'll choose the same one. Mr. Smith, what will we do on Day 3?

Mr. Smith : Each group will give a presentation in English about a theme given by the teachers.

Aya : That's exciting. Nami, let's look at the website of the English Camp together now. Thank you very much, Mr. Smith.

Nami : Thank you, Mr. Smith. I hope the English Camp will come soon.

Mr. Smith : I hope so, too. See you again.

（注） be held 開催される Learning Center 学習センター fee 料金
program プログラム activity (activities) 活動 quiz (zes) クイズ
build a relationship 関係を築く role-playing ロールプレイ role(s) 役割
scene(s) 場面 give directions 道案内をする course コース
overcome ～ ～を克服する point 点 give a presentation 発表をする
theme テーマ website ウェブサイト

Flyer

English Camp (for Junior High School Students)

Date：August 1–3
Place：Wakaba Learning Center
[You can ride our bus from Wakaba Station to Wakaba Learning Center.]
Fee：3,700 yen
Number of students：50

Visit our website
https://www.○○○.com/
You can learn more about the English Camp and how to join it.

《Program》
Day 1：Group Meeting, Games, Foreign Cultures, Special Activity 1
- Listerning course or Speaking course

Day 2：Role-playing, Fun Time, Making Dinner, Special Activity 2
- Reading course or Writing course

Day 3：Giving a Presentation

1 対話文中の①～③に当てはまる最も適当なものを，それぞれ次のア～エの中から一つずつ選び，その記号を書け。①(　　　) ②(　　　) ③(　　　)

① ア Will they sleep there at night　イ Will they sleep at home each day
　ウ Will they stay there for a week　エ Will they stay home for three days

② ア What's your favorite country　イ How about Day 2
　ウ Which do you like better　エ Where are they from

③ ア the teachers will tell the students how to cook them
　イ the teachers will let the students go home for dinner
　ウ the students will bring dinner to Wakaba Learning Center

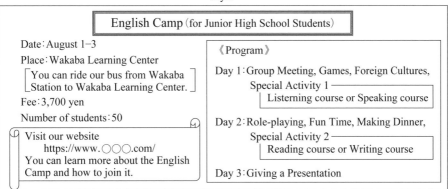

エ the students will make a flyer of the English Camp

2 対話文中の(ア)，(イ)の日本語の内容を英語に直せ。

(ア)(　　　　　　　　　　　　　　　　　　　　　　　　　　　　　　)

(イ)(　　　　　　　　　　　　　　　　　　　　　　　　　　　　　　)

3 対話文の内容についての次の質問に対する適当な答えとなるように，(a)，(b)に入る最も適当なものの組み合わせを，次のア～エの中から一つ選び，その記号を書け。(　　　)

Which course will Nami finally choose for Day 1 and Day 2?

She will choose ＿(a)＿ course for Day 1 and ＿(b)＿ course for Day 2.

ア (a) Listening　(b) Reading　イ (a) Listening　(b) Writing

ウ (a) Speaking　(b) Reading　エ (a) Speaking　(b) Writing

4 次の(1)～(3)の英文の内容が，対話文，Flyer の内容に合うように，〔　　〕のア～エの中から，最も適当なものをそれぞれ一つずつ選び，その記号を書け。

(1)(　　　) (2)(　　　) (3)(　　　)

(1) Mr. Smith〔ア will enjoy some roles in some scenes like shopping　イ isn't going to talk about the culture of his country　ウ asks Aya which course she will choose for Day 1　エ tells Aya and Nami what they will do〕in the English Camp.

(2) Aya and Nami〔ア want to send e-mails to each other in English　イ can give a presentation about the theme they will choose　ウ will have fun with English quizzes made by the teachers　エ tell Mr. Smith to build a good relationship with the other teachers〕.

(3) The flyer shows that〔ア the bus will take the students from home to Wakaba Learning Center　イ the website gives more information about the English Camp　ウ Fun Time will be held on the first day of the English Camp　エ the students need fifty minutes to get to Wakaba Learning Center by bus〕.

6 次の英文は，拓海（Takumi）が英語の時間に発表したものである。これを読んで，1～6の問いに答えなさい。(1～5は，それぞれ段落を示す番号である。)

1 I like to do volunteer activities. It is fun for me to interact with people who work hard in volunteer activities. Two weeks ago, I joined an event for people like me. In this event, many people talked to me, and I heard interesting stories from them. Today, I will tell you some of those stories.

2 The first story is from Mika. She is twenty years old. Now she is learning photography at an art school. [ア] She got a camera from her father and started taking pictures when she was fourteen. Her father loved the pictures she took, and he often said to her, "(A)" His words helped her realize the power of pictures. And she wondered how she could be helpful to other people through pictures. Every weekend, she visits sightseeing spots in her town to meet many tourists and takes their pictures for them with their cameras. Before taking pictures of them, she always has time to talk with them and tries to bring smiles to their faces. She believes that is necessary for good pictures. And she hopes that each picture she takes will help the tourists remember their good time in her town. (B)She also wants them to [ ] her town. Actually, she often gets e-mails from many tourists she met. And they say that they will visit her town again to know more about it. She is very glad about that.

3 The next one is from Daisuke. He is seventeen years old. He learned on the Internet that some old people don't have opportunities to interact with young people. So he decided to join a volunteer activity in a nursing home and do something for such people. Now he is loved by the old people there. First, he has time to talk and do light exercise with them, and then he makes *matcha* for them. He is in the tea ceremony club of his high school. One old woman in the nursing home has many years of experience in tea ceremony. [イ] Her name is Ms. Tanaka. She gives him good advice. When he visits the nursing home, he always enjoys (C) her some questions about tea ceremony. He says that volunteer activities there help him grow.

4 The last one is from Saki. She is twenty-two years old. Every summer, she takes children to an island as a volunteer staff member and lets them have fun with outdoor activities. She didn't need so much time before deciding to join this volunteer activity. She has two different reasons for that. First, she loves interacting with children. She always feels happy when they show her their smiles. [ウ] She is shy, and she sometimes cannot speak well in public. She hopes that she will be a different person through volunteer activities. On the island, children have a good time through swimming in the sea and hiking in the mountain. Many islands (D) from the mountain are so beautiful. The children have to do their own things because they cannot come to the island with their families. She has (E)her own way when she interacts with the children. If trouble happens, she tells them to

talk with each other before giving them advice. She wants them to learn how they can be helpful to other people. She realizes that something in herself is now changing.

[5] What do you think about these stories? We can have many life-enhancing experiences through volunteer activities. My mother often says, "Helping other people means helping yourself." That is so true. [　エ　] And I believe that volunteer activities will help us make a better future for everyone. I hope that many people will be more interested in volunteer activities.

(注) volunteer　ボランティア　activity (activities)　活動　interact　ふれ合う
photography　写真の技術　camera(s)　カメラ　wonder ～　～だろうかと思う
helpful　役に立つ　sightseeing spot(s)　観光名所　smile(s)　笑顔
remember ～　～を思い出す　opportunity (opportunities)　機会
nursing home　老人ホーム　light exercise　軽い運動　*matcha*　抹茶
tea ceremony　茶道　advice　助言　grow　成長する　last　最後の
staff member　スタッフの一員　outdoor　野外の　shy　内気な　in public　人前で
hike　ハイキングをする　life-enhancing　人生を豊かにするような

1　本文中の(A)に当てはまる最も適当なものを，次のア～エの中から一つ選び，その記号を書け。
(　　)

ア　I have never enjoyed the pictures you took.
イ　The pictures you take can make people happy.
ウ　A good camera is needed for a good picture.
エ　You cannot find your lost camera soon.

2　本文中の(B)について，[　　] に英語4語を入れて文を完成させるとき，[　　] に入れるのに最も適当な連続した4語を，[4]・[5]段落の文中から，そのまま抜き出して書け。
(　　　　　　)

3　本文中の(C)，(D)に入る英語として最も適当なものを，次の中から一つずつ選び，それぞれ正しい形の1語に直して書け。(C)(　　)　(D)(　　)

ask　begin　buy　drink　practice　see　win

4　次の文は，本文中の(E)の内容を具体的に説明したものである。本文の内容に合うように，文中の（ ① ），（ ② ）にそれぞれ当てはまる適当な日本語を書け。
①(　　　　　　)　②(　　　　　　)

もし，（ ① ），子供たちに助言を与える前に，（ ② ）。

5　次の1文が入る最も適当な場所を，本文中のア～エの中から一つ選び，その記号を書け。
(　　)

Second, she wants to change herself.

6　本文中に書かれている内容と一致するものを，次のア～キの中から二つ選び，その記号を書け。
(　　)(　　)

ア　Takumi joined an event for people who had no experience of volunteer activities.

イ Mika takes pictures of the tourists with her camera at sightseeing spots in her town.

ウ Mika wants the tourists to show their smiles for good pictures by interacting with them.

エ Daisuke learns tea ceremony from Ms. Tanaka and her friends at his school.

オ Daisuke thinks that he can grow through volunteer activities in the nursing home.

カ Saki stays on an island with children and their families as a volunteer staff member.

キ Saki needs someone to help her choose the best volunteer activity for her.

〈放送原稿〉

2023年度愛媛県公立高等学校入学試験英語の聞き取りの問題を始めます。

1　次の1～3の英語による対話とそれについての質問が2回ずつ読まれます。その英文を聞いて，質問に対する答えとして最も適当なものを，問題用紙のア～エの中からそれぞれ一つ選び，その記号を解答欄に記入しなさい。

1　A：　This one looks so delicious. Can I get it?

B：　Sure. Is that all?

A：　Yes.

Question：Where are they talking?

(1を繰り返す)

2　A：　Have you decided a birthday present for our father, Akira?

B：　No, I haven't. Have you decided, Yumi?

A：　Yes. I'm going to make a birthday cake for him. Akira, when you gave him a cap last year, he looked so happy. So I think you should give him something to wear.

B：　Then, I'll give him a T-shirt. I know a good shop.

Question：What did Akira give his father as a birthday present last year?

(2を繰り返す)

3　A：　Can we visit the bookstore before going to the museum tomorrow?

B：　I think we should visit the museum first. At the bookstore, we always buy many books. I don't like visiting any places with heavy books we'll buy.

A：　OK. I agree.

B：　Before visiting the bookstore, do you want to go to the new coffee shop near the museum?

A：　Yes. I hope tomorrow will be a nice day.

B：　I hope so, too.

Question：Which is the third place they will visit tomorrow?

(3を繰り返す)

2　次の1，2の英語による対話が2回ずつ読まれます。その英文を聞いて，チャイムの部分に入る受け答えとして最も適当なものを，問題用紙のア～エの中からそれぞれ一つ選び，その記号を解答欄に記入しなさい。

1　A：　It's raining now. So I'll take you home by car.

B：　You're so kind. Thank you.

A：　(チャイム)

(繰り返す)

2　A：　Sayaka, you said you were not feeling fine this morning. How are you feeling now?

B：　I'm feeling cold. And I don't want to eat anything.

A：　(チャイム)

(繰り返す)

3 次の英文(ジョン先生が英語の授業で生徒に伝えた内容)が通して2回読まれます。その英文を聞いて,内容についての1～4の英語の質問に対する答えとして最も適当なものを,問題用紙のア～エの中からそれぞれ一つ選び,その記号を解答欄に記入しなさい。

Hello, everyone. My name is John. I'm from America. I'm thirty-two yeas old. I came to Japan three years ago as an English teacher. This is my second time to stay in Japan. Today, let me tell you about my first time.

When I was fifteen, I came to Japan with my father. My father has a friend who lives in Japan. His name is Mr. Kimura. We stayed at his house for three weeks. His favorite sport is baseball, and I love it, too. I talked a lot about baseball with him. One day, Mr. Kimura and I went to a stadium to watch a baseball game. That was my best experience.

Mr. Kimura has a child, Maki. She liked English and wanted to speak English better. So she talked to me in English many times. She also helped me learn Japanese. By using some Japanese, I made many friends in Japan.

It's fun to learn foreign languages. I hope you'll try to use English and make a lot of friends. That will make your life more exciting. Please enjoy English classes.

〔質問〕

1 How old was John when he came to Japan as an English teacher?

2 Who watched a baseball game with John at a stadium?

3 Why did Maki try to talk to John a lot?

4 What does John want the students to do?

(英文と質問を繰り返す)

これで聞き取りの問題を終わります。

社会

時間　50分　　　　満点　50点

1　右の略年表を見て，1～7の問いに答えなさい。

年代	できごと	
400		
	・①倭《わ》王武《ぶ》が中国に使いを送る	
600		
	・②平城京《へいじょうきょう》に都が移される	↑
800		
1000		③
	・保元《ほうげん》の乱が起こる	↓
1200	・④御成敗式目《ごせいばいしきもく》が定められる	
1400	・⑤足利義満《あしかがよしみつ》が南北朝を統一する	
1600		
	・「　⑥　」が出版される	
1800	・⑦ラクスマンが来航する	

1　略年表中の①のできごとが起こった頃の我が国の社会の様子について述べた文として最も適当なものを，ア～エから一つ選び，その記号を書け。(　　　)

ア　明《みん》から大量の銅銭が輸入され，定期市における取り引きなどで使用された。

イ　備中《びっちゅう》ぐわや千歯《せんば》こきが使われるようになり，農業生産力が上がった。

ウ　「源氏《げんじ》物語」や「枕草子《まくらのそうし》」など，かな文字を用いた文学が発達した。

エ　渡来人《とらいじん》が伝えた新しい技術によって作られた，須恵器《すえき》と呼ばれる土器が普及した。

2　次の文は，略年表中の②のできごとが起こった頃に行われていた班田収授法《はんでんしゅうじゅのほう》について述べたものである。文中の［　　］に適当な言葉を書き入れて文を完成させよ。ただし，［　　］には，**戸籍・全ての人々**の二つの言葉を含めること。また，口分田《くぶんでん》が与えられ始める年齢を明らかにすること。

(　　　　　　　　　　　　　　　　　　　　　　　　　　　　)

班田収授法では，［　　　　］に口分田が与えられ，死後は国に返すきまりとなっていた。

3　略年表中の③の期間に起こったできごととして適当なものを，ア～エから二つ選び，年代の古い順に左から並べ，その記号を書け。(　　)→(　　)

ア　坂上田村麻呂《さかのうえのたむらまろ》が征夷大将軍《せいいたいしょうぐん》となった。　　イ　白村江《はくすきのえ》の戦いが起こった。

ウ　源頼朝《みなもとのよりとも》が征夷大将軍となった。　　エ　藤原純友《ふじわらのすみとも》が反乱を起こした。

4　略年表中の④は，武家《ぶけ》社会の慣習に基づく裁判の基準などを示した鎌倉幕府の法律であり，執権《しっけん》の［　　］が定めた。［　　］に当てはまる人物の氏名を書け。(　　　)

5　略年表中の⑤が政治を行った頃に栄えた北山《きたやま》文化について説明するときに使う資料として最も適当なものを，ア～エから一つ選び，その記号を書け。(　　　)

ア

イ

ウ

エ

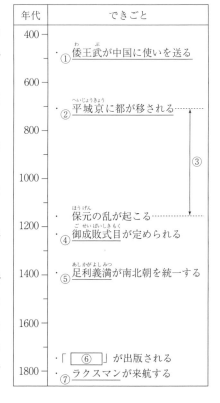

6 略年表中の ⑥ には，ある書物の名称が当てはまる。また，次の資料は， ⑥ を出版するきっかけとなったできごとについて， ⑥ の出版の中心的な役割を果たした蘭学《らんがく》者が記した文章の一部を，要約したものである。 ⑥ に当てはまる書物の名称を書け。(　　　　)

【資料】

> 今日の解剖は驚くことばかりで，これまで知らなかったことが恥ずかしい。何とかこの「ターヘル・アナトミア」を日本語に翻訳できれば，体の内外の状態が分かり，今後の治療に役立つだろう。どんなことをしても，翻訳したい。

(「蘭学《らんがく》事始《ことはじめ》」による)

7 略年表中の⑦は， X に来航し， Y 。 X ， Y にそれぞれ当てはまる言葉の組み合わせとして適当なものを，ア～エから一つ選び，その記号を書け。(　　　　)

ア X 根室《ねむろ》 Y 日本の開国を求める，アメリカ大統領の国書を幕府に渡した

イ X 根室 Y 日本人漂流民を送り届けるとともに，日本との通商を要求した

ウ X 浦賀《うらが》 Y 日本の開国を求める，アメリカ大統領の国書を幕府に渡した

エ X 浦賀 Y 日本人漂流民を送り届けるとともに，日本との通商を要求した

2　次の資料は，日本に関するできごとを年代の古い順に上から並べたものである。これを読んで，1～7の問いに答えなさい。

A　幕府とアメリカ合衆国が，①日米和親条約を結んだ。

B　②日清戦争の講和条約として，日本と清が，下関条約を結んだ。

C　加藤高明《かとうたかあき》内閣が，普通選挙法を成立させた。

D　柳条湖《りゅうじょうこ》事件をきっかけに，③満州《まんしゅう》事変が始まった。

E　日本が，ポツダム宣言を受諾し，連合国に降伏した。

F　アジアで初めてのオリンピックが，東京で開かれた。

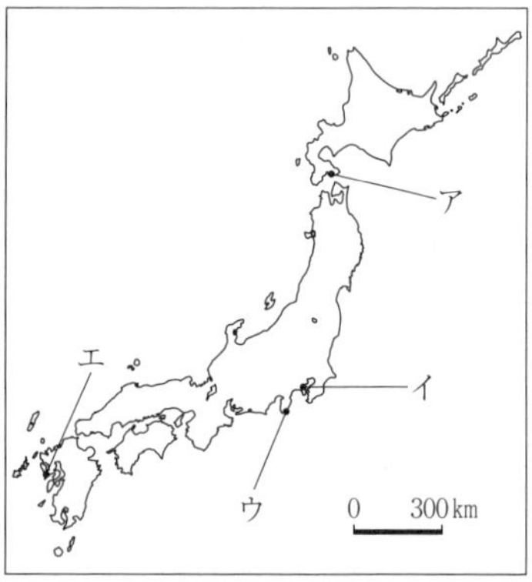

1　①を結んだことにより開港し，ハリスが，アメリカ総領事として着任した港町の位置として適当なものを，右の地図中のア～エから一つ選び，その記号を書け。(　　　)

2　AのできごとからBのできごとまでの期間に起こった，次のア～エのできごとを年代の古い順に左から並べ，その記号を書け。(　　)→(　　)→(　　)→(　　)

ア　国会期成同盟が結成された。

イ　大日本帝国憲法が発布された。

ウ　岩倉《いわくら》使節団が日本を出発した。

エ　西南戦争が起こった。

3　次の文は，②が始まるきっかけとなった，日本と清の対立について述べたものである。文中の［　　］に当てはまる最も適当な言葉を書け。(　　　)

朝鮮で，政治改革の実現や外国勢力の排除を目指して，農民が，［　　］と呼ばれる反乱を起こした。朝鮮の政府が，その反乱の鎮圧のため，清に出兵を求めると，これに対抗した日本も，朝鮮に出兵したため，日本と清の対立が深まった。

4　右の資料は，Cのできごとが起こった頃から全国に普及し始めた，ある電気製品を，先生が描いた絵であり，次の文は，先生がこの資料を用いて，大正時代の文化の特徴について説明したものである。文中の［ X ］に当てはまる最も適当な言葉を書け。(　　　)

この資料は，［ X ］を描いた絵です。大正時代は，日本において文化の大衆化が進んだ時代であり，各種の雑誌や新聞のほか，1925年に始まった［ X ］放送が人々の情報源となりました。

5　国際連盟は，③についての調査を行うため，イギリス人の［ Y ］を団長とする調査団を派遣した。この調査団は，一般に［ Y ］調査団と呼ばれている。［ Y ］に当てはまる人物の名を書け。

(　　　)

6　次の文は，Eのできごとの後，GHQの指令に従って進められた，日本の民主化について述べたものである。文中の［　　］に適当な言葉を書き入れて文を完成させよ。ただし，［　　］には，**治安維持法・政治活動**の二つの言葉を含めること。

(　　　　　　　　　　　　　　　　　　　　　　　　　　　　)

政治の面において，［　　　　　］。また，女性の参政権が認められ，20歳以上の男女が選挙権を得た。

7　次の文で述べたできごとを，前の資料中のB～Fの間に加えて，年代の古い順に並べたとき，当てはまる位置として適当なものを，後のア～エから一つ選び，その記号を書け。(　　　)

官営の八《や》幡《はた》製鉄所が設立された。

ア　BとCの間　　イ　CとDの間　　ウ　DとEの間　　エ　EとFの間

③　次の1～5の問いに答えなさい。

1　右の図は，新しい人権と，日本国憲法で定められている権利と責任について説明するために，先生が作成したものであり，次の会話文は，直子さんと先生が，図を見ながら話をしたときのものである。これを読んで，(1)，(2)の問いに答えよ。

先　　生：図のマンションは，屋上が階段状になっています。なぜ，このような形になっているか分かりますか。

直子さん：はい。北側に隣接する住宅の住民の，［　①　］からです。

先　　生：そのとおりです。国民には，憲法によって自由や権利が認められています。それと同時に，②他の人の人権を守ったり，より快適な社会を実現したりする責任もともないます。

(1)　文中の［　①　］に適当な言葉を書き入れて文を完成させよ。ただし，新しい人権として主張されている具体的な権利を明らかにして書くこと。

(　　　　　　　　　　　　　　　　　　　　　　　　　　　　　　　　　　　　)

(2)　②について，日本国憲法では，全ての人の幸福や社会全体の利益を，［　a　］という言葉で表しており，第12条において，国民は，自由及び権利を常に［　a　］のために利用する責任を負うと規定している。［　a　］に当てはまる最も適当な言葉を書け。(　　　　)

2　次の表は，我が国が参加した，国際連合の平和維持活動の一部について，派遣年，派遣先，活動内容をまとめたものである。表のような国際連合の平和維持活動は，［　　　］という略称で呼ばれている。［　　　］に当てはまる最も適当な言葉を，アルファベットで書け。(　　　　)

派遣年	派遣先	活動内容
1992～1993	カンボジア	停戦の監視，道路・橋の修理
2002～2004	東ティモール	道路・橋の維持補修，物資輸送
2008～2011	スーダン	難民の帰還の促進
2010～2013	ハイチ	地震後の被災者支援

(内閣府資料ほかによる)

3　右の資料は，比例代表制の議席配分のしくみについて説明するために，先生が作成したものである。資料のような投票結果の選挙において，「ドント式」で議席を配分した場合，A～C党の当選者数はそれぞれ何人になるか書け。ただし，この選挙区の定数は5人であり，各政党とも4人の候補者を立てているものとする。

◇投票結果

政党名	A党	B党	C党
得票数	1,500票	900票	600票

A党(　　　人)　B党(　　　人)　C党(　　　人)

4　右の図は，我が国の三権分立のしくみを模式的に表したものである。図中のX，Yにそれぞれ当たる言葉の組み合わせとして適当なものを，ア～エから一つ選び，その記号を書け。

(　　　)

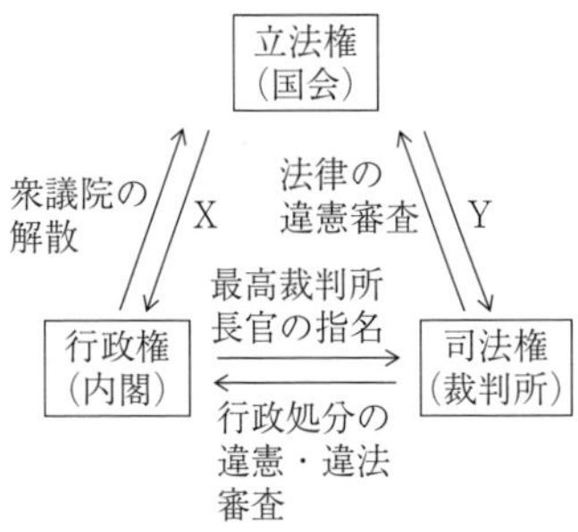

ア　X　内閣総理大臣の指名　　Y　憲法改正の発議

イ　X　内閣総理大臣の指名　　Y　裁判官の弾劾裁判

ウ　X　内閣総理大臣の任命　　Y　憲法改正の発議

エ　X　内閣総理大臣の任命　　Y　裁判官の弾劾裁判

5　地方公共団体の自主財源に分類される収入として最も適当なものを，ア～エから一つ選び，その記号を書け。(　　　)

ア　地方交付税交付金　　イ　国庫支出金　　ウ　地方税　　エ　地方債

4　次の1～5の問いに答えなさい。

1　右の図は，流通のしくみを模式的に表したものであり，次の会話文は，健太さんと先生が，図を見ながら話をしたときのものである。文中の□に適当な言葉を書き入れて文を完成させよ。ただし，□には，**卸売業者・生産者・直接**の三つの言葉を含めること。

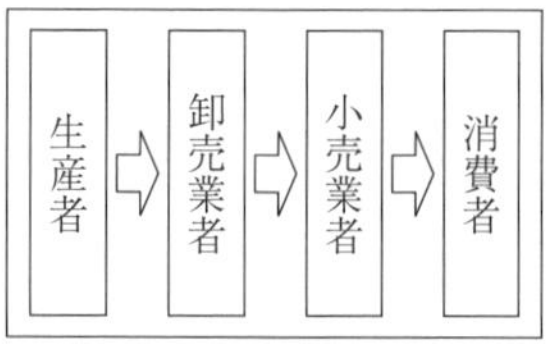

(　　　　　　　　　　　　　　　　　　　　　　　　　　　　　　　　　　　　)

先　　生：商品が消費者の手元に届くまでの流通経路として，図のような流れが主流ですが，図とは異なる経路としてどのようなものがありますか。

健太さん：はい。小売業者が，商品を，□経路があります。この経路により，小売業者は，商品を安く仕入れ，消費者に商品を販売することができます。

先　　生：そのとおりです。

2　我が国の中央銀行である日本銀行は，日本銀行券と呼ばれる紙幣を発行する，□銀行としての役割を持っている。□に当てはまる適当な言葉を書け。(　　　)

3　我が国の財政政策について述べた次の文の①，②の｛　｝の中から適当なものを，それぞれ一つずつ選び，その記号を書け。①(　　　)　②(　　　)

政府は，景気が悪いときには，公共事業への支出を①｛ア　増やし　　イ　減らし｝たり，②｛ウ　増税　　エ　減税｝を行ったりして，景気の回復を促す。

4　発展途上国などにおいて，貧困や経済格差の解消に向け，事業を始めたい人々の自立を促すための少額融資が行われている。このような少額融資は，一般に□と呼ばれている。□に当てはまる最も適当な言葉を書け。(　　　)

5　次のグラフは，それぞれ，1990年から2020年における，日本，アメリカ合衆国，イギリスの，総発電電力量に占める，発電に用いられるエネルギー源別発電電力量の割合の推移を表したものである。グラフから読み取れることを述べた文として適当なものを，後のア～オから**全て**選び，その記号を書け。(　　　)

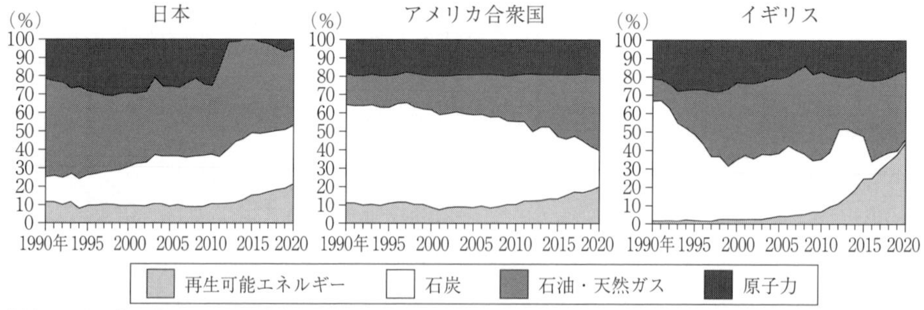

(注)　再生可能エネルギーは，水力，風力，太陽光，地熱などを合わせたものである。(Our World in Data による)

ア　三つの国において，2020年の発電に用いられるエネルギー源別発電電力量の割合が最も大きいのは，いずれも石炭である。

イ　イギリスにおける，2020年の発電に用いられる再生可能エネルギーの割合は，2010年と比べて4倍以上に増えている。

ウ　三つの国において，1990年と2020年を比べると，いずれの国も，発電に用いられる石油・

天然ガスの割合は小さくなっている。

エ　三つの国を比べると，2020 年において，発電に用いられる原子力の割合が最も大きいのは，日本である。

オ　三つの国を比べると，2000 年において，発電に用いられる石炭の割合が最も大きいのは，アメリカ合衆国である。

5　次の1～4の問いに答えなさい。

1　右の地図を見て，(1)～(3)の問いに答えよ。

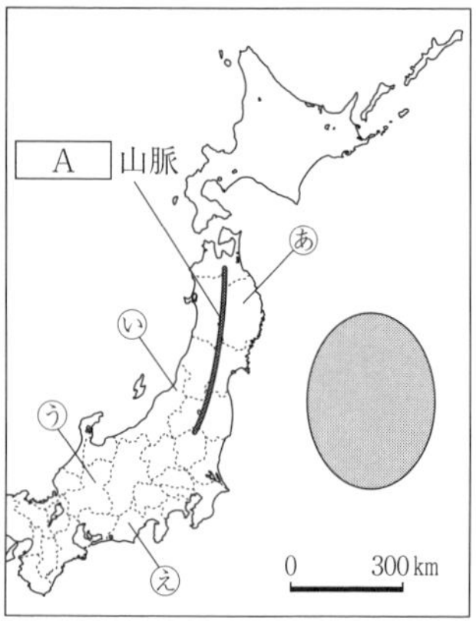

(1)　地図中の――― 印で示した［A］山脈は，東北地方の中央部に位置している。［A］に当てはまる山脈の名を書け。

（　　　）

(2)　次の表は，2021年における我が国の，米の収穫量の多い都道府県を，上位4位まで表したものである。表中の［a］に当てはまる県として適当なものを，地図中のあ～えから一つ選び，その記号と県名を書け。記号（　　　）　県名（　　　）

都道府県	収穫量(t)
［a］県	620,000
北海道	573,700
秋田県	501,200
山形県	393,800

(注)　収穫量は，水稲のみのものであり，玄米の重さで表されている。

（2022-23年版日本国勢図会による）

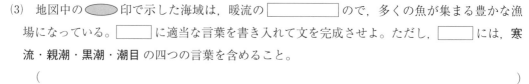

(3)　地図中の　　印で示した海域は，暖流の［　　　］ので，多くの魚が集まる豊かな漁場になっている。［　　　］に適当な言葉を書き入れて文を完成させよ。ただし，［　　　］には，**寒流・親潮・黒潮・潮目** の四つの言葉を含めること。

（　　　　　　　　　　　　　　　　　　　　）

2　次の図は，日本の河川と世界の河川の，河口からの河川の長さと標高を模式的に表したものである。この図から読み取れる，日本の河川の特色に当たるものとして適当なものを，ア～エから一つ選び，その記号を書け。（　　　）

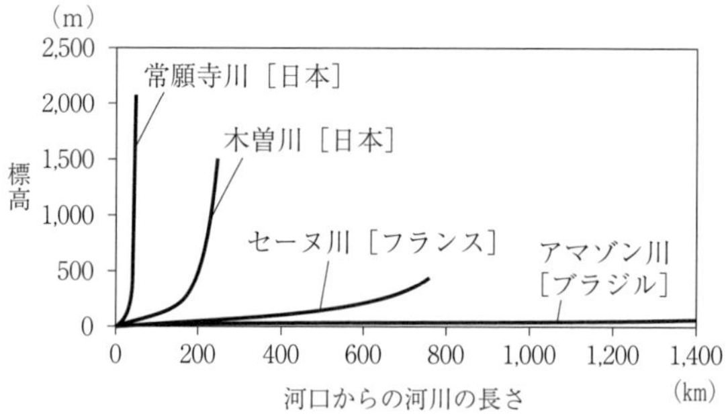

(注)［　］内はそれぞれ，河口が位置する国の名を示している。
また，河口から1,400 km以上の河川の長さは省略している。

（国土交通省関東地方整備局資料ほかによる）

ア　河川の長さは長く，流れは急　　イ　河川の長さは長く，流れは緩やか

ウ　河川の長さは短く，流れは急　　エ　河川の長さは短く，流れは緩やか

3　右のグラフは，1970年から2010年における，我が国の工業別の工業製品出荷額の推移を表したものであり，グラフ中のX～Zは，それぞれ機械工業，化学工業，繊維工業のいずれかに当たる。X～Zにそれぞれ当たるものの組み合わせとして適当なものを，ア～エから一つ選び，その記号を書け。(　　　)

ア　X　機械工業　　Y　化学工業　　Z　繊維工業
イ　X　機械工業　　Y　繊維工業　　Z　化学工業
ウ　X　化学工業　　Y　機械工業　　Z　繊維工業
エ　X　化学工業　　Y　繊維工業　　Z　機械工業

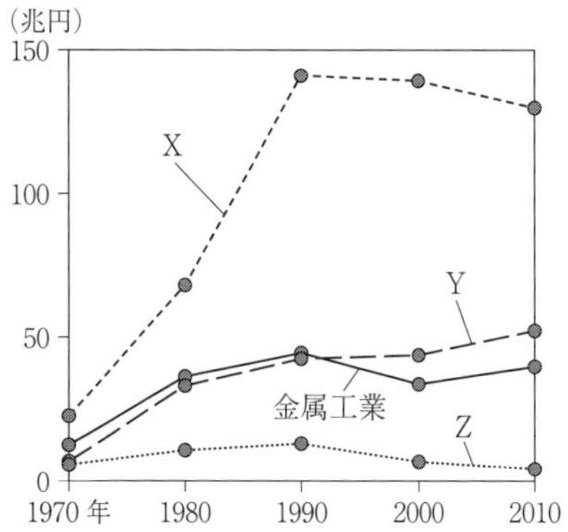

(数字でみる日本の100年による)

4　次のア～エのグラフは，それぞれ，1930年，1970年，2010年，2050年のいずれかの年における，我が国の年齢別人口の割合を表したものであり，グラフ中の■印は0～14歳，▨印は15～64歳，□印は65歳以上を示している。2010年のグラフに当たるものとして適当なものを，ア～エから一つ選び，その記号を書け。(　　　)

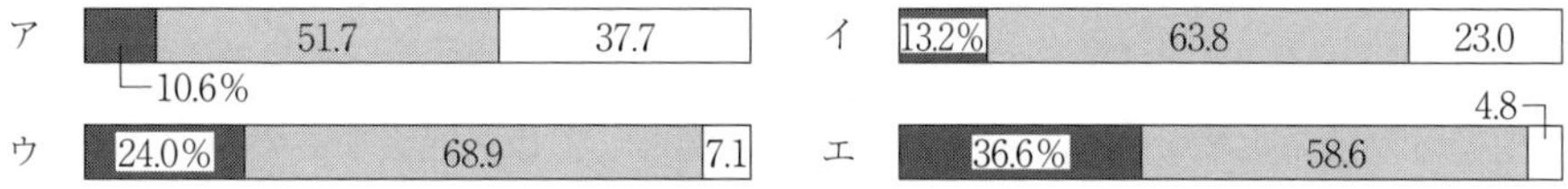

(注) 2050年のグラフは，2017年における推計により作成したものである。
(2022-23年版　日本国勢図会ほかによる)

6　次の1～3の問いに答えなさい。

1　地図1，2を見て，(1)～(4)の問いに答えよ。

地図1

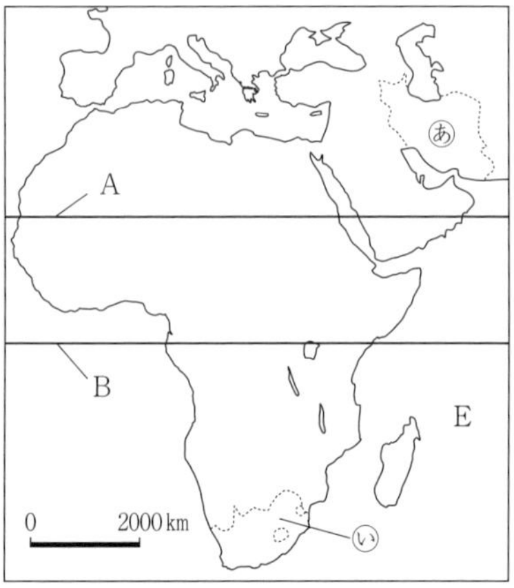

地図2

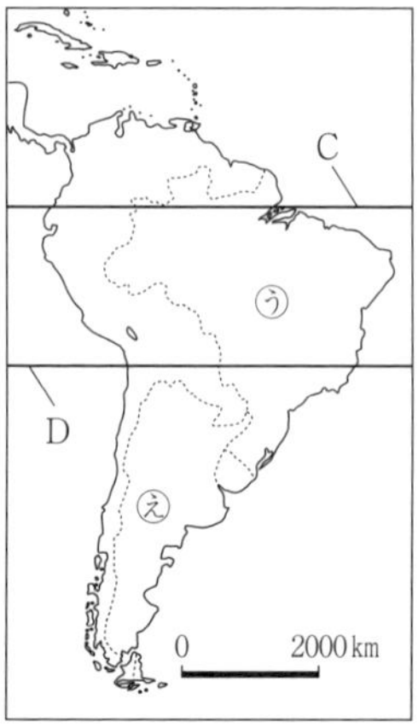

(1)　地図1，2中のA～Dの線は，緯線を示している。赤道を示している緯線の組み合わせとして適当なものを，ア～エから一つ選び，その記号を書け。(　　　)

ア　AとC　　イ　AとD　　ウ　BとC　　エ　BとD

(2)　赤道に近い熱帯地域で多く栽培されている作物として最も適当なものを，ア～エから一つ選び，その記号を書け。(　　　)

ア　じゃがいも　　イ　ぶどう　　ウ　小麦　　エ　キャッサバ

(3)　次の文は，三大洋の一つである，地図1中のEについて述べたものである。文中の［①］に当てはまる大洋の名称を書け。また，②の｛　｝の中から適当なものを一つ選び，その記号を書け。①(　　　)　②(　　　)

Eは，［①］である。［①］の面積は，三大洋の中で，②｛ア　最も大きい　　イ　2番目に大きい　　ウ　最も小さい｝。

(4)　地図1，2中のⓐ～ⓔのうち，それぞれの国の総人口に占める，イスラム教を信仰している人口の割合が最も大きい国として適当なものを一つ選び，その記号と国の名を書け。

記号(　　　)　国の名(　　　)

2　後のⅠ，Ⅱのグラフは，それぞれ，2019年における世界の，石炭と原油のいずれかの，国別の生産量の割合を表したものであり，グラフⅠ，Ⅱ中のa，bは，それぞれ中国，ロシアのいずれかに当たる。原油の国別の生産量の割合を表したグラフに当たる記号と，中国に当たる記号の組み合わせとして適当なものを，ア～エから一つ選び，その記号を書け。(　　　)

ア　Ⅰとa　　イ　Ⅰとb　　ウ　Ⅱとa　　エ　Ⅱとb

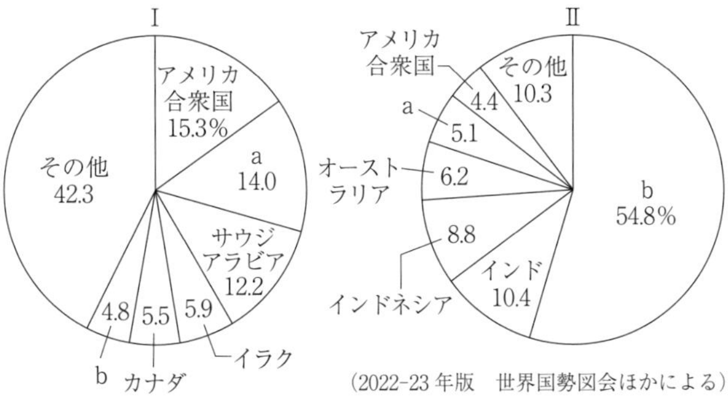

(2022-23年版 世界国勢図会ほかによる)

3 右の表は，1981年から1985年における日本の，アメリカ合衆国への輸出額と，アメリカ合衆国からの輸入額を表したものであり，次の文は，先生がこの表をもとに，日本とアメリカ合衆国との間の貿易摩擦について説明したものである。文中の[ ]に適当な言葉を書き入れて文を完成させよ。ただし，[ ]には，**工業生産・失業者**の二つの言葉を含めること。

( )

(単位：億円)

年	アメリカ合衆国への輸出額	アメリカ合衆国からの輸入額
1981	85,187	55,522
1982	90,152	59,905
1983	101,786	58,553
1984	142,212	63,636
1985	155,827	62,134

(数字でみる日本の100年による)

この頃，アメリカ合衆国へ，多くの日本の工業製品が輸出され，アメリカ合衆国への輸出額とアメリカ合衆国からの輸入額の差は，毎年拡大していました。それにともない，アメリカ合衆国では，[ ]ので，日本に対し，輸出入額の差を改善するように強く求めました。

理科

時間 50分　　満点 50点

□1 電流と磁界，光に関する次の1～3の問いに答えなさい。

1［実験1］ 抵抗の値が20Ωの抵抗器aを用いて，図1のような回路をつくった。点Pと点Qとの間に加える電圧を5.0Vに保ち，コイルに電流を流すと，コイルは，図1の⇨の向きに動いた。

［実験2］ 抵抗器aと，抵抗の値が10Ωの抵抗器b，抵抗の値が5.0Ωの抵抗器cを1個ずつ用意した。図1の抵抗器aを，図2のア～エのように，抵抗器a，b，cを組み合わせたものと順にかえながら，実験1と同じ方法で，点Pと点Qとの間に加える電圧を5.0Vに保ち，コイルに電流を流したときのコイルの動きを調べた。

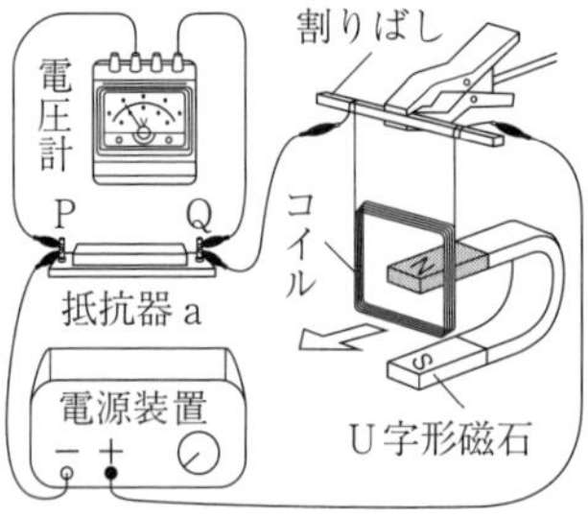

図1

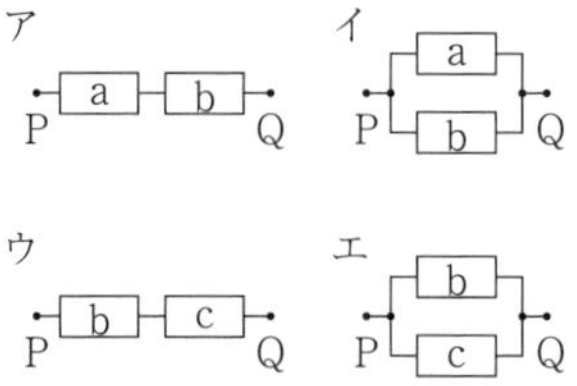

図2（a は抵抗器a，b は抵抗器b，c は抵抗器cを示す。）

(1) 実験1で，コイルに流れた電流の大きさは何Aか。（　　A）

(2) 図2のア～エから，実験2で，コイルが最も大きく動く抵抗器の組み合わせとして適当なものを1つ選び，ア～エの記号で書け。（　　）

2［実験3］ コイルと発光ダイオードKを用いて，図3のような回路をつくり，棒磁石のN極をコイルの中まですばやく入れると，発光ダイオードKが一瞬点灯した。

［実験4］ 図3の発光ダイオードKを，発光ダイオードKと発光ダイオードLを並列につないだものにかえ，図4のような回路をつくった。棒磁石のS極をdの向きにコイルの中まですばやく入れたあと，すぐにS極をeの向きにコイルの中からすばやく出して，そのときのK，Lの点灯のしかたを調べた。

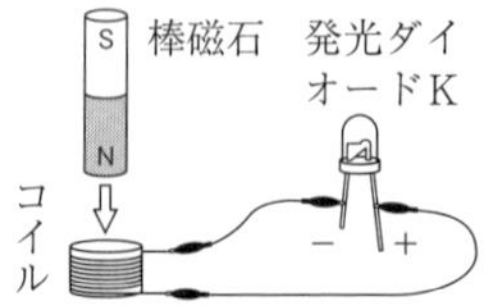

図3（発光ダイオードは，＋から－に電流が流れるときだけ点灯する。）

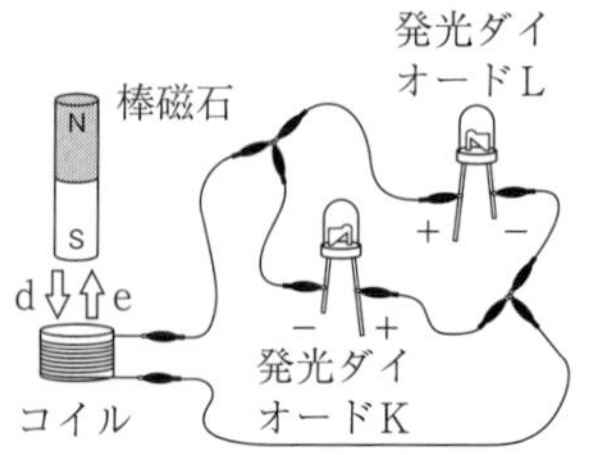

図4

(1) 実験3で，コイルの中の磁界が変化することで流れる電流は何と呼ばれるか。その名称を書け。（　　）

(2) 次のア～エのうち，実験4の結果として，最も適当なものを1つ選び，その記号を書け。

( )

ア Kが一瞬点灯し，次にLが一瞬点灯する。

イ Lが一瞬点灯し，次にKが一瞬点灯する。

ウ KとLは点灯し続ける。

エ KとLは同時に一瞬点灯する。

3［実験5］ 光学台に，物体Mを固定し，凸レンズとスクリーンNを光学台の上で動かすことができる，図5のような装置をつくった。物体Mと凸レンズとの距離Xを変え，スクリーンNに像がはっきりできる位置にスクリーンNを動かし，このときの，物体Mと凸レンズとの距離X，物体MとスクリーンNとの距離Y，図6に示すスクリーンN上にできた青色LEDの像の中心と赤色LEDの像の中心との距離Zを測定した。表1は，その結果をまとめたものである。

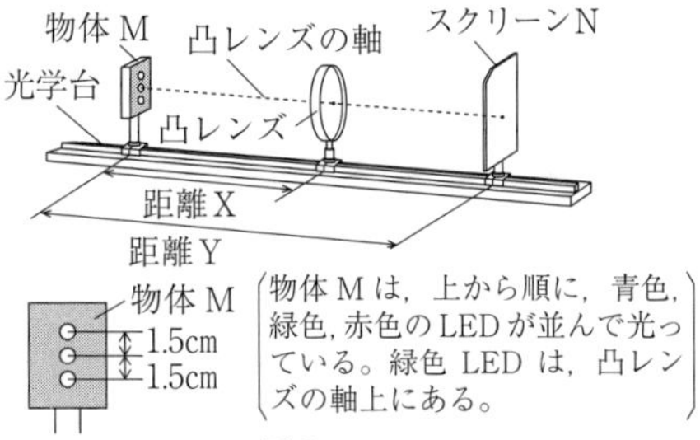

図5

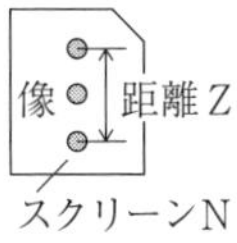

図6

表1

	距離X	距離Y	距離Z
測定1	60.0cm	90.0cm	1.5cm
測定2	40.0cm	80.0cm	3.0cm
測定3	30.0cm	90.0cm	6.5cm

(1) 図7は，図5の装置を模式的に表したものである。物体Mの赤色LEDから出た光hが，凸レンズを通過したあとにスクリーンNまで進む道筋を，解答欄の図中に実線でかけ。

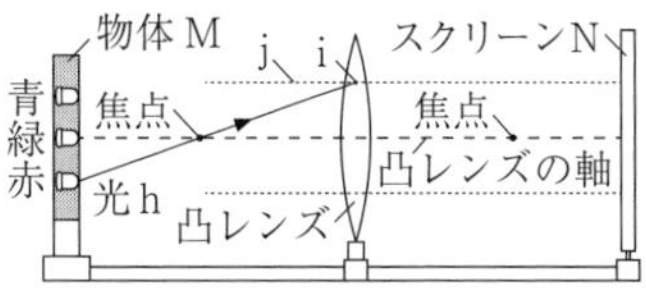

図7 （2本の破線（………）は，凸レンズの軸と平行で，凸レンズの軸との距離が同じである。光hは，点iで破線jと交わっている。）

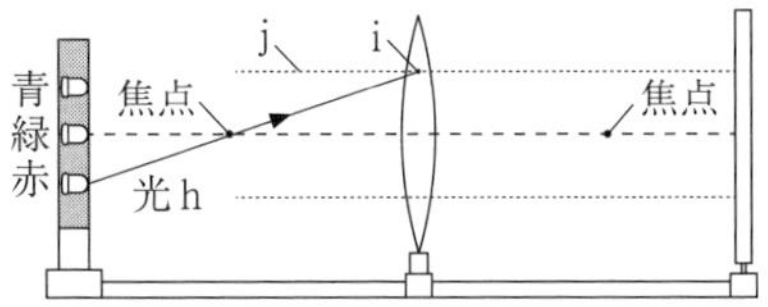

(2) 実験5で用いた凸レンズの焦点距離は何cmか。(cm)

(3) 次の文の①，②の｛ ｝の中から，それぞれ適当なものを1つずつ選び，その記号を書け。

①( ) ②( )

図5の装置で，物体Mと凸レンズとの距離Xを，焦点距離より短くすると，スクリーンN上に像はできず，スクリーンNをはずして凸レンズをのぞきこむと，像が見えた。このとき見えた，LEDの像の色は，凸レンズの上側から①｛ア 青色，緑色，赤色 イ 赤色，緑色，青色｝の順で並び，青色LEDの像の中心と赤色LEDの像の中心との距離は，3.0cmより②｛ウ 大きい エ 小さい｝。

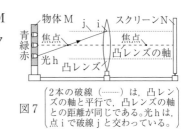

2　化学変化と水溶液の性質に関する次の1・2の問いに答えなさい。

1［実験1］　図1のような装置を用いて，塩化銅水溶液に一定時間電流を流すと，電極Mの表面に赤色の銅が付着し，電極N付近から刺激臭のある気体Xが発生した。

［実験2］　図2のような装置を用いて，うすい塩酸に一定時間電流を流すと，気体Xが実験1と同じ極で発生し，もう一方の極では気体Yが発生した。

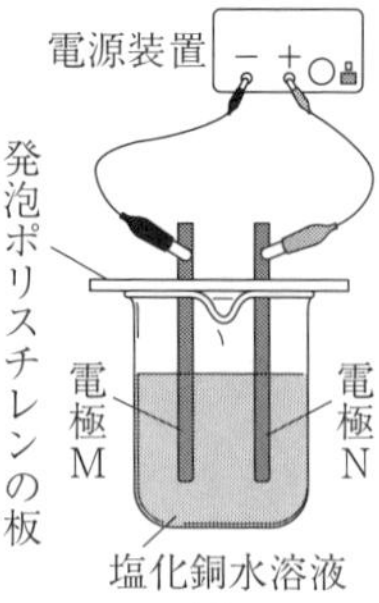

図1

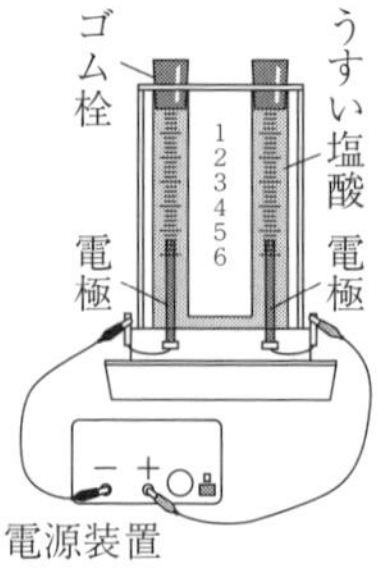

図2

(1)　塩化銅が水に溶けて電離するときに起こる化学変化を，イオンの化学式を用いて，化学反応式で表すとどうなるか。解答欄の化学反応式を完成させよ。($CuCl_2$ →　　　　　　)

(2)　気体Xは何か。その気体の名称を書け。(　　　)

(3)　次の文の①，②の｛　　｝の中から，それぞれ適当なものを1つずつ選び，ア～エの記号で書け。①(　　　)　②(　　　)

図1の，電源装置と電極の接続を，電極Mと電極Nが逆になるようにつなぎかえて，実験1と同じ方法で実験を行った。このとき，銅が付着したのは，①｛ア　電極Mの表面　　イ　電極Nの表面｝で，その電極は，②｛ウ　陽極　　エ　陰極｝である。

(4)　次のア～エのうち，気体Yが何であるかを確かめるために行う実験操作として，最も適当なものを1つ選び，その記号を書け。(　　　)

ア　インクで着色した水に気体Yを通す。

イ　石灰水に気体Yを通す。

ウ　火のついたマッチを気体Yに近づける。

エ　水で湿らせた赤色リトマス紙を気体Yに近づける。

2　図3は，100gの水に溶ける物質の質量と温度との関係を表したグラフであり，表1は，図3の物質Pについて，20℃，60℃における値を示したものである。

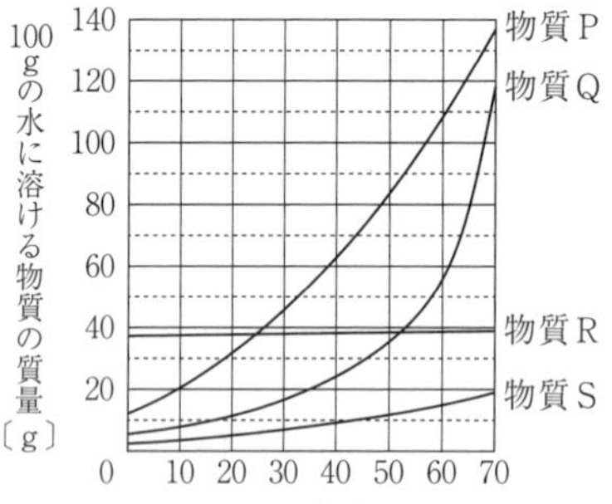

図3

表1

温度	20℃	60℃
物質P	32g	109g

［実験3］　物質P～Sをそれぞれ同じ質量ずつとり，60℃の水25gが入った4個のビーカに別々に加えて，60℃に保ちながらよくかき混ぜた。このとき，1個のビーカーでは，物質が全て溶けたが，3個のビーカーでは，物質の一部が溶け残った。

［実験4］ 60℃の水25gを入れたビーカーに，物質Pを15g加えて溶かした水溶液を，20℃まで冷やすと，溶けていた物質Pが結晶として出てきた。

⑴ 水のように，溶質を溶かす液体を［ Z ］という。また，溶質が［ Z ］に溶けた液全体を溶液という。Zに当てはまる適当な言葉を書け。(　　　)

⑵ 物質P〜Sのうち，下線部で溶け残った物質の質量が最も大きいのはどれか。適当なものを1つ選び，P〜Sの記号で書け。(　　　)

⑶ 次のア〜エのうち，60℃の水100gに物質Pを30g溶かした水溶液を，0℃まで冷やしていくとき，物質Pの結晶が出始める温度について述べたものとして，適当なものを1つ選び，その記号を書け。(　　　)

ア　5〜10℃の間で物質Pの結晶が出始める。

イ　15〜20℃の間で物質Pの結晶が出始める。

ウ　40〜45℃の間で物質Pの結晶が出始める。

エ　0℃まで物質Pの結晶は出てこない。

⑷ 実験4で，20℃になったときの，物質Pの水溶液の質量パーセント濃度は何%か。小数第1位を四捨五入して，整数で書け。(　　　%)

⑸ 実験4で出てきた物質Pの結晶はおよそ何gか。次のア〜エのうち，最も適当なものを1つ選び，その記号を書け。(　　　)

ア　4g　　イ　7g　　ウ　11g　　エ　28g

3　ヒトのからだと生物のふえ方に関する次の1・2の問いに答えなさい。

1［実験］　ヒトのだ液のはたらきを調べるために，うすいデンプン溶液を5 cm^3 ずつ入れた試験管A～Dを用意した。次に，AとBに水でうすめたヒトのだ液を1 cm^3 ずつ加え，CとDには水を1 cm^3 ずつ加えて，図1のように，約40 ℃の湯で15分間温めた。A～Dを湯から取り出し，AとCにヨウ素溶液を数滴ずつ加え，試験管内の様子を観察した。BとDには，ベネジクト溶液を2 cm^3 ずつ加えたあと，沸騰石を入れて加熱し，加熱前後の試験管内の様子を観察した。表1は，その結果をまとめたものである。

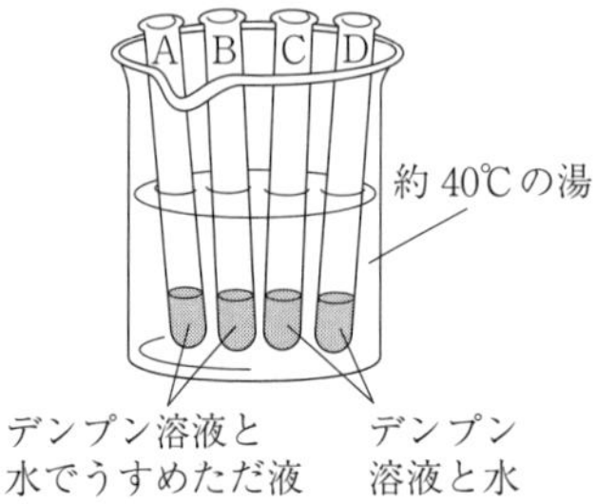

図1

表1

試験管	試験管内の様子
A	変化しない
B	赤褐色に変化する
C	青紫色に変化する
D	変化しない

(1)　実験において，次のⅠ，Ⅱのことが確認できた。

Ⅰ　だ液のはたらきにより，試験管内の溶液中のデンプンが確認できなくなったこと

Ⅱ　だ液のはたらきにより，試験管内の溶液中に麦芽糖などが確認できるようになったこと

これらのことから，だ液のはたらきにより，試験管内の溶液中のデンプンが，麦芽糖などに変化したことが分かった。Ⅰ，Ⅱのことは，試験管A～Dのうち，どの2つを比較したとき確認できるか。Ⅰ，Ⅱそれぞれについて，2つずつ選び，A～Dの記号で書け。

Ⅰ(　　と　　)　Ⅱ(　　と　　)

(2)　次のア～エのうち，だ液に含まれる，デンプンを麦芽糖などに分解する消化酵素の名称として，最も適当なものを1つ選び，その記号を書け。(　　　)

ア　アミラーゼ　　イ　トリプシン　　ウ　ペプシン　　エ　リパーゼ

(3)　次の文の①に当てはまる適当な言葉を書け。また，②，③の｛　　｝の中から，それぞれ適当なものを1つずつ選び，その記号を書け。

①(　　　)　②(　　　)　③(　　　)

デンプン，タンパク質，脂肪などの養分は，消化酵素によって分解される。消化酵素によって分解されてできた物質は，小腸の内側の壁にある［　①　］と呼ばれる突起から吸収され，［　①　］の内部の，毛細血管やリンパ管に入り，血液によって全身に運ばれる。また，脂肪の消化を助けるはたらきをする胆汁は②｛ア　肝臓　　イ　胆のう｝でつくられ，すい液中の消化酵素とともにはたらくことで，脂肪が③｛ウ　アミノ酸　　エ　脂肪酸｝とモノグリセリドに分解される。

2　図2・3は，それぞれジャガイモの無性生殖，有性生殖を表したものである。図2のように，ジャガイモEにできたいもを取り出して植えたところ，やがてジャガイモFができた。また，図3のように，ジャガイモEの花粉を，ジャガイモEとは異なる遺伝子を持つジャガイモGのめしべにつけたところ，やがて種子Hができた。

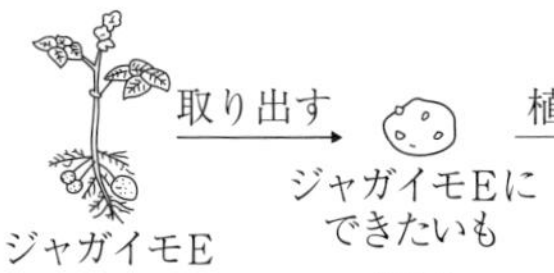

図2

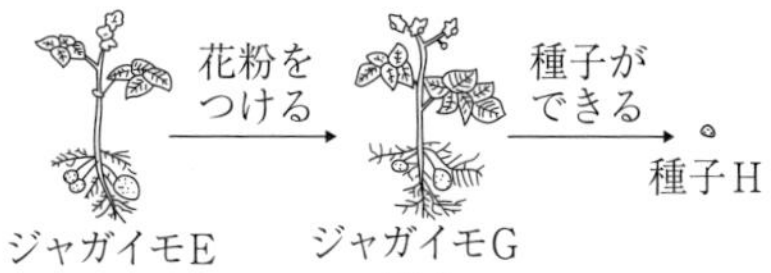

図3

(1) 図2のような無性生殖でできた子の形質について，親と子の遺伝子の関係に触れながら，解答欄の書き出しに続けて簡単に書け。

(子は，親と　　　　　　　　　　　　　　　　　　　　　　　　　　)

(2) 次の文の①～③の｛　　｝の中から，それぞれ適当なものを1つずつ選び，その記号を書け。

①(　　　) ②(　　　) ③(　　　)

図3で，花粉は，おしべの①｛ア　やく　　イ　柱頭｝でつくられ，めしべの②｛ア　やく　　イ　柱頭｝につく。このことを，③｛ア　受粉　　イ　受精｝という。

(3) 図4は，ジャガイモEとジャガイモGの葉の細胞を，染色体をそれぞれ2本として，模式的に表したものである。ジャガイモEがつくる生殖細胞と，種子Hの胚《はい》の細胞は，それぞれどのように表すことができるか。図4にならってかけ。

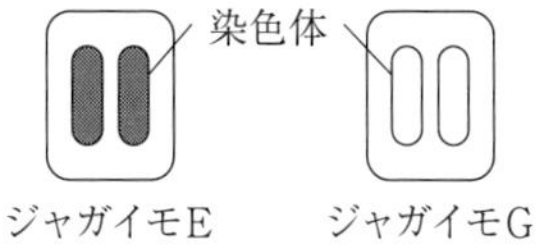

図4

生殖細胞　　　　　　胚の細胞

4　地震と天体に関する次の1・2の問いに答えなさい。

1　図1は，ある地域で起こった地震Jについて，ゆれを観測した地点A～Dにおける，初期微動の始まりの時刻と初期微動継続時間との関係を表したものである。ただし，地震Jで発生したP波，S波の伝わる速さはそれぞれ一定で，場所によって変わらないものとする。

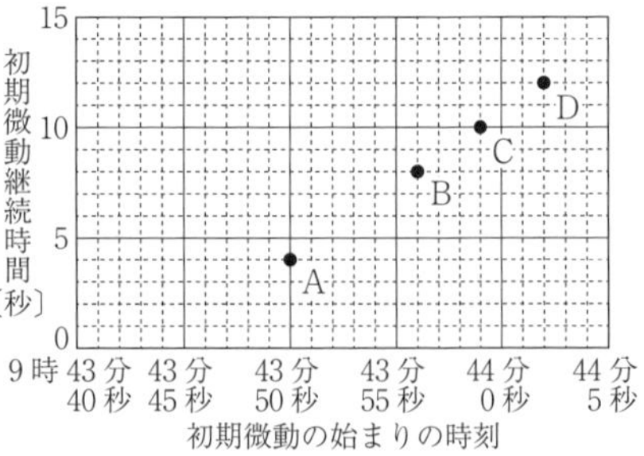

図1（A～Dの各点は，グラフの縦軸，横軸の目盛線の交点上にある。）

(1)　次の文は，気象庁が発表した，地震Jの情報をまとめたものである。

9時43分頃，地震がありました。この地震の［ X ］の深さは約10km，地震の規模を示す［ Y ］は7.2と推定されます。この地震による［ Z ］の心配はありません。

①　表1のア～エのうち，X，Yに当てはまる言葉の組み合わせとして，適当なものを1つ選び，その記号を書け。（　　　）

表1

	X	Y
ア	震源	マグニチュード
イ	震源	震度
ウ	震央	マグニチュード
エ	震央	震度

②　Zは，地震による海底の地形の急激な変化にともない，海水が持ち上げられることで発生する波である。Zに当てはまる最も適当な言葉を書け。（　　　）

(2)　図2は，地点A～Dのいずれかにおいて，地震Jのゆれを地震計で記録したもののうち，初期微動が始まってからの30秒間の記録を示したものである。地点A～Dのうち，図2に示すゆれが記録された地点として，最も適当なものを1つ選び，A～Dの記号で書け。（　　　）

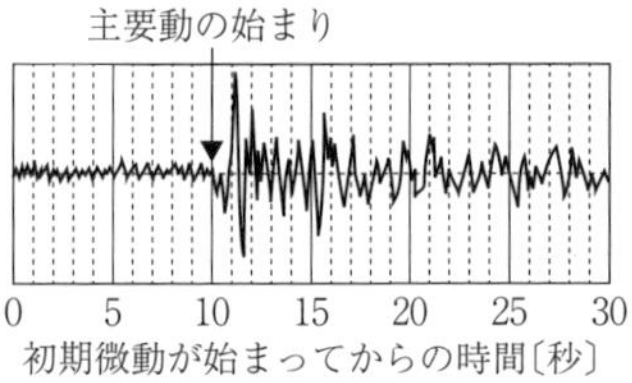

図2

(3)　図1をもとに，地震Jの発生時刻を書け。（9時　　分　　秒）

(4)　地震Jでは，緊急地震速報が9時43分55秒に発表された。地点Bで，地震Jの主要動が観測され始めたのは，緊急地震速報が発表されてから何秒後か。次のア～エのうち，最も適当なものを1つ選び，その記号を書け。（　　　）

ア　1秒後　　イ　8秒後　　ウ　9秒後　　エ　11秒後

2　図3は，地球と太陽の位置関係を模式的に表したものであり，E，F，G，Hは，春分，夏至，秋分，冬至いずれかの地球の位置を示している。また，図4は，地球が図3のHの位置にある日の，四国のある地点Oにおける太陽の通り道を天球上に模式的に表したものであり，a，b，c，dは，地点Oから見た，東，西，南，北いずれかの方位を示している。

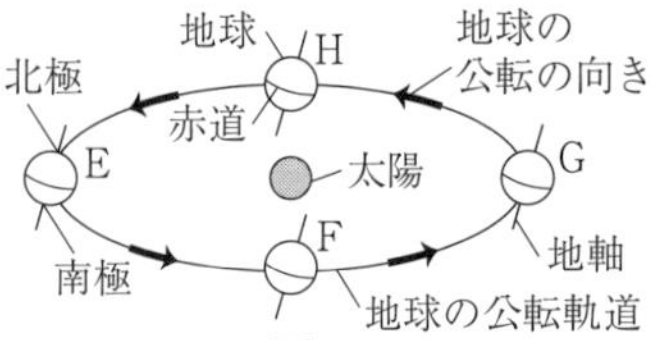

図3

(1)　図4のa～dのうち，地点Oから見た西として，適当なものを1つ選び，その記号を書け。（　　　）

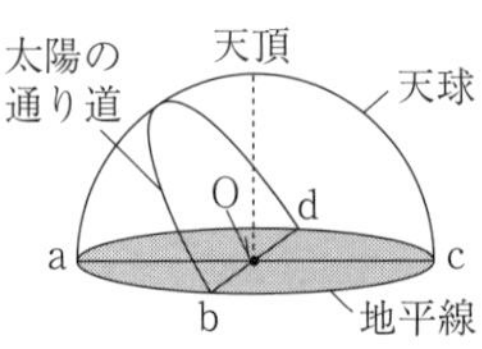

図4

(2)　次のア～エのうち，下線部の日から1か月後の，地点Oにおける太陽の通り道を示しているものとして，最も適当なものを1つ選び，その記号を書け。(　　　)

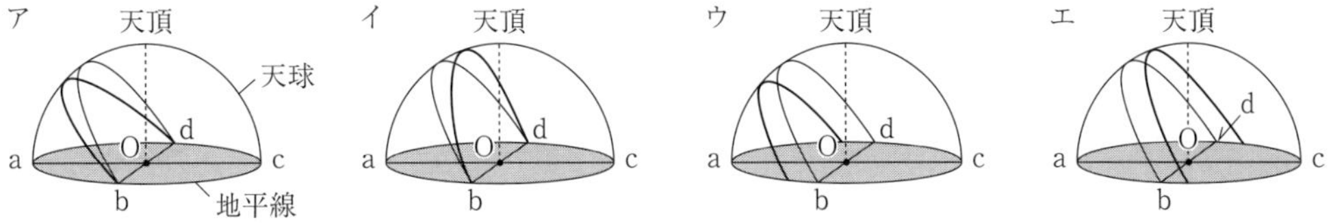

（—— は，地球が図3のHの位置にある日の，—— は，その1か月後の，地点Oにおける太陽の通り道を示す。）

(3)　南極や北極のような緯度の高い地域では，太陽が1日中沈むことなく地平線の近くを移動する，白夜という現象が起こる。南極点（南緯90°）で白夜が見られるのは，地球が，図3のどの区間にあるときか。次のア～エから，南極点で白夜が見られるときの地球の位置を全て含む区間として，最も適当なものを1つ選び，ア～エの記号で書け。(　　　)

ア　E→F→Gの区間　　イ　F→G→Hの区間　　ウ　G→H→Eの区間

エ　H→E→Fの区間

5　次の1～4の問いに答えなさい。

1［実験1］　図1のように，なめらかな斜面上のAの位置に小球を置いて，手で支えて静止させた。次に，斜面に沿って上向きに，小球を手で押しはなした。図2は，小球を手で押しはなしたときの，小球が斜面上を運動する様子を表したものであり，一定時間ごとに撮影した小球の位置を，A～Fの順に示している。また，表1は，図2の各区間の長さを測定した結果をまとめたものである。ただし，摩擦や空気抵抗はないものとする。

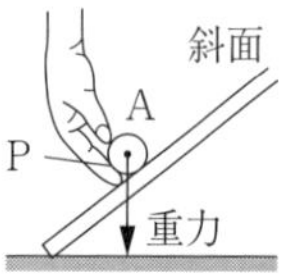

図1

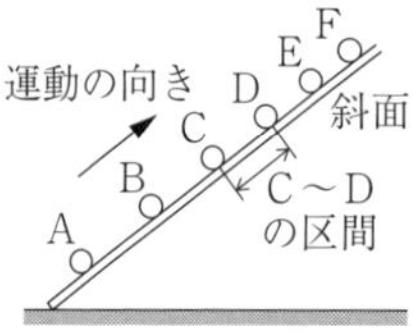

図2

表1

区間	B～C	C～D	D～E	E～F
区間の長さ〔cm〕	11.3	9.8	8.3	6.8

⑴　図1の矢印は，小球にはたらく重力を示したものである。Aの位置で，手が小球を静止させる，斜面に平行で上向きの力を，解答欄の図中に，点Pを作用点として，矢印でかけ。

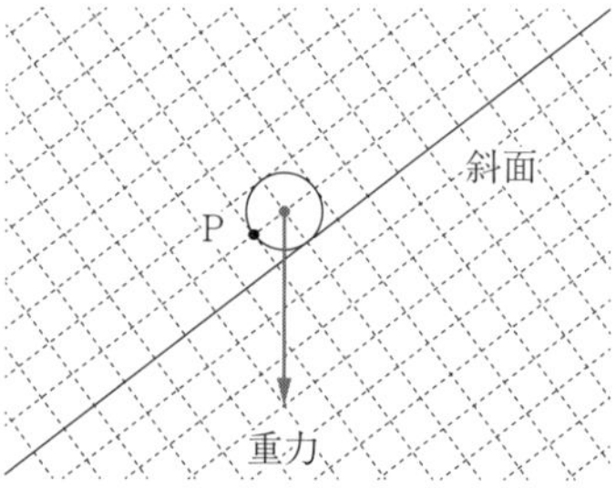

（斜面はマス目の線と重なっており，点P，重力の作用点，重力の矢印の先端は，マス目の交点上にある。）

⑵　次の文の①，②の｛　　｝の中から，それぞれ適当なものを1つずつ選び，その記号を書け。①（　　　）　②（　　　）

表1から，B～Fの区間で小球が斜面上を運動している間に，小球にはたらく，斜面に平行な力の向きは，①｛ア　斜面に平行で上向き　　イ　斜面に平行で下向き｝で，その力の大きさは，②｛ア　しだいに大きくなる　　イ　しだいに小さくなる　　ウ　一定である｝ことが分かる。

2　花子さんは，理科の授業で，タブレット端末を用いて気象情報を収集した。図3は，ある年の10月21日12時の天気図であり，表2は，図3と同じ日時における，地点X，Yで観測された，気圧，気温，天気についてまとめたものである。また，次の会話文は，花子さんが先生と話をしたときのものである。

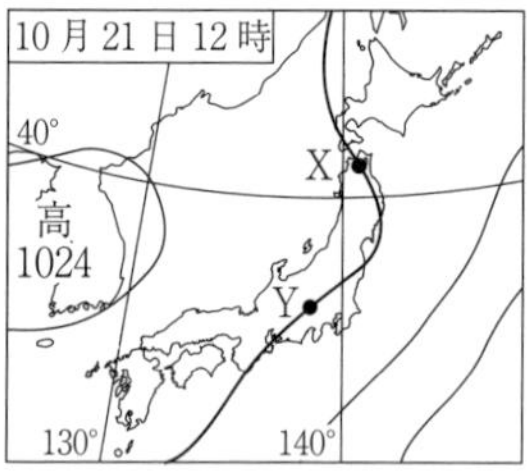

図3

表2

地点	気圧〔hPa〕	気温〔℃〕	天気
X	1020	19.3	○
Y	940	14.2	⦶

先　　生：図3の，地点Xと地点Yは，1020hPaの等圧線上にあります。

花子さん：表2を見てください。地点Xの気圧の値は1020hPaなのに，地点Yの気圧の値は，1020hPaよりかなり小さいです。

先　　生：等圧線が示す気圧の値は，実際に測定された気圧の値となるわけではありません。気圧の値は，表2に示されていない，他の条件で変わりますよね。その条件をもとに，計算し直された気圧の値を使って等圧線は記入されています。では，表2で気圧の値が940hPaである地点Yが，図3では1020hPaと大きくなっているのは，地点Yがどのような場所だからですか。

花子さん：地点Yは，□場所だからです。

先　　生：そのとおりです。ところで，表2の，地点Xと地点Yのように気圧の値が異なると，大気の重さによって生じる，面を垂直に押す力の大きさが異なります。どのくらい異なるのか，大気が身近なものを押す力について考えてみましょう。1hPaは100Paであることを，覚えていますね。

花子さん：はい。それでは，大気が私のタブレット端末の画面を押す力について考えてみます。

(1) □には，地点Xと比べて，地点Yがどのような場所であるかを示す言葉が入る。□に適当な言葉を書き入れて，会話文を完成させよ。ただし，「地点X」という言葉を用いること。
(　　　　　　　　　　　　　　　　　　　　　　　　　　　　　　　)

(2) 下線部について，花子さんは，表2で示された気圧の値をもとに，地点X，Yにおいて，大気がタブレット端末の画面を押す力の大きさをそれぞれ計算した。このとき，求めた2つの力の大きさの差は何Nか。ただし，タブレット端末の画面の面積は$0.03m^2$であり，図4のように，タブレット端末は，水平な机の上に置かれているものとする。(　　　N)

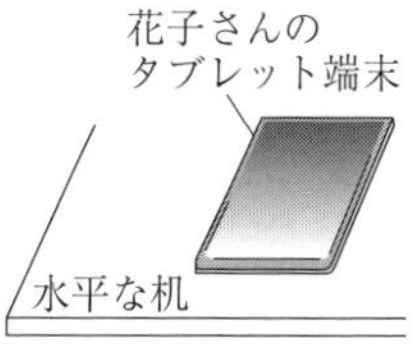

図4

3 化学変化の前後で物質の質量がどうなるか確かめるために，次の実験を行った。

［実験2］ 図5のように，うすい塩酸が入った試験管と炭酸水素ナトリウムをプラスチックの容器に入れ，ふたを閉めてⓐ容器を含めた全体の質量を測定した。次に，ふたを閉めたまま容器を傾けて，うすい塩酸と炭酸水素ナトリウムを混ぜ合わせると，気体が発生した。再びⓑ容器を含めた全体の質量を測定すると，下線部ⓑの質量は，下線部ⓐの質量と等しかった。

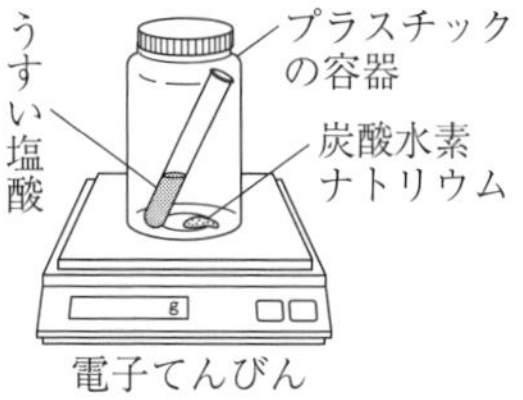

図5

(1) 実験2のあと，容器のふたを開けて，しばらくしてから，ふたと容器を含めた全体の質量を測定すると，質量はどのようになったか。「大きくなった」「小さくなった」「変わらなかった」のいずれかの言葉を書け。また，そのようになった理由を，解答欄の書き出しに続けて簡単に書け。

質量(　　　)

理由(発生した気体が　　　　　　　　　　　　　　　　　　　　　　　)

(2) 実験2で，化学変化の前後で物質全体の質量は変化しないと確認できた。確認できたこの法則を何というか。また，次のア～エのうち，化学変化の前後で物質全体の質量が変化しない理由について述べたものとして，最も適当なものを1つ選び，その記号を書け。

法則(　　　の法則)　理由(　　　)

ア　物質をつくる原子の種類と数は変わるが，原子の組み合わせは変わらないから。

イ　物質をつくる原子の種類と組み合わせは変わるが，原子の数は変わらないから。

ウ　物質をつくる原子の数は変わるが，原子の種類と組み合わせは変わらないから。

エ　物質をつくる原子の組み合わせは変わるが，原子の種類と数は変わらないから。

4　図6は，イカ，イヌ，イモリ，ニワトリの4種類の動物がかかれたカードである。これらのカードを利用して，4枚のカードの中から，先生が選んだ1枚のカードを，太郎さんが当てるゲームを行った。次の会話文は，太郎さんが，先生と話をしたときのものである。

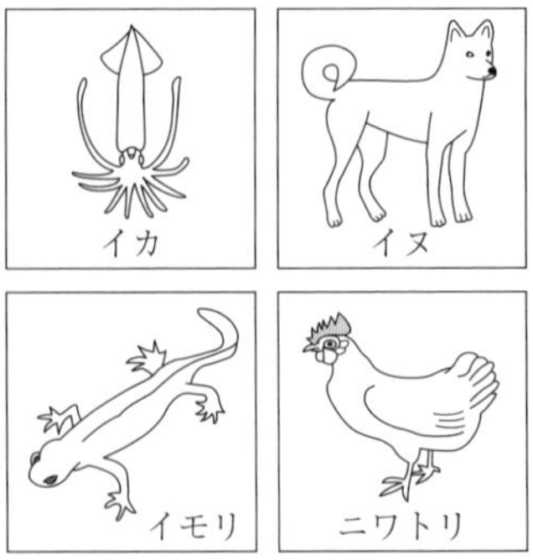

図6

先　　生：授業で習った，動物を分類するときの，動物の特徴についての質問をして，私がどの動物のカードを選んだか当ててください。

太郎さん：その動物は，背骨を持っていますか。

先　　生：はい。背骨を持っています。

太郎さん：その動物は，卵を産みますか。

先　　生：はい。卵を産みます。

太郎さん：その動物の卵に，殻はありますか。

先　　生：いいえ。卵に殻はありません。

太郎さん：先生が選んだカードは，［　X　］のカードです。

先　　生：そのとおりです。

(1)　Xに当てはまる動物は何か。その動物の名称を書け。(　　　)

(2)　図6の4枚のカードにかかれた動物を，体温調節に着目してグループ分けすると，周囲の温度の変化にともない体温が変化するグループと，周囲の温度が変化しても体温がほぼ一定に保たれるグループとに分けることができる。4枚のカードにかかれた動物の中から，周囲の温度が変化しても体温がほぼ一定に保たれる動物を全て選ぶと，［　Y　］が当てはまる。このように，周囲の温度が変化しても体温がほぼ一定に保たれる動物は，［　Z　］動物と呼ばれる。

①　Yに当てはまる動物は何か。その動物の名称を**全て**書け。(　　　　　)

②　Zに当てはまる適当な言葉を書け。(　　　)

いう意味であるが、童はどのようなことを言ったのか。童が言った言葉を、文中から**六字以上十字**以内でそのまま抜き出して書け。

3　次の会話は、この文章を読んだ愛美《まなみ》さんと康太《こうた》さんが、先生と一緒に、浪花人と老婆のやり取りについて話し合った内容の一部である。会話の中の［a］、［b］、［c］に当てはまる適当な言葉を書け。ただし、［a］は**十字以上十五字**以内、［b］は**二十字以上二十五字**以内の**現代語**で書くこと。また、［c］は**十二字**で、最も適当な言葉を文中からそのまま抜き出して書くこと。

a

b

c

愛美さん「浪花人は、呼子鳥にとても強い興味を示していたけれど、どうしてそれほどまでに興味をもったのでしょうか。」

康太さん「浪花人は、呼子鳥については、『［a］程度で、どのような鳥かわかっていなかった』と話していましたね。」

先生「呼子鳥は、この頃の知識人にはよく知られていて、古くは、『万葉集』や『古今和歌集』にも登場しています。浪花人は、それほど有名な鳥なのに、よくわかっていなかったから、興味をもったのでしょう。」

愛美さん「浪花人は、呼子鳥を鳥の種類の一つだと思っていたようですが、実はそうではなくて、［b］を全て呼子鳥と言うのだと、老婆は言っていましたね。」

康太さん「だから、老婆は、呼子鳥の姿をよく見たいと言う浪花人のことを、『［c］』だと思ったのですね。」

の胸の内を妻木に打ち明けようと試みるもののうまくいかず、やりきれない思いを募らせている。

イ　ミナは、建築家としての仕事を愛おしみ、大審院のことを笑顔で話す妻木を見て安堵しつつも、自分はそのような笑顔を引き出せなかったことを妻として情けなく思っていたが、実は妻木はミナの思いを受けとめてその思いに応えようとしていたことに気づき、今までの二人の歩みを思い返している。

ウ　妻木は、現場の職人たちの協力を得て、ドイツ人の建築家が設計した建築物にこっそりと手を加え、遊び心をもちながら純粋に自分の理想とする建築を追求しようとする一方で、何とかして自分の功績を後世に残そうと奔走しているが、ミナは、そのような妻木のことを夫として頼もしく思っている。

エ　妻木は、自ら手掛けた大審院のできばえに満足し、これからの建築に新たな技術を取り入れることで、東京を後世まで誇りに思える街にしていこうと決意を新たにしているが、ミナは、建築のことに関心がもてず、妻木のことを心強く感じる一方で、妻木が遠く離れていくような心細さを感じている。

5　次の文章を読んで、1～3の問いに答えなさい。

(注1)鶴丸翁《つるまるをう》の知る(注2)浪花《なには》の人、(注3)石見国《いはみのくに》に行きたりしに、何かは知らねど、あたりなる梢《こずゑ》に鳥のこぼこぼと鳴きけり。遊び居たる童《わらは》が、老婆《らうば》に、呼子《よぶこ》鳥《どり》のまた鳴くよと告ぐるを、かの浪花人はやく聞きつけて、老婆に、「童の言ひつる呼子鳥といふは、今、梢にこぼこぼ鳴くなる鳥のことにや。」と尋ねしに、「いかにもさなり。」と答へけり。「呼子鳥といふ名は昔より物に見えたれど、何といふこと定《さだ》かならぬを、今、①童のかく言へるはこのあたりにては、常に言ふことか。」と問ふに、「めづらしくも尋ねたまふものかな。この所にては童までもよく知りて、言ふになん。」と答ふるに、「さらばその今鳴く鳥の梢はいづこなりや。姿もよく見置きて、友の(注4)つとにも語らん。」と請《こ》ひけり。老婆、「あな、むつかしきことのたまふ人かな。ひなの、(注5)羽ならはしに出でて、おのが巣にかへる道にまどふを、親鳥の、巣より呼ぶを(注6)おしなべて呼子鳥とは言ふなれば、これの鳥のみ②をしへまゐらせて、何にかはしたまはん。」と答へけり。はじめて呼子鳥は一つ鳥にあらざりけりと、さとりたるよし語りけるとぞ。

（「紙魚室雑記《しみむろざっき》」より）

（注1）　鶴丸翁＝人名。
（注2）　浪花＝今の大阪市およびその付近。
（注3）　石見国＝今の島根県の西部。
（注4）　つと＝旅の土産。
（注5）　羽ならはし＝飛ぶ練習。
（注6）　おしなべて＝全て。

1　──線②「をしへまゐらせて」を現代仮名遣いに直し、**全て平仮名**で書け。（　　　）

2　──線①「童のかく言へるは」は、「童がこのように言ったのは」と

「③哀しい思いをするのは、もうたくさんだろう?」
え?　と喉元まで出掛かった声を、すんでのところでミナはのみ込んだ。
——私が、哀しそうに見えたのだろうか。江戸に生まれ育った者が抱く喪失感を、夫は私の中にも見ていたのだろうか。
これまでふたりで歩いた道程が、目の前に浮かんでは消えていく。
「いい街にするよ、必ず。」
妻木は静かに(注5)宣《せん》して、大審院に向かって大きく伸びをした。

（木内　昇「剛心」より）

(注1)　外套＝オーバーコート。
(注2)　意匠＝装飾に関するデザイン。
(注3)　鎗田＝妻木の同僚。
(注4)　確執＝もめごと。
(注5)　宣して＝宣言して。

1　文中の［A］には、「無意識に言った」という意味の言葉が当てはまる。［A］に当てはまる最も適当な言葉を、次のア～エの中から一つ選び、その記号を書け。（　　）

ア　口走った　　イ　口籠もった
ウ　口を出した　エ　口を合わせた

2　——線①「月並みな」と同じ意味をもつ言葉として最も適当なものを、次のア～エの中から一つ選び、その記号を書け。（　　）

ア　上品な　イ　稚拙な　ウ　平凡な　エ　容易な

3　——線②「日本風の装飾に?」について、次の(1)、(2)の問いに答えよ。

(1)　文中には、ミナが、大審院に対して、洋風の建築物がかもし出す気品のある雰囲気を感じる一方で、なじみのある身近なものに対して抱く感覚を覚えていたことがわかる一文がある。その一文として最も適当な一文を、——線②より前の文中から抜き出し、その最初の**三字**を書け。［　　　］

(2)　妻木は、洋風の建築物である大審院に日本の伝統的な装飾を織り込むことで、大審院をどのような建物にしたいと考えたのか。——線②より後の文中から**二十五字以上三十字以内**でそのまま抜き出して書け。

［　　　　　　　　　　　　　　　］にしたいと考えた。

4　——線③「哀しい思いをするのは、もうたくさんだろう?」とあるが、妻木が考えたミナの「哀しい思い」と、妻木にこのように言われたときのミナの心情について説明した次の文章の［a］、［b］に当てはまる適当な言葉を書け。ただし、［a］は、文中の言葉を使って、**二十字以上二十五字以内**で書くこと。また、［b］は、最も適当な言葉を、文中から**十六字**でそのまま抜き出して書くこと。

a［　　　　　　　　　　　　　　　］
b［　　　　　　　　　　　　　　　］

妻木は、ミナの以前言った言葉から、ミナが、［a］ことに対して哀しい思いを抱いていると考えていた。そのことを気遣うような妻木の言葉を聞いたミナは、自分ではあまり意識していなかった、［b］を、妻木が感じ取っていたことに戸惑っている。

5　本文についての説明として最も適当なものを、次のア～エの中から一つ選び、その記号を書け。（　　）

ア　ミナは、建築家として成功を収めている夫を誇りに思う一方で、妻である自分のことを顧みることなく、仕事に夢中になっている妻木を前に、自分の存在価値を見いだすことができずに苦しんでおり、それた、まるで大河のように幅の広い道路に出た。桜田通りだ。

「あの……どちらへ。」

言いさして、「あ」と息をのむ。

目の前に途方もなく大きな洋風建築物が現れたのだ。

赤煉瓦《あかれんが》が鈍色《にびいろ》の光を受けて、柔らかく景色に溶け込んでいる。石がアーチ状に積まれて窓をかたどっている。貴婦人のように凛《りん》と美しいたたずまいなのに、どこか親しみやすく、温かみすら感じる建物だった。

「これ……大審院ですのね、昨年完成したという。」

建物を呆然《ぼうぜん》と見上げて、ミナはつぶやいた。

「ああ。君にも見せておきたいと思って。」

「なんて立派だこと。それに、本当にきれい。」

感動を表すのに①月並みな語彙しか浮かばないことに焦《じ》れつつも、夫が自分の知らないところでこれほどの大仕事を成し遂げたのだと思えば誇らしく、同時に恐ろしくもあった。彼がまた少し遠くに行ってしまったような心細さも覚えた。

「この建物は僕の設計じゃあないんだ。そら、いっとき留学していたドイツの、エンデという建築家の作品だ。ただ、意匠(注2)は多少造り替えた。日本ならではの装飾を織り込んでみたくてね。」

「②日本風の装飾に?」

「ああ。西洋の柱に大瓶束《たいへいづか》なんぞを合わせてみた。天井にも海老虹梁《えびこうりょう》のような日本の伝統的な装飾を施してね。エンデが見たら、さぞ驚くだろうな。」

いたずらっぽく妻木は笑う。

「でも、現場の職人はみな賛同してくれたんだ。彼らがいなければ、そんな意匠にすることはかなわなかった。僕は紙の上で図面を引くことしかできないが、彼らはそれを実際に形にしてくれる。本当にすばらしいよ。」

先だって鎗田《やりた》(注3)が漏らした局内での確執(注4)のようなものを、今横にいる妻木の表情から感じ取ることはできなかった。彼は濁りのない健やかな笑みを、大審院に向けている。その笑みに、哀《かな》しい影は見えない。ただただ、自らの仕事を愛《いと》おしみ、楽しんでいる顔だった。

――この人はきっと、自分の役目に救われているのだ。建築家という仕事に。

心の底から安堵《あんど》した。同時に、私がどう支えても、こんな笑顔にさせることはできなかったな、と不甲斐《ふがい》なさも覚える。

「君が以前、言ったことがあったね。」

不意に言われて横を見上げると、日に焼けた顔に白い歯をのぞかせて、夫がこちらを見つめていた。

「江戸には、いいところがたくさんあったのに、って。みんなおとぎ話のようだって。」

「……ええ。」

一緒になってしばらく経《た》った頃だ。こんなふうに散歩に出たとき、どんどん変わっていく街並みが寂しく思え、つい　A　のだ。

「こうして、西欧風の建物が建ってしまうと、江戸の頃はまた遠くに行っちまうような気がするかもしれない。国の機関はどうしても、機能を重んじる向きがあるからね。だが、僕が設計するからには、新たな技術を取り入れながらも、この国の、自分たちの根源を忘れずに引き継いでいくような建物にしたいと思っている。そういう建物がいくつも建つことで、江戸のような、心地いい街並みがきっとできる。子供たちの、またその子供たちの世代まで、誇りになるような街がね。」

妻木はそこで、再び大審院に視線を戻した。

3　次の1～4の各文の――線の部分を漢字で書きなさい。ただし、必要なものには送り仮名を付けること。

1　ようさん農家が桑を栽培する。（　　）
2　国民しゅくしゃに泊まる。（　　）
3　重力にさからう。（　　）
4　いさましい姿に感動する。（　　）

4　次の文章は、明治時代の東京を舞台としており、内務省土木局の技師で建築家の「妻木《つまき》」が、自ら現場を監督・管理する立場として建築に携わった大審院（現在の最高裁判所に当たる。）を、妻の「ミナ」に見せようと話しかける場面から始まっている。これを読んで、1～5の問いに答えなさい。
「出掛けないか、少し。」
庭に水をまいていると、声が掛かった。縁側でくつろいでいた妻木が、新聞越しにこちらを見ている。
「どちらへ。」
「なに、すぐそこさ。」
栃木の仕事に一段落つけて、東京に戻って二日目のことだった。庭では山茶花《さざんか》が燃えるように咲き、落ち葉を掃く音がそこここに立っている。
「着物もそのままでいい。すぐそこだから。」
重ねて言われ、ミナは小走りに家に入って、割烹着《かっぽうぎ》を脱いだ。髪を整え、薄く紅を引く。廊下に出ると、すでに妻木はシャツの上に(注1)外套《がいとう》を羽織って、玄関口に立っていた。
「私、こんな普段着でよろしいのかしら。」
「ああ。ちょいと歩くだけだ。」
そう答えたのに、妻木は日枝《ひえ》神社から溜池《ためいけ》のほうへと歩を進めるのだ。
「近くじゃございませんの？」
「そんなに歩きはせんさ。」
彼は背を向けたまま言い、けれどそれから二十分ほども黙々と歩き続けた。溜池から葵橋《あおいばし》を過ぎ、彦根《ひこね》井伊家《いいけ》の上屋敷の方角へと向かう。遠出するならそれなりの格好をするのに、と夫を恨めしく思う。どこへ行くのか見当もつかないまま仕方なくついていくと、やがて平坦《へいたん》に舗装さし、[a]は、[5]・[6]段落の文中から**二十九字**でそのまま抜き出し、その最初と最後のそれぞれ**五字**を書くこと。また、[b]は、[5]、[6]段落の文中から**十一字**でそのまま抜き出して書くこと。

a　最初［　　　　　］　最後［　　　　　］

b［　　　　　　　　　　　］

人間は、言葉を使うことで、[a]ことができ、その繰り返しで共感の精度が高まる。また、[b]によって、人間は、微妙な感情の違いや自我に関わる感情を共有することが可能になる。それは、人間に独自な意味の世界の共有であり、動物に比べて共感の対象が複雑になる。

5　[5]段落の[B]に当てはまる最も適当な言葉を、次のア～エの中から一つ選び、その記号を書け。（　）

ア　模範的　　イ　独善的　　ウ　積極的　　エ　義務的

6　[7]段落の――線③「人間の場合、想像力と推論する理性の力によって、さらに複雑な共感が可能になる。」とあるが、「想像力と推論する理性の力」によって「さらに複雑な共感」が生じる過程を、[8]・[9]段落の文中の言葉を使って、**五十字以上六十字以内**で書け。

［　　　　　　　　　　　　　　　　　　　　］

［　　　　　　　　　　　　　　　　　　　　］と

いう過程を経て、さらに複雑な共感が生じる。

7　[10]・[11]段落に述べられている、情動的共感と認知的共感の共通点と相違点をまとめた次の表の[a]、[b]、[c]に当てはまる最も適当な言葉を、[10]・[11]段落の文中から、[a]は**五字**で、[b]は**七字**で、[c]は**十一字**で、それぞれそのまま抜き出して書け。

a［　　　　　］　b［　　　　　　　］　c［　　　　　　　　　　　］

共通点	相手のための行動、つまり、[a]を生じさせ、道徳的行為の動機となり得る。
相違点	自分の中に湧き上がった感情に衝き動かされるだけの「情動的共感」による行動と比べて、「認知的共感」による行動においては、相手の立場や状況を考え、[b]ことが可能である。このことから、「認知的共感」には、[a]を、[c]があると言える。

8　本文に述べられていることと最もよく合っているものを、次のア～エの中から一つ選び、その記号を書け。（　）

ア　人間は他者の様々な感情に共感するが、嫉妬や怒りは喜びと比べてより大きな共感を生じさせる。

イ　人間は他者の感情状態に没入すると自我がめばえ、実在しない架空の世界を認識するようになる。

ウ　共感は相手と自分の感情が共有できているという確信であり、相手に対して親和的な感情を生む。

エ　共感は自己了解と他者の感情了解の二つの側面があり、幼児や動物には起こり得ないことである。

[2]　次の1～4の各文の――線の部分の読み方を平仮名で書きなさい。

1　搭乗手続きを済ませる。（　　）

2　物語の梗概を話す。（　　）

3　意見に隔たりがある。（　　たり）

4　梅のつぼみが綻びる。（　　びる）

私たちは他者の内面を想像し、他者の状況を考慮することで、他者の感情や思考を推理することができる。そして、他者の感情や思考、価値観の中に自分と同一なもの、重なるものを見いだせば、共感が生じることになる。それは、感情が同期(注2)してリアルにその感情状態に没入する情動的共感とは異なり、相手との同一性を認識することで感じる認知的共感であり、自我がめばえ、言葉が使えるようになり、想像力、推論する理性の力が形成された段階で生じる、人間に特有な共感なのである。

10 共感は相手に対して親和的な感情を生み、相手のための行動を引き起こす。共感が道徳的行為の動機となるのもうなずける。困っている人、苦しんでいる人に共感すれば、そこから同情や(注3)憐憫《れんびん》などの感情が二次的に生じ、助けなければ、慰めなければ、という行動が生じ得る。この点は認知的共感も情動的共感も変わらない。サルやイルカ、クジラも苦しんでいる仲間に共感し、助けようとする。まだ言葉を使うことができず、想像力や理性の力の弱い幼児でも、泣いている子を慰めようとする。想像力や推論する力が必要な認知的共感ではなく、感情が同期するだけの情動的共感であっても、利他的行為は引き起こされるのだ。

11 ただし、認知的共感は利他的行為をより適切な方向へ導く力をもっている。自分の中に湧き上がった感情に衝《つ》き動かされるだけでなく、相手の立場、状況を考慮して行動できるからだ。また、情動的共感ほど熱くならず、比較的冷静に対処することもできる。

12 共感は人間にとって、利他的行為、道徳性の動機となる、とても大事な現象なのである。

(山竹伸二「共感の正体」より)

(注1) フィードバック＝行動や反応を、その結果を参考にして修正し、より適切なものにしていくこと。

(注2) 同期＝ここでは、自分と相手の感情が一致すること。

(注3) 憐憫＝あわれむこと。

1 1段落の＝線a「に」、b「の」、c「ば」、d「を」の助詞の中から、種類の異なるものを一つ選び、その記号を書け。また、一つだけ異なるものの助詞の種類として適当なものを、次のア～エの中から一つ選び、その記号を書け。

異なるものの記号(　)　助詞の種類の記号(　)

ア 格助詞　イ 副助詞　ウ 接続助詞　エ 終助詞

2 5段落の――線②「相互」と熟語の構成(組み立て方)が同じものを、次のア～エの中から一つ選び、その記号を書け。(　)

ア 陰影　イ 往復　ウ 俊足　エ 遷都

3 3段落の A 、6段落の C にそれぞれ当てはまる言葉の組み合わせとして最も適当なものを、次のア～エの中から一つ選び、その記号を書け。(　)

ア A あるいは　C そこで
イ A ところが　C または
ウ A そのうえ　C むしろ
エ A もちろん　C しかも

4 5段落の――線①「人間と動物の共感の大きな違いは、言葉で相手の気持ちを確認できることだ。」とあるが、人間の共感において、言葉の使用により可能となることについて、本文の趣旨に添って説明した次の文章の a 、 b に当てはまる最も適当な言葉を書け。ただ

国語

時間　四五分
満点　五〇点(作文共)

1　次の文章を読んで、1～8の問いに答えなさい。(1～12は、それぞれ段落を示す番号である。)

1　共感という経験は対人関係aにおける感情共有の確信であり、共感が生じると多くの場合、相手に対して親和的な感情が生じ、他人事ではないと感じられる。喜びへの共感であれば、自分bのことのようにうれしくなり、「よかったな」と声をかけるだろう。悲しみへの共感であれば、涙があふれ、慰めるであろうし、苦しみに共感すればc、助けてあげたいと感じ、助力dを惜しまないことも少なくない。

2　このとき、自己了解(自己の感情への気づき)と同時に、他者の感情了解が生じている。自己了解が「自分がどうしたいのか」という欲望を告げ知らせる以上、共感は「他者がどうしてほしいのか」を理解し、相手が望む行為の選択を、つまり利他的行為を可能にするのである。

3　A、自分の感情と相手の感情が同じであるという保証はない。だが、私たちは共感を手がかりにして、相手に気持ちや望みを言葉で確認することができるし、それによって適切な対応を取ろうとする。そうやって経験を何度も積み重ねるほど、次第に的を外すことなく相手の感情を理解できるようになり、適切な対応が可能になる。

4　こうした理解力を培《つちか》うには、言葉と想像力、推論する理性の力を身に付けることが必要である。それは、人間の共感を動物の共感と区別する上でも重要なものだと言える。

5　①人間と動物の共感の大きな違いは、言葉で相手の気持ちを確認できることだ。共感は相手と自分の感情が同じであるという確信だが、言葉がなければ、その確信が正しいかどうかを知ることはできない。言葉があるからこそ、共感が勘違いだった場合に確認できるし、正解だったと喜ぶこともできる。そして、こうした自分の共感による他者理解が正しいのか間違っているのかを知る、というフィードバック(注1)の経験が繰り返されることで、私たちの共感の精度(当たっている確率)は高くなる。言葉による②相互理解がなければ、共感はBな他者理解に陥ってしまう可能性があるのだ。

6　また、言葉の使用は、人間に独自な意味の世界の共有をもたらしている。言葉は感情を細分化するため、共感される感情も微細に区分され、微妙な感情の違いの共有をも可能にする。C、人間は、嫉妬や恥、羨望《せんぼう》のような自我に関わる感情もあるため、さらに共感の対象は複雑になる。たとえば、怒りや苦しみは動物にも共感できるかもしれないが、嫉妬や羞恥心、自尊心に関する共感が生じることはないだろう。それは自我のある人間だけがもつ感情であり、言葉による感情の細分化を経ているからこそ生じ得るのだ。

7　③人間の場合、想像力と推論する理性の力によって、さらに複雑な共感が可能になる。

8　私たちは目の前の世界を生きているだけでなく、実在しない架空の世界、ずっと先の未来の世界にも想像の中で生きることができる。様々な記憶をたどり、知識を駆使して予想し、推論し、多様な状況を想像することができるのだ。このような想像的な世界もまた、言葉によって分節された意味の世界に基づいている。

9　こうした想像力、推論する力は、当然、他者の内面世界にまで及び、

300字

400字

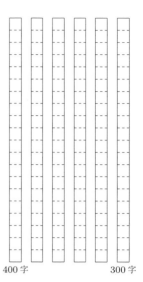

作文

時間　二五分
満点　五〇点（国語共）

1 〔作文問題〕

次の資料を見て、大切にしたい時間についてのあなたの考えを、なぜそう考えるかという理由を含めて、後の**注意**に従って述べなさい。

資料

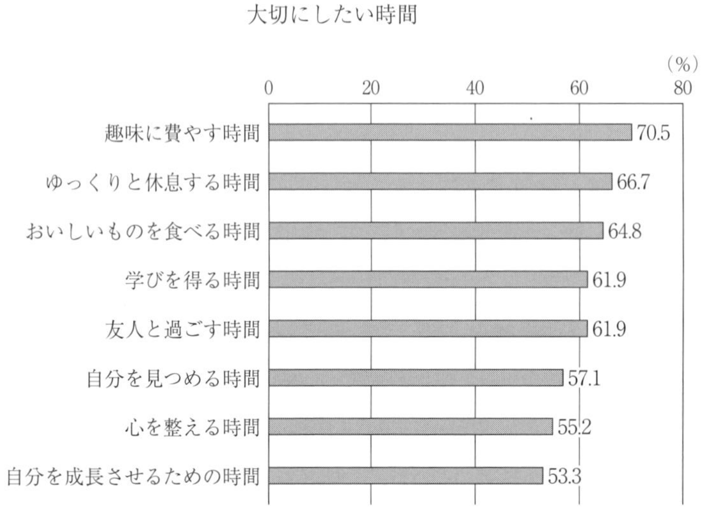

全国の 18 歳，19 歳の 105 人が回答している。（選択式，複数回答。）
ここでは，主なものを八つ示している。

（ある会社が令和 3 年に実施した調査による。）

〈注意〉

1　前の資料を見て気づいたことを交えて書くこと。
2　あなたが体験したことや見聞したことを交えて書いてもよい。
3　段落は、内容に応じて設けること。
4　文章の長さは、三百字以上、四百字以内とする。
5　資料の中の数値を使う場合は、次の例に示したどちらの書き方でもよいこととする。

例　七〇・五%　または　七十・五%
　　六六・七%　または　六十六・七%

なお、「%」は、「パーセント」と書いてもよい。

6　**文題は書かないこと。**

200字　100字

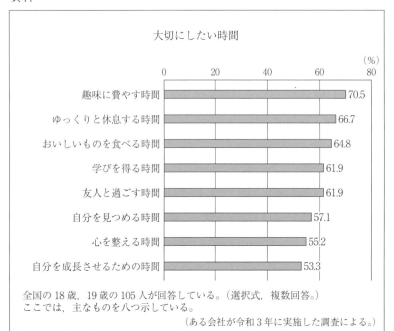

2023年度／解答

数　学

1 【解き方】1. 与式 $= 3 + 4 = 7$

2. 与式 $= 4x - 8y + 3x + 9y - 3 = 7x + y - 3$

3. 与式 $= \dfrac{15}{8}x^2y \times \left(-\dfrac{6}{5x}\right) = -\dfrac{9}{4}xy$

4. 与式 $= 6 + 3\sqrt{6} - 2\sqrt{6} - 6 - \dfrac{4\sqrt{3}}{\sqrt{2}} \times \dfrac{\sqrt{2}}{\sqrt{2}} = \sqrt{6} - 2\sqrt{6} = -\sqrt{6}$

5. 与式 $= 3x^2 - 12x + x - 4 - x^2 + 6x - 9 = 2x^2 - 5x - 13$

【答】1. 7　2. $7x + y - 3$　3. $-\dfrac{9}{4}xy$　4. $-\sqrt{6}$　5. $2x^2 - 5x - 13$

2 【解き方】1. 与式 $= (2x)^2 - (3y)^2 = (2x + 3y)(2x - 3y)$

2. 両辺を3倍して入れ替えると $\mathrm{S}h = 3\mathrm{V}$ より，$h = \dfrac{3\mathrm{V}}{\mathrm{S}}$

3. ア．3の絶対値は3。イ．m，n が自然数であっても，$m \leqq n$ のとき，$m - n \leqq 0$ となり，自然数にはならない。ウ．$\sqrt{25} = 5$　エ．$\dfrac{4}{3}$ は有理数。よって，エが正しい。

4. 全体の場合の数は，$6 \times 6 = 36$ (通り)　求める場合の目の出方は，(1，4)，(2，3)，(3，2)，(4，1)，(4，6)，(5，5)，(6，4)の7通りなので，確率は $\dfrac{7}{36}$。

5. 体積比は，$2^3 : 5^3 = 8 : 125$ より，$125 \div 8 = 15.6\cdots$ から，$15 + 1 = 16$ (回)

6. 線分ABの中点を中心とした直径ABの円周と直線 ℓ との交点がPとなる。

(例)

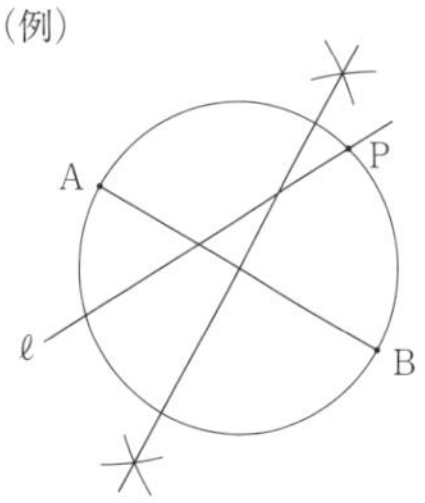

7. 連続する3つの自然数を，x，$x + 1$，$x + 2$ とすると，$x^2 + (x + 1)^2 = 10(x + 2) + 5$　展開して整理すると，$x^2 - 4x - 12 = 0$ だから，$(x + 2)(x - 6) = 0$ より，$x = -2$，6　x は自然数だから，$x = 6$ より，連続する3つの自然数は，6，7，8。

【答】1. $(2x + 3y)(2x - 3y)$　2. $h = \dfrac{3\mathrm{V}}{\mathrm{S}}$　3. エ　4. $\dfrac{7}{36}$　5. 16 (回)　6. (前図)　7. 6，7，8

3 【解き方】1. (1) 最大値は90点以上100点未満，最小値は30点以上40点未満。中央値は，$(30 + 1) \div 2 = 15.5$ より，15番目と16番目の平均。60点未満の生徒は，$1 + 5 + 6 = 12$ (人)，70点未満の生徒は，$12 + 5 = 17$ (人)だから，60点以上70点未満。第1四分位数は，下から，$(15 + 1) \div 2 = 8$ (番目)より，50点以上60点未満。同様に，第3四分位数は，上から8番目だから，70点以上80点未満。したがって，全てを満たすのは，イ。(2) ① 四分位範囲は，2組が，$70 - 50 = 20$ (点)，3組が，$80 - 60 = 20$ (点)より大きいので，イ。② 点数が45点以下の生徒は，2組も3組も，最小値から第1四分位数の間ではあるが，人数は分からないので，ウ。

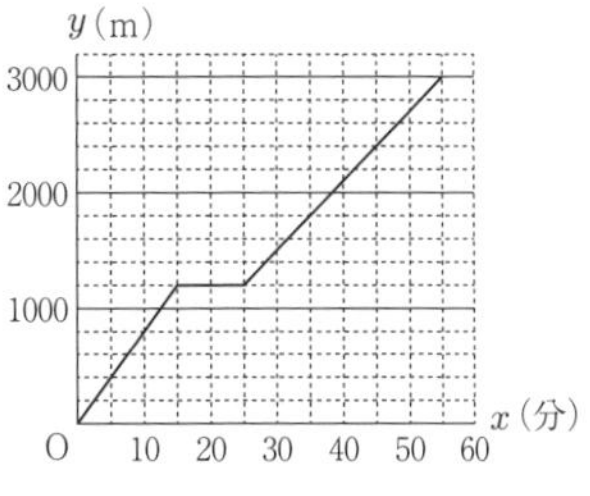

2. (1) 公園まで，$1200 \div 80 = 15$ (分)かかるから，午前9時15分。(2) 公園から図書館まで，$1800 \div 60 = 30$ (分)かかる。よって，$15 + 10 = 25$，$25 + 30 = 55$，$1200 + 1800 = 3000$ より，(0，0)，(15，1200)，(25，1200)，(55，3000)を直線で結べばよい。(3) 花子さんの速さは分速，$3000 \div (45 - 20) = 120$ (m)　太郎さんが出発してから x 分後に出会ったとす

ると，2人の進んだ道のりの和より，$1200 + 60\,(x - 25) + 120\,(x - 20) = 3000$ が成り立つ。これを解いて，$x = \dfrac{95}{3} = 31\dfrac{2}{3}$　$\dfrac{2}{3}$ 分 = 40 秒より，午前9時31分40秒。

【答】 1. (1) イ　(2) ① イ　② ウ　2. (1) (午前) 9 (時) 15 (分)　(2) (前図)　(3) (午前) 9 (時) 31 (分) 40 (秒)

4 **【解き方】** 1. $x = -2$ のとき，$y = \dfrac{1}{2} \times (-2) + 3 = 2$，$x = 3$ のとき，$y = \dfrac{1}{2} \times 3 + 3 = \dfrac{9}{2}$ より，$2 \leqq y \leqq \dfrac{9}{2}$

2. $y = ax^2$ に A $(-2,\ 2)$ を代入して，$2 = a \times (-2)^2$ より，$a = \dfrac{1}{2}$

3. (1) C $(2,\ 2)$ より，$\text{AC} = 2 - (-2) = 4$ で，△ACB の底辺を AC としたときの高さは，$\dfrac{9}{2} - 2 = \dfrac{5}{2}$ より，$\triangle\text{ACB} = \dfrac{1}{2} \times 4 \times \dfrac{5}{2} = 5$　よって，平行四辺形 ACBD = 2△ACB = 2 × 5 = 10　(2) D $(0,\ d)$，C$\left(t,\ \dfrac{1}{2}t^2\right)$ とすると，A $(-2,\ 2)$，B$\left(3,\ \dfrac{9}{2}\right)$ より，2点D，Bの x 座標の差と2点A，Cの x 座標の差は等しいから，$3 - 0 = t - (-2)$ より，$t = 1$　よって，y 座標の差より，$d - \dfrac{9}{2} = 2 - \dfrac{1}{2} \times 1^2$　よって，$d = 6$

【答】 1. $2 \leqq y \leqq \dfrac{9}{2}$　2. $\dfrac{1}{2}$　3. (1) 10　(2) 6

5 **【解き方】** 2. (1) $\text{AC} = \text{AD} = 4 + 2 = 6$ (cm)，AE = AG = 4 cm，EC = GD = 2 cm　△BCE ∽△DAE より，BC : DA = CE : AE なので，BC : 6 = 2 : 4 から，$\text{BC} = \dfrac{6 \times 2}{4} = 3$ (cm)　(2) △ABC において，点Aから辺BCに垂線AHをひくと，△ABC は二等辺三角形だから，$\text{BH} = \text{CH} = 3 \div 2 = \dfrac{3}{2}$ (cm)　△ACH は直角三角形だから，三平方の定理より，$\text{AH} = \sqrt{6^2 - \left(\dfrac{3}{2}\right)^2} = \dfrac{3\sqrt{15}}{2}$ (cm) なので，$\triangle\text{ABD} = \dfrac{1}{2} \times 6 \times \dfrac{3\sqrt{15}}{2} = \dfrac{9\sqrt{15}}{2}$ (cm^2)　△BCF ∽△DGF より，BF : DF = BC : DG = 3 : 2 なので，$\triangle\text{AFD} = \triangle\text{ABD} \times \dfrac{2}{3 + 2} = \dfrac{9\sqrt{15}}{2} \times \dfrac{2}{5} = \dfrac{9\sqrt{15}}{5}$ (cm^2)　よって，AG : GD = 4 : 2 = 2 : 1 より，$\triangle\text{DGF} = \triangle\text{AFD} \times \dfrac{1}{2 + 1} = \dfrac{9\sqrt{15}}{5} \times \dfrac{1}{3} = \dfrac{3\sqrt{15}}{5}$ (cm^2)

【答】 1. △ACG と△ADE において，共通な角だから，∠CAG = ∠DAE……①　仮定より，AB = AC……②，AB = AD……③　②，③から，AC = AD…④　$\overset{\frown}{\text{AF}}$ に対する円周角だから，∠ACG = ∠ABF……⑤　△ABD は，AB = AD の二等辺三角形だから，∠ABF = ∠ADE……⑥　⑤，⑥から，∠ACG = ∠ADE……⑦　①，④，⑦より，1辺とその両端の角がそれぞれ等しいので，△ACG ≡△ADE

2. (1) 3 (cm)　(2) $\dfrac{3\sqrt{15}}{5}$ (cm^2)

英　語

1 【解き方】1. 男性は「これはとてもおいしそうに見えます」と話している。イラストの中で食べ物の店はエのケーキ屋だけである。

2. 誕生日プレゼントについて，ユミはアキラに「去年，あなたが彼に帽子をあげたとき，彼はとてもうれしそうに見えました」と話している。

3. 二人の会話から，書店は最後に行くことに決めたことがわかる。「博物館」→「コーヒーショップ」→「書店」の順に行くつもりである。

【答】1. エ　2. ウ　3. ア

◀全訳▶　1.

A：これはとてもおいしそうに見えます。それをもらえますか？

B：わかりました。それで全部ですか？

A：はい。

質問：彼らはどこで話していますか？

2.

A：お父さんへの誕生日プレゼントは決めた，アキラ？

B：いいえ，まだだよ。君は決めたの，ユミ？

A：ええ。私は彼のために誕生日ケーキを作るつもりよ。アキラ，去年あなたが彼に帽子をあげたとき，彼はとてもうれしそうに見えたよ。だから，彼に何か着るものをあげるべきだと私は思う。

B：じゃあ，彼にTシャツをあげるよ。ぼくは良い店を知っているんだ。

質問：去年，アキラは彼の父親に誕生日プレゼントとして何をあげましたか？

3.

A：明日，博物館へ行く前に書店を訪れることはできますか？

B：私は最初に博物館を訪れるべきだと思います。書店で，私たちはいつもたくさんの本を買います。私は，私たちが買うであろう重い本を持って，どんな場所でも訪れるのは好きではありません。

A：わかりました。賛成です。

B：書店を訪れる前に，あなたは博物館の近くの新しいコーヒーショップへ行きたいですか？

A：はい。私は明日が良い日になればいいと思います。

B：私もそう願ってます。

質問：彼らが明日訪れる3番目の場所はどれですか？

2 【解き方】1. お礼の言葉に対して，「いいですよ」と言った。「いいですよ」= No problem.

2. サヤカが寒気がして，何も食べたくないと話したので，「あなたは病院へ行くべきです」と言った。

【答】1. ア　2. エ

◀全訳▶　1.

A：雨が降っています。だから私はあなたを車で家まで送ります。

B：あなたはとても親切です。ありがとう。

2.

A：サヤカ，あなたは今朝気分が良くなかったと言っていました。今はどんな気分ですか？

B：寒気を感じます。そして，私は何も食べたくありません。

3 【解き方】1. ジョン先生は32歳で，英語の教師として3年前に日本へ来たので，日本へ来たとき29歳だった。

2. ジョン先生は「ある日，キムラさんと私は野球の試合を見るために野球場へ行きました」と話している。

3. ジョン先生はマキについて，「彼女は英語が好きで，英語をもっと上手に話したいと思っていました。だから，彼女は何度も英語で私に話しました」と話している。

4. ジョンは「私はみなさんが英語を使おうとして，たくさんの友人を作ってくれたらいいなと思います」と話している。

【答】1. ウ　2. イ　3. ア　4. エ

◀全訳▶　こんにちは，みなさん。私の名前はジョンです。私はアメリカ出身です。私は32歳です。私は3年前に英語の教師として日本へ来ました。これは私が日本に滞在する2回目です。今日，みなさんに私の初めてのときについて話しをさせてください。

15歳のとき，私は父と一緒に日本へ来ました。私の父には日本に住んでいる友人がいます。彼の名前はキムラさんです。私たちは彼の家に3週間滞在しました。彼の一番好きなスポーツは野球で，私もそれが大好きです。私は彼と野球についてたくさん話しました。ある日，キムラさんと私は野球の試合を見るために球場へ行きました。それが私の一番良い体験でした。

キムラさんには，マキという子どもがいます。彼女は英語が好きで，英語をより上手に話したいと思っていました。だから，彼女は何度も英語で私に話しかけました。彼女はまた私が日本語を学ぶのを手伝ってくれました。日本語を使うことによって，私は日本でたくさんの友人を作りました。

外国語を学ぶことはおもしろいです。私はみなさんが英語を使おうとして，たくさんの友人を作ってくれたらいいなと思います。そのことはみなさんの人生をよりわくわくするものにするでしょう。英語の授業を楽しんでください。

〔質問〕

1. 英語の教師として日本へ来たとき，ジョンは何歳でしたか？
2. 誰が球場でジョンと一緒に野球の試合を見ましたか？
3. マキはなぜジョンにたくさん話しかけようとしましたか？
4. ジョンは生徒たちに何をしてほしいと思っていますか？

4 【解き方】1. ⑴「サッカーは私の学校の男の子たちの間で野球と同じくらい人気が高くなっています」。「Aと同じくらい～」= as ～ as A。「～の間で」= among ～。Soccer is becoming as popular as baseball among boys in my school.となる。⑵「私たちはそれを日本語でヒマワリと呼びます」。「AをBと呼ぶ」= call A B。「日本語で」= in Japanese。We call it *Himawari* in English.となる。

2. ⑴ ①「日本は独自の食文化を持っています」，「日本は自然が豊かです」などの文が考えられる。②「私は伝統的な日本の食べ物についての本を読むつもりです」，「私はインターネットで日本の自然について調べるつもりです」などの文が考えられる。⑵「あなたの学校にはどのような行事がありますか？」，「あなたの学校はどのようなことで有名ですか？」などの文が考えられる。

【答】1. ⑴ エ，イ，ア，ウ　⑵ ウ，イ，エ，ア

2. (例) ⑴ ① Japan has its own food culture.　② I will read books about traditional Japanese food.
⑵ What school events does your school have?

5 【解き方】1. ① スミス先生が直前に「生徒はそこに3日間滞在します」と話したので，奈美は「彼らは夜そこで眠るのですか？」とたずねた。② 奈美は直後に「ロールプレイについて私たちに教えてください」と言っている。ちらしを見るとロールプレイは2日目にある。How about Day 2? =「2日目はどうですか？」。③ スミス先生は直前に「彼らは教師と一緒に外国料理を作ります」と話している。アは「その活動では，教師は生徒にそれらの作り方を教えます」という意味。

2. ㋐「何か新しいこと」= something new。「～の間に」= during ～。「夏休み」= summer vacation。㋑「～することが得意である」= be good at ～ing。

3. 最終的に1日目と2日目に奈美がどのコースを選ぶつもりなのかという質問。奈美の最後から2・3つ目のせりふを見る。奈美は1日目，リスニングコースを選ぶつもりだったが，スミス先生に勧められてスピーキ

ングコースを選ぶことにした。2日目は綾と同じライティングコースを選ぶと話している。

4. ⑴ ア．ロールプレイで役割を演じるのは生徒である。イ．英語キャンプでは全ての教師が自国の文化について話すことになっているので，スミス先生も話す。ウ．スミス先生にたずねられたのではなく，綾は自らスピーキングコースを選ぶと話した。エの「スミス先生は英語キャンプで彼らが何をするのかを綾と奈美に教えている」が適切である。⑵ ア．綾と奈美がお互いに英語でEメールを送りたがっているとは書かれていない。イ．発表のテーマは教師が選ぶ。エ．二人がスミス先生に，他の教師と良い関係を築くように言っているとは書かれていない。ウの「綾と奈美は教師によって作られた英語のクイズで楽しむだろう」が適切である。⑶ ア．バスは生徒を駅からわかば学習センターまで送る。ウ．ファンタイムは英語キャンプの2日目にある。エ．ちらしにバスでの所要時間は書かれていない。イの「ちらしにはウェブサイトが英語キャンプについてのより多くの情報を与えることが示されている」が適切である。

【答】 1. ① ア　② イ　③ ア

2. (例) ㋐ We will try something new during the summer vacation. ㋑ I am not good at speaking English.

3. エ　4. ⑴ エ　⑵ ウ　⑶ イ

◀全訳▶

スミス先生：やあ，綾。やあ，奈美。君たちは何をしているのですか？

綾　　　　：こんにちは，スミス先生。私たちはこの夏の私たちの計画について考えています。

奈美　　　：私たちは，夏休み中に，何か新しいことに挑戦するつもりです。

スミス先生：それはいいですね！　良い知らせがあります。この8月に私たちの街の英語キャンプが開催されます。私は教師としてそれに参加する予定です。私はあなたたちが英語をとても好きであることを知っています。私はあなたたちがそれに参加すればいいなと思います。

綾　　　　：おもしろそうですね。それについて私たちにもっと話してもらえませんか？

スミス先生：いいですよ。ここにそれについてのちらしがあります。それは8月1日から8月3日までわかば学習センターで開催されます。生徒はそこに3日間滞在します。

奈美　　　：彼らは夜そこで眠るのですか？

スミス先生：はい。彼らは家から離れて2回の夜を過ごすために必要なものを持ってくる必要があります。彼らはまた，英語キャンプの料金のためのお金を持ってくる必要があります。あなたたちが英語キャンプを楽しみ，あなたたちの英語がより良くなると私は信じています。

綾　　　　：プログラムには生徒がたくさんの英語の活動をすることが示されています。1日目に，ゲームと外国文化で彼らは何をしますか？

スミス先生：ゲームでは，彼らは教師が作った英語のクイズを楽しみます。そのゲームを通して，いろいろな学校から来た生徒が良い関係を築くことができると私は思います。外国文化では，いろいろな国から来た全ての教師が彼らの国の文化について話します。

奈美　　　：わかりました。2日目はどうですか？　ロールプレイについて私たちに教えてください。

スミス先生：いいですよ。買い物をする，道案内をするなどのいくつかの場面での役割を通して，生徒はそれぞれの場面において英語で何と言えばよいかを学びます。

奈美　　　：それは良さそうですね。生徒はその夜，夕食を作るのですか？

スミス先生：はい。彼らは教師と一緒に外国料理を作ります。その活動では，教師は生徒にそれらの作り方を教えます。

奈美　　　：いいですね！　たくさんの興味深い活動があります。英語キャンプに参加しましょう，綾。

綾　　　　：そうしましょう！　スミス先生，私は特別活動について質問があります。私たちは1日目に1つのコースだけを，2日目にもう1つのコースを選ぶのですか？

スミス先生：はい。あなたたちは英語キャンプに参加する前に，それぞれの日にどれを選ぶのかを決める必要があります。

綾　　　　：わかりました。私は１日目にスピーキングコースを選びたいと思います。あなたはどのコースを選びたいですか，奈美？

奈美　　　：ええと…，私は英語を話すことが得意ではありません。私はリスニングコースを選ぶことを考えています。

スミス先生：それはかまいませんが，私はあなたがスピーキングコースを選ぶべきだと思います。弱点を克服することはあなたにとって大切です。

奈美　　　：ああ，あなたが何を言いたいのかわかります，スミス先生。だから私はそのコースを選びます。綾，２日目はどちらのコースを選びますか？

綾　　　　：私は時々外国にいる私の友達にＥメールを送るので，ライティングコースを選ぶつもりです。

奈美　　　：わかりました。私も同じものを選びます。スミス先生，３日目に私たちは何をしますか？

スミス先生：それぞれのグループは教師から与えられたテーマについて英語で発表をします。

綾　　　　：それはわくわくしますね。奈美，今から一緒に英語キャンプのウェブサイトを見ましょう。ありがとうございます，スミス先生。

奈美　　　：ありがとうございます，スミス先生。私は英語キャンプがすぐに来ればいいと思います。

スミス先生：私もそう思います。さようなら。

ちらし

英語キャンプ（中学生対象）

日付：8月1日～3日
場所：わかば学習センター
［わかば学習センターへはわかば駅から私たちのバスに乗ることができます。］
料金：3,700円
生徒数：50人

私たちのウェブサイトを訪れてください
https://www.〇〇〇.com/
英語キャンプについてもっと知り，キャンプへの参加方法を知ることができます。

《プログラム》
1日目：グループミーティング，ゲーム，外国文化
特別活動1
リスニングコースかスピーキングコース
2日目：ロールプレイ，ファンタイム，夕食作り
特別活動2
リーディングコースかライティングコース
3日目：発表

6 **【解き方】** 1. 父親の言葉を聞いて，写真の力に気づいたミカは，旅行者のために写真を撮るボランティア活動をしている。The pictures you take can make people happy.＝「あなたが撮った写真は人々を幸せにできる」。pictures のあとには目的格の関係代名詞が省略されている。

2. 下線部は「彼女はまた彼らに，彼女の町にもっと興味を持ってもらいたいと思っている」という意味になる。「A に～してほしい」＝ want A to ～。5段落の最終文に注目。

3. (C)「老人ホームを訪ねるとき，彼はいつも彼女に茶道についていくつか質問をして楽しむ」。「～して楽しむ」＝ enjoy ～ing。「質問をする」＝ ask questions。(D)「山から見える多くの島々はとてもきれいだ」。「見える」は「見られる」と考え，see を過去分詞にする。

4. 直後の文に注目する。① trouble ＝「困難なこと」。happen ＝「起こる」。② tell A to ～＝「A に～するように言う」。with each other ＝「お互いに」。

5. 「次に，彼女は自分自身を変えたがっている」という意味。4段落の前半を見る。サキがボランティア活動に参加することを決めた理由が２つ書かれている。１つ目の理由が説明されたあとのウに入れれば意味が通じる。

6. ア. 1段落を見る。拓海が参加したのは，ボランティア活動を楽しんでいる人たちのためのイベントである。イ. 2段落の中ごろを見る。ミカは旅行者のカメラで彼らの写真を撮る。ウ.「ミカは旅行者とふれ合う

ことによって，彼らに良い写真のための笑顔を見せてほしいと思っている」。2段落の中ごろを見る。写真を撮る前に，ミカは旅行者と話す時間を持ち，良い写真に必要なほほえみを顔にもたらそうとしている。正しい。エ．ダイスケが彼の学校の友達から茶道を学んでいるとは書かれていない。オ．「ダイスケは老人ホームのボランティア活動を通じて，彼が成長できると思っている」。3段落の最終文を見る。「そこでのボランティア活動は彼が成長することを助けてくれると彼は言う」とある。正しい。カ．4段落の中ごろを見る。子どもたちの家族は島へ来ることはできない。キ．4段落の前半を見る。サキはすぐにボランティア活動に参加することを決めた。

【答】1. イ 2. be more interested in 3. (C) asking (D) seen
4. ① 困難なことが起こったら ② お互いに話し合うように言う（それぞれ同意可） 5. ウ 6. ウ・オ

◀全訳▶ 1 私はボランティア活動をするのが好きです。ボランティア活動で熱心に働く人たちとふれ合うことは私にとって楽しいです。2 週間前，私は私のような人たちのためのイベントに参加しました。このイベントで，多くの人たちが私に話しかけてくれ，私は彼らから興味深い話を聞きました。今日，私はそれらの話のいくつかについて話そうと思います。

2 最初の話はミカからです。彼女は 20 才です。今，彼女は芸術学校で写真の技術を学んでいます。彼女は 14 歳のとき，彼女の父親からカメラをもらい，写真を撮り始めました。彼女の父親は彼女が撮った写真が大好きで，よく彼女に「おまえが撮った写真は人々を幸せにできる」と言いました。彼の言葉は彼女が写真の力に気づくのを助けました。そして，彼女は写真を通してどのように他の人たちの役に立てるだろうかと考えました。毎週末，彼女は多くの旅行者に会うために彼女の町の観光名所を訪れ，彼らのために，彼らのカメラで彼らの写真を撮ります。彼らの写真を撮る前に，彼女はいつも彼らと話す時間を持ち，彼らの顔にほほえみをもたらそうとします。そのことが良い写真にとって必要だと彼女は信じています。そして，彼女は彼女が撮るそれぞれの写真が，旅行者に彼女の町での素敵な時間を思い出すのを助けたらいいなと思っています。彼女はまた彼らに，彼女の町にもっと興味を持ってもらいたいと思っています。実際に，彼女はよく彼女が会った多くの旅行者から E メールをもらいます。そして彼らは，彼女の町についてもっと知るために，もう一度そこを訪れるつもりだと言います。彼女はそのことをとても喜んでいます。

3 次の話はダイスケからです。彼は 17 歳です。彼はインターネットで，若者とふれ合う機会がないお年寄りがいることを知りました。だから彼は老人ホームでのボランティア活動に参加して，そのような人たちのために何かをする決心をしました。彼は今，そこのお年寄りたちにとても気に入られています。まず，彼は彼らと話したり，一緒に軽い運動をしたりする時間をとり，それから彼は彼らのために抹茶を作ります。彼は彼の高校の茶道部に所属しています。その老人ホームのあるおばあさんは茶道において長年の経験があります。彼女の名前はタナカさんです。彼女は彼に良い助言を与えます。老人ホームを訪ねるとき，彼はいつも彼女に茶道についていくつか質問をして楽しみます。そこでのボランティア活動は彼が成長することを助けてくれると彼は言います。

4 最後の話はサキからです。彼女は 22 歳です。毎年の夏，彼女はボランティアのスタッフの一員として，子どもたちをある島へ連れて行き，彼らが野外活動を楽しめるようにします。このボランティア活動に参加することを決心するのに，彼女はそんなに多くの時間を必要としませんでした。それには異なる二つ理由があります。まず，彼女は子どもたちとふれ合うことが大好きです。彼らが彼女に笑顔を見せるとき，彼女はいつも幸せを感じます。次に，彼女は自分自身を変えたがっています。彼女は内気なので，時々人前でうまく話すことができません。彼女はボランティア活動を通して，自分が違う人間になることを望んでいます。島で，子どもたちは海で泳ぐことや山でハイキングをすることを通して楽しい時間を過ごします。山から見える多くの島々はとてもきれいです。子どもたちは家族と一緒にその島へ来ることができないので，彼ら自身のことをやらなければなりません。子どもたちとふれ合うとき，彼女には独自のやり方があります。もし，困難なことが起こったら，子どもたちに助言を与える前に，彼女はお互いに話し合うように彼らに言います。彼女は彼らに，どのように他の人の役に立てるのかを学んでほしいと思っています。彼女は彼女自身の中の何かが今，変わりつつあることに気づいています。

5 みなさんはこれらの話をどう思いますか？　私たちはボランティア活動を通して，人生を豊かにするようなたくさんの体験をすることができます。私の母はよく，「他人を助けることは，自分自身を助けることを意味している」と言います。それは本当に事実なのです。そして，ボランティア活動は，全ての人にとってより良い未来を私たちがつくるのを助けるだろうと私は信じています。多くの人たちかボランティア活動にもっと興味を持ってくれることを私は望んでいます。

社　会

1 **【解き方】** 1. アは室町時代，イは江戸時代，ウは平安時代の様子。

2. 班田収授法は，公地公民の原則に基づいて実施された。

3. 「③の期間」とは，710年から1156年までを指す。アは797年，イは663年，ウは1192年，エは939年のできごと。

4. 鎌倉幕府の第3代執権。

5. アは鹿苑《ろくおん》寺金閣，イは平等院鳳凰《ほうおう》堂，ウは姫路城，エは東大寺南大門。

6. 前野良沢《りょうたく》と杉田玄白を中心に翻訳された医学書。

7. ウは1853年に来航したペリーの説明。

【答】 1. エ　2. 戸籍に登録されている6歳以上の全ての人々（同意可）　3. ア→エ　4. 北条泰時　5. ア
6. 解体新書　7. イ

2 **【解き方】** 1. 下田（静岡県）の位置を選択。

2. アは1880年，イは1889年，ウは1871年，エは1877年のできごと。

3. 1894年のできごと。

5. 国際連盟は，この調査の結果，満州事変は侵略行為であるとして，満州から兵を引き上げるよう日本に勧告した。日本はこれを不服として，1933年に国際連盟を脱退した。

6. 治安維持法は1925年に制定された法律。社会主義者や労働運動など，政府の方針を批判する者たちを取り締まる根拠となっていた。

7. 1901年のできごと。日清戦争によって得られた賠償金を使って建設された。

【答】 1. ウ　2. ウ→エ→ア→イ　3. 甲午農民戦争　4. ラジオ　5. リットン
6. 治安維持法が廃止され，政治活動の自由が認められた（同意可）　7. ア

3 **【解き方】** 1. ⑴ 日照権とは，建物の日当たりを確保し，健康的な暮らしを送る権利のこと。

2. 我が国からは自衛隊が参加している。

3. 「ドント式」とは，各政党の得票数を1，2，3，…と自然数で割っていき，得られた商の大きい順に議席を割り当てていく方式。

4. 「内閣総理大臣の任命」は天皇の国事行為。「憲法改正の発議」は，国会から国民に向けて行われる提案。

5. 他の三つは依存財源に分類される。

【答】 1. ⑴ 日照権を守ろうとしている（同意可）　⑵ 公共の福祉　2. PKO
3. （A党）3（人）（B党）1（人）（C党）1（人）　4. イ　5. ウ

4 **【解き方】** 1. インターネットの進化などから流通経路の短縮化が進んできている。

2. 中央銀行は，国の資金を管理する役割（「政府の銀行」）や，市中銀行との間で資金の貸し借りをする役割（「銀行の銀行」）も担っている。

3. 雇用を確保し，景気を刺激するための政策。

4. 返済義務を課して生産者が自ら努力し，貧困から抜け出せるように考えられている。

5. ア．例えばイギリスでは，石炭による発電電力量の割合がほとんどない。ウ．アメリカ合衆国とイギリスは増えている。エ．日本は原子力の割合が最も小さい。

【答】 1. 卸売業者を通さず，生産者から直接買い付ける（同意可）　2. 発券　3. ① ア　② エ
4. マイクロクレジット　5. イ・オ

5 **【解き方】** 1. ⑴「東北の背骨」ともいわれる日本最長の山脈。⑵ 特に越後平野で米づくりがさかん。⑶ 潮目は，暖流にすむ魚と寒流にすむ魚の両方が集まることに加え，魚のえさとなるプランクトンが豊富な海域となっている。

3. Xは特に自動車生産を中心に発達した産業。繊維工業は太平洋戦争前に大きく発展したが，1960年代ごろからは重化学工業のほうがさかんになった。

4. 日本は少子高齢化が進んでいることに注目。アは2050年，ウは1970年，エは1930年のグラフ。

【答】1. (1) 奥羽　(2) (記号) ⓘ　(県名) 新潟　(3) 黒潮と寒流の親潮がぶつかる潮目になっている (同意可)
2. ウ　3. ア　4. イ

6 【解き方】1. (1) 赤道はギニア湾沖やアマゾン川下流域などを通る緯線。(2) アとウは比較的冷涼な地域で栽培される作物。イは温帯の地域で育つ作物。(3)「三大洋」とは，太平洋・大西洋・インド洋のこと。(4) ⓘは南アフリカ共和国，ⓤはブラジル，ⓔはアルゼンチン。いずれの国もキリスト教を信仰している人口の割合が最も大きい。

2. 中国は石炭の世界生産量の半分を超える生産量をほこるが，そのほとんどを国内で消費している。

3. この時期には特に，自動車や半導体の分野で貿易摩擦が激化した。

【答】1. (1) ウ　(2) エ　(3) ① インド洋　② ウ　(4) (記号) ⓐ　(国の名) イラン　2. イ
3. 工業生産が減少し，失業者が増加した (同意可)

理　科

1 【解き方】1. (1) オームの法則より，$\frac{5.0\,(\mathrm{V})}{20\,(\Omega)} = 0.25\,(\mathrm{A})$

(2) コイルに流れる電流が大きいほどコイルは大きく動く。回路に流れる電流が大きくなるのは抵抗器を並列につないだときで，電圧の大きさが同じ場合，抵抗の値が小さいほど大きな電流が流れるので，抵抗器a・b・cに同じ電圧を加えたとき，流れる電流の大きさはa＜b＜cになる。よって，抵抗器a・bの並列回路より，抵抗器b・cの並列回路の方が大きな電流が流れる。

2. (2) 棒磁石のN極を近づけたときに流れる誘導電流の向きと，棒磁石のS極を近づけたときに流れる誘導電流の向きは逆になり，棒磁石のS極をコイルに近づけたときに流れる誘導電流の向きと，棒磁石のS極をコイルから遠ざけたときに流れる誘導電流の向きも逆になる。図3と図4の発光ダイオードKの＋極と－極の回路の接続方法は同じで，図4の発光ダイオードKと発光ダイオードLの＋極と－極は逆になっているので，棒磁石をdの向きに動かすと発光ダイオードLが点灯し，eの向きに動かすと発光ダイオードKが点灯する。

3. (1) 焦点を通った光は，凸レンズを通過したあと，軸に平行に進む。(2) 表1より，測定2では物体と同じ大きさの像ができているので，40.0cmが焦点距離の2倍とわかる。よって，$\frac{40.0\,(\mathrm{cm})}{2} = 20.0\,(\mathrm{cm})$ (3) 物体を凸レンズと焦点の間に置くと虚像ができる。虚像を凸レンズを通して見ると，物体と同じ向きで物体より大きく見える。

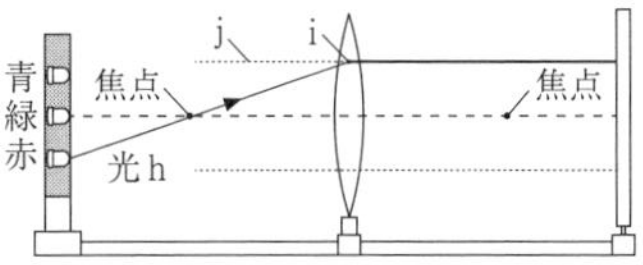

【答】1. (1) 0.25 (A)　(2) エ　2. (1) 誘導電流　(2) イ　3. (1) (前図)　(2) 20.0 (cm)　(3) ① ア　② ウ

2 【解き方】1. (1) 塩化銅は水に溶けると，銅イオンと塩化物イオンに電離する。

(2) 塩化銅→銅＋塩素という反応が起こる。

(3) 銅イオンは陽イオンなので，陰極で電子を受け取って銅原子になる。

(4) うすい塩酸を電気分解すると，塩化水素→水素＋塩素という反応が起こるので，発生した気体Yは水素。

2. (2) 図3より，物質Sは60℃の水100gに溶ける質量が最も少ないので，溶け残りが最も多い。

(3) 図3より，物質Pが30g溶ける水の温度は約18℃。

(4) 表1より，20℃の水100gに物質Pは32g溶けるので，20℃の水25gに溶ける物質Pの質量は，$32\,(\mathrm{g}) \times \frac{25\,(\mathrm{g})}{100\,(\mathrm{g})} = 8\,(\mathrm{g})$　よって，20℃になったときの物質Pの水溶液の質量は，$25\,(\mathrm{g}) + 8\,(\mathrm{g}) = 33\,(\mathrm{g})$ なので，$\frac{8\,(\mathrm{g})}{33\,(\mathrm{g})} \times 100 \fallingdotseq 24\,(\%)$

(5) (4)より，20℃の水25gに溶ける物質Pの質量は8gなので，$15\,(\mathrm{g}) - 8\,(\mathrm{g}) = 7\,(\mathrm{g})$

【答】1. (1) $(CuCl_2 \rightarrow)\ Cu^{2+} + 2Cl^-$　(2) 塩素　(3) ① イ　② エ　(4) ウ

2. (1) 溶媒　(2) S　(3) イ　(4) 24 (%)　(5) イ

3 【解き方】1. (1) Ⅰ. ヨウ素溶液はデンプンと反応して青紫色に変化するので，試験管Aではヨウ素溶液が変化せず，試験管Cではヨウ素溶液が青紫色に変化したことから，だ液のはたらきでデンプンが違う物質に変化したと分かる。Ⅱ. ベネジクト溶液は麦芽糖などと反応して赤褐色の沈殿を生じる。

(3) 胆汁は肝臓でつくられ，胆のうにたくわえられる。

2. (3) 生殖細胞は減数分裂によってつくられるので，葉の細胞が持つ染色体の半分になる。胚の細胞は，染色体を半分ずつ受け継ぐ。

【答】1. ⑴ Ⅰ. A(と)C　Ⅱ. B(と)D　⑵ ア　⑶ ① 柔毛　② ア　③ エ

2. ⑴ (子は，親と)同じ遺伝子を持つため，親と同じ形質が現れる。(同意可)

⑵ ① ア　② イ　③ ア　⑶ (生殖細胞)(右図ア)　(胚の細胞)(右図イ)

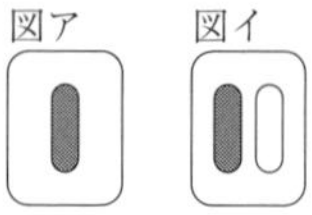

4 【解き方】1. ⑵ 図2より，この地点の初期微動継続時間は10秒であることが分かる。

⑶ 図1の各地点の初期微動が始まった時刻の点を結ぶと，9時43分44秒のときに初期微動継続時間が0秒になる。この時刻が地震発生時刻になる。

⑷ 図1より，地点Bで初期微動が始まった時刻が9時43分56秒，初期微動継続時間が8秒なので，地点Bで主要動が始まった時刻は，9時43分56秒＋8秒＝9時44分4秒　よって，9時44分4秒－9時43分55秒＝9(秒後)

2. ⑴ 日本では太陽は南の空を通るので，aが南になる。よって，bが東，cが北，dが西になる。

⑵ 図3より，北半球の地軸が太陽の方に傾いているEの位置が夏至になるので，Hは春分の地球の位置になる。春分では太陽は真東から出て真西に沈み，その後，夏至までは太陽は少しずつ北寄りの地平線から出るようになる。

⑶ 南極点での春分と秋分の太陽は地平線上を1周するように移動し，冬至の太陽は1日中沈むことなく地平線の近くを移動する。夏至の太陽は1日中見ることができない。

【答】1. ⑴ ① ア　② 津波　⑵ C　⑶ (9時)43(分)44(秒)　⑷ ウ　2. ⑴ d　⑵ エ　⑶ イ

5 【解き方】1. ⑴ 小球にはたらく重力を斜面に平行な向きに分解したときの分力の大きさはマス目3つ分になるので，手が小球を静止させているときの力は，点Pからマス目3つ分の矢印で表すことができる。

⑵ ① 小球の速さがだんだん遅くなっていることから，小球には運動方向とは逆向きの力がはたらいている。② 表1より，それぞれの各区間の長さの差が，11.3 (cm)－9.8 (cm)＝1.5 (cm)，9.8 (cm)－8.3 (cm)＝1.5 (cm)，8.3 (cm)－6.8 (cm)＝1.5 (cm)になっているので，一定の割合で速さが遅くなっている。よって，小球が運動する向きと逆向きにはたらく力の大きさは一定であることが分かる。

2. ⑵ 表2より，地点Xと地点Yの気圧の差は，1020 (hPa)－940 (hPa)＝80 (hPa)　80hPa＝8000Paより，8000 (Pa)×0.03 (m^2)＝240 (N)

4. ⑴ 図6の中で背骨を持つセキツイ動物はイヌ・イモリ・ニワトリ。その中で卵を産むのはイモリ・ニワトリで，イモリは殻のない卵を水中に産み，ニワトリは殻のある卵を陸上に産む。

【答】1. ⑴ (右図)　⑵ ① イ　② ウ

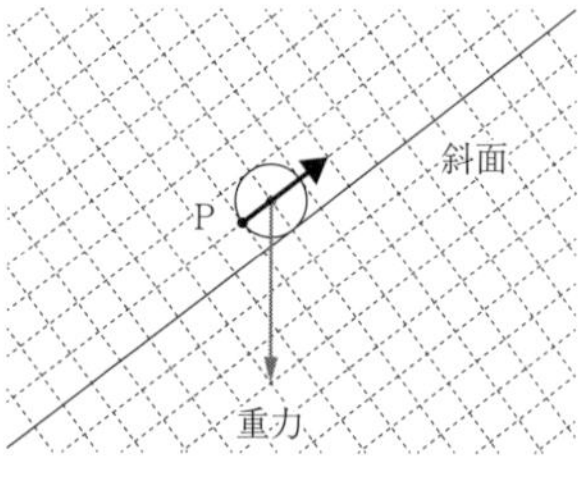

2. ⑴ 地点Xより標高が高い(同意可)　⑵ 240 (N)

3. ⑴ (質量) 小さくなった　(理由) (発生した気体が)容器の外へ出ていったから。(同意可)　⑵ (法則) 質量保存(の法則)　(理由) エ

4. ⑴ イモリ　⑵ ① イヌ・ニワトリ　② 恒温

国　語

[1] 【解き方】1. cは，用言に続いており，仮定の意味を添えている。他は格助詞。

2. 同意の漢字の組み合わせ。イは，反意の漢字の組み合わせ。ウは，上の漢字が下の漢字を修飾している。エは，上の漢字が動作を表し，下の漢字がその対象を表している。

3. A.「自分の感情と相手の感情が同じであるという保証はない」と，誰もが認めることを続けている。C. 言葉が「感情を細分化する」ことに加え，「人間は，嫉妬や恥，羨望のような自我に関わる感情もある」ので，「さらに共感の対象は複雑になる」と述べている。

4. a.「その繰り返しで共感の精度が高まる」と続くので，[5]段落の「こうした…フィードバックの経験が繰り返されることで，私たちの共感の精度（当たっている確率）は高くなる」と述べている部分に着目し，この「フィードバックの経験」に当たる内容をおさえる。b.「人間は，微妙な感情の違いや…感情を共有することが可能になる」と続くので，[6]段落で「言葉は感情を細分化するため…微妙な感情の違いの共有をも可能にする」と述べていることに着目しておさえる。

5.「言葉による相互理解がなければ」相手の感情が自分の感情と「同じである」と確認できないので，その場合は，独りよがりな共感に陥ってしまう，という筆者の主張をふまえて考える。

6.「想像力，推論する力は，当然，他者の内面世界にまで及び，私たちは他者の内面を想像し，他者の状況を考慮することで，他者の感情や思考を推理することができる」と述べている。そうして推理した「他者の感情や思考，価値観」の中に「自分と同一なもの，重なるもの」を見いだすと，「共感が生じることになる」と続けている。

7. a.「相手のための行動，つまり」に注目。[10]段落で「認知的共感ではなく…情動的共感であっても，利他的行為は引き起こされる」と述べている。b.「認知的共感」においては「相手の立場，状況を考慮して行動できる」し，「情動的共感ほど熱くならず，比較的冷静に対処することもできる」と述べている。c.「利他的行為」は，「認知的共感」においても「情動的共感」においても生じると指摘した後で，「ただし，認知的共感は利他的行為をより適切な方向へ導く力をもっている」と述べている。

8. 本文冒頭で，「共感という経験は対人関係における感情共有の確信であり，共感が生じると多くの場合，相手に対して親和的な感情が生じ，他人事ではないと感じられる」と述べている。

【答】1.（異なるものの記号）c （助詞の種類の記号）ウ　2. ア　3. エ

4. a.（最初）自分の共感 （最後）のかを知る　b. 言葉による感情の細分化　5. イ

6. 他者の内面を想像し，状況を考慮することで，感情や思考を推理し，その感情や思考，価値観の中に，自分と同一なものを見いだす(という過程を経て，さらに複雑な共感が生じる。)（59字）（同意可）

7. a. 利他的行為　b. 冷静に対処する　c. より適切な方向へ導く力　8. ウ

[2] 【答】1. とうじょう　2. こうがい　3. へだ(たり)　4. ほころ(びる)

[3] 【答】1. 養蚕　2. 宿舎　3. 逆らう　4. 勇ましい

[4] 【解き方】1. イは，言うのをためらうさま。ウは，他人の会話に割って入ること。エは，言うことを他者とあらかじめ決めておくこと。

3. (1)「洋風建築物」である大審院の建物を見たミナは，その洋風なところを「貴婦人」のたたずまいに重ね合わせるとともに，一方ではそれとは対照的なものも感じ取り，「どこか親しみやすく，温かみすら感じる」と思っている。(2)「西欧風の建物が建ってしまうと，江戸の頃はまた遠くに行っちまうような気がするかもしれない」と口にした妻木は，その後で「だが…建物にしたいと思っている」と，自分が設計する建築物に対する思いを語っている。

4.「江戸には，いいところがたくさんあったのに」という，かつてミナが口にした言葉を妻木が持ち出したのを聞き，「どんどん変わっていく街並みが寂しく思え」たのでそうした言葉を口にしたことを思い出している。

そして，「自分たちの根源を忘れずに引き継いでいくような建物にしたい」という妻木の言葉を聞き，「江戸に生まれ育った者が抱く喪失感を，夫は私の中にも見ていたのだろうか」と考えている。

5. 妻木が「濁りのない健やかな笑み」を大審院に向けている様子を見たミナは，「この人はきっと，自分の役目に救われているのだ」と思い，「心の底から安堵した」ものの，「私がどう支えても，こんな笑顔にさせることはできなかった」とも思い，妻としての自分の「不甲斐なさ」を感じている。しかし，「江戸には，いいところがたくさんあったのに」という，かつてのミナの言葉を妻木が口にしたことや，また，「自分たちの根源を忘れずに引き継いでいくような建物にしたい」という妻木の言葉を聞いたことで，「江戸に生まれ育った者が抱く喪失感を，夫は私の中にも見ていたのだろうか」と考えたミナは，改めて妻木と自分とのつながりを意識し，「これまでふたりで歩いた道程」に思いをはせている。

【答】 1. ア　2. ウ

3. ⑴ 貴婦人　⑵ この国の，自分たちの根源を忘れずに引き継いでいくような建物(にしたいと考えた。)(29字)

4. a. 西欧風の建物が増えて江戸の街並みが変わっていく（23字）(同意可)　b. 江戸に生まれ育った者が抱く喪失感

5. イ

5 **【解き方】** 1. 助詞以外の「を」は「お」にする。また，語頭以外の「は・ひ・ふ・へ・ほ」は「わ・い・う・え・お」にする。さらに，「ゐ」は「い」にする。

2. 童の言葉を聞いた浪花人が，老婆に「呼子鳥」について尋ねているので，童が「呼子鳥」と言ったところを探す。

3. a.「呼子鳥といふ名」について浪花人は，「昔より物に見えたれど」と言ってから，「何といふこと定かならぬ」と話している。b.「呼子鳥」について老婆は，「羽ならはしに出でて，おのが巣にかへる道にまどふ」ひな鳥のために，「巣より呼ぶ」親鳥を，「おしなべて呼子鳥とは言ふ」と説明している。c. 呼子鳥を鳥の種類の一つだとかんちがいし，「さらばその今鳴く鳥の梢はいづこなりや」と尋ねてきた浪花人に対し，老婆は「あな，むつかしきことのたまふ人かな」とあきれている。

【答】 1. おしえまいらせて　2. 呼子鳥のまた鳴くよ

3. a. 名前を昔から何かで見ていた（13字）　b. 飛ぶ練習に出て帰り道に迷うひなを，巣から呼ぶ親鳥（24字）（それぞれ同意可）　c. むつかしきことのたまふ人

◀口語訳▶　鶴丸翁の知人である浪花の人が，石見国を訪れたとき，何かわからないが，あたりの梢から鳥がこぽこぽと鳴く声が聞こえてきた。(そこで）遊んでいた子どもが，老婆に，呼子鳥がまた鳴いているよと伝えると，その浪花の人は耳ざとく聞きつけて，老婆に，「子どもが言った呼子鳥というのは，今，梢でこぽこぽ鳴いている鳥のことでしょうか」と尋ねたところ，(老婆は)「その通りです」と答えた。「呼子鳥という名は昔から何かで見ていたものの，どのような鳥かはわかっていなかったが，今，子どもがこのように言ったのはこのあたりでは，よく言うことなのですか」と問うと，「変なことを尋ねなさるのですね。このあたりでは子どもだってよく知っていて，口にしますよ」と答えるので，「それならばその今鳴いている鳥がいる梢はどこにあるのでしょう。その姿もよく見ておいて，友への旅の土産として話して聞かせようと思います」とたのんだ。老婆は，「なんとまあ，妙なことをおっしゃる人ですね。ひなが，飛ぶ練習に出て，自分の巣に帰る道を迷ってしまうことから，親鳥が，巣から（ひなを）呼ぶのを全て呼子鳥と言うのであって，今そこらへんにいる鳥だけを教えても，何の意味もないでしょうに」と答えた。(そこで）初めて呼子鳥が特定の鳥の名ではないのだと，(その者は）理解したということである。

作　文

1 **【答】**(例)

資料を見て，七〇%以上の回答者が，趣味に費やす時間を大切にしたいと考えていることがわかった。私も，趣味のピアノ演奏を楽しむ時間を大切にしたいと考えている。趣味に費やす時間は，単に楽しい時間を過ごすというだけではなく，心を整え，自分を見つめて成長させるための時間にもなるからだ。

中学生になって，学校の勉強，部活，宿題，家の手伝いなど，毎日しなければならないことがとても多くて，あっという間に時間が過ぎていくことにあせりを感じていた。そんなとき，ピアノに向かい，好きな曲を弾いていると，とてもよい気分転換になった。そして，日常の忙しさを忘れて，自分のペースを取り戻す手段にもなった。また，練習を重ねることで少しずつ上達していく過程では，自分の成長を実感することができ，やればできるという自信を持てるようになった。このような経験から，充実した毎日を送れるよう，これからも趣味の時間を大切にしていきたい。(399字)

~MEMO~

愛媛県公立高等学校

2022年度
入学試験問題

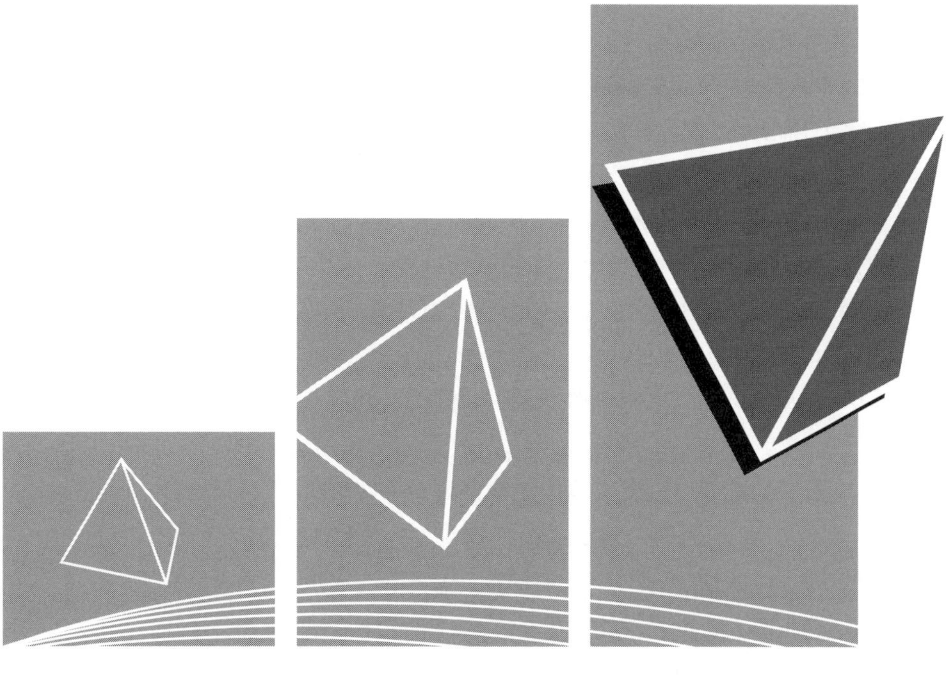

数学

時間　50分　　　　満点　50点

(注)　答えに$\sqrt{\ }$が含まれるときは，$\sqrt{\ }$を用いたままにしておくこと。
また，$\sqrt{\ }$の中は最も小さい整数にすること。

1　次の計算をして，答えを書きなさい。

1　$-3-6$　(　　　)

2　$\dfrac{2x-5y}{3}+\dfrac{x+3y}{2}$　(　　　)

3　$(3x^2y-2xy^2)\div xy$　(　　　)

4　$\dfrac{\sqrt{10}}{\sqrt{2}}-(\sqrt{5}-2)^2$　(　　　)

5　$(a-3)(a+3)+(a+4)(a+6)$　(　　　)

2　次の問いに答えなさい。

1　二次方程式$5x^2+4x-1=0$を解け。(　　　)

2　右の図で，$\ell /\!/ m$のとき，$\angle x$の大きさを求めよ。(　　　)

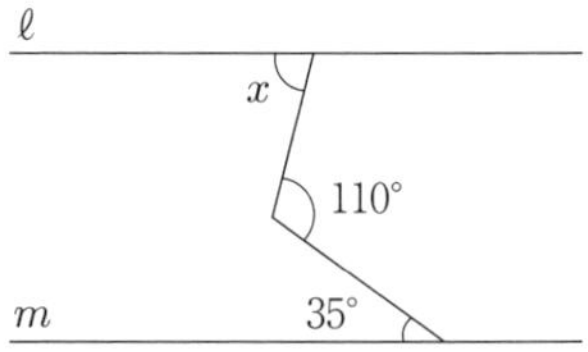

3　右の表は，A中学校の1年生30人とB中学校の1年生90人について，ある日の睡眠時間を調べ，その結果を度数分布表に整理したものである。この表から分かることを述べた文として正しいものを，次のア～エから1つ選び，その記号を書け。(　　　)

階級(時間)	A中学校	B中学校
	度数(人)	度数(人)
4以上 ～ 5未満	0	1
5 ～ 6	3	8
6 ～ 7	10	27
7 ～ 8	9	29
8 ～ 9	7	21
9 ～ 10	1	4
計	30	90

ア　A中学校とB中学校で，最頻値は等しい。

イ　A中学校とB中学校で，8時間以上9時間未満の階級の相対度数は等しい。

ウ　A中学校で，7時間未満の生徒の割合は，40％以下である。

エ　B中学校で，中央値が含まれる階級は，6時間以上7時間未満である。

4　右の図のように，袋の中に，赤玉4個と白玉2個の合計6個の玉が入っている。この袋の中から同時に2個の玉を取り出すとき，赤玉と白玉が1個ずつである確率を求めよ。ただし，どの玉が取り出されることも同様に確からしいものとする。(　　　)

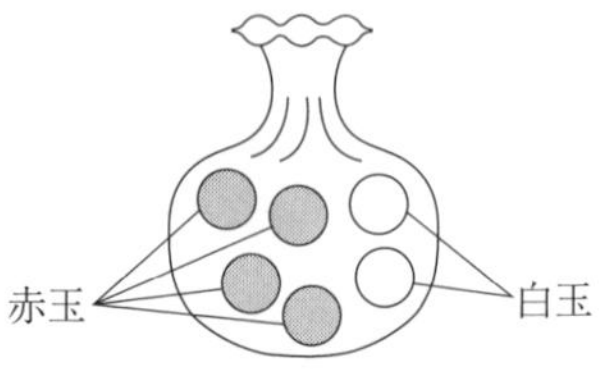

5　右の図は，円柱の投影図である。この円柱の体積を求めよ。(円周率は π を用いること。)（　　　cm^3）

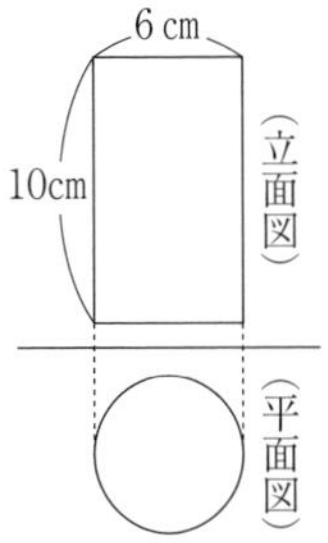

6　下の図のように，直線 ℓ 上に 2 点 A，B がある。線分 AB を 1 辺とする正方形のうち，A，B 以外の頂点が，直線 ℓ より上側にあるものを作図せよ。ただし，作図に用いた線は消さずに残しておくこと。

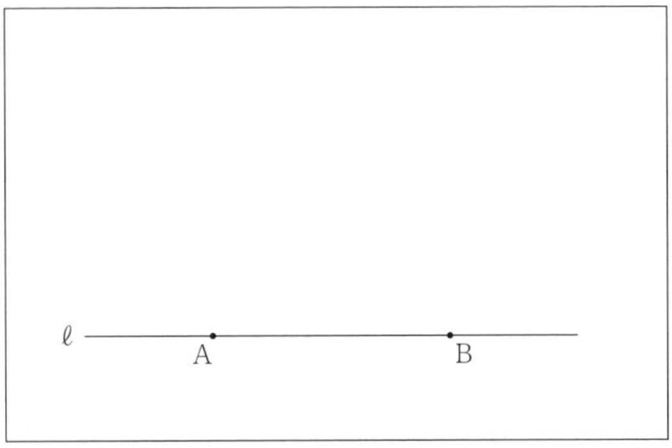

7　下の資料は，ある中学校が発行した図書館だよりの一部である。この図書館だよりを読んで，9 月に図書館を利用した男子と女子の人数を，それぞれ求めよ。ただし，用いる文字が何を表すかを最初に書いてから連立方程式をつくり，答えを求める過程も書くこと。

(解)（　　　　　　　　　　　　　　　　　　　　　　　　　　　　　　　　　　）

答（　　　　　　　　　　　）

図書館利用者数 33人 増

図書委員会の集計によると，10 月の図書館利用者数は，男女合わせて 253 人であり，9 月の図書館利用者数と比べると，33 人の増加でした。

皆さんもお気に入りの 1 冊を見つけに，図書館へ足を運んでみませんか？

10月の利用者数
9月と比べて
男子　21%増
女子　10%増

3　下の会話文は，太郎さんが，数学の授業で学習したことについて，花子さんと話をしたときのものである。

【数学の授業で学習したこと】

> 1〜9の自然数の中から異なる2つの数を選び，この2つの数を並べてできる2けたの整数のうち，大きい方の整数から小さい方の整数をひいた値をPとすると，Pは9の倍数になる。
>
> このことを，文字式を使って説明すると，次のようになる。
>
> 選んだ2つの数をa，b（$a > b$）とすると，
>
> 大きい方の整数は$10a + b$，小さい方の整数は$10b + a$と表されるから，
>
> $\mathrm{P} = (10a + b) - (10b + a) = 9a - 9b = 9(a - b)$
>
> $a - b$は整数だから，Pは9の倍数である。

太郎さん：選んだ2つの数が3，5のとき，大きい方の整数は53，小さい方の整数は35だから，$\mathrm{P} = 53 - 35 = 18$となり，確かにPは9の倍数だね。

花子さん：それなら，3けたのときはどうなるのかな。1〜9の自然数の中から異なる3つの数を選び，この3つの数を並べてできる3けたの整数のうち，最も大きい整数から最も小さい整数をひいた値をQとして考えてみようよ。

太郎さん：例えば，選んだ3つの数が1，3，4のとき，並べてできる3けたの整数は，134，143，314，341，413，431だね。最も大きい整数は431，最も小さい整数は134だから，$\mathrm{Q} = 431 - 134 = 297$となるね。

花子さん：選んだ3つの数が2，6，7のとき，Qは［　ア　］となるね。

太郎さん：Qも何かの倍数になるのかな。授業と同じように，文字式を使って考えてみようよ。

花子さん：選んだ3つの数をa，b，c（$a > b > c$）とすると，最も大きい整数は$100a + 10b + c$，最も小さい整数は［　イ　］と表されるよね。すると，$\mathrm{Q} = (100a + 10b + c) - ($［　イ　］$)$となって，これを計算すると，［　ウ　］$\times (a - c)$となるね。$a - c$は整数だから，Qは［　ウ　］の倍数となることが分かるよ。

このとき，次の問いに答えなさい。

1　会話文中のアに当てはまる数を書け。（　　　）

2　会話文中のイに当てはまる式，ウに当てはまる数をそれぞれ書け。イ（　　　）　ウ（　　　）

3　1〜9の自然数の中から異なる3つの数を選び，Qについて考えるとき，

(1)　$\mathrm{Q} = 396$となるときの，3つの数の選び方は全部で何通りあるか。（　　　通り）

(2)　選んだ3つの数の中に，3と8の，2つの数が含まれるときのQの値を**全て**求めよ。

（　　　）

4　下の図1のように，AB ＝ 10cm，BC ＝ a cm の長方形 ABCD と，∠P ＝ 90°，PQ ＝ PR ＝ b cm の直角二等辺三角形 PQR がある。長方形 ABCD の辺 AB と直角二等辺三角形 PQR の辺 PQ は直線 ℓ 上にあり，点 A と点 Q は同じ位置にある。

この状態から，下の図2のように，直角二等辺三角形 PQR を直線 ℓ にそって，矢印の向きに，点 Q が点 B に重なるまで移動させる。AQ ＝ x cm のときの，2つの図形が重なっている部分の面積を y cm^2 とする。

このとき，次の問いに答えなさい。

図1

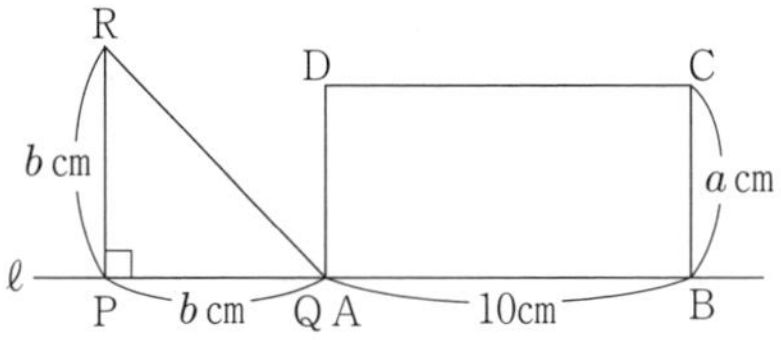

図2

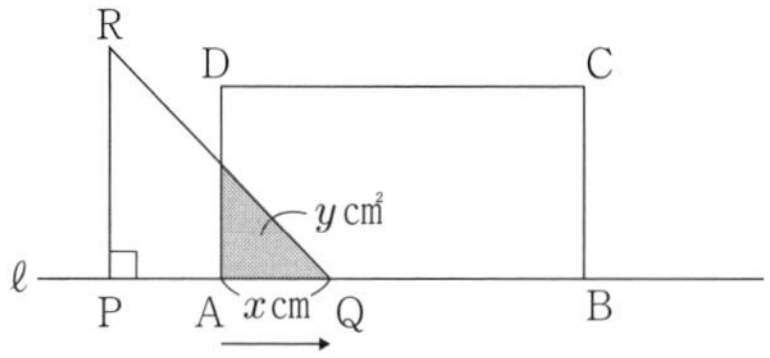

1　$a = 5$，$b = 6$ とする。$x = 3$ のとき，y の値を求めよ。(　　　)

2　x と y の関係が右の図3のようなグラフで表され，$0 \leqq x \leqq 4$ では原点を頂点とする放物線，$4 \leqq x \leqq 10$ では右上がりの直線の一部分と，x 軸に平行な直線の一部分であるとき，

(1)　$0 \leqq x \leqq 4$ のとき，y を x の式で表せ。(　　　)

(2)　a，b の値をそれぞれ求めよ。a ＝ (　　　)　b ＝ (　　　)

図3

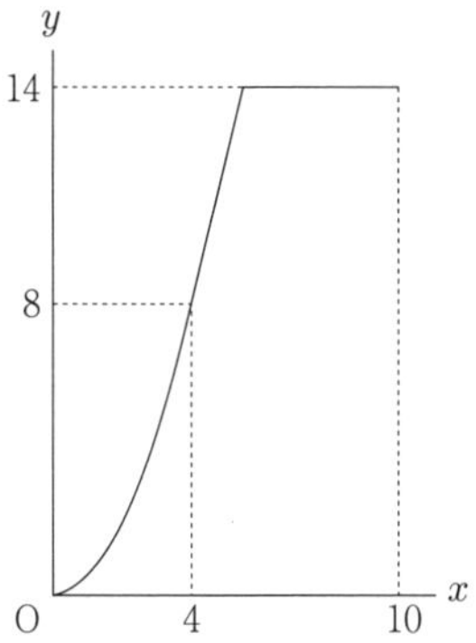

5　右の図のような，線分 AB を直径とする半円 O がある。$\overset{\frown}{AB}$ 上に点 C をとり，直線 AC 上に点 D を，∠ABD ＝ 90° となるようにとる。

このとき，次の問いに答えなさい。(円周率は π を用いること。)

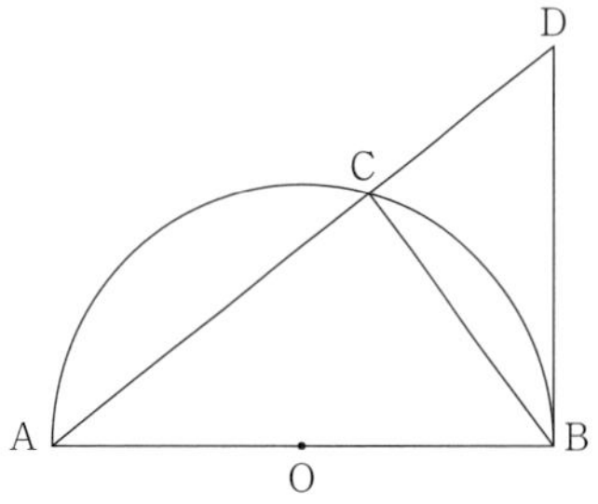

1　△ABC ∽ △BDC であることを証明せよ。

2　AC ＝ 3 cm，CD ＝ 1 cm であるとき，

(1)　線分 BC の長さを求めよ。(　　　cm)

(2)　線分 BD と線分 CD と $\overset{\frown}{BC}$ とで囲まれた部分の面積を求めよ。(　　　cm^2)

英語

時間　60分　　　　満点　50点

（編集部注）放送問題の放送原稿は英語の末尾に掲載しています。
音声の再生についてはもくじをご覧ください。

1　聞き取りの問題　1（　　）　2（　　）　3（　　）

	ア	イ	ウ	エ
1				

	ア	イ	ウ	エ
2				

	ア	イ	ウ	エ
3		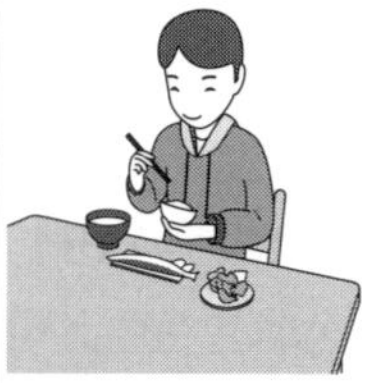		

2　聞き取りの問題　1（　　）　2（　　）

1　ア　Yes, I will.　　イ　No, you can't.　　ウ　Yes, you should.　　エ　No, I didn't.

2　ア　You don't want to go there.

イ　That's your second time.

ウ　You have visited Tokyo.

エ　That sounds good.

③ 聞き取りの問題 1（　　　）2（　　　）3（　　　）4（　　　）

1 ア In the library. イ By a hospital. ウ At Kumi's house.
エ At Shimanami Restaurant.

2 ア Last Sunday. イ Two weeks ago. ウ Three years ago. エ Four years ago.

3 ア She will study Japanese with him.
イ She will go back to America with him.
ウ She will visit a famous temple with him.
エ She will learn how to take pictures with him.

4 ア She wants to have her own restaurants.
イ She wants to teach Japanese in America.
ウ She wants to work at the library in her town.
エ She wants to help foreign people who live in Japan.

④ 次の1，2の問いに答えなさい。

1 次の(1)，(2)の各対話文の文意が通るように，（　）の中のア～エを正しく並べかえて，左から順にその記号を書け。(1)（　）（　）（　）（　） (2)（　）（　）（　）（　）

(1) A： I need（ア at イ up ウ get エ to）six o'clock tomorrow morning.
B： Really? You should go to bed early today.

(2) A： What（ア you イ looking ウ have エ been）for since this morning?
B： My dictionary. My father bought it for me.

2 次の(1)，(2)について，それぞれの指示に従って英語で書け。

(1) 次の①，②の質問に答える文を書け。ただし，①と②は，二つとも，それぞれ6語以上の1文で書くこと。(「,」「.」などの符号は語として数えない。)

① あなたが今までの学校生活で学んだことのうち，特に大切に思うことについて，下級生に伝える機会があるとすれば，どのようなことを伝えますか。
（　　　　　　　　　　　　　　　　　　　　　　　　　　　　）

② また，なぜそのことが大切だと思うのですか。
（　　　　　　　　　　　　　　　　　　　　　　　　　　　　）

(2) あなたのクラスでは，帰国するALT（外国語指導助手）のためのお別れ会を計画しており，下の案内状（invitation）を送ることになった。あなたは，クラスで，そのALTのためにどのようなことをするか。（　）に当てはまるように文を書け。ただし，8語以上の1文で書くこと。(「,」「.」などの符号は語として数えない。)
（　　　　　　　　　　　　　　　　　　　　　　　　　　　　）

Invitation

Hello. We will have a party for you next Friday. （　　　　　　　　　　　　　　　　　　　　　　　　） We hope you will enjoy the party.

5　中学生の武史（Takeshi）と友紀（Yuki）がジョーンズ先生（Mr. Jones）と話をしている。対話文と後のグラフ（graph）をもとにして，1～4の問いに答えなさい。

なお，Graph A と Graph B の(a)，(b)には，それぞれ同一の国の名が当てはまる。

Mr. Jones：Hi, Yuki. Hi, Takeshi. How are you?

Takeshi：I'm fine, thank you. And you?

Mr. Jones：I'm fine, too. (ア)あなたたちは，何について話しているのですか。

Yuki：About studying abroad. I'm going to study abroad next year.

Mr. Jones：Really? Where will you go?

Yuki：I'll go to America. I want to improve my English skills there.

Mr. Jones：［　①　］?

Yuki：For a year.

Takeshi：She says she wants to get a job that needs English. So studying abroad is good for her.

Yuki：I think people can learn a lot through studying abroad. But the percentage of Japanese students who are interested in it has gone down.

Takeshi：Here are two graphs about studying abroad. We found them on the Internet.

Mr. Jones：Oh, please explain them to me.

Takeshi：Sure. They show how high school students in Japan, America, China, and Korea feel about studying abroad. Graph A shows the result of the question: "Do you want to study abroad?" Japan has the highest percentage of students who don't want to do so.

Mr. Jones：I don't know why Japanese students don't want to study abroad.

Takeshi：We found some reasons on the Internet. I'll tell you one of them. They think living alone in a foreign country is difficult for them.

Mr. Jones：That's not difficult for them. ［　②　］. When I was young, I went to a foreign country alone to study. Many people there were so kind, and I had a good time.

Yuki：I hope I'll have such a wonderful time in America. Mr. Jones, please look at Graph B. It shows the result of the question: "Why do you want to study abroad?" In Japan, America, and Korea, the most popular reason is "I want to improve my language skills." In China, the most popular one is "I want to get the advanced knowledge." As for the reason: "I want to make new friends," the percentage is higher in America than in the other countries.

Mr. Jones：［　③　］. I understand each country has a different characteristic.

Yuki：I also want to make new friends in America. Takeshi, do you want to study abroad?

Takeshi：Yes. I want to go to Australia in the future.

Yuki : Why?

Takeshi : Because I can learn a lot about tennis there. Many young people go there to learn it. My dream is to be a world tennis champion. Also, I have another reason. (イ)私が会いたい選手が，そこに住んでいます。I hope I can become like him. I want to improve my English skills there, too.

Mr. Jones : You have a big dream! I think studying abroad gives you the chance to learn many things.

Takeshi : I think so, too. Thank you very much, Mr. Jones.

（注） abroad 外国で　skill(s) 技能　percentage 割合　explain ～ ～を説明する
China 中国　Korea 韓国　result 結果　reason(s) 理由　alone 一人で
advanced knowledge 先進的な知識　as for ～ ～について言えば　characteristic 特徴
champion チャンピオン　chance 機会

Graph A

あなたは外国へ留学したいですか

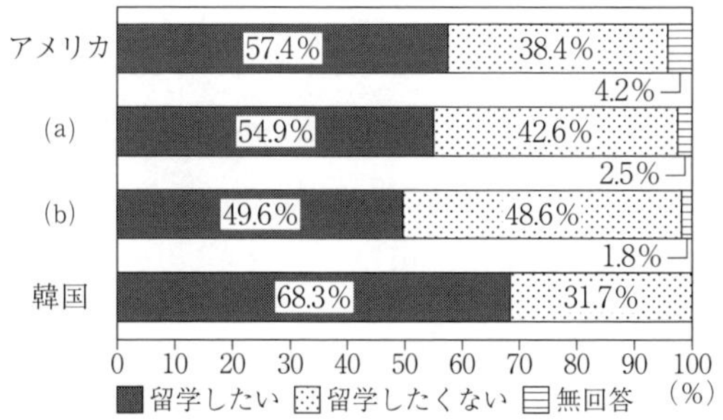

Graph B

外国へ留学したい理由は何ですか（複数回答）

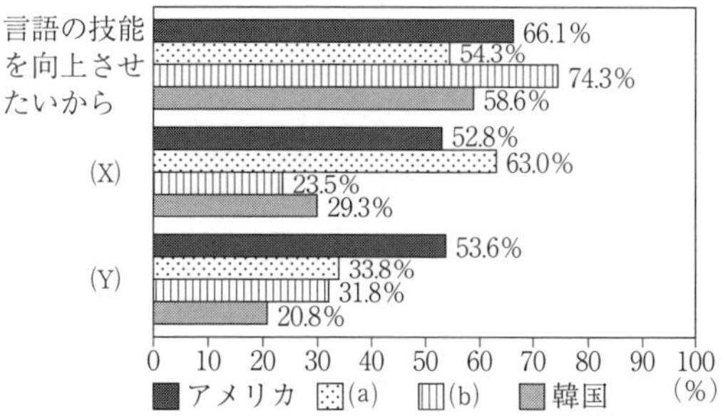

（国立青少年教育振興機構資料による）

1　対話文中の①～③に当てはまる最も適当なものを，それぞれ次のア～エの中から一つずつ選び，その記号を書け。①(　　　)　②(　　　)　③(　　　)

① ア　How much money will you need
　 イ　How long will you stay there
　 ウ　How often will you go there
　 エ　How old will you be next year

② ア　They should not live in a foreign country
　 イ　They must go there with their friends
　 ウ　They can't be kind to foreign people
　 エ　They don't have to worry about that

③ ア　You're welcome　イ　Here you are　ウ　That's interesting　エ　Call me soon

2　対話文中の(ア)，(イ)の日本語の内容を英語に直せ。

(ア)(　　　　　　　　　　　　　　　　　　　　　　　　　　　　　　)

(イ)(　　　　　　　　　　　　　　　　　　　　　　　　　　　　　　)

3　対話文の内容に合うように，Graph A や Graph B の(a)，(b)，(X)，(Y)にそれぞれ当てはまる最

も適当なものの組み合わせを，次のア～エの中から一つ選び，その記号を書け。(　　　)

ア (a) 日本　(b) 中国　(X) 新しい友達を作りたいから　(Y) 先進的な知識を得たいから
イ (a) 日本　(b) 中国　(X) 先進的な知識を得たいから　(Y) 新しい友達を作りたいから
ウ (a) 中国　(b) 日本　(X) 新しい友達を作りたいから　(Y) 先進的な知識を得たいから
エ (a) 中国　(b) 日本　(X) 先進的な知識を得たいから　(Y) 新しい友達を作りたいから

4　次の(1)～(3)の英文の内容が，対話文，Graph A の内容に合うように，〔　　〕のア～エの中から，最も適当なものをそれぞれ一つずつ選び，その記号を書け。

(1)(　　　) (2)(　　　) (3)(　　　)

(1) Takeshi says that〔ア　it is difficult to explain the graphs to Mr. Jones　イ　Yuki should ask him which country to visit　ウ　it is good for Yuki to study abroad　エ　Mr. Jones should use the Internet to find the graphs〕.

(2) Yuki〔ア　has to go to America to find a job　イ　wants to enjoy her stay in a foreign country like Mr. Jones　ウ　is going to learn a lot about tennis in Australia　エ　isn't interested in making friends in America〕.

(3) Graph A shows that〔ア　Korea has the highest percentage of students who want to study abroad　イ　the students of each country have different reasons to study abroad　ウ　more than 50% of the students in America don't want to study abroad　エ　the percentage of students who want to study abroad has gone up〕.

6　次の英文は，健太（Kenta）が英語の時間に発表したものである。これを読んで，1～6の問いに答えなさい。

I love the sea. I was born near the beautiful sea. When I was a small child, I often enjoyed swimming and playing with sea animals there. I cannot think about living without the sea. But now marine ecosystems are not in good condition. I worry about that. What can we do about that? Many people work together to protect marine ecosystems. I will tell you some examples from books which I (A) from the library last week.

In Australia, people have started a project for green sea turtles on an island. They go there to lay eggs on the beach. [　ア　] There is a problem. The sea level is getting higher. If their eggs are under water, their babies cannot come out of the eggs. So people thought about what to do for green sea turtles and tried to protect them by (B) the island's beach taller.

We can see projects to protect marine ecosystems also in Japan. In Aichi, people have started their *amamo* project. *Amamo* is a kind of plant. It is very important for small sea animals. [　イ　] It gives them oxygen. Also, it helps them stay away from bigger sea animals. We can say that it is home for (C) them because it is a safe place. However, the amount of *amamo* got smaller. So people have started to put *amamo* at the bottom of the sea. They hope that it will give a good life to small sea animals. Many projects like this are done in other parts of Japan, too.

In Chiba, (D) a fisherman has started his "sustainable fishing" project. He worries that the number of some kinds of fish living in the sea near Tokyo is getting smaller. So he doesn't catch fish with eggs and young fish. They are put back into the sea. Also, he visits a lot of places to let people know what he is doing. He hopes that people in the future can also enjoy eating many kinds of fish from the sea near Tokyo.

In Okinawa, people have started a project to protect coral. Some coral there died because of the red soil. Strong typhoons often come to the islands, and the red soil on the fields goes into the sea. When coral is under the red soil, it often dies. [　ウ　] If the fields are surrounded with plants which have strong roots, the red soil can stay on the fields. Many people have joined this project, and now much coral there is protected from the red soil.

I want to have a job that is related to marine ecosystems in the future. [　エ　] Many kinds of sea animals have been extinct. I am very sad about that. I am interested in starting my own project, and I want many people to join it. If we work together, we can do more things to protect marine ecosystems. I hope that everyone will think about what to do for marine ecosystems.

（注）　marine ecosystem(s)　海洋生態系　　be in good condition　良い状態である
protect ～　～を守る　　project(s)　計画　　green sea turtle(s)　アオウミガメ
island(s)　島　　lay ～　～を産む　　beach　浜辺　　level　高さ　　baby (babies)　赤ちゃん

amamo アマモ　plant(s) 植物　oxygen 酸素　safe 安全な　amount 量
bottom 底　fisherman 漁師　sustainable fishing 持続可能な漁業　coral サンゴ
red soil 赤土　typhoon(s) 台風　field(s) 畑　be surrounded with ～　～で囲まれる
root(s) 根　be related to ～　～と関係がある　extinct 絶滅した

1 本文中の(A)，(B)に入る英語として最も適当なものを，次の中から一つずつ選び，それぞれ正しい形の1語に直して書け。(A)(　　　) (B)(　　　)

become　borrow　forget　make　sell　wash　write

2 次の1文が入る最も適当な場所を，本文中のア～エの中から一つ選び，その記号を書け。
(　　)

To stop that, a junior high school student gave people there a good idea.

3 本文中の(C)が指すものを，3語で本文中からそのまま抜き出して書け。(　　　　　)

4 下の文は，本文中の(D)が行っている活動をまとめたものである。本文の内容に合うように，文中の(①)～(③)にそれぞれ当てはまる適当な日本語を書け。(①，②の順序は問わない。)
①(　　　) ②(　　　) ③(　　　　　　　　　)

(①)や(②)を捕らずに海に戻す。また，自分の取り組みを(③)ために，多くの場所を訪れる。

5 本文中に書かれている内容と一致するものを，次のア～キの中から二つ選び，その記号を書け。
(　　)(　　)

ア Kenta likes the sea very much and thinks that it is important in his life.
イ Green sea turtles in Australia don't come out of the sea when they lay eggs.
ウ *Amamo* is a kind of plant which needs more oxygen than other plants in the sea.
エ The fisherman in Chiba wants many people to eat a lot of fish for their health.
オ Coral in Okinawa cannot live without the red soil which goes into the sea.
カ Plants which have strong roots can help the red soil stay on the fields.
キ Kenta hopes that many people will need him for their own projects.

6 この発表の題名として最も適当なものを，次のア～エの中から一つ選び，その記号を書け。
(　　)

ア A way to become a good fisherman in the future
イ Working together for better marine ecosystems
ウ Many kinds of plants which have been extinct
エ Swimming with green sea turtles in the world

〈放送原稿〉

2022年度愛媛県公立高等学校入学試験英語の聞き取りの問題を始めます。

1　次の1～3の英語による対話とそれについての質問が2回ずつ読まれます。その英文を聞いて，質問に対する答えとして最も適当なものを，問題用紙のア～エの中からそれぞれ一つ選び，その記号を解答欄に記入しなさい。

1　A：　What did you do after school yesterday, Satoshi?

B：　I played baseball with my friends. How about you, Keiko?

A：　I practiced the piano.

Question：What did Keiko do after school yesterday?

(1を繰り返す)

2　A：　Look, Yuka. My mother gave this to me for my birthday.

B：　It's nice, Taro. You like watching birds in mountains. If you watch birds through it, you'll learn more about them.

A：　That's right. I have wanted to get this for a long time.

Question：What is Taro showing to Yuka?

(2を繰り返す)

3　A：　Kazuya, have you cleaned your room?

B：　Yes, Mom.

A：　Then, can you go shopping with me? I have many things to buy, and I want you to carry them.

B：　Sure. But can I finish my English homework before that?

A：　Of course.

Question：What will Kazuya do after finishing his homework?

(3を繰り返す)

2　次の1，2の英語による対話が2回ずつ読まれます。その英文を聞いて，チャイムの部分に入る受け答えとして最も適当なものを，問題用紙のア～エの中からそれぞれ一つ選び，その記号を解答欄に記入しなさい。

1　A：　Oh, this math question is very difficult for me.

B：　You should ask Yoko about it. She likes math, and it's easy for her.

A：　(チャイム)

(繰り返す)

2　A：　Have you ever visited Tokyo?

B：　No, I haven't. But one of my friends lives in Tokyo, and I'm going to visit her next spring vacation. I hope that day will come soon.

A：　(チャイム)

(繰り返す)

3　次の英文が通して2回読まれます。その英文を聞いて，内容についての1～4の英語の質問に対する答えとして最も適当なものを，問題用紙のア～エの中からそれぞれ一つ選び，その記号を解答欄に記入しなさい。

Last Sunday, I went to the library to study. After studying, when I walked by a hospital, a foreign woman spoke to me in English. She said, "Do you know where Shimanami Restaurant is? I'm going to meet my brother and eat lunch with him there." I said, "I'll take you to the restaurant. It's near my house." She looked happy.

When we walked to the restaurant, we talked a lot. Her name is Judy, and she is from America. She came to Japan as an English teacher two weeks ago. Her brother's name is Mike. He came to Japan three years ago. He is learning Japanese, and his dream is to teach Japanese in America. They haven't seen each other for four years. They like taking pictures. They want to take pictures of temples in Japan. So I told her about a famous one in this town. She said, "I'll go there with him after lunch."

When we got to the restaurant, she said, "Thank you, Kumi. You're very kind." I was glad to hear that. It was a good day for me. In the future, I want to work for foreign people living in Japan.

〔質問〕

1　Where did Judy ask Kumi a question?

2　When did Mike come to Japan?

3　What will Judy do with Mike after lunch?

4　What does Kumi want to do in the future?

(英文と質問を繰り返す)

これで聞き取りの問題を終わります。

社会

時間　50分　　　満点　50点

1　次の資料は，日本のできごとを年代の古い順に上から並べたものである。これを読んで，1～7の問いに答えなさい。

> ○①倭《わ》の奴国《なこく》の王が，後漢《ごかん》に使者を送った。
> ○②小野妹子《おののいもこ》が，隋《ずい》に送られた。
> ○　後鳥羽上皇《ごとばじょうこう》が鎌倉幕府の打倒を目指して挙兵し，③承久《じょうきゅう》の乱が始まった。
> ○　将軍のあとつぎをめぐる対立から，④応仁《おうにん》の乱が始まった。
> ○⑤豊臣秀吉《とよとみひでよし》が，刀狩令《かたながりれい》を出した。
> ○⑥新井白石《あらいはくせき》が，長崎での貿易を制限した。
> ○⑦松平定信《まつだいらさだのぶ》が，江戸幕府の老中《ろうじゅう》となった。

1　①のできごとが起こった頃の我が国の社会の様子について述べた文として最も適当なものを，ア～エから一つ選び，その記号を書け。(　　　)

ア　ナウマンゾウをとらえて食料とした。　　イ　弥生土器と呼ばれる土器がつくられた。
ウ　各地に国分寺《こくぶんじ》が建てられた。　　エ　古墳の周りや頂上に埴輪《はにわ》が並べられた。

2　②が隋に送られた年から白河《しらかわ》上皇が院政を始めた年までの期間に起こった，次のア～エのできごとを年代の古い順に左から並べ，その記号を書け。(　　)→(　　)→(　　)→(　　)

ア　都が藤原京《ふじわらきょう》から平城京に移された。　　イ　菅原道真《すがわらのみちざね》の意見で遣唐使《けんとうし》が停止された。
ウ　藤原頼通《ふじわらのよりみち》が関白となった。　　エ　墾田永年私財法《こんでんえいねんしざいのほう》が出された。

3　③の後，鎌倉幕府は，一般に［P］と呼ばれる機関を設置し，都の警備や西日本の武士の統率に当たらせるとともに，［Q］を行わせた。［P］，［Q］にそれぞれ当てはまる言葉の組み合わせとして適当なものを，ア～エから一つ選び，その記号を書け。(　　　)

ア　P　大宰府《だざいふ》　　Q　朝廷の監視
イ　P　大宰府　　Q　中国や朝鮮に対する防衛
ウ　P　六波羅探題《ろくはらたんだい》　　Q　朝廷の監視
エ　P　六波羅探題　　Q　中国や朝鮮に対する防衛

4　④の後，実力のある者が地位の高い者をたおす下剋上《げこくじょう》の風潮が広がっていく中で，山城《やましろ》では国一揆《くにいっき》が起こり，［　　　　］して自治を行った。［　　　　］に適当な言葉を書き入れて文を完成させよ。ただし，［　　　　］には，次の［語群］の言葉の中から一つ選び，その言葉と，**武士や農民・追放**の二つの言葉の，合わせて三つの言葉を含めること。

(　　　　　　　　　　　　　　　　　　　　)

［語群］　守護大名　　荘園領主

5　⑤が政治を行った頃に栄えた文化は，一般に［X］文化と呼ばれている。右の絵は，［Y］が描いた屏風《びょうぶ》絵の一部であり，［X］文化を代表する作品の一つである。［X］，［Y］にそれぞれ当てはまる言葉の組み合わせとして適当なものを，ア～エから一つ選び，その記号を書け。(　　　)

ア　X　東山《ひがしやま》　Y　雪舟《せっしゅう》　　イ　X　東山　Y　狩野永徳《かのうえいとく》

ウ　X　桃山《ももやま》　Y　雪舟　　エ　X　桃山　Y　狩野永徳

6　右の資料は，⑥が著した書物の一部を要約したものであり，次の会話文は，直子さんと先生が，資料を見ながら話をしたときのものである。文中の［Z］に当てはまる人物の氏名を書け。(　　　)

先　　生：資料中の先代とは，江戸幕府の将軍であった［Z］のことです。［Z］は，幕府の財政を立て直すために，この資料に書かれた政策を行いましたが，物価の上昇を招きました。その後，幕府の政治を担った⑥は，どのような対策を行いましたか。

直子さん：貨幣の質を元にもどして，物価を引き下げようとしました。

先　　生：そのとおりです。

【資料】

幕府の財政がすでに行きづまっていたので，先代は，元禄《げんろく》八年九月から，貨幣の発行量を増やすために，貨幣の質を落とした。

(「折《おり》たく柴《しば》の記《き》」による)

7　⑦は，旗本《はたもと》や御家人の，札差《ふださし》に対する借金を帳消しにするなど，幕府政治の改革を行った。この改革は，一般に［　　］の改革と呼ばれている。［　　］に当てはまる年号を書け。(　　　)

② 右の略年表を見て，1～7の問いに答えなさい。

年代	できごと
1860	・①日米修好通商条約が結ばれる
	・［②］が行われる
1880	
	・③大日本帝国憲法が発布される
1900	・④義和団《ぎわだん》事件が起こる
1920	・国際連盟が成立する（⑥ ここから）
	・加藤高明《かとうたかあき》内閣が⑤普通選挙法を成立させる
1940	・国際連合が成立する（⑥ ここまで）
1960	・⑦東海道新幹線が開通する
1980	

1　略年表中の①は，貿易において，［　　］を日本が自主的に決める権利がないことなど，日本にとって不平等な条約だった。［　　］に当てはまる最も適当な言葉を書け。

（　　　）

2　略年表中の［②］には，明治政府が行った改革の名称が当てはまる。この改革により，藩《はん》にかえて全国に県や府を置き，政府から派遣された県令や府知事が，行政を担《にな》うこととなった。［②］に当てはまる改革の名称を書け。

（　　　）

3　略年表中の③のできごとが起こった頃，文学の世界では，文章を［X］の文体で表現する，言文一致《げんぶんいっち》と呼ばれる表現方法が用いられるようになり，［Y］が，［X］の文体で小説「浮雲《うきぐも》」を発表した。［X］，［Y］にそれぞれ当てはまる言葉の組み合わせとして適当なものを，ア～エから一つ選び，その記号を書け。（　　　）

ア　X　口語　　Y　二葉亭四迷《ふたばていしめい》
イ　X　口語　　Y　十返舎一九《じっぺんしゃいっく》
ウ　X　文語　　Y　二葉亭四迷
エ　X　文語　　Y　十返舎一九

4　略年表中の④の後，満州《まんしゅう》に大軍を置いたロシアとの関係が悪化した日本は，1902年，［　　］と同盟を結び，ロシアとの衝突に備えた。［　　］に当てはまる国の名を書け。（　　　）

5　略年表中の⑤が成立する前と後を比べると，我が国の全人口に占める有権者の割合は，約4倍に増えた。有権者の割合が増えたのは，⑤の成立により，有権者の資格がどのようになったからか，簡単に書け。ただし，次の［語群］の言葉の中から一つ選び，その言葉と，**納税額・25歳以上**の二つの言葉の，合わせて三つの言葉を用いること。

（　　　　　　　　　　　　　　　　　　　　　　　　）

［語群］ 男女　　男子

6　略年表中の⑥の期間に起こったできごととして適当なものを，ア～エから二つ選び，年代の古い順に左から並べ，その記号を書け。（　　）→（　　）

ア　中華人民共和国が成立した。　　　イ　中華民国が成立した。
ウ　アメリカでニューディール政策が始まった。　　　エ　独ソ不可侵条約が結ばれた。

7　次のA～Cのグラフは，それぞれ，略年表中の⑦が開通した後の，1965年から1969年，1970年から1974年，1975年から1979年における，我が国の経済成長率の推移を表したグラフのいずれかに当たる。A～Cのグラフを年代の古い順に左から並べたものとして適当なものを，後のア～エから一つ選び，その記号を書け。（　　　）

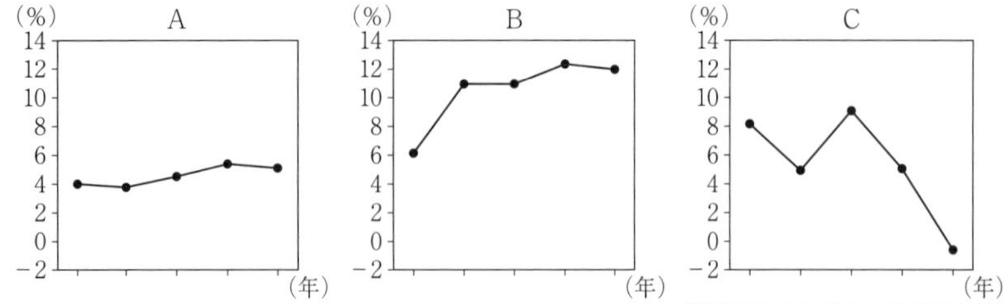

(数字でみる日本の 100 年による)

ア　A→B→C　　イ　A→C→B　　ウ　B→A→C　　エ　B→C→A

③　次の1～4の問いに答えなさい。

1　人権の国際的な広がりについて述べた次の文の①，②の｛　　｝の中から適当なものを，それぞれ一つずつ選び，その記号を書け。①(　　　)　②(　　　)

1948年に，①｛ア　世界人権宣言　　イ　国際連合憲章｝が採択され，人権保障の国際的な基準が示された。その後，1966年には，②｛ウ　権利章典　　エ　国際人権規約｝が採択され，この条約を結んだ国に人権の保障が義務付けられた。

2　我が国における，国会や選挙のしくみについて，(1)～(3)の問いに答えよ。

(1)　次の図は，ある年の国会の動きを模式的に表したものであり，図中の▨，■，▤印で示した期間は，それぞれ，種類の異なる国会の会期を表している。■印で示した期間に開かれていた国会の種類の名称を書け。(　　　)

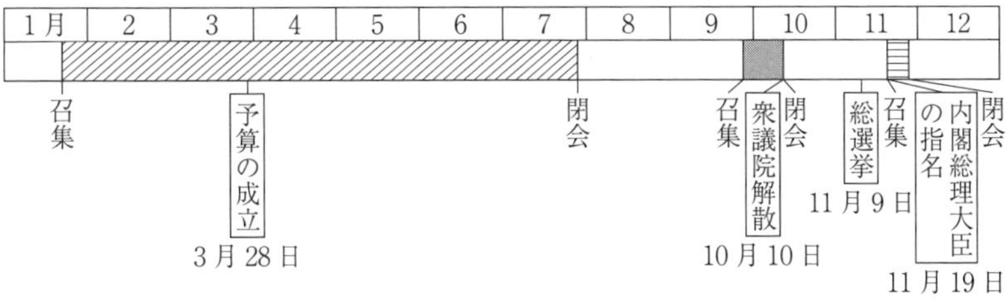

(2)　衆議院と参議院に共通することがらについて述べた文として適当なものを，ア～エから一つ選び，その記号を書け。(　　　)

ア　任期6年の議員によって組織される。　　イ　解散されることがある。

ウ　内閣不信任を決議する権限を持つ。　　エ　国政調査権を持つ。

(3)　衆議院議員総選挙について述べた次の文のXの｛　　｝の中から適当なものを一つ選び，その記号を書け。また，［　Y　］に当てはまる適当な言葉を書け。X(　　　)　Y(　　　)

現在の衆議院議員総選挙は，一つの選挙区からX｛ア　1人　　イ　2～5人｝の議員が選出される小選挙区制と，得票数に応じて議席が政党に配分される［　Y　］制とを組み合わせた，小選挙区［　Y　］並立制で行われている。

3　最高裁判所が「憲法の番人」と呼ばれるのは，法律や政令などが［　　　　　］を最終的に決定する権限を持つ機関だからである。［　　　］に適当な言葉を書き入れて文を完成させよ。ただし，［　　　］には，**憲法**の言葉を含めること。(　　　　　　　　　　　　　　　　)

4　後の表は，我が国の，2019年度における，主なメディアの1日当たりの利用時間を，年齢層別に表したものである。表から読み取れることを述べた文として適当なものを，次のア～エから一つ選び，その記号を書け。(　　　)

ア　表中の全ての年齢層において，平日，休日ともに，ラジオの利用時間よりも新聞の利用時間の方が長い。

イ　10歳代と20歳代では，それぞれ，平日，休日ともに，リアルタイム視聴と録画視聴とを合わせたテレビの利用時間よりも，インターネットの利用時間の方が長い。

ウ　60歳代では，平日，休日ともに，インターネットの利用時間よりも，新聞とラジオとを合わせた利用時間の方が長い。

エ　表中の四つのメディアはいずれも，平日，休日ともに，年齢層が上がるほど利用時間が長くなっている。

（単位：分）

	項目　年齢層		10歳代	20歳代	30歳代	40歳代	50歳代	60歳代
平日	テレビ	リアルタイム視聴	69.0	101.8	124.2	145.9	201.4	260.3
		録画視聴	14.7	15.6	24.5	17.8	22.5	23.2
	インターネット		167.9	177.7	154.1	114.1	114.0	69.4
	新聞		0.3	1.8	2.2	5.3	12.0	22.5
	ラジオ		4.1	3.4	5.0	9.5	18.3	27.2
休日	テレビ	リアルタイム視聴	87.4	138.5	168.2	216.2	277.5	317.6
		録画視聴	21.3	23.0	31.0	37.5	48.0	28.1
	インターネット		238.5	223.2	149.5	98.8	107.9	56.1
	新聞		0.1	0.9	2.5	6.0	12.9	21.8
	ラジオ		0.0	1.2	2.0	5.0	6.6	18.5

（注）利用時間は，平均時間を表している。

（2021－22年版　日本国勢図会ほかによる）

4 次の1～4の問いに答えなさい。

1 一般にCSRと呼ばれる，企業の社会的責任に当たるものとして最も適当なものを，ア～エから一つ選び，その記号を書け。(　　　)

ア 利潤の追求を優先すること　　イ 競争を避けて話し合いで価格を決定すること

ウ 消費者の安全や環境に配慮すること　　エ 安い労働力を求めて海外に工場を移すこと

2 我が国の財政について，(1)，(2)の問いに答えよ。

(1) 税の種類の一つである所得税は[A]に分類され，[B]。[A]，[B]にそれぞれ当てはまる言葉の組み合わせとして適当なものを，ア～エから一つ選び，その記号を書け。

(　　　)

ア A 直接税　B 税を負担する人と納める人が異なる

イ A 直接税　B 税を負担する人と納める人が同じである

ウ A 間接税　B 税を負担する人と納める人が異なる

エ A 間接税　B 税を負担する人と納める人が同じである

(2) 次のグラフは，1990年度と2019年度における，我が国の歳入と歳出の項目別の割合を表したものであり，後の会話文は，直子さんと先生が，グラフを見ながら話をしたときのものである。文中の[　　]に適当な言葉を書き入れて文を完成させよ。ただし，[　　]には，歳出のグラフ中から適当な項目を一つ選び，その言葉と，**少子高齢化**の言葉の，合わせて二つの言葉を含めること。(　　　　　　　　　　　　　　　　　　　　)

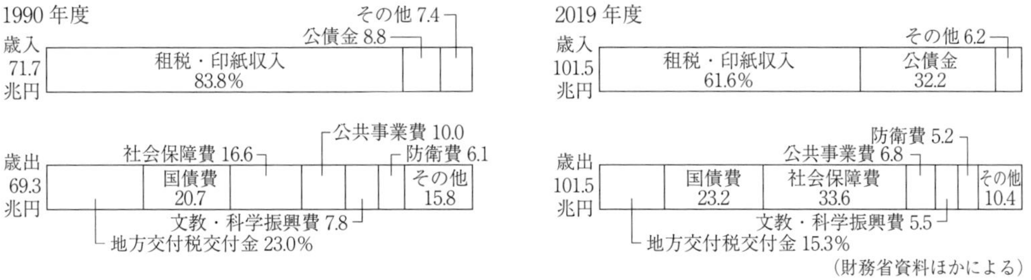

(財務省資料ほかによる)

先　　生：1990年度と2019年度の歳入を比べると，公債金の金額が増えていますが，その原因として，どのようなことが挙げられますか。

直子さん：はい。原因の一つとして，年金や医療保険などの[　　　　]ことが挙げられます。

先　　生：そのとおりです。

3 右の図は，我が国の領域及びその周辺を模式的に表したものである。図中のPの海域は[　　]と呼ばれ，この海域では，どの国の船も，自由に航行したり，漁業をしたりすることができる。[　　]に当てはまる最も適当な言葉を書け。

(　　　)

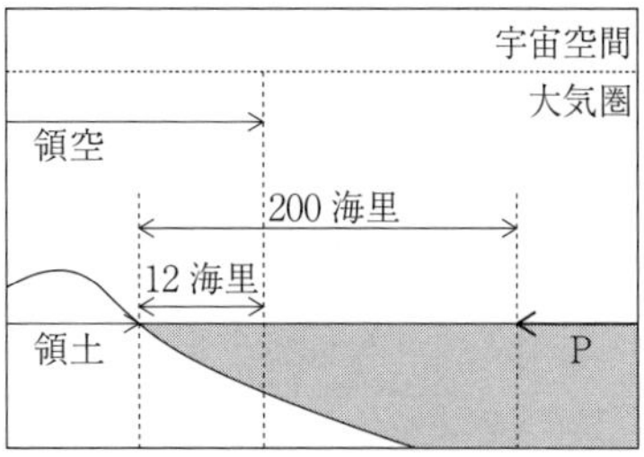

4 次の資料は，地球温暖化防止への国際的な取り組みについて説明するために，先生が作成したものの一部であり，資料中の[Q]には，ある都市の名が当てはまる。[Q]に当てはまる都市の名を書け。(　　　)

2015年，[Q]協定が採択される
◇世界の平均気温の上昇を，産業革命の前と比べて，2℃未満におさえる。
◇先進国，発展途上国の全ての国が，温室効果ガスの削減に取り組む。

5 次の1～4の問いに答えなさい。

1 右の地図を見て，(1)，(2)の問いに答えよ。

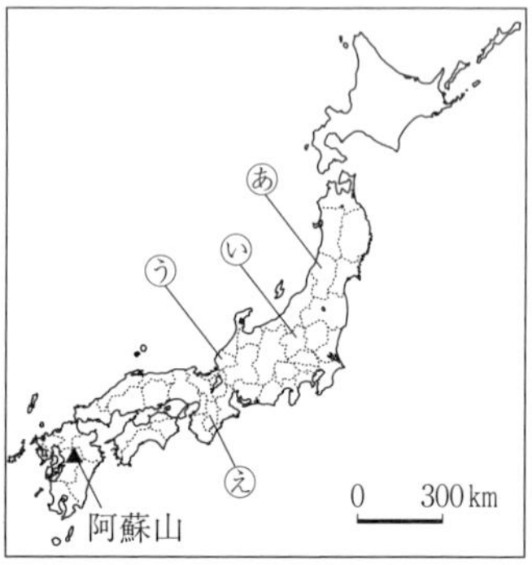

(1) 地図中の阿蘇山《あそさん》には，大きなくぼ地が見られる。このくぼ地は，火山活動によって火山灰や溶岩が噴き出したあとが，くぼんでできたものであり，このような地形は[ ]と呼ばれている。[ ]に当てはまる地形の名称を書け。(　　　)

(2) 地図中のあ～えの県の中には，中部地方に属する県が一つある。それはどれか。あ～えから一つ選び，その記号と県名を書け。(　　)(　　　県)

2 1993年は，東北地方で，やませと呼ばれる風が何度も吹いたことによって，東北地方の太平洋側は，大きな影響を受けた。グラフ1～3を見て，(1)，(2)の問いに答えよ。

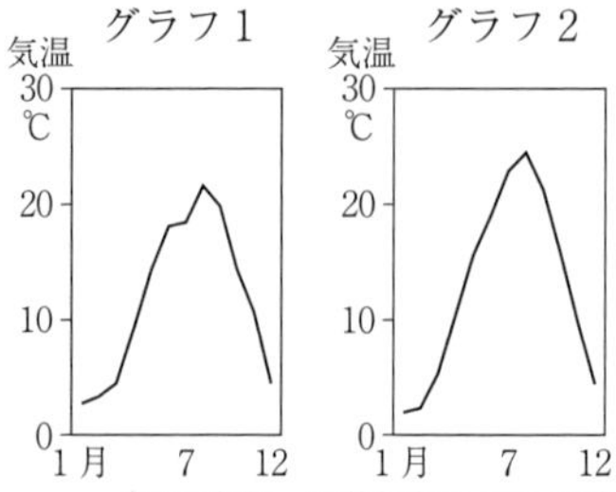

(2022年版 理科年表ほかによる)

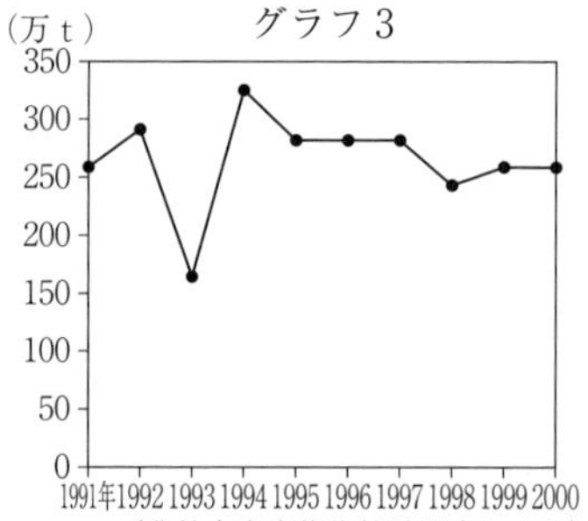

(農林水産省作物統計調査による)

(1) グラフ1は，仙台市における1993年の月別の平均気温を表したものであり，グラフ2は，仙台市における2020年までの30年間の月別の平均気温を表したものである。グラフ1，2を参考にして，やませとはどのような風か，その特徴を簡単に書け。ただし，[語群Ⅰ]～[語群Ⅲ]の言葉の中からそれぞれ一つずつ選び，その三つの言葉を用いること。

(　　　　　　　　　　　　　　　　　　　　　　　　　)

[語群Ⅰ] 夏　冬　[語群Ⅱ] 北西　北東　[語群Ⅲ] 暖かい風　冷たい風

(2) グラフ3は，1991年から2000年における，東北地方の，[ ]の収穫量を表したものであり，このグラフからは，1993年に収穫量が大きく減少していることが分かる。[ ]に当てはまる農作物として適当なものを，ア～エから一つ選び，その記号を書け。(　　　)

ア りんご　イ みかん　ウ 小麦　エ 米

3　右のP，Qのグラフは，それぞれ，1980年における我が国の，輸出額と輸入額のいずれかの，品目別の割合を表したものであり，グラフ中のr，sは，それぞれ原油，自動車のいずれかに当たる。輸出額の品目別の割合を表したグラフに当たる記号と，原油に当たる記号の組み合わせとして適当なものを，ア～エから一つ選び，その記号を書け。(　　　)

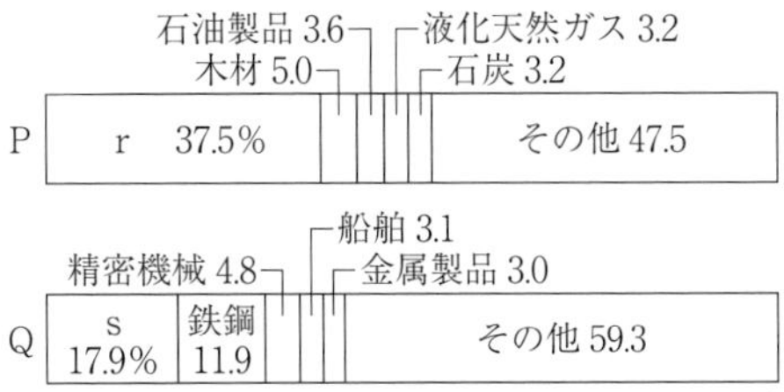

(数字でみる日本の100年による)

ア　Pとr　　イ　Pとs　　ウ　Qとr　　エ　Qとs

4　次のア～エは，社会科の授業で，身近な地域の調査をしたときの，調査項目が書かれたカードの一部である。国土地理院発行の2万5千分の1地形図に表されていることが書かれたカードとして適当なものを，ア～エから一つ選び，その記号を書け。(　　　)

ア
土地の起伏

イ
中学校の生徒数

ウ
バス停留所の位置

エ
果樹園で栽培されている果樹の種類

6　次の1～3の問いに答えなさい。

1　地図1は，緯線と経線が直角に交わる地図であり，地図2は，東京からの距離と方位が正しい地図である。地図1，2を見て，(1)～(4)の問いに答えよ。

地図1

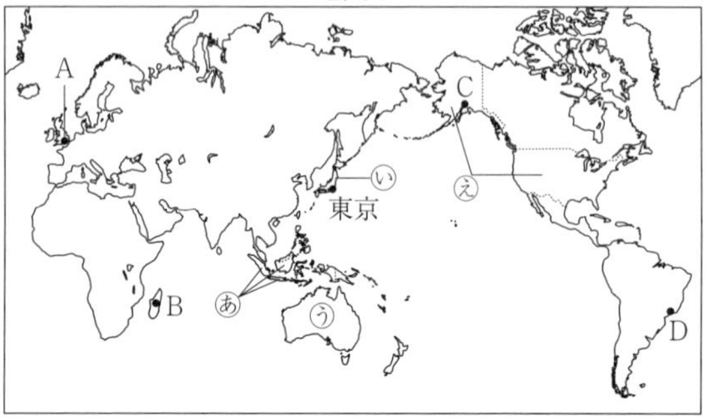

地図2

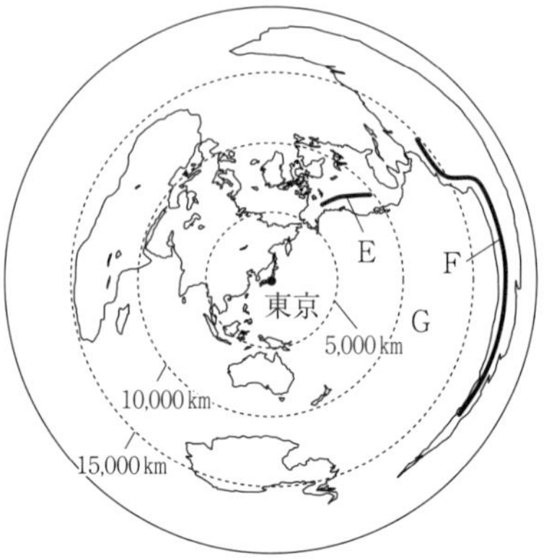

(1)　地図1では，□ほど，面積がより大きく表されている。□に適当な言葉を書き入れて文を完成させよ。ただし，□には，赤道の言葉を含めること。(　　　　)

(2)　右の表は，2020年における，地図1中の(あ)～(え)のそれぞれの国の，人口密度を表したものであり，表中のa～dは，それぞれ(あ)～(え)のいずれかに当たる。dに当たる国を(あ)～(え)から一つ選び，その記号と国の名を書け。

(　　)(　　　)

国	人口密度(人/km^2)
a	339
b	143
c	34
d	3

(2021―22年版　世界国勢図会による)

(3)　地図1中のA～Dの都市を，東京からの実際の距離が近い順に左から並べ，その記号を書け。(　　)→(　　)→(　　)→(　　)

(4)　地図2中の━━印で示した，EとFの山脈を含む造山帯は，三大洋の一つであるGを取り囲むようにつらなっていることから，□造山帯と呼ばれている。□に当てはまる最も適当な言葉を書け。(　　　)

2　右の表は，2019年における，世界の州別の，小麦，とうもろこしの，世界の総生産量に占める生産量の割合と，原油の，世界の総産出量に占める産出量の割合を表したものであり，表中のX～Zは，それぞれアジア，北アメリカ，ヨーロッパのいずれかに当たる。X～Zにそれぞれ当たる州の組み合わせとして適当なものを，ア～エから一つ選び，その記号を書け。(　　　)

(単位：%)

州＼項目	小麦	とうもろこし	原油
X	44.0	32.1	39.2
Y	34.8	11.6	21.1
Z	11.5	34.1	22.6
南アメリカ	3.8	15.0	7.2
アフリカ	3.5	7.1	9.4
オセアニア	2.4	0.1	0.5

(注)　ロシアは，ヨーロッパに含めている。

(2021−22年版　世界国勢図会による)

ア　X　アジア　　Y　北アメリカ　　Z　ヨーロッパ

イ　X　アジア　　Y　ヨーロッパ　　Z　北アメリカ

ウ　X　北アメリカ　　Y　アジア　　Z　ヨーロッパ

エ　X　北アメリカ　　Y　ヨーロッパ　　Z　アジア

3　再生可能エネルギーとして適当なものを，ア～オから**全て**選び，その記号を書け。(　　　)

ア　石炭　　イ　地熱　　ウ　風力　　エ　太陽光　　オ　天然ガス

理科

時間　50分　　　　満点　50点

1　電流の性質と物体にはたらく力に関する次の1～3の問いに答えなさい。

1［実験1］　抵抗器aを用いて，図1のような回路をつくり，電源装置の電圧を変えて，抵抗器aの両端に加わる電圧と回路に流れる電流の大きさとの関係を調べた。図2は，その結果を表したグラフである。

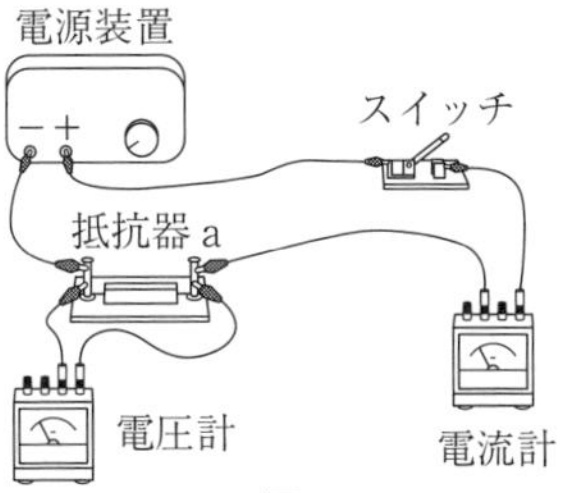

図1

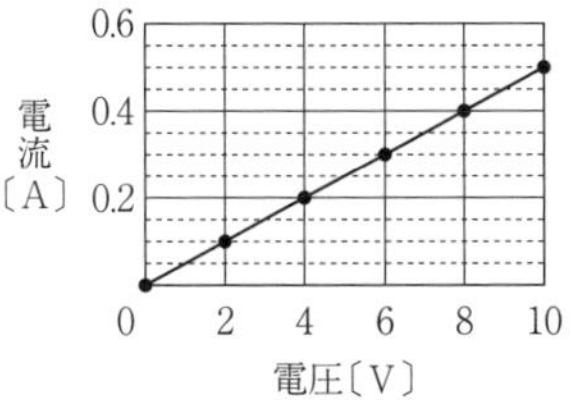

図2

［実験2］　抵抗器bと，抵抗の値が10Ωの抵抗器cを用いて，図3のような回路をつくり，電源装置の電圧を変えながら，点X，Yを流れる電流の大きさを5回測定した。表1は，その結果をまとめたものである。

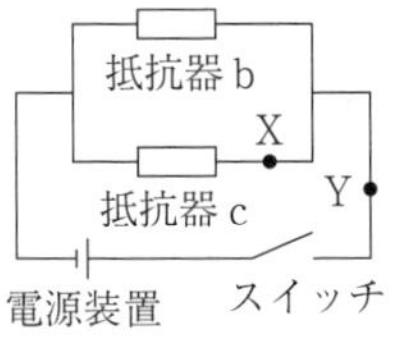

図3

表1

測定回数〔回〕	1	2	3	4	5
点Xを流れる電流の大きさ〔A〕	0.05	0.10	0.15	0.20	0.25
点Yを流れる電流の大きさ〔A〕	0.15	0.30	0.45	0.60	0.75

(1)　抵抗器aの抵抗の値は何Ωか。(　　　Ω)

(2)　実験1で，電源装置の−《マイナス》極側の導線を，電流計の500mAの−《マイナス》端子につないで電圧を変えていくと，電流計の針は，図4のようになった。次の文の①，②の｛　　｝の中から，それぞれ適当なものを1つずつ選び，その記号を書け。①(　　　)　②(　　　)

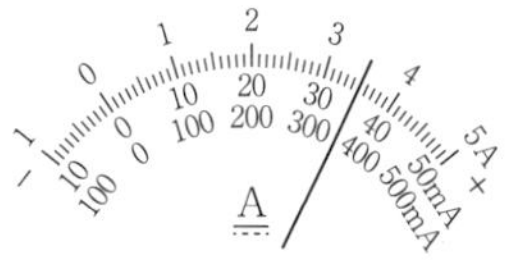

図4

抵抗器aに流れた電流の大きさは，①｛ア　35mA　　イ　350mA｝である。また，このとき，つないでいる電圧計の−端子は，②｛ウ　3Vの−端子　　エ　15Vの−端子｝である。

(3)　実験2で，点Xを流れる電流の大きさが0.20Aのとき，抵抗器cが消費する電力は何Wか。(　　　W)

(4)　実験2で，抵抗器bの両端に加わる電圧と，抵抗器bに流れる電流の大きさとの関係はどうなるか。表1をもとに，その関係を表すグラフをかけ。

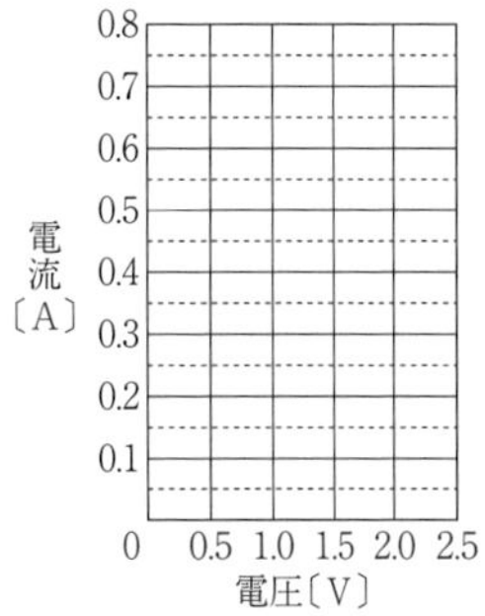

2［実験3］　図5のように，ばねばかりに物体Sをつり下げたところ，物体Sは静止した。このとき，ばねばかりの示す値は1.5Nであった。次に，図6のように，ばねばかりに物体S，Tをつり下げたところ，物体S，Tは静止した。このとき，ばねばかりの示す値は2.0Nであった。

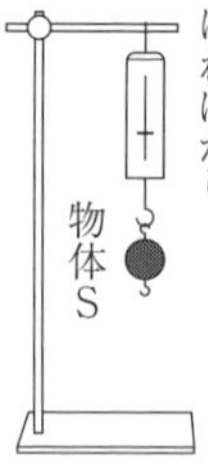

図5

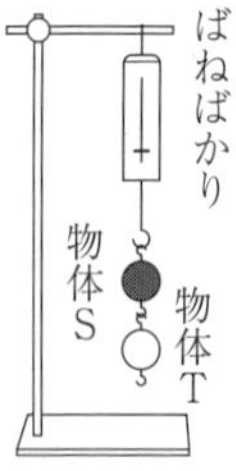

図6

(1)　図5で，物体Sには，ばねばかりが引く力と，地球が引く力がはたらいている。地球が物体Sを引く力の大きさは何Nか。(　　　N)

(2)　図6で，物体Sには，ばねばかりが引く力，物体Tが引く力，地球が引く力がはたらいている。このときの物体Sにはたらいている3つの力の大きさの比を，最も簡単な整数の比で書け。

ばねばかりが引く力：物体Tが引く力：地球が引く力＝(　　：　　：　　)

3［実験4］　図7のように，質量1.5kgの台車Xを取り付けた滑車Aに糸の一端を結び，もう一端を手でゆっくり引いて，ⓐ台車Xを，5.0cm/sの一定の速さで，36cm真上に引き上げた。次に，図8のように，なめらかな斜面上の固定したくぎに糸の一端を結び，滑車A，Bに通した糸のもう一端を手でゆっくり引いて，ⓑ台車Xを，斜面に沿って，もとの位置から36cm高くなるまで引き上げた。ただし，摩擦や台車X以外の道具の質量，糸の伸び縮みは考えないものとし，質量100gの物体にはたらく重力の大きさを1.0Nとする。

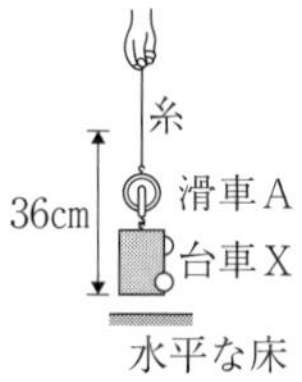

図7

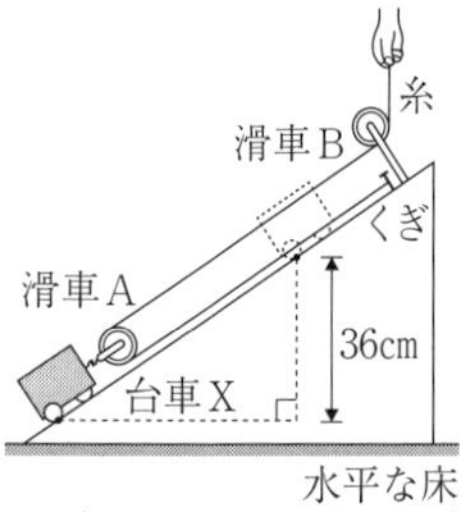

図8　(滑車Aの両側にかかる糸は斜面に平行である。また，斜面は固定されている。)

(1)　下線部ⓐのとき，台車Xを引き上げるのにかかった時間は何秒か。(　　　秒)

(2)　下線部ⓑのとき，手が糸を引く力の大きさを，ばねばかりを用いて調べると4.5Nであった。台車Xが斜面に沿って移動した距離は何cmか。(　　　cm)

2　化学変化に関する次の1・2の問いに答えなさい。

1［実験1］　表1のような，水溶液と金属の組み合わせで，水溶液に金属の板を1枚入れて，金属板に金属が付着するかどうか観察し，その結果を表1にまとめた。

表1

金属＼水溶液	マグネシウム	亜鉛	銅
硫酸マグネシウム水溶液	＼	×	×
硫酸亜鉛水溶液	○	＼	×
硫酸銅水溶液	○	○	＼

(○は金属板に金属が付着したことを，×は金属板に金属が付着しなかったことを示す。)

［実験2］　硫酸亜鉛水溶液に亜鉛板，硫酸銅水溶液に銅板を入れ，両水溶液をセロハンで仕切った電池をつくり，導線でプロペラ付きモーターを接続すると，モーターは長時間回転し続けた。図1は，その様子をモデルで表したものである。

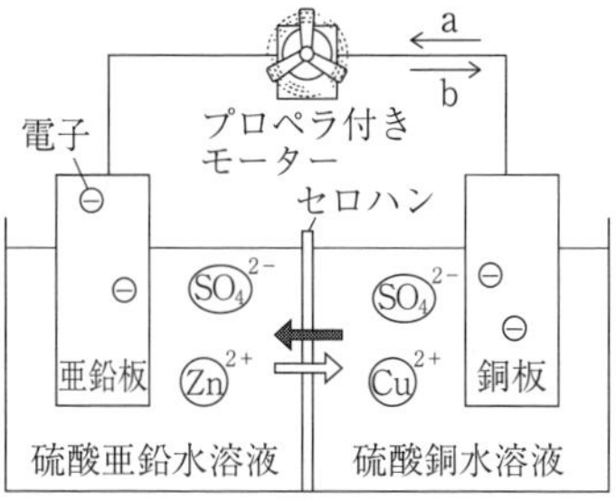

図1

(1)　表1の3種類の金属を，イオンになりやすい順に左から名称で書け。(　　　→　　　→　　　)

(2)　実験1で，硫酸亜鉛水溶液に入れたマグネシウム板に金属が付着したときに起こる反応を，「マグネシウムイオン」「亜鉛イオン」の2つの言葉を用いて，簡単に書け。

(　　　　　　　　　　　　　　　　　　　　　　　　　　　　　　)

(3)　次の文の①，②の｛　　｝の中から，それぞれ適当なものを1つずつ選び，ア～エの記号で書け。①(　　　)　②(　　　)

図1で，－《マイナス》極は①｛ア　亜鉛板　　イ　銅板｝であり，電流は導線を②｛ウ　aの向き　エ　bの向き｝に流れる。

(4)　次のア～エのうち，図1のモデルについて述べたものとして，最も適当なものを1つ選び，その記号を書け。(　　　)

ア　セロハンのかわりにガラス板を用いても，同様に長時間電流が流れ続ける。

イ　セロハンがなければ，銅板に亜鉛が付着して，すぐに電流が流れなくなる。

ウ　Zn^{2+}が⇨の向きに，SO_4^{2-}が⬅の向きにセロハンを通って移動し，長時間電流が流れ続ける。

エ　陰イオンであるSO_4^{2-}だけが，両水溶液間をセロハンを通って移動し，長時間電流が流れ続ける。

(5)　次の文の①，②の｛　　｝の中から，それぞれ適当なものを1つずつ選び，その記号を書け。
①(　　　)　②(　　　)

実験2の，硫酸銅水溶液を硫酸マグネシウム水溶液，銅板をマグネシウム板にかえて，実験2と同じ方法で実験を行うと，亜鉛板に①｛ア　亜鉛　　イ　マグネシウム｝が付着し，モーターは実験2と②｛ウ　同じ向き　　エ　逆向き｝に回転した。

2［実験３］　マグネシウム，銅それぞれの粉末を空気中で加熱し，完全に反応させて酸化物としてから，加熱前の金属の質量と加熱後の酸化物の質量との関係を調べた。その結果，反応する銅と酸素の質量の比は４：１であり，同じ質量の，マグネシウム，銅それぞれと反応する酸素の質量は，マグネシウムと反応する酸素の質量の方が，銅と反応する酸素の質量より大きいことが分かった。図２は，実験３の結果を表したグラフである。

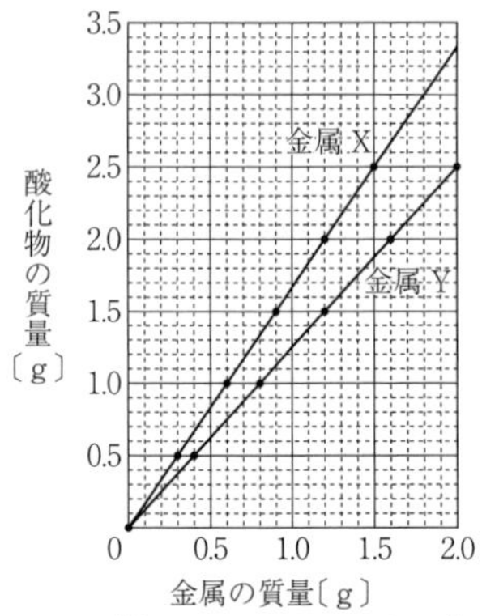

図２（金属X，Yは，マグネシウム，銅のいずれかである。）

(1)　マグネシウムが酸素と反応して，酸化マグネシウム（MgO）ができる化学変化を，化学反応式で書け。

（　　　　　　　　　　　　　　　）

(2)　酸素1.0gと反応するマグネシウムは何gか。（　　　　g）

(3)　下線部の酸素の質量を比べると，マグネシウムと反応する酸素の質量は，銅と反応する酸素の質量の何倍か。次のア～エのうち，適当なものを１つ選び，その記号を書け。（　　　）

ア　$\frac{4}{3}$倍　　イ　２倍　　ウ　$\frac{8}{3}$倍　　エ　４倍

3　植物の体のつくりと生態系に関する次の1・2の問いに答えなさい。

1［観察］　ユリとブロッコリーの茎のつくりを調べるために，それぞれの茎を，赤インクを溶かした水につけた。しばらく置いたのち，茎を輪切りにすると，図1のように，茎の断面に赤インクで染色された部分が観察できた。次に，ブロッコリーの茎を薄く切ってスライドガラスにのせ，水を1滴落とし，図2のように，カバーガラスを端から静かに置いてプレパラートをつくり，顕微鏡で観察した。図3は，そのスケッチである。

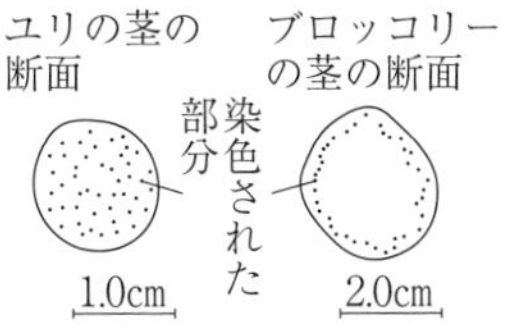

図1

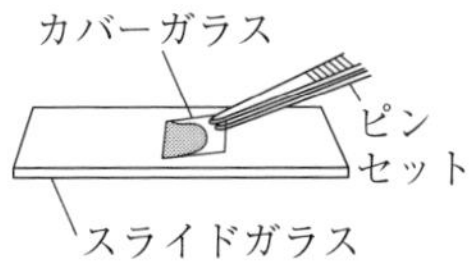

図2

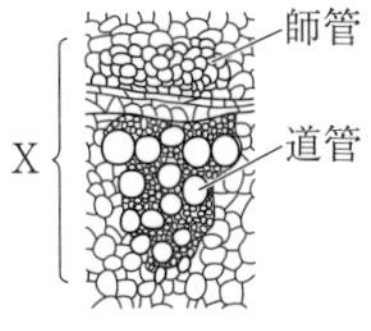

図3

(1)　プレパラートをつくるとき，カバーガラスを下線部のように置くのは，スライドガラスとカバーガラスの間に□ようにするためである。□に当てはまる適当な言葉を，「空気の泡」という言葉を用いて簡単に書け。

(　　　　　　　　　　　　　　　　　　　　)

(2)　次の文の①に当てはまる適当な言葉を書け。また，②，③の｛　　｝の中から，それぞれ適当なものを1つずつ選び，その記号を書け。①(　　　)　②(　　　)　③(　　　)

図3で，道管と師管が集まって束になったXの部分は，［①］と呼ばれる。図3の道管と師管のうち，茎の中心側にあるのは②｛ア　道管　　イ　師管｝である。また，図3の道管と師管のうち，染色された部分は，根から吸収した水が通る③｛ウ　道管　　エ　師管｝である。

(3)　次のア～エのうち，観察で，ユリとブロッコリーについて分かることとして，適当なものをそれぞれ1つずつ選び，その記号を書け。ユリ(　　　)　ブロッコリー(　　　)

ア　双子葉類であり，根は主根と側根からなる。

イ　双子葉類であり，根はひげ根からなる。

ウ　単子葉類であり，根は主根と側根からなる。

エ　単子葉類であり，根はひげ根からなる。

2　図4は，生態系における炭素の循環を模式的に表したものであり，A～Cは，それぞれ草食動物，肉食動物，菌類・細菌類のいずれかである。

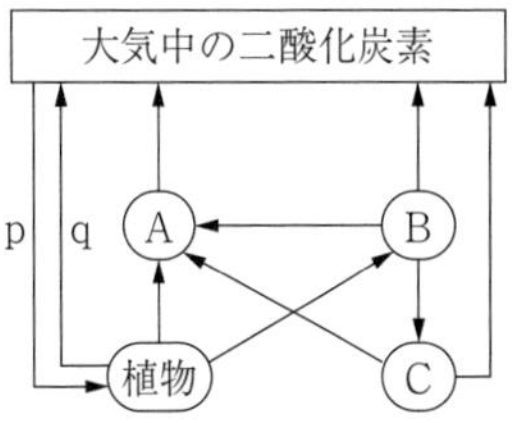

図4（→は炭素の流れを示す。）

(1)　草食動物や肉食動物は，生態系におけるはたらきから，生産者や分解者に対して，□者と呼ばれる。□に当てはまる適当な言葉を書け。(　　　)

(2)　次の文の①，②の｛　　｝の中から，それぞれ適当なものを1つずつ選び，ア～エの記号で書け。①(　　　)　②(　　　)

植物は，光合成によって，①｛ア　有機物を無機物に分解する　　イ　無機物から有機物をつくる｝。また，図4のp，qの矢印のうち，光合成による炭素の流れを示すのは，②｛ウ　pの矢印　　エ　qの矢印｝である。

(3)　菌類・細菌類は，図４のA～Cのどれに当たるか。A～Cの記号で書け。また，カビは，菌類と細菌類のうち，どちらに含まれるか。菌類・細菌類(　　　)　カビ(　　　)

(4)　図５は，ある生態系で，植物，草食動物，肉食動物の数量的な関係のつり合いがとれた状態を，模式的に表したものであり，K，Lは，それぞれ植物，肉食動物のいずれかである。K，Lのうち，肉食動物はどちらか。K，Lの記号で書け。また，図５の状態から，何らかの原因で草食動物の数量が急激に減ったとすると，これに引き続いてKとLの数量は，それぞれ一時的にどう変化するか。次のア～エのうち，最も適当なものを１つ選び，その記号を書け。肉食動物(　　　)　数量の変化(　　　)

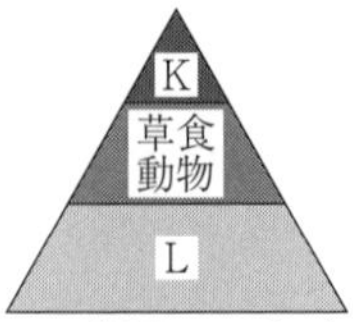

図５（数量は面積の大小で示している。）

ア　Kの数量とLの数量はどちらも減る。　　イ　Kの数量は減り，Lの数量は増える。
ウ　Kの数量は増え，Lの数量は減る。　　エ　Kの数量とLの数量はどちらも増える。

4 火山と気象に関する次の1・2の問いに答えなさい。

1［観察1］ 火山灰Aを双眼実体顕微鏡で観察し，火山灰Aに含まれる，粒の種類と，粒の数の割合を調べた。表1は，その結果をまとめたものである。

表1

粒の種類	結晶の粒				結晶でない粒
	長石《ちょうせき》	輝石《きせき》	角閃石《かくせんせき》	石英《せきえい》	
粒の数の割合〔%〕	50	7	5	3	35

［観察2］ 火成岩B，Cをルーペで観察したところ，岩石のつくりに，異なる特徴が確認できた。図1は，そのスケッチである。ただし，火成岩B，Cは，花こう岩，安山岩のいずれかである。

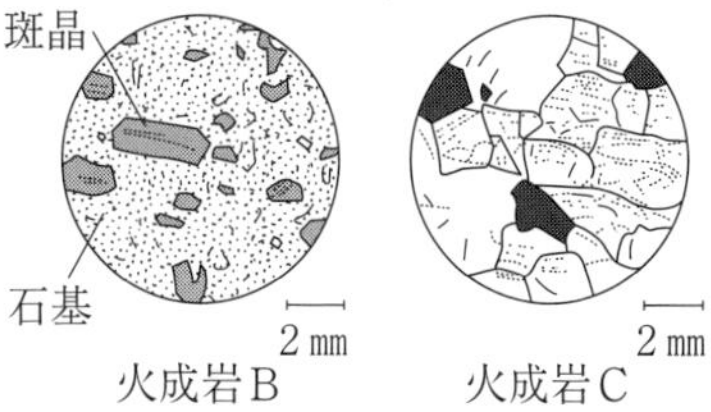

火成岩B 火成岩C

図1

(1) 表1で，火山灰Aに含まれる粒の総数に占める，有色鉱物である粒の数の割合は ＿＿ %である。＿＿ に当てはまる適当な数値を書け。(　　)

(2) 次のア～エのうち，火山灰が堆積して固まった岩石の名称として，適当なものを1つ選び，その記号を書け。(　　)

ア 凝灰岩　イ 石灰岩　ウ 砂岩　エ チャート

(3) 図1の火成岩Bでは，石基の間に斑晶が散らばっている様子が見られた。このような岩石のつくりは ＿＿ 組織と呼ばれる。＿＿ に当てはまる適当な言葉を書け。(　　)

(4) 次の文の①，②の｛　｝の中から，それぞれ適当なものを1つずつ選び，ア～エの記号で書け。①(　　) ②(　　)

火成岩B，Cのうち，花こう岩は①｛ア 火成岩B　イ 火成岩C｝である。また，地表で見られる花こう岩は，②｛ウ 流れ出たマグマが，そのまま地表で冷えて固まったもの　エ 地下深くでマグマが冷えて固まり，その後，地表に現れたもの｝である。

(5) 次の文の①，②の｛　｝の中から，それぞれ適当なものを1つずつ選び，その記号を書け。
①(　　) ②(　　)

一般に，激しく爆発的な噴火をした火山のマグマの粘りけは①｛ア 強く　イ 弱く｝，そのマグマから形成される，火山灰や岩石の色は②｛ウ 白っぽい　エ 黒っぽい｝。

2 図2は，ある年の8月1日15時の天気図である。この日は，一日を通して，日本の夏の特徴的な気圧配置が見られた。

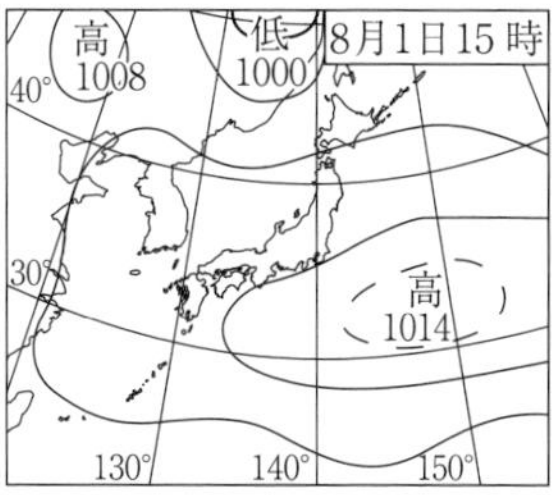

図2

(1) 次の文の①，②の｛　｝の中から，それぞれ適当なものを1つずつ選び，その記号を書け。①(　　) ②(　　)

図2で，日本付近を広くおおっている高気圧から吹く季節風は，①｛ア 乾燥している　イ 湿っている｝。また，日本付近の等圧線の間隔が，日本の冬の特徴的な気圧配置における等圧線の間隔と比べて広いことから，日本付近で吹く季節風の強さを，夏と冬で比べると，②｛ウ 夏が強

い　エ　冬が強い｝と考えられる。

(2)　下線部の日の午後，図2の，高気圧におおわれた日本のいくつかの地点では，上昇気流が生じて積乱雲が発達し，一時的に雨が降った。次のア〜エのうち，雨が降った地点で，上昇気流が生じたしくみについて述べたものとして，最も適当なものを1つ選び，その記号を書け。

(　　　)

ア　前線が通過し，あたたかい空気が冷たい空気の上にはい上がって，上昇気流が生じた。

イ　太陽の光であたためられた地面が周囲の空気をあたためて，上昇気流が生じた。

ウ　大陸の高気圧と海の高気圧それぞれからできる気団がぶつかって，上昇気流が生じた。

エ　高気圧の周辺から中心部に向かって風が吹き込むことで，上昇気流が生じた。

(3)　下線部の日に，図3の，海沿いの地点P，Qで，海風や陸風が吹いた。表2は，この日の，地点P，Qどちらかにおける風向と風力を，3時間ごとにまとめたものである。次の文の①，②の｛　　｝の中から，それぞれ適当なものを1つずつ選び，ア〜エの記号で書け。①(　　　)　②(　　　)

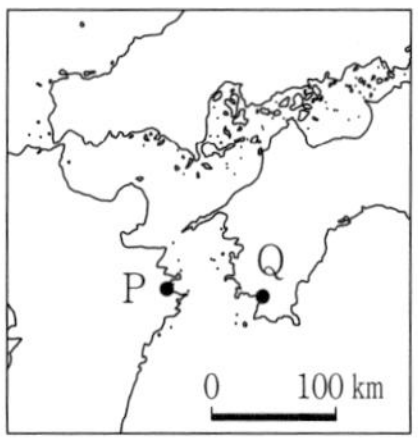

図3

表2

時刻	風向	風力
3時	北東	1
6時	東北東	2
9時	西南西	2
12時	南西	3
15時	西南西	3
18時	西南西	2
21時	北	1
24時	東北東	1

表2で，風が陸風から海風に変わったのは，①｛ア　6時〜9時　イ　18時〜21時｝の間であり，表2は，図3の②｛ウ　地点P　エ　地点Q｝の風向と風力をまとめたものである。

5　次の1～4の問いに答えなさい。

1　花子さんは，光の性質について調べ，その内容をノートにまとめた。

花子さんのノートの一部

【図1について】

私の正面にある「み」の文字が，水を入れたコップの水面に映っていた。調べると，位置Xの「み」からの光が，水面で反射して目に届いたとき，反射した光の延長線上の位置Yにできる像を見ていることが分かった。

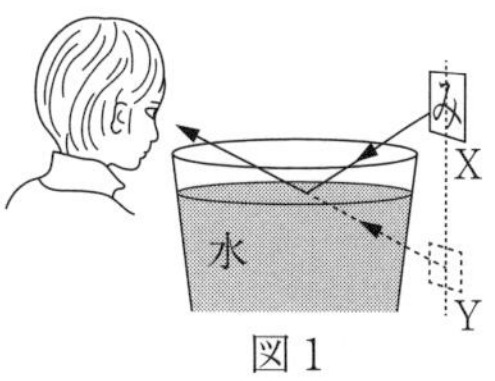

図1

【図2について】

水を入れたコップの底にある硬貨が，浮き上がって見えた。調べると，硬貨の点Pからの光が，水から空気中に出るとき，屈折角は入射角より大きくなるため，点Pは，目に届く屈折した光の延長線上の，点Qにあるように見えることが分かった。

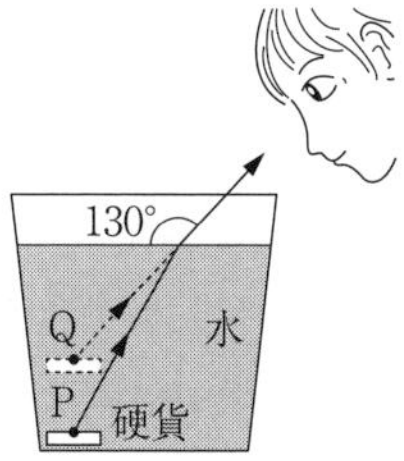

図2

(1)　図1で，花子さんには，位置Yにできる像がどのように見えたか。右のア～エのうち，最も適当なものを1つ選び，その記号を書け。(　　　)

ア 　イ 　ウ 　エ 

(2)　図2で，水面と屈折した光との間の角度が130°であった。このとき，屈折角は何度か。

(　　　度)

2　理科の授業で，太郎さんは，ライオンとシマウマの目のつき方が，それぞれの生活のしかたと関係していることを学んだ。そこで，太郎さんは，視野の重なりの有無と距離のはかりやすさとの関係について調べるために，先生と，次の実験を行った。

［実験1］　キャップ付きのペンを用意し，図3のように，太郎さんがペンを，先生がキャップを，それぞれ右手に持って向かい合い，太郎さんの目の高さまで持ち上げた。太郎さんは，先生が動かさずに持っているキャップにペンをさし込むために，ペンを持ったうでを動かした。太郎さんは，下線部の動作を，両方の目で見たときと，片方の目で見たときとで，10回ずつ行った。表1は，その結果をまとめたものである。

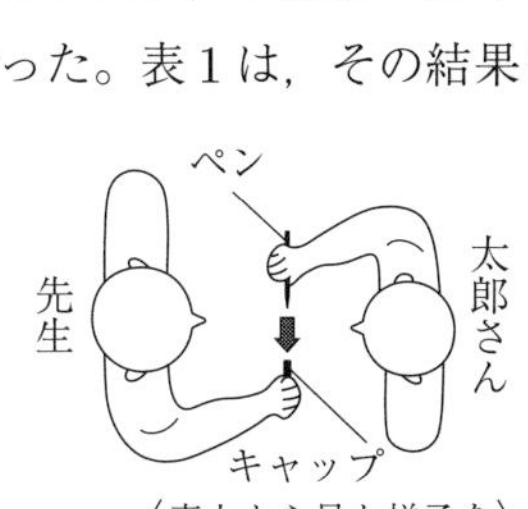

図3 (真上から見た様子を表している。)

表1

	さし込めた回数	さし込めなかった回数
両方の目で見たとき	8回	2回
片方の目で見たとき	2回	8回

(1)　次のア～エのうち，下線部における，太郎さんの行動に関する器官や神経について述べたものとして，適当なものを1つ選び，その記号を書け。(　　　)

ア　キャップからの光の刺激を受け取る器官は，運動器官である。

イ　キャップの位置を判断する神経は，末しょう神経である。

ウ　中枢神経からの命令をうでに伝える神経は，運動神経である。

エ　中枢神経からの命令を受けて反応する器官は，感覚器官である。

(2)　次の文の①，②の｛　｝の中から，それぞれ適当なものを１つずつ選び，その記号を書け。

①(　　　)　②(　　　)

表１から，物を見るとき，物との距離をはかるのに適しているのは，①｛ア　両方の目　　イ　片方の目｝で見たときと考えられる。また，図４のライオンとシマウマを比べると，物との距離をはかるのに適した目のつき方をしているのは，②｛ウ　ライオン　　エ　シマウマ｝である。

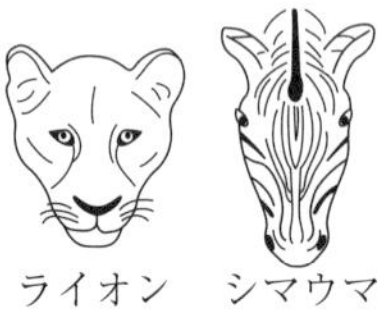

図４

3　４種類の気体Ａ～Ｄがある。これらは，水素，酸素，アンモニア，二酸化炭素のいずれかである。太郎さんは，Ａ～Ｄが何かを調べるために，いくつかの実験を行った。表２は，気体ごとに，においと，同じ体積の空気と比べた重さについて調べた実験の結果をまとめたものである。続いて，実験２・３を行った。

表２

気体	におい	空気と比べた重さ
Ａ	なし	重い
Ｂ	なし	軽い
Ｃ	なし	重い
Ｄ	刺激臭	軽い

［実験２］　図５のように，水が $20cm^3$ 入った注射器に，Ａを $30cm^3$ 入れて，上下に振り，ピストンが静止したあと，ピストンの先端が示す注射器の目盛りを読んだ。次に，注射器内の水を試験管に入れ，緑色のBTB溶液を数滴加えて，水の色の変化を観察した。Ｃについても，同じ方法で実験を行った。表３は，その結果をまとめたものである。

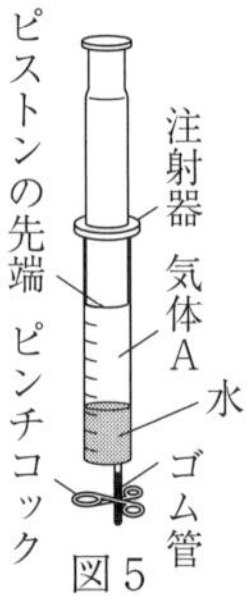

図５

表３

気体	注射器の目盛り	溶けた気体の体積	BTB溶液を加えた液体の色
Ａ	50㎤	0㎤	緑色
Ｃ	36㎤	③ ㎤	黄色

（全ての物質の温度は同じで，常に一定であり，注射器に入れた水の体積は変化しないものとする。また，溶けた気体の体積は，注射器の目盛りをもとに計算した値である。）

［実験３］　図６のように，Ｂ，Ｄが入った試験管それぞれに，水で湿らせた赤色リトマス紙を近づけると，Ｄに近づけた赤色リトマス紙だけが，青色になった。

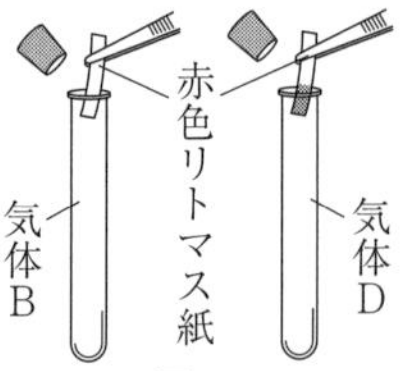

図６

(1)　次の文の①，②の｛　｝の中から，それぞれ適当なものを１つずつ選び，その記号を書け。また，③に当てはまる適当な数値を書け。

①(　　　)　②(　　　)　③(　　　)

実験２で，Ｃは水に溶け，その水溶液が①｛ア　酸性　　イ　アルカリ性｝を示したことから，②｛ウ　酸素　　エ　二酸化炭素｝であることが分かる。また，このとき，水に溶けたＣは ③ cm^3 であった。

(2)　Ｄの気体は何か。その気体の化学式を書け。(　　　)

4　夏休みに，花子さんは，日本のある地点で金星を観察した。図7は，その結果をまとめた観察記録の一部である。また，8月30日に天体望遠鏡で観察した金星は，図8のように見えた。次の会話文は，夏休み明けに，花子さんが先生と話をしたときのものである。

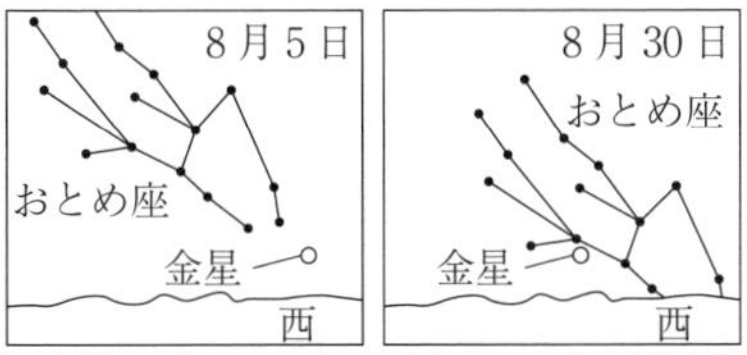

図7　（日没1時間後の，金星とおとめ座の位置を記録している。また，おとめ座を形づくる星は恒星である。）

（肉眼で見る場合と，上下左右が逆になっている。）

図8

花子さん：金星は，よいの明星と呼ばれるだけあって，周りの星よりも明るく見えました。

先　　生：実際に観察すると，よく分かりますね。8月5日と30日の観察記録からは，金星が惑星であることも確認できますよ。観察記録のどのようなことから確認できるでしょうか。

花子さん：はい。□ことから確認できます。

先　　生：よく気が付きましたね。ところで，金星は，今年の年末まで，よいの明星として観察できます。8月30日に天体望遠鏡で見た金星とは，形や見かけの大きさが変わっていくのでおもしろいですよ。

花子さん：それは楽しみです。このあとも観察を続けてみます。

(1)　□には，金星が惑星であることを示す言葉が入る。図7をもとに，□に適当な言葉を書き入れて，会話文を完成させよ。ただし，「金星」「おとめ座」の2つの言葉を用いること。

(　　　　　　　　　　　　　　　　　　　　　　　　　　　　　　　　　　)

(2)　図9は，金星と地球の公転軌道と，8月5日と30日の地球の位置を模式的に表したものである。花子さんは，この年の11月30日に金星を観察した。図9のア～エのうち，11月30日の金星の位置として，最も適当なものを1つ選び，その記号を書け。

(　　　)

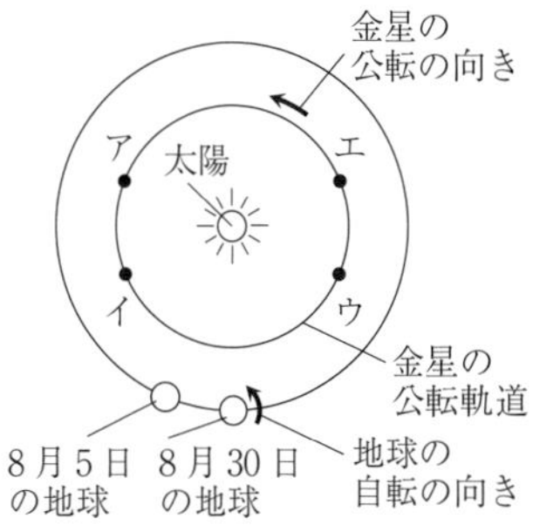

図9

そうなってしまったことにくよくよせず、前向きに捉えようとしたということだと思います。」

先生　「大雅は、江戸時代を代表する画家です。さまざまな捉え方ができますが、いずれにしても、芸術に対して一心に取り組むことができる人物だったからこそ、多くのすばらしい作品を残せたのでしょうね。」

5 次の文章を読んで、1～4の問いに答えなさい。

(注1)大雅《たいが》、かつて(注2)淀侯《よどこう》の金屏風《きんびやうぶ》をかきけり。謝礼として使者来たりけるに、台所の入口より古紙書物など取り散らし置きて、さらに上り所なし。古紙をかたよせ、使者を通しけるに、謝礼として三十金を①たまふ。大雅、礼を述べて、包みのまま床の上へ置きたり。その夜、盗人、床の側《そば》の壁を切り抜きて、包金《つつみがね》を持ち去れり。

翌朝、妻、壁を切り抜きたるを見て、「定めて盗人のしわざならん。昨日、淀侯よりたまはりたる金は、いづくへ置きたまふや。」と言ふ。大雅、さらに驚く気色《けしき》なく、床の上へ置きたり。無くば、盗人持ち去りたるならんと言ふ。門人ども来たり、この体《てい》を見て、「先生何故《なにゆゑ》にこのやうに壁を切り抜きたまふや。」と言へば、昨日の夜、盗人入りて、淀侯より謝礼にもらひたる(注3)金子《きんす》を持ち去りたるさうなと言ふ。門人の言はく、「壁あのさまにては見苦し。つくろひたまへ。」と言へば、かへって②さいはひなり。時は今、夏日にて、涼風を引き入るるによろし。また、外へ出るに、戸を開くの(注4)うれへなしと言ふとぞ。

（「逢原記聞《ほうげんきぶん》」より）

(注1) 大雅＝江戸時代の画家である池大雅《いけのたいが》。
(注2) 淀侯＝淀藩（現在の京都府の一部）の藩主。
(注3) 金子＝お金。
(注4) うれへ＝煩わしいこと。

1　――線②「さいはひなり」を現代仮名遣いに直し、**全て平仮名**で書け。（　　　）

2　――線①「たまふ」は「お与えになる」という意味であるが、誰が与えたのか。最も適当なものを、次のア～エの中から一つ選び、その記号を書け。（　　）

ア　大雅　　イ　淀侯　　ウ　妻　　エ　門人

3　文中には、大雅が言った言葉が三か所ある。その中で、二番目に言った言葉をそのまま全て抜き出し、その最初と最後のそれぞれ**三字**を書け。最初［　　　］　最後［　　　］

4　次の会話は、この文章を読んだ誠司《せいじ》さんと菜月《なつき》さんが、先生と一緒に、大雅の人物像について話し合った内容の一部である。会話の中の［a］、［b］、［c］に当てはまる適当な言葉を書け。ただし、［a］は**五字**で、［b］は**二字**で、最も適当な言葉をそれぞれ文中からそのまま抜き出して書くこと。また、［c］は**三十字**以上**四十字**以内の**現代語**で書くこと。

a［　　　　　］
b［　　］
c［　　］

誠司さん　「家の中が散らかっていたり、せっかくもらった謝礼を、［a］床の上に置いたりしているところや、切り抜かれた壁を修理せずに済ませようとしているところから、大雅はいいかげんなところがある人物だと考えました。」

菜月さん　「私は、細かいことにこだわらない、おおらかな人物だと考えました。家の中が散らかっているのは、絵をかくことに没頭しているからで、謝礼に関しては、なくなっていても、［b］様子がないことから、お金に執着していないのだと思います。」

誠司さん　「切り抜かれた壁を修理しなかった点については、どうですか。」

菜月さん　「切り抜かれた壁については、［c］と言っているから、

(注4)　ノック＝守備の練習のためにボールを打つこと。
(注5)　イレギュラー＝ボールが不規則な跳ね方をすること。
(注6)　スパイク＝靴底に金具をつけたシューズ。
(注7)　訥々＝とぎれとぎれに話すさま。

1　――線⑤「[A]ごなし」が、「相手の言い分をよく聞かず、最初から一方的にものを言うこと」という意味の言葉になるように、[A]に当てはまる最も適当な、身体の一部を表す**漢字一字**を書け。（　）

2　――線①「『とめろ！』島さんが、怒鳴り声をあげていた。」とあるが、島さんが、怒鳴り声をあげて、雨宮を強く制止した理由について説明した次の文の[　]に当てはまる適当な言葉を、文中の言葉を使って**十字以上十五字**以内で書け。[　]
島さんは、雨宮がローラーの運転操作を誤って整備に失敗したのを見て、失敗の原因は、[　]ことにあると思ったから。

3　――線②「打ちひしがれ、ローラーから降りた。」とあるが、このときの雨宮について説明したものとして最も適当なものを、次のア～エの中から一つ選び、その記号を書け。（　）
ア　入社して身に付けた技術の成果を発揮しようとしていたのに、島さんに遮られて不満に思っている。
イ　事前にグラウンド整備の仕方をよく確認しないで始めてしまった、自分の準備不足を後悔している。
ウ　整備には自信があったのに、一瞬にして自分の素質のなさを実感し、仕事を辞める決意をしている。
エ　島さんから指摘されて大変なミスを犯していたことに気が付き、改めて自分の無力さを感じている。

4　――線③「おまえをここに立たせたのは、考えてもらうためや。」とあるが、島さんが雨宮に考えてもらおうとしたことについて説明した次の文の[a]、[b]に当てはまる最も適当な言葉を、[a]は**五字**で、[b]は**十三字**で、それぞれ文中からそのまま抜き出して書け。a[　]　b[　]
プロの選手は、[a]によって選手生命が絶たれることもある厳しい世界で、人生がかかった戦いを続けており、雨宮には、その戦いの場を管理する、社会人としての[b]ということを考えてもらおうとした。

5　――線④「よく日に焼けた顔を、島さんは今日初めてほころばせた。」とあるが、このあと、島さんは、雨宮からの質問を受け、雨宮だからこそできることを示し、グラウンドを整備する技術の上達を促そうとしている。島さんが雨宮に伝えた内容を、文中の言葉を使って、**四十字以上五十字**以内で書け。
[　]
[　]によって上達できる。

6　本文についての説明として最も適当なものを、次のア～エの中から一つ選び、その記号を書け。（　）
ア　比喩表現の多用により、雨宮と島さんの心理が変化していく様子がわかりやすく描かれている。
イ　擬態語の効果的な使用によって、長谷の言葉に苦悩を深める雨宮の内面が鮮明に描かれている。
ウ　短文による会話や方言を用いることで、リアリティや臨場感がより高まるように描かれている。
エ　雨宮の視点を通して、整備の技術を高める雨宮や指導する島さんの姿が客観的に描かれている。

「(注5)イレギュラーを起こす可能性が高まります。」
「もし、その上を選手が走ったら？」
「(注6)スパイクの刃のかかり具合が違って……、転倒するかもしれません。」
「万が一、けがする選手がおったら、どないなる？」
「……取り返しがつきません。」
一問一答が続いた。島さんは俺の回答を全て聞き終えてから、何度かうなずいた。それを見て、俺も詰めていた息を吐き出した。
「俺たちは会社員やから、よっぽどのことがないかぎりクビにはならへん。でも、プロの選手はちゃうよな？　一つのけがが命とりや。それで選手生命絶たれたら、球団から簡単にクビ切られんねん。人生、かかってんねん。」
ゴールデンウィークのこどもの日、俺に優しく話しかけてくれた、ベテラン選手の顔が自然と思い浮かんだ。約二十年間、第一線でプレーを続けるには、相当の苦労があったはずだ。その戦いの場を、俺たちは管理しているのだ。生半可な覚悟じゃ務まらない。
「おまえは、今、一人の社会人としてここに立っとる。その行動一つ一つに責任が生じる。」
プレーヤーの気持ちは、プレーヤーにしかわからない。その言葉が、さらに重みを増して俺の肩にのしかかる。辞めるなら、今かもしれない……。
立ち去りかけた島さんに思い切って声をかけた。
「あの……。」島さんの答えによっては、早く退職届を出したほうが自分のためにも、会社のためにもいいかもしれないと思った。唾を飲み込んでから、質問をぶつけた。
「選手の気持ちは、選手を経験した人にしかわからないんでしょうか。」
④よく日に焼けた顔を、島さんは今日初めてほころばせた。
「そんなもん、俺かて、わからんわ。」
「へっ……？」
「俺、少年野球どまりやし。長谷レベルの選手の気持ちなんて、わかるわけないやん。」
決して投げやりではなく、しかし、冗談でもなく、島さんは(注7)訥々《とつとつ》と言葉を続けた。
「でもな、大事なのは想像してみることや。雨宮はマネージャーやったんやろ？　選手がどうしてほしいか、想像してみることくらいできるやろ？」
そう問いかけられて、自然とうなずいていた。できる。それなら、できる。頭がちぎれるくらい考えてやる。うなずくだけでは足りない気がして、「はい。」と、胸を張って返事した。
「想像してみて、実際にやってみる。試してみる。それで失敗するかもしれへん。でも、そういう姿勢が見えたら、俺だって⑤[A]ごなしに叱らへん。誰だってその試行錯誤の繰り返しで、上達していくんやないんか。」
ベンチ前は人の出入りが激しいので、唯一、人工芝が敷かれている。俺は数歩前に出て、しゃがみ込み、土の部分にそっと右手を置いた。硬く、しかし、柔らかく、しっとりと湿り気を帯びた優しい手触りだった。

（朝倉宏景「あめつちのうた」より）

（注1）島さん＝雨宮の上司で、グラウンドキーパーのトップである球場施設部長。
（注2）この車両＝グラウンドを整地するために使用する、ローラーがついた車両のこと。ここでは、「ローラー」と呼んでいる。
（注3）ゴロ＝地面を転がる打球。

4　次の文章は、プロ野球が行われる球場の整備を請け負う会社に就職した「雨宮《あめみや》」が、試合前にグラウンドの整備を行う場面を描いたものである。雨宮は、会社の先輩で強豪校の元球児である「長谷《はせ》」から言われた言葉が頭から離れないまま、整備を始めた。これを読んで、1～6の問いに答えなさい。

「プレーヤーの気持ちは、ハンドルを操作する手に力がこもる。

重い言葉だった。ハンドルを操作する手に力がこもる。グラウンドキーパーは、ほぼ全員が野球経験者だ。だからこそ、選手の視点に立った整備ができる。マウンドや内野グラウンドの硬さは、野球のプレーのしやすさに直結する重大な要素だ。選手の気持ちがわかれば、グラウンドキーパーにとってそれがいちばんの武器になる。しかし、俺はキャッチボールすらまともにできない。満足にスポーツのできない人間が、整備のプロになることなど到底かなわないのかもしれない。

エンジン音にまぎれさせるように、大きなため息をついた。目の前に、まるでヒッチハイクのように、日に焼けた黒い腕が差し出されたのは、そのときだった。

①「とめろ！」島さん(注1)が、怒鳴り声をあげていた。

何が起こったのかわからないまま、慌ててブレーキを踏んだ。

「エンジンを切って、降りろ。」

「でも……。」

「はよ、降りてくれ。」

「ちゃんと、できます。」

「集中できてへんのは、明らかや。」

ハンドルを強くつかんだ。ここで降ろされたら、そのまま帰らされると思った。

「見てみい。」島さんは、グラウンドを指差した。「進路がふくらみすぎや。」

慌てて身を乗り出し、足元を見た。ハッとした。渦巻きを描くように(注2)この車両を走らせるわけだから、前の周回で自分が通ったすぐ外側を、間隔を空けずにローラーで踏んでいかなければならない。しかし、俺は知らず知らずのうちに運転操作を誤り、外側へふくらみすぎていた。結果として、整地できていないところが、飛び地のようにできてしまった。

②打ちひしがれ、ローラーから降りた。「ベンチの前で見てろ。」と言われ、すごすごと引っ込む。代わりにローラーに乗った島さんは、器用に車両をバックさせながら、俺が踏み残した箇所を的確に均《なら》していく。

失敗したなら、また一からやり直せばいいという、簡単な話ではない。ローラーが何度そこを通ったかで、グラウンドの硬さは刻々と変わってしまう。結果、ゴロ(注3)の跳ね方も、スピードも大きく変わる。

新人であり、なおかつ野球のノック(注4)すらまともに受けたことのない俺は、その変化すら感知することができないのだ。ローラーを終えた島さんがゆっくりと近づいてきた。

そこまで身長は高くないのに、その立ち居振る舞いには威厳が感じられる。胸板が厚いからかもしれない。プロ野球選手とはまた違う筋肉のつきかただ。

「雨宮、③おまえをここに立たせたのは、考えてもらうためや。」

眼光がものすごい。すぐ目の前に立たれると、一歩後ろに退《ひ》きたくなる。

「踏んでる箇所と、踏んでない箇所ができたら、どないなる？　もし、そこにボールが弾んだら？」

俺はその場にかろうじて踏ん張って答えた。

5　[6]段落の [B] 、 [C] 、 [D] 、 [E] にそれぞれ当てはまる言葉の組み合わせとして最も適当なものを、次のア～エの中から一つ選び、その記号を書け。（　　）

ア　B　心性　C　感性　D　心性　E　感性
イ　B　心性　C　感性　D　感性　E　心性
ウ　B　感性　C　心性　D　感性　E　心性
エ　B　感性　C　心性　D　心性　E　感性

6　[7]段落の──線③「料理は飲食の一部でしかない。」とあるが、料理と飲食について、本文の趣旨に添って説明した次の文章の [a] 、 [b] 、 [c] に当てはまる最も適当な言葉を、[7]・[8]段落の文中から、 [a] は**十一字**で、 [b] は**五字**で、 [c] は**九字**で、それぞれそのまま抜き出して書け。

a [　　　　　　　　　　　] b [　　　　　] c [　　　　　　　　　]

飲食は、食べ物への嗜好や食べ方、食べる時間や空間の設定などを含めた [a] である。その一部である料理は、 [b] を持ち、いろいろなものをつなぐ仲介項としてクローズアップされるため、食文化そのものと捉えられてしまうが、 [b] を保つことが難しく、 [c] 文化とはならないものである。

7　[10]段落の──線④「堂々めぐり」とは、「議論や思考が進まず、同じ所をめぐっている」という意味である。筆者は、飲食において、「感性や心性」と「飲食行為」とのどのような関係が、堂々めぐりの関係にあると述べているか。[9]段落の文中の言葉を使って、**二十五字以上三十五字以内**で書け。

[　　　　　　　　　　　　　　　　　　　　　　　　　　　　　　　　　　　] という関係。

8　本文に述べられていることと最もよく合っているものを、次のア～エの中から一つ選び、その記号を書け。（　　）

ア　目に見える文化は、独自色が強くわかりやすいことから、研究対象にはなり得ないと言える。
イ　静的でありながら動的な面も合わせ持つ飲食の両義性が、飲食行為の革新を生み出している。
ウ　飲食は外部の対象の主体内への摂取にすぎないが、うまさを見いだす感性も磨くべきである。
エ　文化的行為としての飲食は国際交流の影響を受け、感性や心性のグローバル化が進んでいる。

[2]　次の1～4の各文の──線の部分の読み方を平仮名で書きなさい。

1　一日中、曇天だった。（　　）
2　心の葛藤に苦しむ。（　　）
3　感動の涙で目が潤む。（　　む）
4　節分用の煎り豆。（　　り）

[3]　次の1～4の各文の──線の部分を漢字で書きなさい。ただし、必要なものには送り仮名を付けること。

1　電車がけいてきを鳴らす。（　　）
2　はちくの勢いで、試合を勝ち進む。（　　）
3　毛糸でマフラーをあむ。（　　）
4　本の表紙がそる。（　　）

プされるのは、いたしかたのないことかもしれない。しかし、この料理も、そのときどきに形を取って目に見えるものになるものの、美術品や文学作品のように存続することは難しく、永続的に目に見える文化とはならない。それにもともと、飲食は料理だけに関わるものではない。食べ物への(注3)嗜好《しこう》や食べ方、食べる時間や空間の設定など、多方面にわたって多様な意味を持つ複雑な文化的行為の全体が飲食なのだ。

9 そして、そのような文化的行為としての飲食を支えるのは、行為の主体である私たちが持つ感性であり、さらにその個人の感性を大きく規定するのが、アナール派的に見れば時代の心性なのである。何をうまいと思い、どのような行為をよしとするか、それは私たちの感性に、あるいはそのもとになる心性による。では、そのような飲食行為における感性や心性は何によって形づくられるのだろうか。それは、まさに繰り返される飲食行為そのものによって形づくられるのだ。

10 どこか④堂々めぐりのようだが、飲食は、そのような目に見えない文化の、ときに(注4)スタティックでありつつ(習慣的な行動によって日本人ならふっくらとしたご飯を好み、フランス人ならパリッとしたパンが好きといった味覚が形成される)、場合によって F に対応する(注5)ダイナミックさ(パサパサしたご飯もチャーハンにするとおいしいと思うようになる、モッチリしたパンにもうまさを見いだすといった、これまでとは異なった飲食行動の形成)を合わせ持った複雑な文化現象なのだ。

11 一度刷り込まれた飲食行為が、保守的な面を持ちながら、一方でときに革新的な面を示すのも、こうした飲食の両義性に由来している。

(福田育弘「ともに食べるということ」より)

(注1) アナール派=人間社会や生活の面を重視しようとする現代フランス歴史学の主要な学派。
(注2) クローズアップ=大きく取り上げること。
(注3) 嗜好=好み。
(注4) スタティック=静的。
(注5) ダイナミック=動的。

1 5段落の——線②「私たちは死ぬまで飲食から逃れられない」の中には、助詞が三つある。それらを**全て**そのまま抜き出して書け。
( )( )( )

2 5段落と7段落の A には、同じ言葉が当てはまる。 A に当てはまる最も適当な言葉を、次のア〜エの中から一つ選び、その記号を書け。( )
ア つまり イ たとえ ウ それとも エ なぜなら

3 10段落の F には、「その場その時に応じて適切な行動をとること」という意味の四字熟語が当てはまる。その四字熟語として最も適当なものを、次のア〜エの中から一つ選び、その記号を書け。( )
ア 時期尚早 イ 品行方正 ウ 適材適所 エ 臨機応変

4 2段落の——線①「目に見えない文化」について、本文の趣旨に添って説明した次の文章の a 、 b 、 c に当てはまる最も適当な言葉を、3・4段落の文中から、 a は**十八字**で、 b は**八字**で、 c は**十字**で、それぞれそのまま抜き出して書け。

目に見えない文化は、 a ことから、目に見える文化と比べると、意識されることが少ない上に、 b ということが言える。そうだとすれば、目に見えない文化は、 c ものだと考えられる。

a
b
c

国語

時間　四五分
満点　五〇点(作文共)

[1] 次の文章を読んで、1～8の問いに答えなさい。([1]～[11]は、それぞれ段落を示す番号である。)

[1] 飲食という行為の特徴とは、何だろうか。文化としての飲食という観点から考えてみたい。

[2] 文化には大きく分けて二つの形態がある。一つは、芸術品や建築物などの目に見える文化だ。もう一つは、制度や習慣などの①目に見えない文化である。

[3] 目に見える文化は、その文化に属している人にもいない人にも、それが文化であることがわかりやすい。エジプトのピラミッドや日本の寺院を見て、独自な文化を感じない人はいないだろう。わかりやすいので、意識されることも多いし、研究の対象にもなりやすい。これに対して、目に見えない文化は、多かれ少なかれ個人への刷り込みによって内面化されるため、普段は意識されることが少ない。意識されないので、検討の対象にもなりにくい。

[4] しかし、目に見えるものより、目に見えないもののほうが、内面化されているがゆえに、より拘束力が強いとも言える。しかも、拘束力が強いにもかかわらず、意識されることが少ないとすれば、それは文化としてより根深いものではないだろうか。

[5] 人は、生まれ落ちて以来、生命維持のため、誰もが毎日複数回、飲食という行為を繰り返している。飲食を、外部の対象を主体内へ摂取することと考えれば、サプリメントや点滴も広い意味での飲食なので、②私たちは死ぬまで飲食から逃れられないことになる。[A]、長い不断の刷り込みによって形づくられるのが飲食という文化なのだ。そして、長い習慣的とも言える刷り込みがあるがゆえに、飲食という行為は、文化として個人の主体に深く根を下ろしている。飲食とは、こう言ってよければ、私たちの内部で一つの制度となった行為と判断の体系であり、「感性」となった習慣にほかならない。フランスのアナール派(注1)の歴史学の用語を用いれば、「マンタリテ(心性)」となった習慣である。

[6] アナール派の概念をここで持ち出したのは、より個人的でより個別的な意味合いの強い[B]に対して、[C]のほうが、ある文化でより永続性があり、より普遍性のある、主体の対象に対する内面的な価値観を指し示すのに適しているからである。個人的な好悪《こうお》の原因となる感性に比べて、アナール派的な心性は、ある時代を通じて見られる集団的に共有された持続的な心の状態である。ご飯にマヨネーズがうまいと思うのは個人の[D]だが、日本人ならパサついたご飯よりも、ふっくらと炊かれたご飯が好きだというのが[E]だと言ったらわかりやすいだろうか。いずれにしろ、飲食という行為は、それを文化として捉えた場合、まさに目に見えない文化の典型であることがわかる。

[7] もちろん、飲食は、具体的な形を持つ料理や飲み物がなければ始まらない。そのため、食文化というとすぐ、飲み物を含めた料理になってしまうが、実は、③料理は飲食の一部でしかない。料理は、無数の食べられることが可能なものの中からあるものを選択して、食べるのにより適した形に変化させる変成過程の結果として生じたものである。[A]、自然と人間をつなぐ仲介項なのだ。さらに、料理は作る側と食べる側ともつなぐ。人と人とをつなぐ仲介項でもある。

[8] いろいろなものをつなぐ仲介項だから、飲食で料理がクローズアッ(注2)

300字

400字

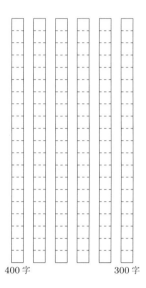

作文

時間 二五分
満点 五〇点（国語共）

1 〔作文問題〕

あなたは、創造力とはどのような力であると考えるか。次の資料を参考にしながら、そう考える理由を含めて、後の**注意**に従って述べなさい。

資料

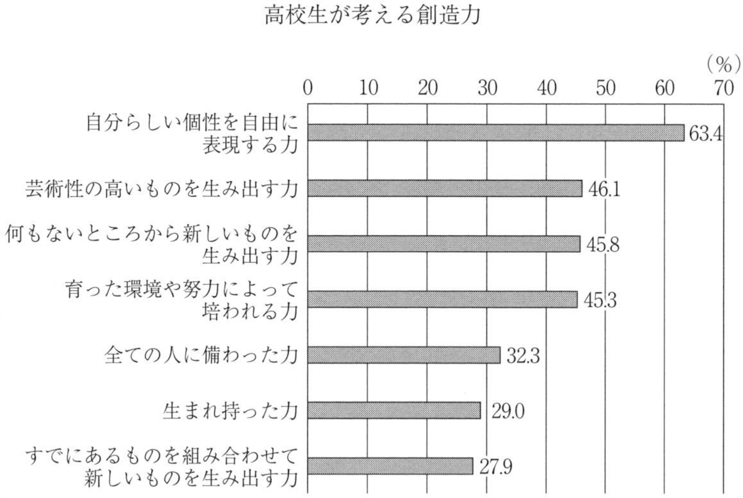

全国の高校生 1200 人が回答している。（選択式，複数回答。）
ここでは，主なものを七つ示している。

（ある会社が令和２年に実施した調査による。）

〈注意〉

1 前の資料を見て気づいたことを交えて書くこと。
2 あなたが体験したことや見聞したことを交えて書いてもよい。
3 段落は、内容に応じて設けること。
4 文章の長さは、三百字以上、四百字以内とする。
5 資料の中の数値を使う場合は、次の例に示したどちらの書き方でもよいこととする。

例 六三・四% または 六十三・四%
　 二九・〇% または 二十九%

なお、「%」は、「パーセント」と書いてもよい。

6 **文題は書かないこと。**

100字

200字

2022年度／解答

数　学

[1]【解き方】2. 与式$=\dfrac{2(2x-5y)+3(x+3y)}{6}=\dfrac{4x-10y+3x+9y}{6}=\dfrac{7x-y}{6}$

3. 与式$=\dfrac{3x^2y}{xy}-\dfrac{2xy^2}{xy}=3x-2y$

4. 与式$=\sqrt{5}-(5-4\sqrt{5}+4)=\sqrt{5}-9+4\sqrt{5}=5\sqrt{5}-9$

5. 与式$=a^2-9+a^2+10a+24=2a^2+10a+15$

【答】1. -9　2. $\dfrac{7x-y}{6}$　3. $3x-2y$　4. $5\sqrt{5}-9$　5. $2a^2+10a+15$

[2]【解き方】1. 解の公式より，$x=\dfrac{-4\pm\sqrt{4^2-4\times5\times(-1)}}{2\times5}=\dfrac{-4\pm6}{10}=\dfrac{1}{5}$，$-1$

2. 右図のように，ℓ と m に平行な直線を引くと，平行線の性質より，$x+35°=110°$ なので，$x=75°$

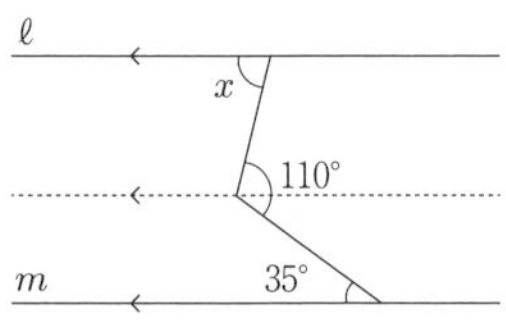

3. ア．最頻値は，A 中学校は 6.5 時間で，B 中学校は 7.5 時間で，異なる。イ．8 時間以上 9 時間未満の相対度数は，A 中学校が，$\dfrac{7}{30}=0.23\cdots$，B 中学校が，$\dfrac{21}{90}=0.23\cdots$で，等しい。ウ．A 中学校の 7 時間未満の生徒の割合は，$\dfrac{3+10}{30}\times100=43.3\cdots$(%)なので，正しくない。エ．$1+8+27=36$(人)，$36+29=65$(人)より，B 中学校の小さい方から 45 番目と 46 番目の生徒はともに 7 時間以上 8 時間未満なので，正しくない。

4. 赤玉を A～D，白玉を E，F と区別すると，2 個の玉の取り出し方は，(A，B)，(A，C)，(A，D)，(A，E)，(A，F)，(B，C)，(B，D)，(B，E)，(B，F)，(C，D)，(C，E)，(C，F)，(D，E)，(D，F)，(E，F)の 15 通り。このうち，赤玉と白玉が 1 個ずつなのは下線を引いた 8 通りだから，確率は $\dfrac{8}{15}$。

5. 底面の円の半径は，$6\div2=3$(cm)なので，体積は，$\pi\times3^2\times10=90\pi$ (cm^3)

6. 点 A を通る直線 ℓ の垂線を作図する。そして，点 A を中心として，半径が AB になる円と垂線の交点が正方形の頂点となり，その頂点と点 B をそれぞれ中心とした，AB を半径とする円の交点が，もう 1 つの正方形の頂点となる。

(例)

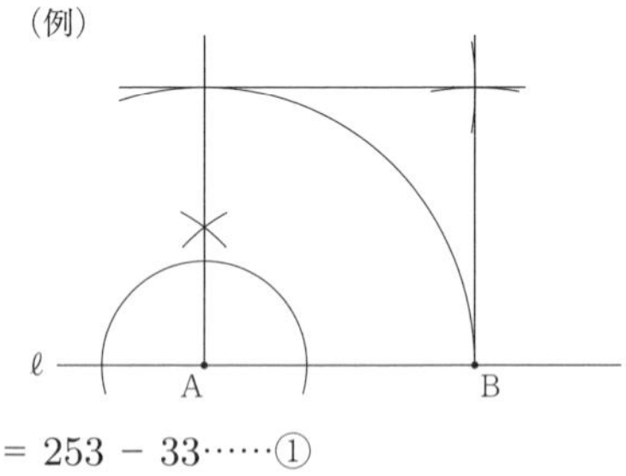

7. 9 月に図書館を利用した男子を x 人，女子を y 人とすると，$\begin{cases} x+y=253-33\cdots\cdots① \\ \dfrac{21}{100}x+\dfrac{10}{100}y=33\cdots\cdots② \end{cases}$　②× 100 より，$21x+10y=3300\cdots\cdots③$　③－①× 10 より，$11x=1100$ なので，$x=100$　①に代入して，$100+y=220$ より，$y=120$

【答】1. $x=\dfrac{1}{5}$，-1　2. 75°　3. イ　4. $\dfrac{8}{15}$　5. 90π (cm^3)　6. (前図)

7. 9 月に図書館を利用した男子 100 人，9 月に図書館を利用した女子 120 人

3 【解き方】1. 最も大きい整数は762で，最も小さい整数は267なので，Q = 762 − 267 = 495

2. $Q = (100a + 10b + c) - (100c + 10b + a) = 99a - 99c = 99 \times (a - c)$

3. (1) 3つの数をa, b, c $(a > b > c)$とすると，$396 = 99 \times (a - c)$より，$a - c = 4$　よって，$(a,\ c) = (9,\ 5)$, $(8,\ 4)$, $(7,\ 3)$, $(6,\ 2)$, $(5,\ 1)$の5通りで，それぞれの場合において，$a > b > c$を満たすbの値は3通りずつあるから，5 × 3 = 15 (通り)　(2) 3つの数が大きい順に$(a,\ 8,\ 3)$の場合，$a = 9$より，$Q = 99 \times (9 - 3) = 594$　大きい順に$(8,\ b,\ 3)$の場合，$Q = 99 \times (8 - 3) = 495$　大きい順に$(8,\ 3,\ c)$の場合は，$c = 2,\ 1$で，$Q = 99 \times (8 - 2) = 594$, $Q = 99 \times (8 - 1) = 693$　よって，求める答えは，495, 594, 693。

【答】1. 495　2. イ. $100c + 10b + a$　ウ. 99　3. (1) 15 (通り)　(2) 495, 594, 693

4 【解き方】1. 次図アにおいて，△PQR ∽ △AQEより，EA = AQ = 3 cmなので，$y = \frac{1}{2} \times 3 \times 3 = \frac{9}{2}$

2. (1) $y = cx^2$とおいて$x = 4$, $y = 8$を代入すると，$8 = c \times 4^2$より，$c = \frac{1}{2}$　よって，$y = \frac{1}{2}x^2$　(2) $x = 4$のとき，次図イのようになるから，AD = AQ = 4 cmより，$a = 4$　また，$x = 10$のとき，次図ウとなり，GC = BC = 4 cmより，FR = FG = $(b - 4)$ cmだから，$\frac{1}{2}b^2 - \frac{1}{2}(b - 4)^2 = 14$が成り立つ。よって，$b^2 - (b - 4)^2 = 28$なので，$8b - 16 = 28$となり，$b = \frac{11}{2}$

図ア

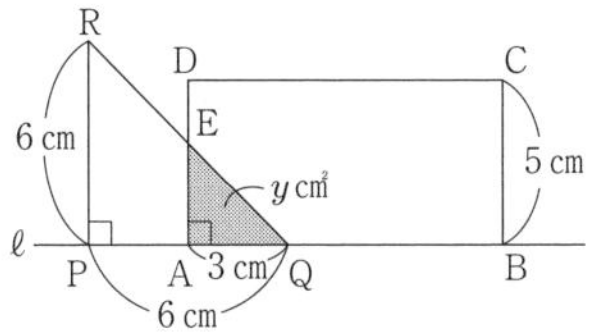

図イ

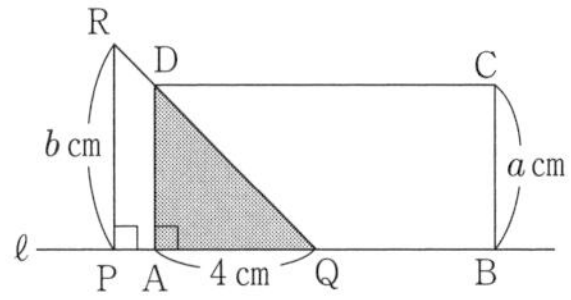

図ウ

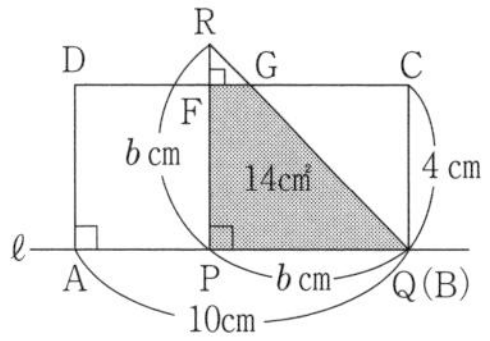

【答】1. $\frac{9}{2}$　2. (1) $y = \frac{1}{2}x^2$　(2) $(a =)\ 4$　$(b =)\ \frac{11}{2}$

5 【解き方】2. (1) △ABC ∽ △BDCより，AC : BC = BC : DCなので，3 : BC = BC : 1　よって，$BC^2 = 3$なので，BC > 0より，BC = $\sqrt{3}$ (cm)　(2) 右図のようにCからABに垂線CHを引く。△ABCは，BC : CA = $\sqrt{3}$: 3 = 1 : $\sqrt{3}$より，30°，60°の直角三角形。したがって，∠OBC = 60°より，△OBCは正三角形となり，CH = $\frac{\sqrt{3}}{2}$BC = $\frac{3}{2}$ (cm)　よって，求める面積は，△BDC + △OBC − おうぎ形OBC = $\frac{1}{2} \times \sqrt{3} \times 1 + \frac{1}{2} \times \sqrt{3} \times \frac{3}{2} - \pi \times (\sqrt{3})^2 \times \frac{60}{360} = \frac{5\sqrt{3}}{4} - \frac{\pi}{2}$ (cm^2)

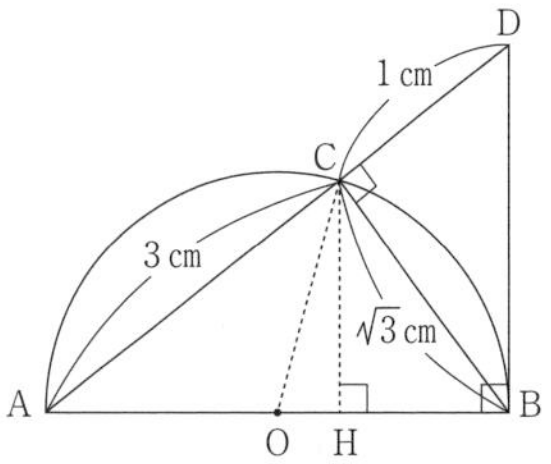

【答】1. △ABCと△BDCにおいて，線分ABは直径だから，∠ACB = ∠BCD = 90°……①　△ABCで，∠ACB = 90°だから，∠BAC = 90° − ∠ABC……②　また，∠ABD = 90°だから，∠DBC = 90° − ∠ABC……③　②，③より，∠BAC = ∠DBC……④　①，④より，2組の角がそれぞれ等しいから，△ABC ∽ △BDC

2. (1) $\sqrt{3}$ (cm)　(2) $\frac{5\sqrt{3}}{4} - \frac{\pi}{2}$ (cm^2)

英　語

1 【解き方】1. 昨日の放課後，ケイコはピアノの練習をした。

2. ユカの「それを通して鳥を見れば，鳥についてもっと多くのことを学ぶでしょう」という言葉から，タロウはユカに双眼鏡を見せていると考えられる。

3. 母親の「私と買い物に行ってくれない？　買うものがたくさんあって，あなたにそれらを運んでほしいのよ」という言葉に対して，カズヤが「いいよ」と答えている。

【答】1. エ　2. イ　3. ア

◀全訳▶

1.

A：昨日の放課後あなたは何をしましたか，サトシ？

B：ぼくは友人たちと野球をしました。あなたはどうでしたか，ケイコ？

A：私はピアノを練習しました。

質問：ケイコは昨日の放課後に何をしましたか？

2.

A：見てください，ユカ。お母さんが誕生日にこれをぼくにくれました。

B：それはすてきですね，タロウ。あなたは山で鳥を観察するのが好きです。それを通して鳥を見れば，あなたは鳥についてもっと多くのことを学ぶでしょう。

A：その通りです。ぼくは長い間これが欲しいと思っていました。

質問：タロウはユカに何を見せていますか？

3.

A：カズヤ，部屋の掃除はしたの？

B：うん，お母さん。

A：それなら，私と買い物に行ってくれない？　買うものがたくさんあって，あなたにそれらを運んでほしいのよ。

B：いいよ。でもその前に英語の宿題を終わらせてもいい？

A：もちろんよ。

質問：宿題を終わらせた後カズヤは何をするつもりですか？

2 【解き方】1.「それについてヨウコに聞くべきです」という言葉に対するせりふを選ぶ。Yes, I will. =「はい，そうします」。

2. 次の春休みに東京に住んでいる友人のところを訪問する予定だという相手に対するせりふを選ぶ。That sounds good. =「それはいいですね」。

【答】1. ア　2. エ

◀全訳▶

1.

A：ああ，この数学の問題は私にはとても難しいです。

B：あなたはそれについてヨウコに聞くべきです。彼女は数学が好きなので，それは彼女にとって簡単です。

A：はい，そうします。

2.

A：あなたは今までに東京を訪れたことがありますか？

B：いいえ，ありません。でも友人の一人が東京に住んでいるので，私は次の春休みに彼女のところを訪問する予定です。私は早くその日が来ることを望んでいます。

A：それはいいですね。

[3]【解き方】1. ジュディがクミに質問をしたのは，クミが病院のそばを歩いていたとき。

2. マイクが日本に来たのは3年前。

3. 昼食後，ジュディはマイクと一緒にクミに教えてもらった寺に行ってみようと思っている。

4. 最後にクミは「将来，私は日本に住んでいる外国人のために働きたいと思います」と言っている。

【答】1. イ　2. ウ　3. ウ　4. エ

◀全訳▶　この前の日曜日，私は勉強するために図書館へ行きました。勉強した後，私が病院のそばを歩いていると，一人の外国人女性が英語で私に話しかけてきました。彼女は「あなたはしまなみレストランがどこにあるか知っていますか？　私はそこで兄に会って，彼と一緒に昼食を食べる予定なのです」と言いました。私は「そのレストランまで私が連れていってあげましょう。それは私の家の近くにあります」と言いました。彼女はうれしそうでした。

レストランへ歩いていくとき，私たちはたくさん話しました。彼女の名前はジュディで，彼女はアメリカ出身です。彼女は英語の教師として2週間前に日本に来ました。彼女の兄の名前はマイクです。彼は3年前に日本に来ました。彼は日本語を学んでおり，彼の夢はアメリカで日本語を教えることです。彼らは4年間会っていません。彼らは写真を撮るのが好きです。彼らは日本のお寺の写真を撮りたいと思っています。そのため私は彼女に，この町にある有名なお寺について教えてあげました。彼女は「昼食後，兄と一緒にそこへ行ってみます」と言いました。

私たちがレストランに着いたとき，彼女は「ありがとう，クミ。あなたはとても親切ですね」と言いました。私はそれを聞いてうれしかったです。その日は私にとって良い日でした。将来，私は日本に住んでいる外国人のために働きたいと思います。

〔質問〕

1. ジュディはどこでクミに質問をしましたか？

2. マイクはいつ日本に来ましたか？

3. 昼食後，ジュディはマイクと何をするつもりですか？

4. 将来，クミは何をしたいと思っていますか？

[4]【解き方】1. (1)「明日の朝，私は6時に起きる必要があります」。「～する必要がある」= need to ～。「～時に起きる」= get up at ～。I need to get up at six o'clock tomorrow morning.となる。

(2)「あなたは今朝からずっと何を探しているのですか？」。「ずっと～しているのですか？」は現在完了進行形の疑問文〈have＋主語＋been＋～ing〉を使って表す。「～を探す」= look for ～。What have you been looking for since this morning?となる。

2. (1) ①「毎日熱心に英語を勉強するべきだ」，「毎日宿題をしなければならない」などの文にする。「～するべきだ」= should ～。「～しなければならない」= must ～(または，have to ～)。②「多くの外国人と会話できるから」，「宿題をすることで成績を上げることができるから」などの文にする。理由を述べる文なのでBecause ～から始める。

(2)「私たちは一緒に英語であなたの好きな歌を歌う予定です」，「私たちはあなたにプレゼントをあげる予定です」などの文が考えられる。

【答】1. (1) エ，ウ，イ，ア　(2) ウ，ア，エ，イ

2. (例) (1) ① We should study English hard every day. (7語)　② Because we can talk with many foreign people. (8語)　(2) We will sing your favorite songs in English together. (9語)

[5]【解き方】1. ① 友紀が「1年間です」と答えていることから，期間を尋ねる疑問文が入ることがわかる。期間を尋ねる疑問詞はHow long。② 直後の「私は若いとき，勉強するために一人で外国に行きました。そこにいる多くの人々がとても親切だったので，私は楽しい時間を過ごせました」という言葉から考える。ジョー

ンズ先生は，留学することを心配する必要はないと思っている。「～する必要はない」= don't have to ～。③ 直後の「それぞれの国が異なる特徴を持っていると理解できました」という発言から、留学する理由についての友紀の説明を聞いて，ジョーンズ先生は興味深いと感じているとわかる。

2. ㈠ 現在進行形〈be 動詞＋～ing〉の疑問文。「～について話す」= talk about。㈡「私が～したい選手」= the player〔that〕I want to ～。「そこに住んでいる」= lives there。

3. 武史の 4 番目のせりふより，(b)が日本であることがわかり，その結果，(a)が中国であることがわかる。また，友紀の 5 番目のせりふより，(X)が「先進的な知識を得たいから」，(Y)が「新しい友達を作りたいから」であることがわかる。

4. (1) 武史の 2 番目のせりふを見る。武史は外国で勉強することが友紀にとって良いことだと思っている。(2) 友紀の 5 番目のせりふを見る。ジョーンズ先生の経験を聞き，友紀はジョーンズ先生のように外国での生活を楽しみたいと思っている。(3) グラフ A より，外国で勉強したいと思っている学生の割合が一番高いのが韓国であるということがわかる。

【答】 1. ① イ　② エ　③ ウ

2. (例) ㈠ What are you talking about?　㈡ The player I want to meet lives there.　3. エ

4. (1) ウ　(2) イ　(3) ア

◀全訳▶

ジョーンズ先生：こんにちは，友紀。こんにちは，武史。元気ですか？

武史　：私は元気です，ありがとうございます。先生はお元気ですか？

ジョーンズ先生：私も元気です。あなたたちは，何について話しているのですか？

友紀　：留学することについてです。私は来年，留学する予定です。

ジョーンズ先生：本当ですか？　あなたはどこに行く予定なのですか？

友紀　：私はアメリカへ行く予定です。私はそこで英語の技能を向上させたいと思っています。

ジョーンズ先生：向こうにはどれくらい滞在する予定ですか？

友紀　：1 年間です。

武史　：彼女は英語を必要とする仕事に就きたいと言っています。だから留学することは彼女にとって良いことです。

友紀　：留学することを通して，人々は多くのことが学べると私は思います。でもそれに興味のある日本人学生の割合が下がっています。

武史　：留学することについての二つのグラフがここにあります。私たちはインターネットでそれらを見つけました。

ジョーンズ先生：なるほど，それらを私に説明してください。

武史　：わかりました。それらは日本，アメリカ，中国，そして韓国の高校生が，留学することについてどのように感じているのかを示しています。グラフ A は「あなたは留学したいですか？」という質問に対する結果を示しています。日本はそれをすることを希望しない学生の割合が最も高くなっています。

ジョーンズ先生：私はなぜ日本の学生が留学したくないのかわかりません。

武史　：私たちはインターネットでいくつかの理由を見つけました。私はそのうちの一つをお話しします。彼らは外国で一人で生活することが自分たちにとって困難だと考えています。

ジョーンズ先生：それは彼らにとって困難なことではありません。彼らはそれについて心配する必要がありません。私は若いとき，勉強するため一人で外国に行きました。そこにいる多くの人々がとても親切だったので，私は楽しい時間を過ごしました。

友紀　：私はアメリカでそのような素晴らしい時間を過ごせればいいなと思っています。ジョーンズ先生，グラフBを見てください。それは「あなたはなぜ留学したいのですか？」という質問に対する結果を示しています。日本，アメリカ，そして韓国では最も人気のある理由は「私は言語の技能を向上させたい」です。中国では，最も人気のある理由は「私は先進的な知識を得たい」です。「私は新しい友達を作りたい」という理由について言えば，その割合は他の国々よりもアメリカの方が高くなっています。

ジョーンズ先生：それは興味深いです。それぞれの国が異なる特徴を持っていることが理解できました。

友紀　　　　：私もアメリカで新しい友達を作りたいです。武史，あなたは留学したいのですか？

武史　　　　：はい。私は将来オーストラリアへ行きたいです。

友紀　　　　：なぜですか？

武史　　　　：私はそこでテニスについて多くのことが学べるからです。多くの若者がそれを学ぶためにそこへ行きます。私の夢はテニスの世界チャンピオンになることです。それに，私には理由がもう一つあります。私が会いたい選手が，そこに住んでいます。私は彼のようになれたらいいなと思っています。私はそこで英語の技能も向上させたいです。

ジョーンズ先生：あなたは大きな夢を持っているのですね！　私は留学することがあなたたちに多くのことを学ぶ機会を与えてくれると思います。

武史　　　　：私もそう思います。どうもありがとうございます，ジョーンズ先生。

6 **【解き方】** 1. (A)「図書館から私が借りた本」。「借りる」= borrow。過去形にする。(B)「その島の浜辺をより高くすることによって」。「～をより高くする」= make ～ taller。「～することによって」= by ～ing。

2.「それを止めるため，一人の中学生がそこにいる人々に良いアイデアを出しました」という文。ウの直後には「もし畑が強い根を持つ植物で囲まれれば，赤土は畑にとどまることができます」という a good idea の具体的な内容が書いてある。

3. 同じ文の it はアマモのことである。「アマモは安全な場所であるため，彼らにとっての家だと私たちは言うことができます」という意味になることから「彼ら」が誰を指しているかを考える。

4. ①・② 第4段落の3文目を見る。fish with eggs =「卵を持つ魚」。young fish =「稚魚」。③ 第4段落の5文目を見る。let people know what he is doing =「彼がしていることを人々に知ってもらう」。

5. ア.「健太は海が大好きで，それは彼の生活の中で重要であると考えている」。第1段落の1・4文目を見る。正しい。イ. 第2段落の2文目を見る。アオウミガメは浜辺で卵を産む。ウ.「アマモは海の他の植物よりも多くの酸素を必要とする一種の植物です」。第3段落の5文目を見る。アマモは酸素を出す植物である。「他の植物よりも酸素を必要とする」とは述べられていない。エ.「千葉の漁師が多くの人々に健康のためたくさんの魚を食べて欲しいと思っている」と述べられている部分はない。オ. 第5段落の4文目を見る。赤土の下になると，サンゴはしばしば死んでしまう。カ.「強い根を持つ植物は，赤土が畑にとどまる手助けをしてくれる」。第5段落の最後から2文目を見る。正しい。キ. 最終段落の最終文を見る。健太はみんなが海洋生態系のために何をするべきかを考えるようになってくれたらいいと思っている。

6. 海洋生態系を守るための取り組みについて書かれた文章なので，イの「より良い海洋生態系のために一緒に取り組むこと」が最も適当。

【答】 1. (A) borrowed　(B) making　2. ウ　3. small sea animals

4. ① 卵を持つ魚　② 稚魚　③ 人々に知ってもらう（それぞれ同意可）　5. ア・カ　6. イ

◀全訳▶ 私は海が大好きです。私は美しい海の近くで生まれました。私が小さな子どもだったとき，そこで私はしばしば泳いだり，海の動物と遊んだりして楽しみました。海なしで生活することなんて私には考えられません。しかし，現在海洋生態系は良い状態ではありません。私はそのことが心配です。そのことについて私たちは何ができるのでしょうか？　多くの人々が海洋生態系を守るために一緒に働いています。先週，図書館から私が借りた本からのいくつかの例をみなさんにお話ししましょう。

オーストラリアでは，人々がある島でアオウミガメのための計画を始めています。彼らは浜辺で卵を産むため，そこに行きます。問題が一つあります。海面がだんだんと高くなりつつあるのです。もし卵が水につかってしまうと，彼らの赤ちゃんは卵から出てくることができません。そこで人々はアオウミガメのために何をするべきかを考え，その島の浜辺をより高くすることによって彼らを守ろうとしました。

日本でも私たちは海洋生態系を守るための計画を見ることができます。愛知では，人々はアマモ計画を始めています。アマモは植物の一種です。それは小さな海の動物にとって非常に重要です。それは彼らに酸素を与えてくれます。それはまた，彼らがより大きな海の動物を避ける手助けもしてくれます。それは安全な場所であるため，彼らにとっての家だと私たちは言うことができます。しかし，アマモの量が減ってしまいました。そこで人々は海底にアマモを植え始めました。彼らはそれが小さな海の動物に良い生活をもたらすことを望んでいます。このような多くの計画が日本の他の地域でも行われています。

千葉では，ある漁師が「持続可能な漁業」計画を始めています。彼は東京近辺の海に住んでいる何種類かの魚の数が減りつつあることを心配しています。そのため彼は卵を持つ魚や稚魚を捕りません。それらは海に戻されます。また，彼は自分がしていることを人々に知ってもらうため，多くの場所を訪れています。彼は，将来も人々が東京近辺の海からの多くの種類の魚を楽しく食べることができることを望んでいます。

沖縄では，人々がサンゴを守る計画を始めています。そこにいるサンゴの中には赤土によって死んでしまったものがあります。強い台風がしばしば島々にやってきて，畑の赤土が海に流れ込みます。サンゴが赤土の下になると，それはしばしば死んでしまいます。それを止めるため，一人の中学生がそこにいる人々に良いアイデアを出しました。もし畑が強い根を持つ植物で囲まれれば，赤土は畑にとどまることができます。多くの人々がこの計画に参加し，今ではそこにいる多くのサンゴが赤土から守られています。

私は将来，海洋生態系と関係がある仕事に就きたいと思っています。多くの種類の海の動物が絶滅しています。私はそのことをとても悲しく思います。私は自分自身の計画を始めることに興味があり，多くの人々にそれに参加してほしいと思っています。もし一緒に努力すれば，私たちは海洋生態系を守るためにより多くのことができます。私は，みんなが海洋生態系のために何をするべきかを考えるようになってくれたらいいなと思います。

社　会

1 【解き方】1. ①は弥生時代のできごと。アは旧石器時代，ウは奈良時代，エは古墳時代の社会の様子。

2. アは710年，イは894年，ウは1019年，エは743年のできごと。

3. 六波羅探題は，西国の御家人の監視も任務の一つとしていた。

4. 国一揆とは，一国の中の武士や農民が守護大名の支配から独立し，広い地域を自分たちで支配したもの。山城国は現在の京都府南部にあたる。

5. 絵は桃山文化の代表的な作品で，狩野永徳の「唐獅子図屏風」。「東山文化」は室町時代後期の文化で，「雪舟」が水墨画を大成するなどした。

6. 徳川綱吉が行った寺社の建設への出費などによって，幕府の財政は苦しくなった。

【答】1. イ　2. ア→エ→イ→ウ　3. ウ　4. 武士や農民が，守護大名を追放（同意可）　5. エ　6. 徳川綱吉
7. 寛政

2 【解き方】1. 輸入品にかけられる税のこと。

2. 1869年にそれまで大名が治めてきた土地（版）と人民（籍）を朝廷に返させる版籍奉還が行われ，1871年に行われた廃藩置県と合わせて，政府が全国を支配する中央集権国家の土台がつくられた。

3. 文章を書く時の言葉づかいを，日常使われる話し言葉（口語体）に一致させることを「言文一致」という。「十返舎一九」は江戸時代のこっけい本『東海道中膝栗《ひざくり》毛《げ》』の作者。

5. 日本で女性が参政権を獲得したのは，太平洋戦争後の1945年のこと。

6. ⑥の期間は1920年から1945年。アは1949年，イは1912年，ウは1933年，エは1939年のできごと。

7. 高度経済成長は1955年頃からはじまり，石油危機が起こった1973年に終わった。石油危機の翌年に初めて経済成長率はマイナスとなり，以降は低成長の時代に入った。

【答】1. 関税　2. 廃藩置県　3. ア　4. イギリス
5. 納税額による制限がなくなり，25歳以上の全ての男子が有権者の資格を持つことになった。（同意可）
6. ウ→エ　7. エ

3 【解き方】1.「国際連合憲章」は1945年,「権利章典」は1689年に出されたもの。

2. (1) 臨時会（臨時国会）は，内閣またはどちらかの議院の総議員の4分の1以上の要求があったときに召集される。1月から始まっている国会は常会（通常国会）で，会期は150日間。衆議院議員総選挙後に召集されているのは特別会（特別国会）。(2) アは参議院，イ・ウは衆議院に関することがら。(3) 小選挙区制は，1選挙区内の当選者が1名のために死票が多くなる。そのため，多くの有権者の意見を反映させるために比例代表制も採用されている。

3. 法律や命令などが憲法に違反していないかどうかを審査する違憲立法審査権はすべての裁判所が持つ権限。

4. ア．平日はどの年代においても新聞の利用時間よりもラジオの利用時間の方が長い。ウ．60歳代では，平日，休日ともに，インターネットの利用時間よりも新聞とラジオとを合わせた利用時間の方が短い。エ．平日，休日ともに，インターネットは年齢層が上がるほど利用時間が短くなる傾向がある。

【答】1. ① ア　② エ　2. (1) 臨時会　(2) エ　(3) X. ア　Y. 比例代表
3. 憲法に違反していないかどうか（同意可）　4. イ

4 【解き方】1.「企業の社会的責任（CSR）」とは，利益を優先させるのではなく，積極的に社会に貢献しながら，長期にわたって企業が成長できるようにするための活動のこと。

2. (1) 直接税に分類されるのは所得税や法人税など。間接税に分類されるのは消費税や関税など。(2) 社会保障費は，年金保険や健康保険などの社会保険，生活保護などの公的扶助，高齢者や身障者への社会福祉，地域の人々の健康を守る公衆衛生に関する費用。

4. 京都議定書では，温室効果ガスの削減の義務を負ったのは先進国のみだったが，パリ協定では先進国だけで

なく発展途上国を含む全ての国が削減目標の対象となっている。

【答】1. ウ　2. (1) イ　(2) 社会保障費の支出が，少子高齢化に伴って増えた（同意可）　3. 公海　4. パリ

5【解き方】1. (1) 阿蘇山のカルデラ内には集落も形成されている。(2) (あ)の山形県は東北地方，(い)の群馬県は関東地方，(え)の奈良県は近畿地方に属する。

2. やませは寒流の千島海流（親潮）の上を吹くため，冷たく湿った風となる。特に稲の生育を妨げ，冷害の原因となる。

3.「鉄鋼」や「精密機械」などの工業製品が占めているQのグラフが輸出額の品目別の割合を示す。日本はエネルギー資源を輸入に頼っているので，Pのグラフの一番大きな割合を占めるrが「原油」となる。

4. 等高線で土地の起伏が表される。等高線の間隔が広いと傾斜がゆるやか，間隔がせまいと傾斜が急なことを表している。

【答】1. (1) カルデラ　(2) (う)，福井(県)　2. (1) 夏に北東から吹く冷たい風。(同意可)　(2) エ　3. ウ　4. ア

6【解き方】1. (1) メルカトル図法では高緯度地域ほど距離は長く，面積は大きく表される。(2) 面積が広く，人口が少ないと人口密度は低くなる。(3) 地図2は，中心からの距離と方位が正しい正距方位図法。地図1の都市A～Dの位置を地図2に当てはめてみると，Aは約10,000km，Bは約12,500km，Cは約5,000km，Dは約18,000kmの位置にあると分かる。(4) Eはロッキー山脈，Fはアンデス山脈。

2. X. 小麦の総生産量や原油の総産出量の割合が最も高いことから，原油のおもな産出国が占める西アジアや小麦の生産量が1位の中国，2位のインドを含むアジアと判断する。Z. とうもろこしの総生産量に占める割合が最も高いことから，とうもろこしを主食とするメキシコやバイオエタノールを推進しているアメリカ合衆国を含む北アメリカと考える。

3. 再生可能エネルギーとは環境への負担が少なく，くり返し利用することが可能な自然エネルギーのこと。発電量が天候によって左右されることや，発電の費用が割高になるなどの課題もある。

【答】1. (1) 赤道から離れる（同意可）　(2) (う)，オーストラリア　(3) C → A → B → D　(4) 環太平洋

2. イ　3. イ・ウ・エ

理　科

1 【解き方】1. (1) 図2より，抵抗器aに電圧4Vを加えたとき，抵抗器aに流れる電流の大きさは0.2A。オームの法則より，$\frac{4\,(\mathrm{V})}{0.2\,(\mathrm{A})} = 20\,(\Omega)$

(2) 電流計の500mAの－端子につないだので，図4より，右端が500mAの目盛りを読んで350mA。350mA = 0.35Aより，抵抗器aに加わる電圧は，0.35 (A) × 20 (Ω) = 7 (V)　このとき，電圧計の3Vの－端子につなぐと3Vまでしか測定できず，測定容量をオーバーする。

(3) 実験2より，抵抗器cは10Ωなので，抵抗器cに加わる電圧は，0.20 (A) × 10 (Ω) = 2.0 (V)　消費する電力は，2.0 (V) × 0.20 (A) = 0.40 (W)

(4) (3)より，点Xを0.20Aの電流が流れたとき，抵抗器cに加わる電圧は2.0Vなので，抵抗器bにも2.0Vの電圧が加わる。このとき，表1より抵抗器bを流れる電流の大きさは，0.60 (A) − 0.20 (A) = 0.40 (A)　よって，抵抗器bに電圧2.0Vを加えたとき，抵抗器bに流れる電流の大きさは0.40A。

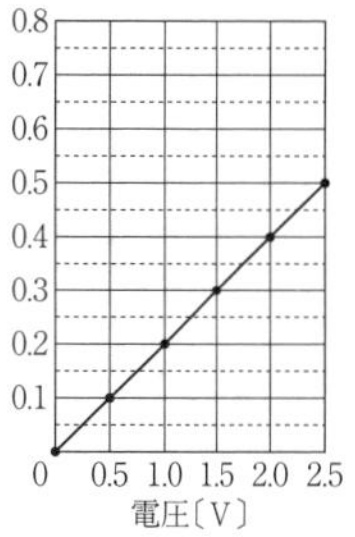

2. (1) 物体Sが静止しているので，ばねばかりが引く力と地球が引く力がつり合っている。

(2) 物体Tが物体Sを引く力の大きさは，物体Tにはたらく重力の大きさに等しいので，2.0 (N) − 1.5 (N) = 0.5 (N)　よって，ばねばかりが引く力：物体Tが引く力：地球が引く力 = 2.0 (N)：0.5 (N)：1.5 (N) = 4：1：3

3. (1) $\frac{36\,(\mathrm{cm})}{5.0\,(\mathrm{cm/s})} = 7.2\,(\mathrm{s})$

(2) 15kg = 1500gより，質量1.5kgの物体にはたらく重力の大きさは，$1.0\,(\mathrm{N}) \times \frac{1500\,(\mathrm{g})}{100\,(\mathrm{g})} = 15.0\,(\mathrm{N})$

36cm = 0.36mより，図7の仕事の大きさは，15.0 (N) × 0.36 (m) = 5.4 (J)　図7と図8の仕事の大きさは等しいので，手が糸を引く距離は，$\frac{5.4\,(\mathrm{J})}{4.5\,(\mathrm{N})} = 1.2\,(\mathrm{m})$　図8の滑車Aは動滑車なので，手が糸を引く距離は台車Xが斜面に沿って移動した距離の2倍になっている。よって，$1.2\,(\mathrm{m}) \times \frac{1}{2} = 0.6\,(\mathrm{m})$より，60cm。

【答】1. (1) 20 (Ω)　(2) ① イ　② エ　(3) 0.40 (W)　(4) (前図)

2. (1) 1.5 (N)　(2) (ばねばかりが引く力：物体Tが引く力：地球が引く力 =) 4：1：3

3. (1) 7.2 (秒)　(2) 60 (cm)

2 【解き方】1. (1) 表1で，硫酸亜鉛水溶液とマグネシウムの組み合わせでは金属が付着している。これは，マグネシウムがマグネシウムイオンとなって放出した電子を，水溶液中の亜鉛イオンが受け取って亜鉛になり，付着したもの。これより，マグネシウムと亜鉛では，マグネシウムの方がイオンになりやすいと分かる。同様に，硫酸銅水溶液と亜鉛の組み合わせから，亜鉛と銅では，亜鉛の方がイオンになりやすいと分かる。

(3) 亜鉛板が溶け出すと，電子が導線を通じて銅板に流れ込む。電子を放出する方が－極。電流が流れる向きは電子の流れる向きと逆。

(4) ア. セロハンにはイオンが通ることができるほどの小さな穴があいている。ガラス板で仕切ると，イオンの移動は起こらない。イ. セロハンがなければ，亜鉛板に銅が付着する。ウ・エ. －極側はZn^{2+}が増加して＋に帯電する。＋極側はCu^{2+}が減少して$SO_4{}^{2-}$が多い状態になり－に帯電する。電気的バランスをとるようにZn^{2+}が＋極側に，$SO_4{}^{2-}$が－極側にセロハンを通って移動する。

(5) 亜鉛とマグネシウムでは，マグネシウムの方がイオンになりやすいので，マグネシウムがMg^{2+}になり，放出された電子は導線を通じて亜鉛板に流れ込む。硫酸亜鉛水溶液中の Zn^{2+} が電子を受け取り，亜鉛板に付着する。

2. (2) 図2より，1.2g の金属 X から酸化物 2.0g ができたので，反応した酸素の質量は，2.0 (g) − 1.2 (g) = 0.8 (g)　1.2g の金属 Y から酸化物 1.5g ができたので，反応した酸素の質量は，1.5 (g) − 1.2 (g) = 0.3 (g)「同じ質量の，マグネシウム，銅それぞれと反応する酸素の質量は，マグネシウムと反応する酸素の質量の方が，銅と反応する酸素の質量より大きい」ことから，金属 X はマグネシウム，金属 Y は銅と分かる。

酸素 0.8g と反応するマグネシウムの質量は 1.2g なので，$1.2\,(\mathrm{g}) \times \dfrac{1.0\,(\mathrm{g})}{0.8\,(\mathrm{g})} = 1.5\,(\mathrm{g})$

(3) (2)より，$\dfrac{0.8\,(\mathrm{g})}{0.3\,(\mathrm{g})} = \dfrac{8}{3}$ (倍)

【答】 1. (1) マグネシウム→亜鉛→銅　(2) マグネシウムがマグネシウムイオンとなるときに放出した電子を，亜鉛イオンが受け取り亜鉛となる。(同意可)　(3) ① ア　② ウ　(4) ウ　(5) ① ア　② エ

2. (1) $2Mg + O_2 \rightarrow 2MgO$　(2) 1.5 (g)　(3) ウ

3 **【解き方】** 1. (3) 図1より，ユリは維管束が散在しているので単子葉類，ブロッコリーは維管束が輪状に並んでいるので双子葉類。

2. (2) 植物は，光のエネルギーを利用して，二酸化炭素と水からデンプンなどをつくる。光合成で使われる二酸化炭素は大気中から取り入れる。

(3) 菌類・細菌類は分解者で，生物の死がいや排出物などの有機物を無機物に分解する。よって，植物，B，C のそれぞれから矢印がのびる A が菌類・細菌類。B は草食動物，C は肉食動物。

(4) 食物連鎖の出発点に位置するのは植物で，食われるものの数量が食うものの数量よりも多い。草食動物が急激に減ると，肉食動物はえさの草食動物が少なくなるので減少し，植物は草食動物に食べられなくなるので増加する。

【答】 1. (1) 空気の泡が入らない（同意可）　(2) ① 維管束　② ア　③ ウ　(3) (ユリ) エ　(ブロッコリー) ア

2. (1) 消費　(2) ① イ　② ウ　(3) (菌類・細菌類) A　(カビ) 菌類　(4) (肉食動物) K　(数量の変化) イ

4 **【解き方】** 1. (1) 有色鉱物は輝石と角閃石。表1より，7 (%) + 5 (%) = 12 (%)

(4) 火成岩は斑状組織の火山岩（安山岩など）と，等粒状組織の深成岩（花こう岩など）に分類される。マグマが地下深くでゆっくり冷えると，鉱物の結晶が大きく成長して等粒状組織になる。

2. (1) 夏には太平洋上に小笠原気団が発達する。海洋性の気団なので，湿った季節風を日本列島に送り込む。等圧線の間隔がせまいところほど，気圧は急激に変わり，強い風が吹く。

(2) 積乱雲は強い上昇気流によって生じる。

(3) 海風は昼間，海から陸に向かって吹く。陸風は夜間，陸から海に向かって吹く。表2より，6時には北寄りの風だが，9時には南寄りの風に変わっている。北に陸，南に海があるのは地点 Q。

【答】 1. (1) 12　(2) ア　(3) 斑状　(4) ① イ　② エ　(5) ① ア　② ウ

2. (1) ① イ　② エ　(2) イ　(3) ① ア　② エ

5 **【解き方】** 1. (1) 位置 Y にできる像は水面に対して対称。水面に映る形は上下が逆になる。

(2) 屈折角は，屈折した光と境界面に垂直な直線とのなす角なので，130° − 90° = 40°

2. (1) ア．運動器官ではなく感覚器官。イ．末しょう神経ではなく中枢神経。エ．感覚器官ではなく運動器官。

(2) ① 表1より，さし込めた回数は両方の目で見たときの方が多い。② ライオンは両方の目が顔の正面についているので，左右の目の視野が重なる範囲が広くなる。

3. (1) BTB 溶液は，酸性で黄色，中性で緑色，アルカリ性で青色を示す。水に溶けた C の体積は，20 (cm^3) + 30 (cm^3) − 36 (cm^3) = 14 (cm^3)

(2) 表2より，D は刺激臭があり，空気より軽い気体。実験3より，アルカリ性の水溶液は赤色リトマス紙を青

色にするので，D は水に溶けてアルカリ性を示すアンモニア。

4. (1) 星座をつくる恒星は同じ割合（1 か月に 30°）で東から西に移動する。金星が恒星ならこれと同じ動きをする。

(2) 図 8 より，金星は肉眼で見ると太陽に面した右側が光っているので，よいの明星は地球から見て太陽の左側にある。11 月 30 日の地球は，8 月 30 日の 3 か月後なので，$30° \times \dfrac{3\,(\text{か月})}{1\,(\text{か月})} = 90°$ 公転している。11 月 30 日の地球の位置から見て，太陽の左側にあり，「今年の年末まで，よいの明星として観察」できるのは，図 9 のウの位置の金星。

【答】 1. (1) エ (2) 40 (度) 2. (1) ウ (2) ① ア ② ウ 3. (1) ① ア ② エ ③ 14 (2) NH_3

4. (1) 金星とおとめ座の位置関係が変わっている（同意可） (2) ウ

国　語

1 【解き方】1. 助詞は，活用のない付属語である。「は」「まで」は副助詞，「から」は格助詞。

2. 5段落では，人が生まれてから死ぬまで「毎日複数回」飲食を繰り返すことを受けて，「飲食という文化」が「長い不断の刷り込みによって形づくられる」と言い換えている。7段落では，「料理」が，「無数の食べられることが可能なものの中からあるものを選択して…変成過程の結果として生じたもの」であることを，「自然と人間をつなぐ仲介項」であると言い換えている。

3. アは，その事を実行するには，まだ時が早過ぎること。イは，行いがきちんとして間違っていないこと。ウは，人の適性や能力にふさわしい地位や仕事に就かせること。

4. a. 3段落で，「目に見える文化」と対比させて，「目に見えない文化」は「多かれ少なかれ…内面化されるため，普段は意識されることが少ない」と述べている。b. 4段落で，「目に見えないもの」を「目に見えるもの」と対比させて，「内面化されているがゆえに…とも言える」と述べている。c.「意識されることが少ない」ことから，「目に見えない文化」について，4段落で，「それは文化として…ものではないだろうか」と述べている。

5.「個人的な好悪の原因」となるのが「感性」であり，「集団的に共有された持続的な心の状態」であるのが「心性」である。Bは「個人的」で「個別的」であること，Cは「永続性」「普遍性」があること，Dは「個人」の好みに関すること，Eは「日本人」の一般的な好みであることから考える。

6. a.「料理」が「いろいろなものをつなぐ仲介項」であることを述べた後で，8段落で，「飲食」について「食べ物への嗜好や食べ方…多方面にわたって多様な意味を持つ複雑な文化的行為の全体」であると述べている。b.「飲食」が，「料理」と「飲み物」から成ることについて，7段落で「飲食は…料理や飲み物がなければ始まらない」と述べている。c. 8段落で，「料理」が「そのときどきに…目に見えるもの」になることを認める一方で，「美術品や文学作品」と比較して，「永続的に目に見える文化とはならない」と述べている。

7.「文化的行為としての飲食」は「個人の感性」や「時代の心性」で支えられ，その「感性」や「心性」は「繰り返される飲食行為そのものによって形づくられる」ことから，「飲食行為」と，「感性」「心性」との関係を「堂々めぐり」と表現している。

8. 10段落で，「飲食」は「スタティック」でありつつ「ダイナミックさ」も合わせ持つことが述べられ，そして最後にこうした「両義性」によって，「ときに革新的な面を示す」と述べている。

【答】1. は・まで・から　2. ア　3. エ

4. a. 個人への刷り込みによって内面化される　b. より拘束力が強い　c. 文化としてより根深い　5. ウ

6. a. 複雑な文化的行為の全体　b. 具体的な形　c. 永続的に目に見える

7. 飲食行為を支える感性や心性が，飲食行為そのものによって形づくられる(という関係。)(33字)(同意可)

8. イ

2 【答】1. どんてん　2. かっとう　3. うる(む)　4. い(り)

3 【答】1. 警笛　2. 破竹　3. 編む　4. 反る

4 【解き方】2. 長谷から言われた「プレーヤーの気持ちは，プレーヤーにしかわからへん」という言葉を重く受け止め，「大きなため息」をついていた雨宮に，「エンジンを切って，降りろ」「集中できてへんのは，明らかや」と言っている。

3.「満足にスポーツのできない人間が，整備のプロになることなど到底かなわないのかもしれない」と考えながら作業をしていた雨宮が，島さんにグラウンドを指差されてはじめて「知らず知らずのうちに運転操作を誤り…ふくらみすぎていた」ことを知り，「すごすご」と引っ込んでいる。

4. a.「一問一答」が続いた後で，プロの選手の厳しい世界を「命とり」という言葉で表現していることに着目する。b. 選手たちの「戦いの場」を「俺たち」は管理しているのだから，「生半可な覚悟じゃ務まらない」

として，雨宮に向けて「おまえは，今，一人の社会人として…責任が生じる」と伝えていることに着目する。

5.「大事なのは想像してみることや」と言って，雨宮がマネージャーだったことを確認すると，「想像してみて，実際にやってみる。試してみる」と助言し，失敗しても，「試行錯誤の繰り返しで，上達していくんやないんか」と伝えている。

6. 島さんが雨宮の作業を止める場面では，短い言葉で方言で指示することで，仕事に集中できない雨宮の失敗をくい止めようとする緊張感が伝わっている。また，「一問一答」のやりとりでも，島さんが雨宮に考えてほしい点が端的に伝わっている。

【答】 1. 頭　2. 明らかに整備に集中できていない（15字）（同意可）　3. エ

4. a. 一つのけが　b. 行動一つ一つに責任が生じる

5. マネージャーだった経験を生かして，選手がどうしてほしいかを想像しながら，試行錯誤を繰り返すこと（によって上達できる。）（47字）（同意可）

6. ウ

5 **【解き方】** 1. 語頭以外の「は・ひ・ふ・へ・ほ」は「わ・い・う・え・お」にする。

2.「淀侯の金屏風」を描いたことへの「謝礼」であること，尊敬語が使われていることなどに着目する。

3. 会話の終わりは，引用を示す助詞「と」に着目する。翌朝，妻が「定めて盗人のしわざならん…いづくへ置きたまふや」と尋ねたことに「床の上へ置きたり…盗人持ち去りたるならん」，門人どもが「先生何故に…切り抜きたまふや」と尋ねたことに「昨日の夜，盗人入りて…持ち去りたるさうな」，門人が「壁あのさまにては…つくろひたまへ」と言ったことに「かへつてさいはひなり…戸を開くのうれへなし」と答えている。

4. a. 使者から「三十金」を受け取り，「礼を述べて…置きたり」とある。b. 妻から「定めて盗人の…淀侯よりたまはりたる金は，いづくへ置きたまふや」と言われても，「さらに驚く気色なく」とある。この「気色」は，人の様子，表情などを意味する。c. 壁を切り抜かれたことを「さいはひなり」として，「時は今…涼風を引き入るるによろし」ということと，「外へ出るに…うれへなし」という二つの理由を挙げている。

【答】 1. さいわいなり　2. イ　3.（最初）昨日の　（最後）さうな

4. a. 包みのまま　b. 驚く　c. 今は夏で涼しい風を引き入れるのによく，外へ出るときに戸を開ける煩わしさがない（38字）（同意可）

◀口語訳▶　大雅は，かつて淀侯のために金屏風を描いたことがあった。使者が謝礼を持ってきたときに，台所の入口から古紙や書物などを散らかしたままで，中に上がる所が全くない。古紙を片側に寄せて，使者を通すと，謝礼として三十金をお与えになる。大雅は，礼を言って，その謝礼を包みのまま床の上に置いた。その夜，盗人が床のそばの壁を切り抜いて，包んだ金を持ち去った。

翌朝，妻が，壁を切り抜いてあるのを見て，「きっと盗人がしたことでしょう。昨日，淀侯からいただいたお金は，どこに置かれたのですか」と尋ねる。大雅は，全く驚いた表情もせず，「床の上に置いた。無いのであれば，盗人が持ち去ったのであろう」と言う。弟子たちが来て，この様子を見て，「先生はどういうわけでこのように壁を切り抜かれたのですか」と尋ねると，「昨日の夜，盗人が入って，淀侯から謝礼にもらったお金を持ち去ったらしい」と言う。弟子が，「壁があのままでは見苦しいです。修理なさいませ」と言うと，「かえって運がよかったではないか。季節は今，暑い夏で，涼しい風を取り入れるのによい。また，外へ出るのに，戸を開けるという煩わしいことがない」と言ったということだ。

作　文

1 **【答】**（例）

創造力とは，自由に表現したり何かを生み出したりする力だと考える。この定義で「創造力」という言葉を用いていれば，ほとんどの会話や文章読解で意味が通じるからだ。実際，資料でも半数の高校生が「表現する力」や「生み出す力」と回答している。

「全ての人に備わった力」なのか，誰もが「生まれ持った力」なのかは，個人差や状況によると思う。歴史的な芸術品を話題にしているときでなければ，創造力はだれもが持っており，それを高める機会は学校の課題や日常生活の中にあると考える。

学校の課題で作文を書いたり，絵を描いたりしたときに，創造力に関する評価をつけられたことがある。部活やクラスで問題が起きたときも，これまでのやり方にとらわれず，創意工夫をもって解決しなさいと勧められる。こうした身近なことでも創造力を発揮したと評価されるので，あまり厳しく定義しないことこそが，創造力の鍛錬につながると思う。（400字）

愛媛県公立高等学校

2021年度
入学試験問題

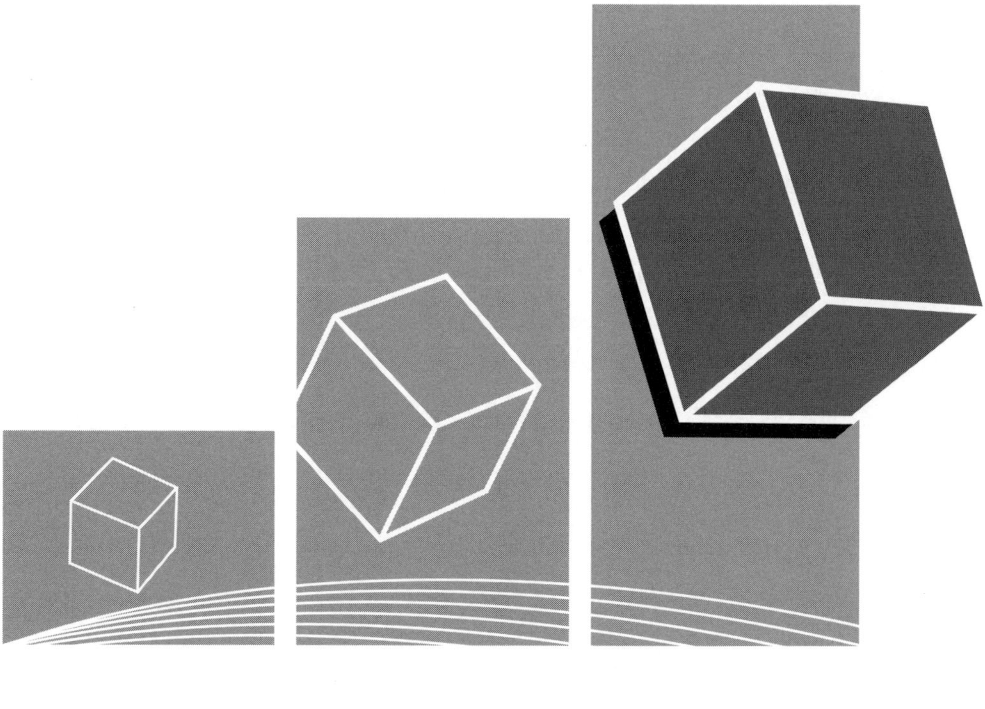

数学

時間　50分　　　　満点　50点

（注）　答えに $\sqrt{\ }$ が含まれるときは，$\sqrt{\ }$ を用いたままにしておくこと。
また，$\sqrt{\ }$ の中は最も小さい整数にすること。

1　次の計算をして，答えを書きなさい。

1　$(-3)\times 5$　（　　　）

2　$\dfrac{x}{2}-2+\left(\dfrac{x}{5}-1\right)$　（　　　）

3　$24xy^2\div(-8xy)\times 2x$　（　　　）

4　$(\sqrt{3}+\sqrt{2})(2\sqrt{3}+\sqrt{2})+\dfrac{6}{\sqrt{6}}$　（　　　）

5　$(x-3)^2-(x+4)(x-4)$　（　　　）

2　次の問いに答えなさい。

1　$x^2-8x+12$ を因数分解せよ。（　　　）

2　気温は，高度が100m増すごとに0.6℃ずつ低くなる。地上の気温が7.6℃のとき，地上から2000m上空の気温は何℃か求めよ。（　　　℃）

3　右の図のように，底面が正方形BCDEである正四角すいABCDEがある。次のア～キのうち，直線BCとねじれの位置にある直線はどれか。適当なものを**全て**選び，その記号を書け。
（　　　）

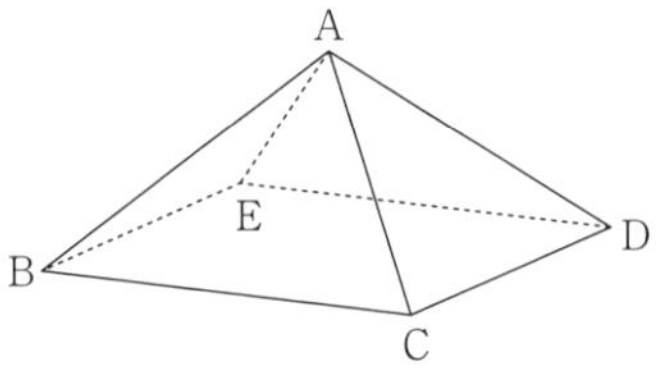

ア　直線AB　　イ　直線AC　　ウ　直線AD
エ　直線AE　　オ　直線BE　　カ　直線CD　　キ　直線DE

4　下の表は，あるクラスの13人のハンドボール投げの記録を，大きさの順に並べたものである。この13人と太郎さんを合わせた14人の記録の中央値は，太郎さんを合わせる前の13人の記録の中央値と比べて，1m大きい。

このとき，太郎さんの記録は何mか求めよ。（　　　m）

（単位：m）

15	18	19	20	23	25	26	29	29	30	32	33	34

5　右の図のように，2つの袋A，Bがあり，袋Aの中には，グー のカードが2枚と チョキ のカードが1枚，袋Bの中には，チョキ のカードが2枚と パー のカードが1枚入っている。太郎さんが袋Aの中から，花子さんが袋Bの中から，それぞれカードを1枚取り出し，取り出したカードでじゃんけんを1回行う。

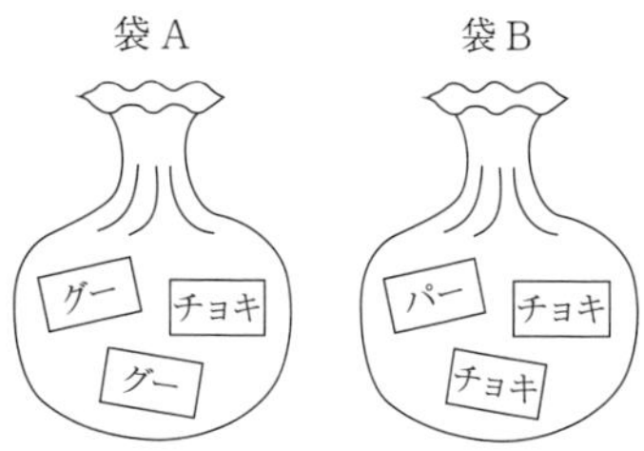

このとき，あいこになる確率を求めよ。ただし，それぞれの袋について，どのカードが取り出されることも同様に確からしいものとする。(　　　　)

6　下の図のような△ABCで，辺BCを底辺とみたときの高さをAPとするとき，点Pを作図せよ。ただし，作図に用いた線は消さずに残しておくこと。

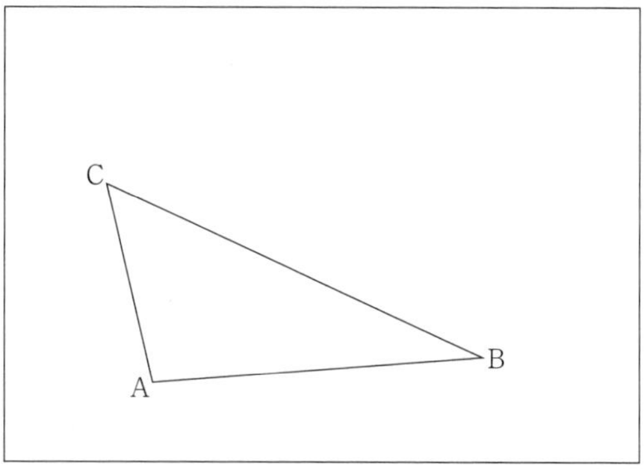

7　A地点からC地点までの道のりは，B地点をはさんで13kmある。まことさんは，A地点からB地点までを時速3kmで歩き，B地点で20分休憩した後，B地点からC地点までを時速5kmで歩いたところ，ちょうど4時間かかった。A地点からB地点までの道のりとB地点からC地点までの道のりを，それぞれ求めよ。ただし，用いる文字が何を表すかを最初に書いてから連立方程式をつくり，答えを求める過程も書くこと。

(解)(　　　　　　　　　　　　　　　　　　　　　　　　　　　　)　答(　　　　　)

[3]　次の会話文は，太郎さんが，夏休みの自由研究で作ったロボットについて，花子さんと話をしたときのものである。

太郎さん：このロボットは，リモコンのボタンを1回押すと，まっすぐ10cm進み，その位置で，進んだ方向に対して，右回りにx°だけ回転し，次に進む方向を向いて止まるよ。止まるたびにボタンを押すと，ロボットは同じ動きを繰り返して，やがてスタート位置に戻ってくるよ。また，このロボットにはペンが付いていて，進んだ跡が残るよ。スタート位置に戻ってきたら，その後はボタンを押さず，進んだ跡を見てみるよ。最初に，xの値を0より大きく180より小さい範囲の整数から1つ決め，ロボットをスタートさせるよ。

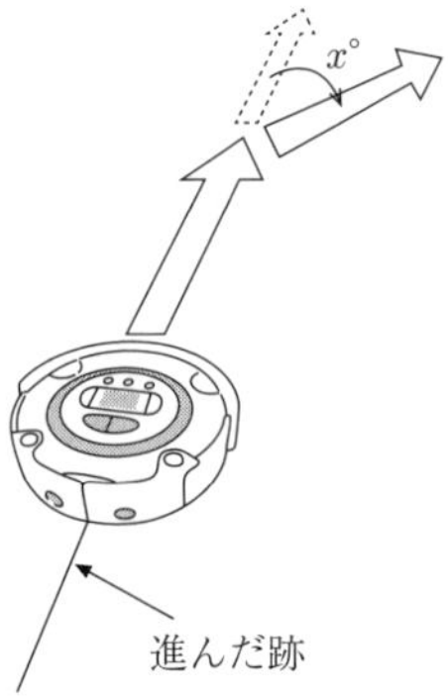

花子さん：面白そうね。xの値を60にしてボタンを押してみるよ。

(ボタンを合計6回押すと，ロボットはスタート位置に戻り，図1のような跡を残した。)

図1　(x＝60のとき)

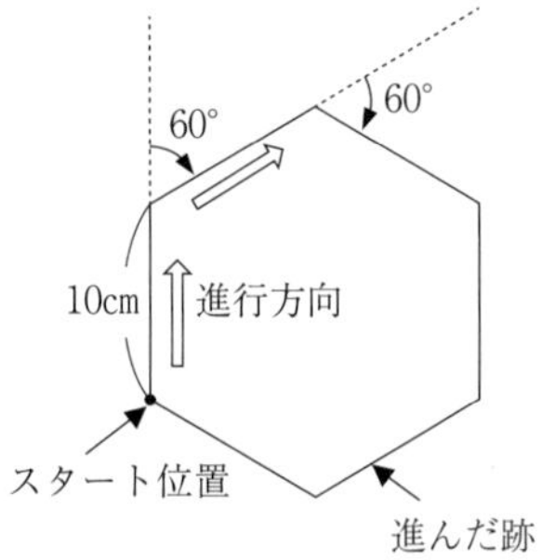

花子さん：すごいね。進んだ跡は正六角形になったよ。xの値を変えると，いろいろな跡が残りそうね。

太郎さん：そうなんだよ。正四角形，つまり正方形になるには，xの値を90にして，ボタンを合計［ア］回押せばいいし，正三角形になるには，xの値を［イ］にして，ボタンを合計3回押せばいいよ。

花子さん：本当だ。それなら，正五角形になるには…。分かった。xの値を［ウ］にして，ボタンを合計5回押せばいいのよ。

太郎さん：確かに正五角形になるね。よし，今度はxの値を［エ］にして，ボタンを合計5回押してみるよ。

(ロボットは図2のような跡を残した。)

図2

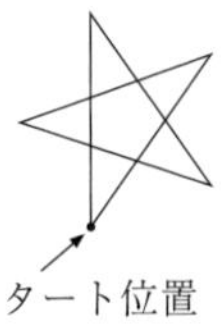

花子さん：不思議だね。正多角形でない図形になることもあるのね。

　このとき，次の問いに答えなさい。

1　会話中のア～エに当てはまる数を書け。

　ア(　　　)　イ(　　　)　ウ(　　　)　エ(　　　)

2　ロボットの進んだ跡が正多角形となるようなxの値は，全部で何個か求めよ。ただし，xは0より大きく180より小さい整数とする。なお，360の正の約数は24個ある。(　　　個)

4 右の図において，放物線①は関数 $y = ax^2$ のグラフであり，双曲線②は関数 $y = \dfrac{16}{x}$ のグラフである。放物線①と双曲線②は，点 A で交わっており，点 A の x 座標は 4 である。また，放物線①上の x 座標が -2 である点を B とする。

このとき，次の問いに答えなさい。

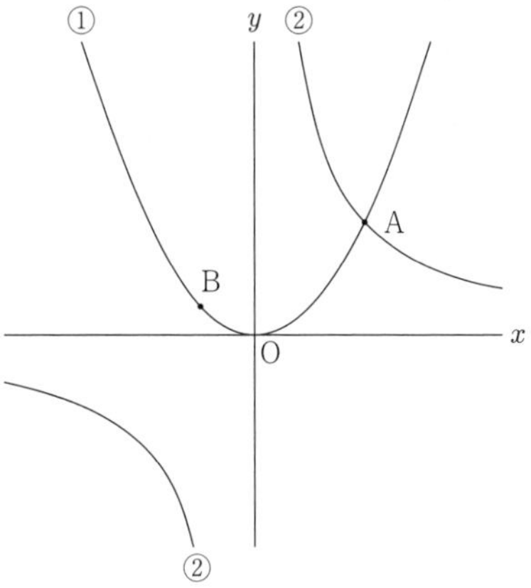

1 次のア～エのうち，関数 $y = \dfrac{16}{x}$ について述べた文として正しいものはどれか。適当なものを 1 つ選び，その記号を書け。(　　　)

ア 対応する x と y の値の和は一定である。

イ $x < 0$ の範囲で，x の値が増加すると，y の値は減少する。

ウ y は x に比例する。

エ グラフは y 軸を対称の軸として線対称である。

2 a の値を求めよ。(　　　)

3 直線 AB の式を求めよ。(　　　)

4 原点 O を通り直線 AB に平行な直線と双曲線②との交点のうち，x 座標が正である点を C とする。このとき，△ABC の面積を求めよ。(　　　)

5 点 P は，y 軸上の $y > 0$ の範囲を動く点とする。△ABP の面積と△AOP の面積が等しくなるとき，点 P の y 座標を**全て**求めよ。(　　　)

5 AB = 10cm，AB < AD の長方形 ABCD を，右の図 1 のように，折り目が点 C を通り，点 B が辺 AD 上にくるように折り返す。点 B が移った点を E とし，折り目を線分 CF とすると，AF = 4 cm であった。

このとき，次の問いに答えなさい。

図 1

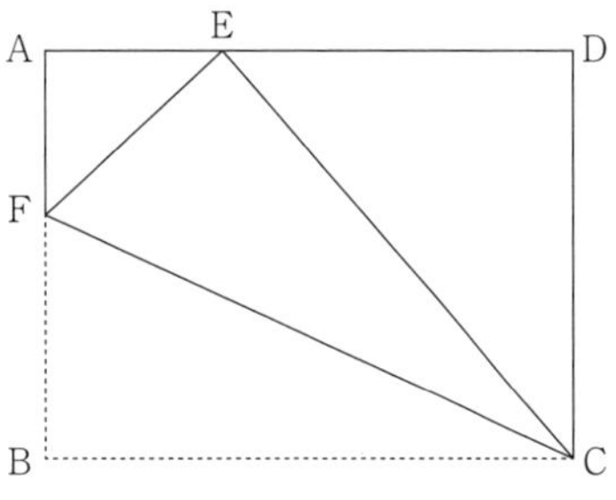

1 △AEF ∽△DCE であることを証明せよ。

(　　　　　　　　　　)

2 線分 AE の長さを求めよ。(　　　cm)

3 右の図 2 のように，折り返した部分をもとにもどし，線分 CE と線分 BD との交点を G とする。このとき，四角形 BGEF の面積を求めよ。(　　　cm^2)

図 2

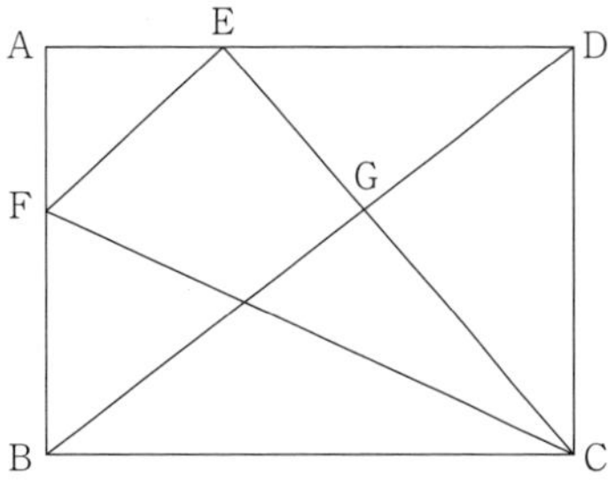

英語

時間　60分　　　　満点　50点

（編集部注）放送問題の放送原稿は英語の末尾に掲載しています。
音声の再生についてはもくじをご覧ください。

1　聞き取りの問題　1（　　）　2（　　）　3（　　）

2　聞き取りの問題　1（　　）　2（　　）

1　ア　Three times.　　イ　For a week.　　ウ　Next month.　　エ　Last week.

2　ア　I'm looking for it.　　イ　I'll help you.　　ウ　I've just found it.　　エ　I like you.

[3] 聞き取りの問題 1 (　　　) 2 (　　　) 3 (　　　) 4 (　　　)

1 ア On July 4.　イ On July 5.　ウ On August 4.　エ On August 5.

2 ア They want to go back to America.
イ They want to know about Japanese events.
ウ They want to have a chance to learn Japanese.
エ They want to teach English words to the students.

3 ア Mr. Yamada will.　イ The students will.　ウ Tom and John will.
エ Mr. Yamada and the students will.

4 ア He tells them to speak about their school or city.
イ He tells them to make six groups in their class.
ウ He tells them to talk with Tom and John.
エ He tells them to give him their ideas.

[4] 次の 1，2 の問いに答えなさい。

1 次の(1)，(2)の各対話文の文意が通るように，(　　) の中のア～エを正しく並べかえて，左から順にその記号を書け。(1)(　　)(　　)(　　)(　　) (2)(　　)(　　)(　　)(　　)

(1) A： Do you (ア get　イ she'll　ウ when　エ know) to the station?
B： Yes. At 11:30.

(2) A： I want to practice the guitar. But I don't have one.
B： OK. You can use mine. I'll (ア it　イ to　ウ bring　エ you) tomorrow.

2 次の(1)，(2)について，それぞれの指示に従って英語で書け。

(1) 次の①，②の質問に答える文を書け。ただし，①と②は，二つとも，それぞれ 6 語以上の 1 文で書くこと。(「,」「.」などの符号は語として数えない。)

① あなたは，夏休み中に，どのようなことをしましたか。
(　　　　　　　　　　　　　　　　　　　　　　　　　　　　　　)

② また，そのとき，どのように思いましたか。
(　　　　　　　　　　　　　　　　　　　　　　　　　　　　　　)

(2) 海外の生徒たちと，オンラインで交流することになった。あなたが，自分たちの学校のよさを伝えるとしたら，どのように伝えるか。下の (　　) に当てはまるように文を書け。ただし，8 語以上の 1 文で書くこと。(「,」「.」などの符号は語として数えない。)
(　　　　　　　　　　　　　　　　　　　　　　　　　　　　　　)

Hello. Today, I'll tell you about our school.
(　　　　　　　　　　　　　　　　　　　　　　　　　　　　　　)
So we love our school.

5 留学中の美香（Mika）と美香のホームステイ先のケイト（Kate）が話をしている。対話文と後のちらし（flyer）をもとにして，1〜5の問いに答えなさい。

Kate： Hi, Mika. How is your life here?

Mika： I'm enjoying it very much. I like this city because there are many traditional places. I'm very interested in history. I want to learn about the history of this city.

Kate： Really? There is a big history museum in this city. It's very popular. I often hear many adults and children go to the museum. Wait.... Here is a flyer. I received it at school about two weeks ago.

Mika： (ア)<u>この博物館はおもしろそうに見えます</u>。Have you ever been there?

Kate： Yes. I went there with my family last year, and learned a lot about the history of this city and people's lives in the past. I had a wonderful time.

Mika： Oh, I want to go there! [①]?

Kate： Yes, of course. Let's go there next Sunday. I think my father can take us there by car.

Mika： Well..., the flyer shows the museum has a special event on Saturdays. What is it?

Kate： We can enjoy the experience of life in the past. When I went there last year, I tried on traditional clothes. I enjoyed that very much. And the special event was free.

Mika： Wow! I want to do that! Shall we go there next Saturday?

Kate： Sure. But my father works every Saturday. So we have to go to the museum by bike.

Mika： No problem. Kate, the flyer shows the opening hours. (イ)<u>私は長い間そこに滞在するために午前中に家を出発したいです</u>。

Kate： All right. And let's have lunch at the museum restaurant. So we'll need some money.

Mika： OK. And I need six dollars to buy a ticket, right?

Kate： That's right. Oh, the flyer shows we can get a 10% discount if we buy tickets on the museum website now. But we are too young to buy tickets on the Internet. So [②].

Mika： Thank you.

Kate： The museum gives us another discount. When I went there with my family last year, we bought two Pair Tickets. We saved money. You can find out how much money we saved from the flyer.

Mika： OK. You went there with your father, mother and brother Bob, right?

Kate： Yes.

Mika： At that time, you were thirteen years old, and Bob was ten.... (A)<u>You certainly saved money</u>!

Kate： Mika, look at this! If you become a member of the museum, you can do some things.

Mika： That's great! I'm interested in field trips and special classes. I want to know how to become a member.

Kate：　OK. Let's find (B)that on the website.

Mika：　Sure.

Kate：　Mika, you really love history. You can learn a lot at the museum.

Mika：　Yes. I hope the weekend will come soon.

（注）　adult(s)　大人　　past　過去　　try on ～　～を試着する　　free　無料の
opening hours　開館時間　　ticket(s)　チケット　　discount　割引　　website　ウェブサイト
pair　ペア　　save ～　～を節約する　　find out ～　～がわかる　　certainly　確かに
member(s)　会員　　field trip(s)　実地見学

Flyer

CITY HISTORY MUSEUM

Opening Hours

Museum	9:00−17:30
Shop	10:00−17:30
Restaurant	11:00−14:00

Closed

Mondays
January 1
December 25

Saturdays：Special Event
"Life in the Past"　Free!

Tickets

Adult	12 dollars
Child（11−15 years old）	6 dollars
Child（5−10 years old）	4 dollars
Child（0−4 years old）	Free
Pair［one adult and one child（5−15 years old）］	15 dollars

This year only !!　If you buy tickets on our website, you can get a 10% discount.

Please become a member of our museum!

Only members can
➢ join field trips
➢ join special classes by famous teachers
➢ get an e-mail about history every week

Visit our website：
https://www.cityexample.com/

1　対話文中の①，②に当てはまる最も適当なものを，それぞれ次のア～エの中から一つずつ選び，その記号を書け。①(　　　)　②(　　　)

①　ア　Are you busy next Sunday　　イ　Can you come with me
　　ウ　Will you make a flyer　　エ　Do you like this city

②　ア　I'll ask my father to get them　　イ　I'll talk about that with young people
　　ウ　we can buy them on the Internet　　エ　we can get a 10% discount

2　対話文中の(ア)，(イ)の日本語の内容を英語に直せ。

(ア)(　　　　　　　　　　　　　　　　　　　　　　)

(イ)(　　　　　　　　　　　　　　　　　　　　　　)

3　対話文中の(A)について，ケイトの家族は，何ドル節約したか。数字で書け。(　　　ドル)

4　対話文中の(B)が指す内容を，日本語で書け。

(　　　　　　　　　　　　　　　　　　　　　　)

5　次の(1)～(3)の英文の内容が，対話文，Flyer の内容に合うように，〔　　〕のア～エの中から，最も適当なものをそれぞれ一つずつ選び，その記号を書け。

(1)(　　　)　(2)(　　　)　(3)(　　　)

(1)　Kate〔ア　tried to make traditional clothes at the museum　　イ　became a member of the museum last year　　ウ　learned about the history of her city at school　　エ　got the museum flyer at school〕.

(2) Mika and Kate decided to go to the museum〔ア by car next Saturday イ by bike next Saturday ウ by car next Sunday エ by bike next Sunday〕.

(3) The flyer shows that〔ア people can eat at the museum restaurant at 10:00 イ the museum isn't closed on the first day of the year ウ an e-mail about history is sent to members of the museum every week エ all children have to buy tickets to go into the museum〕.

6 次の英文は，和也（Kazuya）が英語の時間に発表したものである。これを読んで，1～6の問いに答えなさい。

What do you want to do in the future? (A) What (　　) of person do you want to be? Today, I will talk about three people.

The first person is my uncle. He works at a hospital as a children's doctor. Why did he decide to be a children's doctor? One day, when he was a junior high school student, he learned on TV that so many children around the world could not get medical treatment at hospitals because they were poor. He said to me, "No one thought I would become a doctor. But I studied very hard." After he graduated from high school, he [(B)] his job. He also said, "I remember all the children who were in my hospital. I need to study harder to be a better doctor, and I will help more children." I hear that he will work abroad in the future. I think that he will help many sick children all over the world.

The second person is a woman who was born in America about 150 years ago. When I was ten years old, I went to an elementary school in Colorado, America. One day, our teacher told us about a black woman. Her father and mother were enslaved. Many black people had to live like them in America at that time. I was very surprised to hear that. Her father and mother escaped and became free. After that, she was born. When she was a small child, she wanted to be like her mother. Her mother was a nurse. She often visited sick people with her mother. She was a very good student at school. She studied very hard. Finally, she graduated from medical college. That was about 120 years ago. A few years later, she moved to Colorado. She became the first black woman doctor in Colorado. She helped sick people there for fifty years.

The third person is a girl [(C)] in Jharkhand, India. I learned about her on the Internet. She is thirteen years old. Her dream is to be a doctor. But some people who live near her house, especially old people, want her to get married before her eighteenth birthday. In Jharkhand, about 40% of girls get married before the age of eighteen. She works on children's problems in India and tries to find ways to make her country better. She often tells her friends to study with her. She says that they can change their futures if they study harder. She gets up at three thirty every morning and studies hard to fulfill her dream. Her father says, "Studying hard is good. I am proud of her." She is glad to hear that. She says, "I have a dream. [(D)]" I think that she is now studying very hard.

In the future, I want to be a doctor and work abroad. Like these three people, I want to be kind to other people and study hard to fulfill my dream. I think that a lot of sick children need someone who gives them support. I hope that I can give (E) them medical treatment. So I study very hard every day, especially English. I can work with more people around the world if I use English. Everyone can help someone who needs support. I believe that the world will be a better place if people help each other.

（注） medical treatment 治療 no one ～ だれも～ない graduate 卒業する
Colorado コロラド州 black 黒人の enslave ～ ～を奴《ど》隷《れい》にする escape 逃れる
nurse 看護師 medical college 医学部 Jharkhand ジャールカンド州
India インド get married 結婚する age 年齢 work on ～ ～に取り組む
fulfill ～ ～を実現する be proud of ～ ～を自慢に思う support 支援

1 本文中の(A)について，（ ）に英語１語を入れて文を完成させるとき，（ ）に入れるのに適当な１語を，最後の段落の文中から，そのまま抜き出して書け。ただし，その１語は，最後の段落の文中では，異なった意味で使用されている。（ ）

2 本文中の(B)，(C)に入る英語として最も適当なものを，次の中から一つずつ選び，それぞれ正しい形の１語に直して書け。(B)（ ） (C)（ ）

agree choose finish live miss turn watch

3 本文中の(D)に当てはまる最も適当なものを，次のア～エの中から一つ選び，その記号を書け。
（ ）

ア No one can stop it. イ Everyone can change it. ウ I cannot follow it.
エ My father cannot understand it.

4 本文中の(E)が指すものを，５語で本文中からそのまま抜き出して書け。
（ ）

5 本文中に書かれている内容と一致するものを，次のア～キの中から二つ選び，その記号を書け。
（ ）（ ）

ア Kazuya's uncle works on children's problems as an English teacher.
イ Kazuya's uncle has worked very hard to make his hospital bigger.
ウ The woman in America went to Colorado when she was ten years old.
エ The woman in America worked as a doctor in Colorado for fifty years.
オ The girl in India gets up early and studies hard to become a doctor.
カ The girl in India is proud of her father because he was a good student.
キ Kazuya hopes that the world will be better through teaching English.

6 この発表の題名として最も適当なものを，次のア～エの中から一つ選び，その記号を書け。
（ ）

ア My Favorite Uncle イ My Favorite Country ウ My Future Dream
エ My Future Family

〈放送原稿〉

2021年度愛媛県公立高等学校入学試験英語の聞き取りの問題を始めます。

1 次の1～3の英語による対話とそれについての質問が2回ずつ読まれます。その英文を聞いて，質問に対する答えとして最も適当なものを，問題用紙のア～エの中からそれぞれ一つ選び，その記号を解答欄に記入しなさい。

1 A： Hello, Ken.
B： Hi, Mom. Can I eat this pizza?
A： Sure.
Question：What does Ken want?
(1を繰り返す)

2 A： What time is it?
B： It's 2:30.
A： We have one hour before the movie.
B： Let's have tea, then.
Question：What time will the movie start?
(2を繰り返す)

3 A： How was your trip to Australia, Akira?
B： It was great. I went to the zoo and saw many animals.
A： Did you swim in the sea?
B： No, I didn't. It was a little cold, so I walked to the sea with my father. He took many pictures of the beautiful sea.
Question：What did Akira do in Australia?
(3を繰り返す)

2 次の1，2の英語による対話が2回ずつ読まれます。その英文を聞いて，チャイムの部分に入る受け答えとして最も適当なものを，問題用紙のア～エの中からそれぞれ一つ選び，その記号を解答欄に記入しなさい。

1 A： I'll go to Osaka to see my grandmother.
B： That's good. When will you go there?
A： (チャイム)
(繰り返す)

2 A： What are you doing?
B： I'm trying to carry this table, but I can't.
A： (チャイム)
(繰り返す)

3 次の英文(山田先生が英語の授業で生徒に伝えた内容)が通して2回読まれます。その英文を聞いて，内容についての1～4の英語の質問に対する答えとして最も適当なものを，問題用紙のア～エの中からそれぞれ一つ選び，その記号を解答欄に記入しなさい。

Listen, everyone. I have big news today. Two boys from America will visit this school. They'll come to our city on July 4. The next day, they'll come to our school. Their names are Tom and John. They're as old as you. They'll study with you for two weeks and go back to America in August. I hope you'll enjoy talking to them in English. And I hope they'll learn a lot about Japan. They say they want to learn Japanese from you during their stay. Please teach them some useful Japanese words.

In the first class with them, you'll have three events. First, you'll have a question time. You'll ask them some questions in English. I want you to make some questions before the class. Second, you'll tell them some things about our school or city in English. You already have six groups in this class. You need to decide what you want to say in each group. You'll do that tomorrow. About the third event, I haven't decided anything yet. What do you want to do with them? Please tell me your ideas next week.

〔質問〕

1　When will Tom and John come to the school?

2　What do Tom and John want to do?

3　Who will make some English questions for the first event?

4　What does Mr. Yamada tell the students to do for the third event?

(英文と質問を繰り返す)

これで聞き取りの問題を終わります。

社会

時間　50分　　　　満点　50点

[1] 右の略年表を見て，1〜7の問いに答えなさい。

年代	できごと
600	・①推古天皇《すいこ》が即位する
	・この頃，②天平《てんぴょう》文化が栄える
800	
1000	
	・白河上皇《しらかわじょうこう》が院政を始める（↕③ ここから）
1200	
	・④鎌倉幕府がほろびる（③ ここまで）
1400	
	・⑤豊臣秀吉《とよとみひでよし》が全国を統一する
1600	・⑥徳川家光《とくがわいえみつ》が征夷大将軍《せいいたいしょうぐん》となる
1800	
	・⑦モリソン号事件が起こる

1　略年表中の①が即位すると，[A]が，摂政《せっしょう》となり，豪族の[B]とともに政治を行った。[A]，[B]にそれぞれ当てはまる人物の組み合わせとして適当なものを，ア〜エから一つ選び，その記号を書け。

(　　　)

ア　A　中大兄皇子《なかのおおえのおうじ》　B　中臣鎌足《なかとみのかまたり》
イ　A　中大兄皇子　B　蘇我馬子《そがのうまこ》
ウ　A　聖徳太子《しょうとくたいし》　B　中臣鎌足
エ　A　聖徳太子　B　蘇我馬子

2　次の資料は，略年表中の②が栄えた頃につくられた，[X]の姿を表した彫刻の写真である。[X]は，日本における仏教の発展に貢献するため，[Y]。[X]，[Y]にそれぞれ当てはまる言葉の組み合わせとして適当なものを，ア〜エから一つ選び，その記号を書け。

(　　　)

ア　X　空海《くうかい》　Y　唐《とう》から来日した　　イ　X　空海　Y　遣唐使《けんとうし》とともに唐に渡った
ウ　X　鑑真《がんじん》　Y　唐から来日した　　エ　X　鑑真　Y　遣唐使とともに唐に渡った

3　略年表中の③の期間に起こったできごととして適当なものを，ア〜エから二つ選び，年代の古い順に左から並べ，その記号を書け。(　　)→(　　)

ア　応仁《おうにん》の乱が始まった。　　イ　平清盛《たいらのきよもり》が太政《だいじょう》大臣となった。
ウ　藤原道長《ふじわらのみちなが》が摂政となった。　　エ　承久《じょうきゅう》の乱が起こった。

4　略年表中の④のできごとの後，後醍醐《ごだいご》天皇は，公家《くげ》を重んじる政策を行うなど，朝廷中心の新しい政治を始めた。この政治は，一般に[　　　]の新政と呼ばれている。[　　　]に当てはまる最も適当な言葉を書け。(　　　)

5　略年表中の⑤の政策として適当なものを，ア〜エから一つ選び，その記号を書け。(　　　)

ア　オランダ商館を長崎の出島に移した。　　イ　天正遣欧《てんしょうけんおう》少年使節を派遣した。
ウ　バテレン追放令を出した。　　エ　明《みん》との間で勘合《かんごう》貿易を始めた。

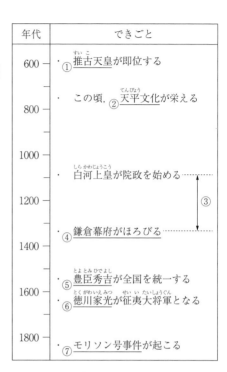

6　次のグラフは，松江藩《まつえはん》の，1768年10月から1769年9月における，支出総額に占める項目別の割合を表したものであり，次の会話文は，直子さんと先生が，グラフを見ながら，略年表中の⑥が定めた制度について話をしたときのものである。文中の□に当てはまる適当な言葉を書け。

（　　）

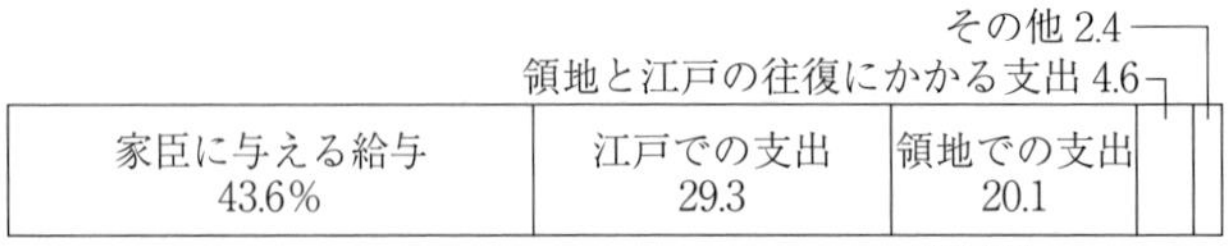

（松江藩・出入捷覧《でいりしょうらん》ほかによる）

先　　生：このグラフから，江戸幕府の政治について，どのようなことが分かりますか。

直子さん：⑥は，武家諸法度《ぶけしょはっと》において，□と呼ばれる制度を定めました。グラフを見ると，この制度は，約130年経過した後も，維持されていたことが分かります。

先　　生：そのとおりです。

7　次の文は，略年表中の⑦について述べたものである。文中の□に適当な言葉を書き入れて文を完成させよ。ただし，□には，**幕府・外国船**の二つの言葉を含めること。

（　　）

⑦が起こると，高野《たかの》長英《ちょうえい》と渡辺崋山《わたなべかざん》は，□ことを批判する書物を書いた。このため，彼らは，幕府から厳しい処罰を受けた。

2 日本の歴史上のできごとについて調べたことを簡単にまとめた歴史カードを作り，年代の古い順に，A～Dの記号を付けた。これらを見て，1～7の問いに答えなさい。

A	B	C	D
①徳川慶喜《とくがわよしのぶ》が，江戸幕府の第15代の征夷大《せいいたい》将軍《しょうぐん》となった。	全国の民権派の代表が，大阪に集まり，②国会期成同盟を結成した。	③第一次世界大戦が始まると，日本は，日英同盟に基づいて参戦した。	④第二次世界大戦におけるドイツの優勢を見て，日本は，日独伊三国同盟を結んだ。

1 幕府を武力で倒そうとする動きが強まると，①は，土佐藩《とさはん》のすすめを受けて，□。このできごとは，一般に大政奉還《たいせいほうかん》と呼ばれている。□に適当な言葉を書き入れて文を完成させよ。ただし，□には，**政権・朝廷**の二つの言葉を含めること。

( )

2 カードAのできごとからカードBのできごとまでの期間に，我が国では，欧米の文化が盛んに取り入れられ，都市部を中心として，伝統的な生活に変化が見られた。このような動きは，一般に□開化と呼ばれている。□に当てはまる最も適当な言葉を書け。( )

3 政府が，1881年に，10年後の②開設を約束すると，政党の結成が進められ，大隈重信《おおくましげのぶ》が［X］を結成した。一方，政府においても準備が進められ，1885年に内閣制度ができると，［Y］が初代の内閣総理大臣に就任した。［X］，［Y］にそれぞれ当てはまる言葉の組み合わせとして適当なものを，ア～エから一つ選び，その記号を書け。( )

ア X 自由党 Y 板垣退助《いたがきたいすけ》　イ X 自由党 Y 伊藤博文《いとうひろぶみ》

ウ X 立憲改進党 Y 板垣退助　エ X 立憲改進党 Y 伊藤博文

4 カードBのできごとからカードCのできごとまでの期間に起こった，次のア～エのできごとを年代の古い順に左から並べ，その記号を書け。( )→( )→( )→( )

ア 日本で，日比谷《ひびや》焼き打ち事件が起こった。　イ 清《しん》で，義和団《ぎわだん》事件が起こった。

ウ 朝鮮で，甲午《こうご》農民戦争が起こった。　エ 清で，辛亥《しんがい》革命が起こった。

5 ③をきっかけとする我が国の産業構造の変化について，グラフ1は，我が国の，1914年と1919年における，各種産業の生産総額に占める，産業別の生産額の割合を表したものであり，グラフ1中のa，bは，それぞれ農業，工業のいずれかに当たる。また，グラフ2は，我が国の，1914年と1919年における，工業の生産総額に占める，工業分野別の生産額の割合を表したものであり，グラフ2中のc，dは，それぞれ軽工業，重化学工業のいずれかに当たる。a～dにそれぞれ当たるものの組み合わせとして適当なものを，後のア～エから一つ選び，その記号を書け。( )

グラフ1

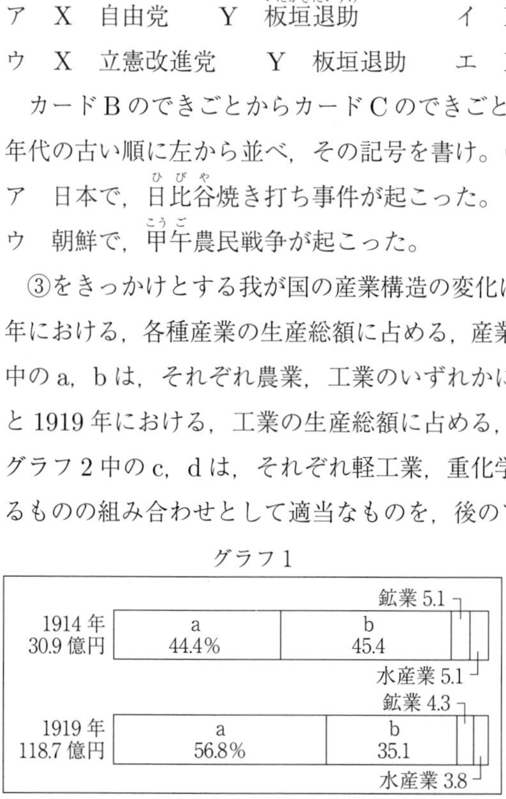

(日本資本主義発達史年表による)

グラフ2

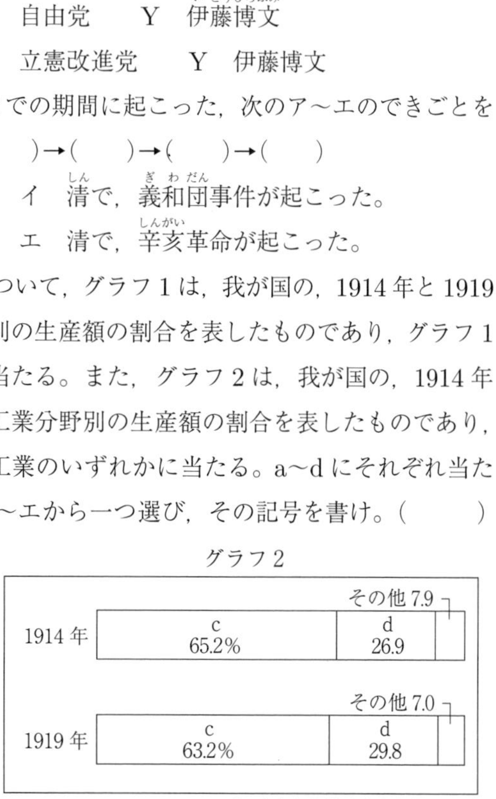

(日本資本主義発達史年表による)

ア　a　農業　　b　工業　　c　軽工業　　d　重化学工業
イ　a　農業　　b　工業　　c　重化学工業　　d　軽工業
ウ　a　工業　　b　農業　　c　軽工業　　d　重化学工業
エ　a　工業　　b　農業　　c　重化学工業　　d　軽工業

6　カードDのできごとが起こった頃，日本は，［Z］領インドシナの北部に軍を進めた。その後，日本が，［Z］領インドシナの南部に軍を進めると，アメリカは，日本に対する石油輸出の禁止を決定した。［Z］に当てはまる国の名を書け。(　　　)

7　④が終結した後，日本はアメリカを中心とする連合国に占領されていたが，1951年に講和会議が開かれ，当時の日本の内閣総理大臣であった［　　］が，この会議に出席し，サンフランシスコ平和条約に署名した。［　　］に当てはまる人物の氏名を書け。(　　　)

3 次の1～5の問いに答えなさい。

1 次の会話文は，あるクラスの生徒が，文化祭での催しについて，話し合いをしたときのものである。文中の生徒A～Cの発言の下線部の内容は，それぞれ，効率と公正のどちらの考え方に基づいたものか。生徒と考え方の組み合わせとして最も適当なものを，ア～エから一つ選び，その記号を書け。(　　　)

生徒A：劇とモザイクアートのどちらにするか，クラス全員で，一人一人意見を述べ，それを反映させて決めていきましょう。

生徒B：何回も集まらなくても制作できるから，劇よりもモザイクアートがいいと思います。

生徒C：劇と比べて，体を動かさなくてもよいモザイクアートに賛成です。けがをして運動を控えている友達が，嫌な思いをしないからです。

ア A 公正 B 効率 C 効率　　イ A 公正 B 効率 C 公正

ウ A 効率 B 公正 C 効率　　エ A 効率 B 公正 C 公正

2 次の会話文は，直子さんと先生が，我が国の選挙について話をしたときのものである。これを読んで，(1)，(2)の問いに答えよ。

先　　生：①選挙に関する，一票の格差の問題とは，どのような問題ですか。

直子さん：全国を複数の選挙区に分けて選挙を行うとき，各選挙区の間で，［　②　］に差が生じ，その差が大きくなっている問題のことです。

先　　生：そのとおりです。

(1) 我が国において，①の方法や選挙権年齢などの選挙制度は，［　　］によって定められている。［　　］に当てはまる法律の名称を書け。(　　　)

(2) 文中の［　②　］に適当な言葉を書き入れて文を完成させよ。ただし，［　②　］には，**議員・一人・有権者数**の三つの言葉を含めること。(　　　　　　　　　　　　　　　)

3 右の資料は，我が国の内閣が会議をしている様子を撮影した写真であり，次の文は，先生がこの写真について解説したものである。文中の［　　］に当てはまる最も適当な言葉を書け。(　　　)

写真の会議は，内閣が政府の方針や行政の運営について決定するものであり，その議決は，内閣総理大臣と国務大臣の全員一致によることとされています。この会議は，一般に［　　］と呼ばれています。

4 次の文は，裁判の事例について述べたものであり，この裁判は，民事裁判，刑事裁判のいずれかに当たる。また，図1，2は，我が国で裁判が行われるときの，法廷における座席などの配置を模式的に表したものであり，図1，2は，それぞれ民事裁判，刑事裁判のいずれかのものに当たる。事例の裁判の種類と，この裁判が法廷で行われる場合の，法廷における座席などの配置を表した図の組み合わせとして適当なものを，後のア～エから一つ選び，その記号を書け。(　　　)

図1

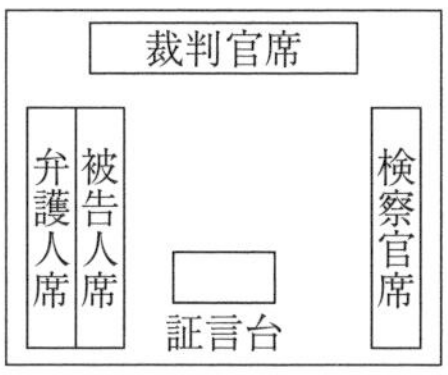

図2

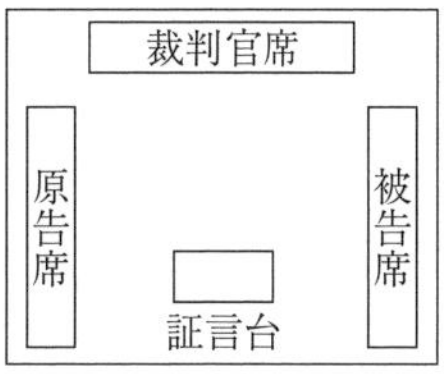

Oさんは，貸したお金を返してくれないPさんを訴えた。裁判所は，Oさんの訴えを認め，P

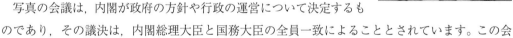

さんに返済と賠償金の支払いを命じた。

ア　民事裁判と図１　　イ　民事裁判と図２　　ウ　刑事裁判と図１　　エ　刑事裁判と図２

5　次のＸ～Ｚは，我が国の地方の政治における，条例の制定や改廃を求める直接請求の手続きが書かれたカードである。Ｘ～Ｚのカードを条例の制定や改廃に向けた手続きの流れの順に左から並べ，その記号を書け。(　　)→(　　)→(　　)

Ｘ	住民が，首長に条例の制定や改廃を請求する。
Ｙ	議会が招集され，条例案が審議される。
Ｚ	住民が，必要な数の署名を集める。

4　次の1～5の問いに答えなさい。

1　次の資料は，ある法律について説明するために，先生が作成したものであり，資料中の［A］にはその法律の名称が当てはまる。［A］に当てはまる法律の名称として適当なものを，ア～エから一つ選び，その記号を書け。(　　　)

> ○［A］
> ◇法律の対象
> 会社に雇われている人が広く対象
> ◇働くことができる年齢
> 原則として15歳の年度末以降
> ◇働くことができる時間，休日
> ・1日の上限：8時間，1週の上限：40時間（原則）
> ・休日：少なくとも毎週1日（原則）
> ◇仕事の内容
> 18歳未満：危険，有害な作業に就くことができない
> 18歳以上：出産後1年以内の人等については，危険，有害な作業の一部に就くことができない

（厚生労働省資料による）

ア　労働組合法　　イ　労働基準法　　ウ　男女雇用機会均等法　　エ　男女共同参画社会基本法

2　我が国の消費者保護制度の一つとして，訪問販売などで商品を購入した場合に，購入後一定期間内であれば消費者側から契約の取り消しができる，契約解除の制度がある。この制度は，一般に［　　］制度と呼ばれている。［　　］に当てはまる最も適当な言葉を書け。(　　　)

3　右の図は，市場経済における一般的な商品の，価格に対する需要量と供給量を表したものであり，図中の曲線X，Yは，それぞれ需要曲線，供給曲線のいずれかに当たる。図について述べた次の文の①の｛　｝の中から適当なものを一つ選び，その記号を書け。また，［②］に適当な言葉を書き入れて文を完成させよ。ただし，［②］には**需要量**・**供給量**の二つの言葉を含めること。

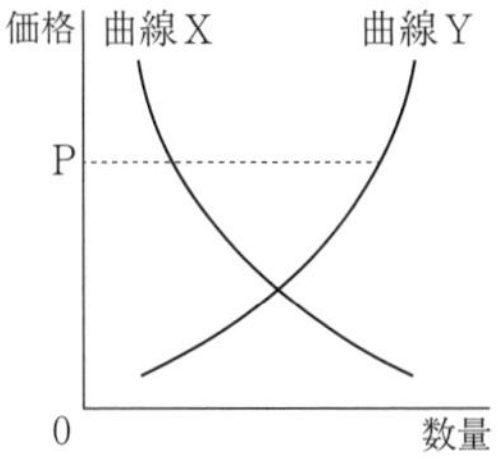

①(　　　)　②(　　　　　　　　　　　　　　　　)

図において，曲線Xは，①｛ア　需要曲線　　イ　供給曲線｝に当たる。市場価格がPのとき，やがて，市場価格は，Pより下がり，［　②　］状態となるような価格に落ち着いていく。

4　我が国では，高齢化が進み，高齢者の［B］の問題が大きくなっている。このため，社会保険の一つとして，国民が，40歳に達すると加入して保険料を支払い，必要となったときにサービスを受けることができる，［B］保険制度が導入されている。［B］に当てはまる適当な言葉を書け。(　　　)

5　次の表は，1985年から2015年における，我が国の，百貨店，大型スーパー，コンビニエンスストアの，それぞれの事業所数と年間販売額の総額の推移を表したものである。表から読み取れることを述べた文として適当なものを，ア～エから一つ選び，その記号を書け。(　　　)

項目／年	百貨店		大型スーパー		コンビニエンスストア	
	事業所数	年間販売額の総額(十億円)	事業所数	年間販売額の総額(十億円)	事業所数	年間販売額の総額(十億円)
1985	360	7,982	1,931	7,299	7,419	864
1990	378	11,456	1,980	9,486	17,408	2,694
1995	425	10,825	2,446	11,515	29,144	4,844
2000	417	10,011	3,375	12,622	35,461	6,680
2005	345	8,763	3,940	12,565	39,600	7,360
2010	274	6,842	4,683	12,737	42,347	8,114
2015	246	6,826	4,818	13,223	54,505	10,996

(注) 百貨店は，デパートとも呼ばれる。

(数字でみる日本の100年による)

ア　2015年の百貨店の年間販売額の総額は，1990年の百貨店の年間販売額の総額の半分以下である。

イ　2015年の大型スーパーの事業所数は，1985年の大型スーパーの事業所数の3倍以上である。

ウ　コンビニエンスストアの年間販売額の総額が，同じ年の百貨店の年間販売額の総額を初めて上回ったのは，2005年である。

エ　2015年において，1事業所当たりの年間販売額を，百貨店，大型スーパー，コンビニエンスストアで比べると，最も多いのは百貨店である。

5 次の1～5の問いに答えなさい。

1 地図1は，地形図である。これを見て，(1)，(2)の問いに答えよ。

(1) 地形図の縮尺は，2万5千分の1である。そのことが分かる理由を，**主曲線**の言葉を用いて，簡単に書け。

( )

(2) 地形図について述べた次の文の①～③の｛ ｝の中から適当なものを，それぞれ一つずつ選び，その記号を書け。

①( ) ②( ) ③( )

地図1

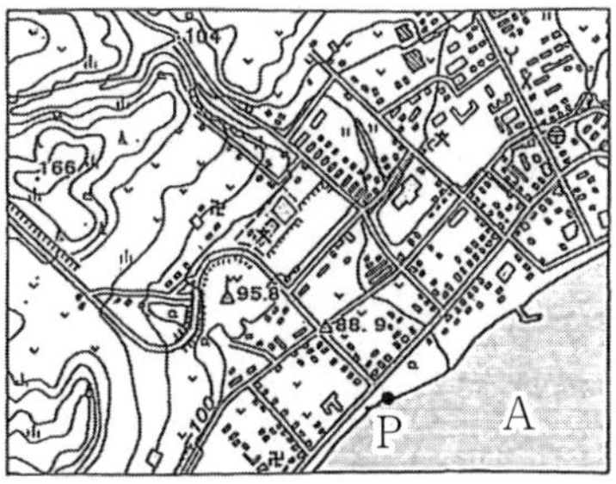

(国土地理院令和2年発行の地形図による)

地形図中の地点Pは，①｛ア 三角点 イ 水準点｝と等高線から判断すると，②｛ウ 標高0m エ 標高80m～90mの間｝にある。このことから，地形図中のAは，③｛オ 湖 カ 海｝であると考えられる。

2 次の図は，地図2中のBC間の断面を模式的に表したものであり，図中の矢印は，ある季節の季節風の流れを表している。矢印の向きから考えられる季節と，図中の地点Ⅰ～Ⅲにおける風の性質の組み合わせとして最も適当なものを，ア～エから一つ選び，その記号を書け。( )

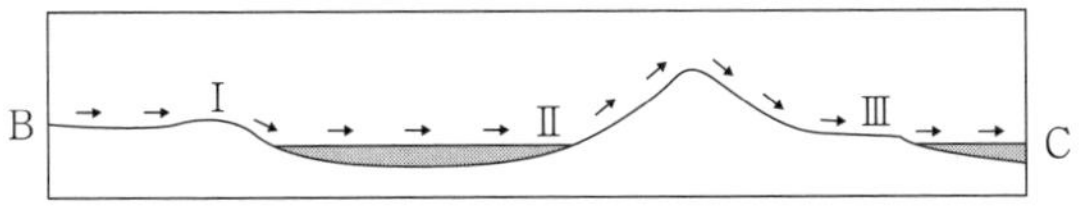

地図2

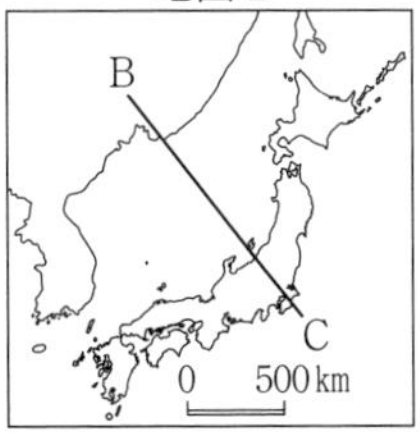

ア 季節 夏 Ⅰ 湿っている Ⅱ 乾いている Ⅲ 湿っている

イ 季節 夏 Ⅰ 乾いている Ⅱ 湿っている Ⅲ 乾いている

ウ 季節 冬 Ⅰ 湿っている Ⅱ 乾いている Ⅲ 湿っている

エ 季節 冬 Ⅰ 乾いている Ⅱ 湿っている Ⅲ 乾いている

3 次の文は，我が国の林業について述べたものである。また，右のグラフは，1960年から2010年における，我が国の木材供給量の推移を表したものであり，グラフ中のa，bは，それぞれ国産材，輸入材のいずれかに当たる。文中の R ， S にそれぞれ当てはまる言葉の組み合わせとして最も適当なものを，ア～エから一つ選び，その記号を書け。( )

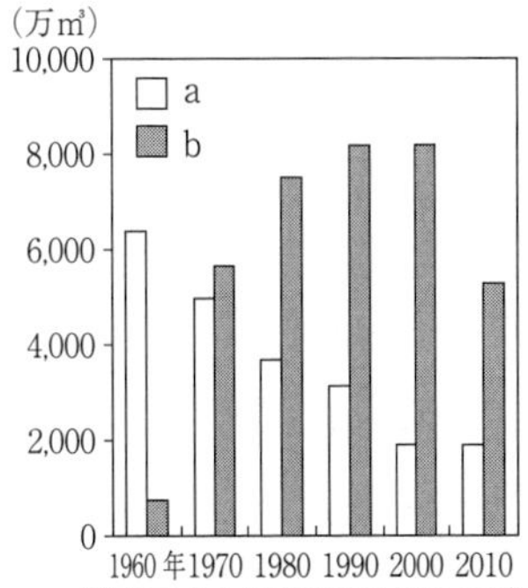

(数字でみる日本の100年による)

森林に恵まれた我が国では，古くから林業の盛んな地域があり，秋田 R などの特色ある木材が生産されている。また，我が国の木材供給量は，グラフのように推移しており，グラフ中のaは， S の供給量を表している。

ア R ひのき S 国産材 イ R ひのき S 輸入材

ウ R すぎ S 国産材 エ R すぎ S 輸入材

4　地図3中のあ～えのうち，工業が集中する，太平洋ベルトと呼ばれる地帯に位置する県として適当なものを一つ選び，その記号と県名を書け。(　　)(　　　県)

地図3

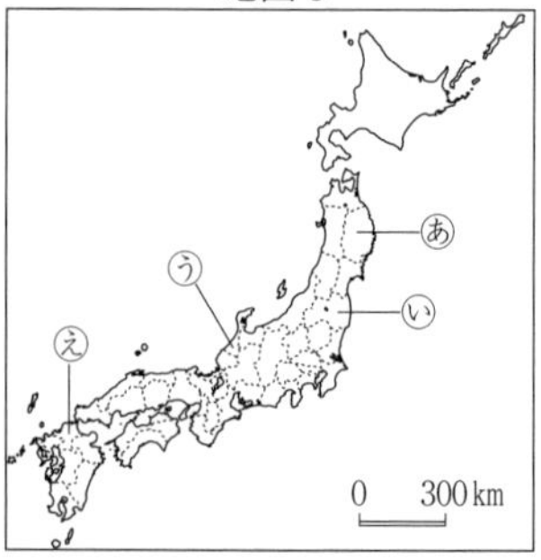

5　右のグラフは，1950年から2010年における，我が国の産業別就業者数の推移を表したものであり，グラフ中のX，Yは，それぞれ第2次産業，第3次産業のいずれかに当たる。グラフについて述べた次の文の①，②の｛　　｝の中から適当なものを，それぞれ一つずつ選び，その記号を書け。

①(　　　)　②(　　　)

グラフ中のYは，①｛ア　第2次産業　　イ　第3次産業｝に当たり，Yに含まれる産業には，②｛ウ　建設業　　エ　運輸業｝がある。

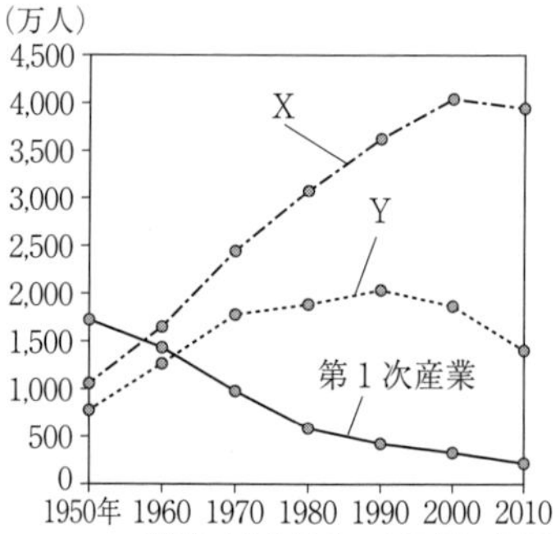

(数字でみる日本の100年による)

6 次の1～4の問いに答えなさい。

1 地図1，2を見て，(1)～(3)の問いに答えよ。

(1) 地図1，2中のA～Eの線は，緯線を示している。Eと同じ緯度の緯線として適当なものを，A～Dから一つ選び，その記号を書け。(　　)

(2) 地図1中の⬭印で示した区域において，伝統的に，主食とするために栽培されている作物として最も適当なものを，ア～エから一つ選び，その記号を書け。

(　　)

ア 米　イ 小麦　ウ とうもろこし　エ いも類

地図1

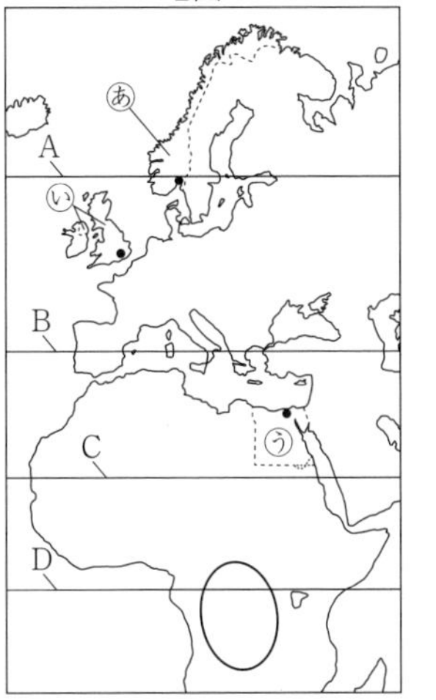

地図2

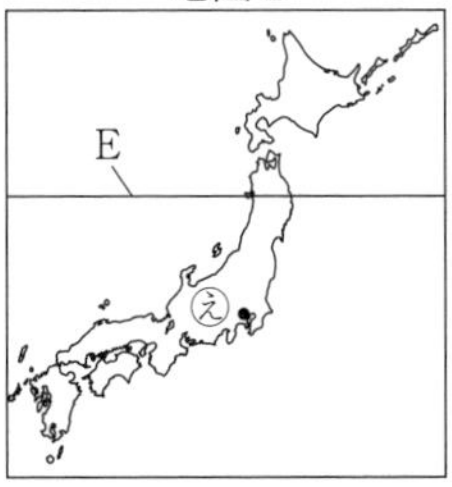

(注) 縮尺は，地図1と同一でない。

(3) 地図1，2中の•印は，それぞれ，地図1，2中のあ～えの国の首都の位置を示している。また，次のP～Sのグラフは，それぞれ，あ～えのいずれかの国の首都における，月別の平均気温と降水量を表したものである。Qに当たる首都がある国として適当なものを，あ～えから一つ選び，その記号と国の名を書け。(　　)(　　)

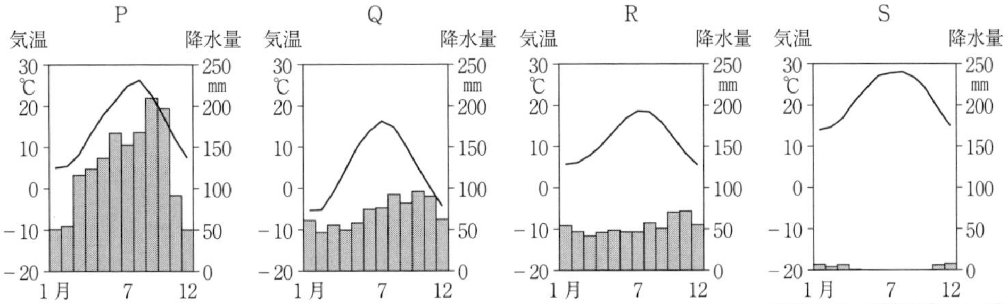

(2021年版 理科年表による)

2 地図3中のⅠ～Ⅲは，それぞれ三大洋のいずれかを示しており，------は，大洋の境界を示している。Ⅰが示している大洋の名称を書け。(　　)

地図3

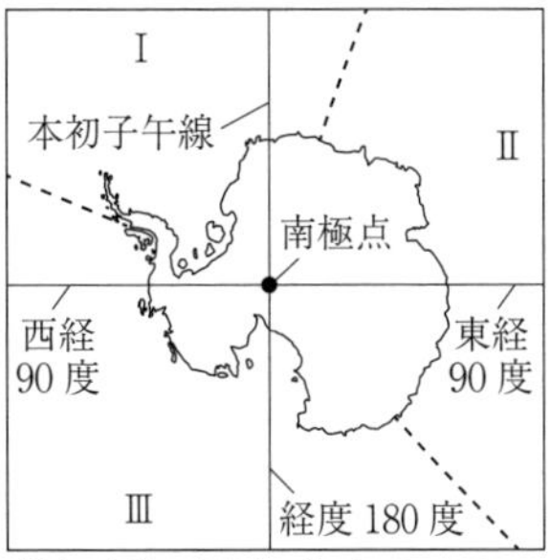

(注) 大陸の周囲の海は，Ⅰ～Ⅲの三つの大洋に含めている。

3 次の文は，世界の人口の変化について述べたものである。文中の□に適当な言葉を書き入れて文を完成させよ。ただし，□には，**医療・死亡率・出生率**の三つの言葉を含めること。

(　　　　　　　　　　　　)

世界の人口は，1950年に約25億人であったが，その後，急増し，2015年には，約73億人になった。世界の人口が急増したのは，1950年代以降，主にアジア，アフリカにおいて，□からである。

4　右の表は，2017年における，世界の州別の，一人当たりのエネルギー消費量を表したものであり，表中のX～Zは，それぞれアジア，アフリカ，北アメリカのいずれかに当たる。X～Zにそれぞれ当たる州の組み合わせとして適当なものを，ア～エから一つ選び，その記号を書け。(　　　)

ア　X　アジア　　Y　北アメリカ　　Z　アフリカ

イ　X　アジア　　Y　アフリカ　　Z　北アメリカ

ウ　X　北アメリカ　　Y　アジア　　Z　アフリカ

エ　X　北アメリカ　　Y　アフリカ　　Z　アジア

州	一人当たりのエネルギー消費量(kg)
オセアニア	5,067
X	4,927
ヨーロッパ	3,471
Y	1,527
南アメリカ	1,330
Z	740

(注)　エネルギー消費量は，石油換算したものである。
ロシアは，ヨーロッパに含めている。

(2020―21年版　世界国勢図会ほかによる)

理科

時間　50分　　　　満点　50点

1　電流とその利用，浮力に関する次の1～3の問いに答えなさい。

1［実験1］　図1のように，蛍光板を入れた真空放電管の電極A，B間に高い電圧を加えると，蛍光板上に光る線が現れた。さらに，図2のように，電極C，D間にも電圧を加えると，光る線は電極D側に曲がった。

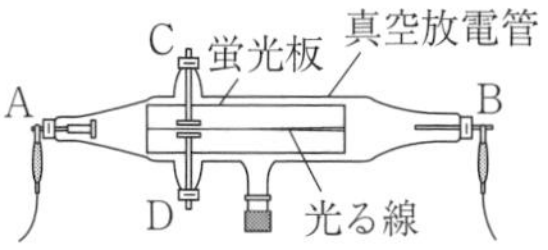

図1

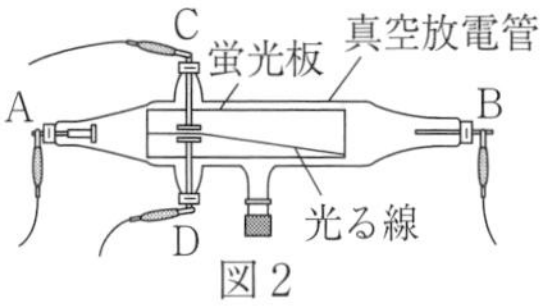

図2

(1)　図1の蛍光板上に現れた光る線は，何という粒子の流れによるものか。その粒子の名称を書け。(　　　)

(2)　図2の電極A，Cは，それぞれ＋《プラス》極，－《マイナス》極のいずれになっているか。＋，－の記号で書け。A(　　　極)　C(　　　極)

2［実験2］　電熱線aを用いて，図3のような装置をつくった。電熱線aの両端に加える電圧を8.0Vに保ち，8分間電流を流しながら，電流を流し始めてからの時間と水の上昇温度との関係を調べた。この間，電流計は2.0Aを示していた。次に，電熱線aを電熱線bにかえて，電熱線bの両端に加える電圧を8.0Vに保ち，同じ方法で実験を行った。図4は，その結果を表したグラフである。

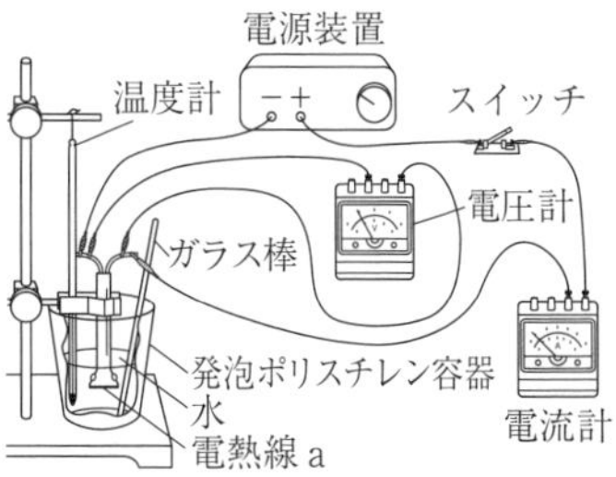

図3

［実験3］　図3の装置で，電熱線aの両端に加える電圧を8.0Vに保って電流を流し始め，しばらくしてから，電熱線aの両端に加える電圧を4.0Vに変えて保つと，電流を流し始めてから8分後に，水温は8.5℃上昇していた。下線部のとき，電流計は1.0Aを示していた。

ただし，実験2・3では，水の量，室温は同じであり，電流を流し始めたときの水温は室温と同じにしている。また，熱の移動は電熱線から水への移動のみとし，電熱線で発生する熱は全て水の温度上昇に使われるものとする。

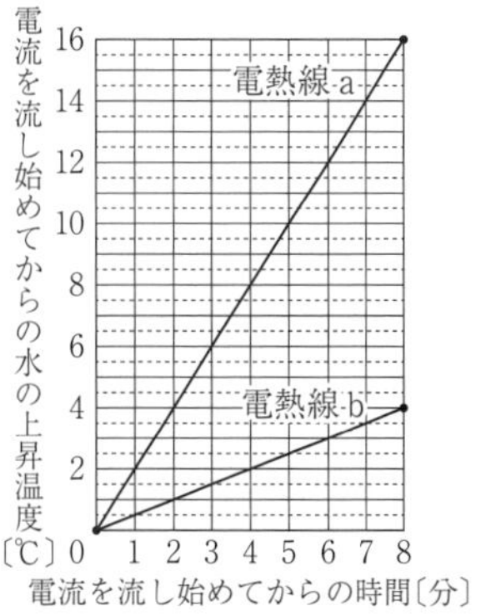

図4

(1)　電熱線aの抵抗の値は何Ωか。(　　　Ω)

(2)　次の文の①，②の{　　}の中から，それぞれ適当なものを1つずつ選び，その記号を書け。
①(　　　)　②(　　　)

実験2で，電熱線aが消費する電力は，電熱線bが消費する電力より①{ア　大きい　　イ　小さい}。また，電熱線aの抵抗の値は，電熱線bの抵抗の値より②{ウ　大きい　　エ　小さい}。

(3)　実験3で，電圧を4.0Vに変えたのは，電流を流し始めてから何秒後か。次のア～エのうち，最も適当なものを1つ選び，その記号を書け。(　　　)

ア　30秒後　　イ　120秒後　　ウ　180秒後　　エ　240秒後

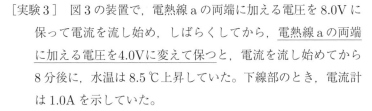

3［実験4］　重さ0.84Nの物体Xと重さ0.24Nの物体Yを水に入れたところ，図5のように，物体Xは沈み，物体Yは浮いて静止した。

［実験5］　図6のように，物体Xとばねばかりを糸でつなぎ，物体Xを水中に沈めて静止させたところ，ばねばかりの示す値は0.73Nであった。次に，図7のように，物体X，Y，ばねばかりを糸でつなぎ，物体X，Yを水中に沈めて静止させたところ，ばねばかりの示す値は0.64Nであった。ただし，糸の質量と体積は考えないものとする。

図5

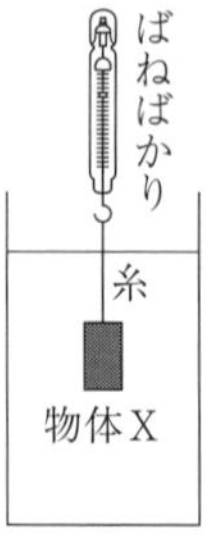

図6

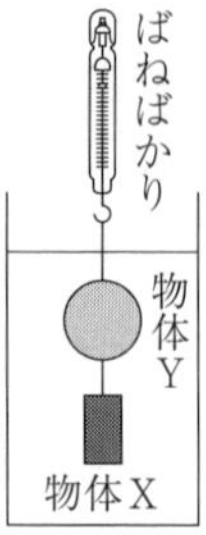

図7

(1)　次の文の①，②の｛　　｝の中から，それぞれ適当なものを1つずつ選び，その記号を書け。
①(　　　)　②(　　　)

図5で，物体Xにはたらく，浮力の大きさと重力の大きさを比べると，①｛ア　浮力が大きい　イ　重力が大きい　ウ　同じである｝。図5で，物体Yにはたらく，浮力の大きさと重力の大きさを比べると，②｛ア　浮力が大きい　イ　重力が大きい　ウ　同じである｝。

(2)　図7で，物体Yにはたらく浮力の大きさは何Nか。(　　　N)

2　物質の性質と化学変化に関する次の１・２の問いに答えなさい。

1［実験１］　固体の物質Ｘ２ｇを試験管に入れておだやかに加熱し，物質Ｘの温度を１分ごとに測定した。図１は，その結果を表したグラフである。ただし，温度が一定であった時間の長さを t，そのときの温度をＴと表す。

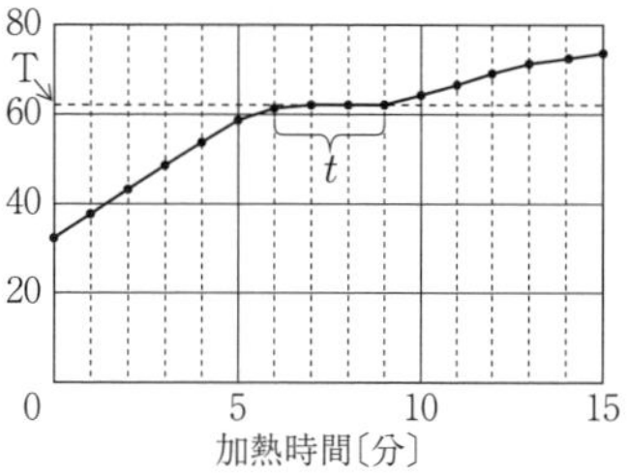

図１

(1)　全ての物質Ｘが，ちょうどとけ終わったのは，加熱時間がおよそ何分のときか。次のア～エのうち，最も適当なものを１つ選び，その記号を書け。(　　　)

ア　3分　　イ　6分　　ウ　9分　　エ　12分

(2)　実験１の物質Ｘの質量を２倍にして，実験１と同じ火力で加熱したとき，時間の長さ t と温度Ｔはそれぞれ，実験１と比べてどうなるか。次のア～エのうち，最も適当なものを１つ選び，その記号を書け。(　　　)

ア　時間の長さ t は長くなり，温度Ｔは高くなる。

イ　時間の長さ t は長くなり，温度Ｔは変わらない。

ウ　時間の長さ t は変わらず，温度Ｔは高くなる。

エ　時間の長さ t も，温度Ｔも変わらない。

(3)　表１は，物質Ａ～Ｃの融点と沸点を表したものである。物質Ａ～Ｃのうち，１気圧において，60℃のとき液体であるものを１つ選び，Ａ～Ｃの記号で書け。また，その物質が，60℃のとき液体であると判断できる理由を，融点，沸点との関係に触れながら，解答欄の書き出しに続けて，簡単に書け。

表１〔１気圧における融点，沸点〕

	融点〔℃〕	沸点〔℃〕
物質Ａ	－115	78
物質Ｂ	－95	56
物質Ｃ	81	218

記号(　　　)

理由(選んだ物質では，物質の温度（60℃）が　　　　　　　　　　　　　　　　　　　　　)

2［実験２］　黒色の酸化銅と炭素の粉末をよく混ぜ合わせた。これを図２のように，試験管Ｐに入れて加熱すると，気体が発生して，試験管Ｑの液体Ｙが白く濁り，試験管Ｐの中に赤色の物質ができた。試験管Ｐが冷めてから，この<u>赤色の物質</u>を取り出し，性質を調べた。

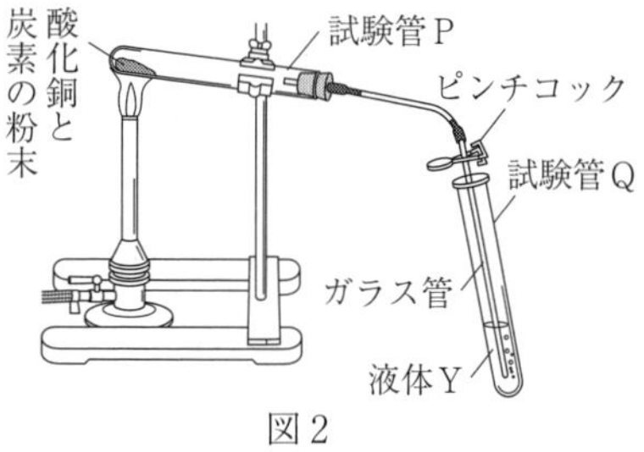

図２

(1)　次の文の①，②の｛　　｝の中から，それぞれ適当なものを１つずつ選び，その記号を書け。

①(　　　)　②(　　　)

下線部の赤色の物質を薬さじでこすると，金属光沢が見られた。また，赤色の物質には，①｛ア　磁石につく　　イ　電気をよく通す｝という性質も見られた。これらのことから，赤色の物質は，酸化銅が炭素により②｛ウ　酸化　　エ　還元｝されてできた銅であると確認できた。

(2)　液体Ｙが白く濁ったことから，発生した気体は二酸化炭素であると分かった。次のア～エのうち，液体Ｙとして，最も適当なものを１つ選び，その記号を書け。(　　　)

ア　食酢　　イ　オキシドール　　ウ　石灰水　　エ　エタノール

(3)　酸化銅と炭素が反応して銅と二酸化炭素ができる化学変化を，化学反応式で表すとどうなるか。解答欄の化学反応式を完成させよ。($2CuO + C \rightarrow$　　　　　)

(4)　実験2と同じ方法で，黒色の酸化銅2.00gと炭素の粉末0.12gを反応させたところ，二酸化炭素が発生し，試験管Pには，黒色の酸化銅と赤色の銅の混合物が1.68g残った。このとき，発生した二酸化炭素の質量と，試験管Pに残った黒色の酸化銅の質量はそれぞれ何gか。ただし，酸化銅に含まれる銅と酸素の質量の比は4：1であり，試験管Pの中では，酸化銅と炭素との反応以外は起こらず，炭素は全て反応したものとする。

二酸化炭素(　　　g)　黒色の酸化銅(　　　g)

3　花のつくりと生命の維持に関する次の1・2の問いに答えなさい。

1［観察］　アブラナとマツの花を，図1のルーペを用いて観察した。はじめに，採取したアブラナの花全体を観察した。その後，アブラナの花を分解し，めしべの根もとのふくらんだ部分を縦に切ったものを観察した。図2は，そのスケッチである。次に，図3のマツの花P，Qからはがしたりん片を観察した。図4は，そのスケッチである。

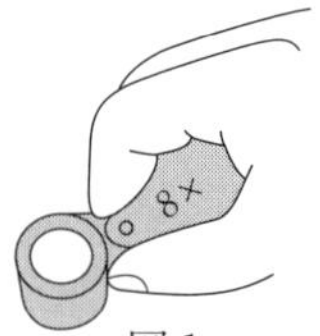

図1

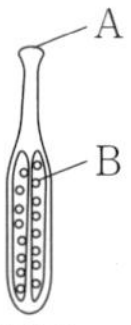

図2

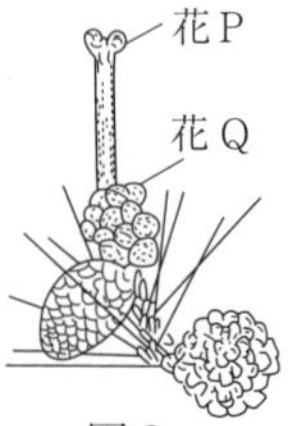

図3

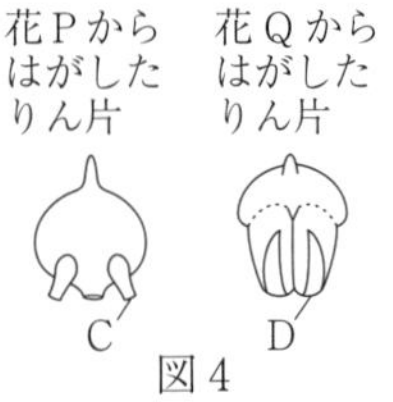

図4

(1)　次のア～エのうち，採取したアブラナの花全体を，図1のルーペを用いて観察するときの方法として，最も適当なものを1つ選び，その記号を書け。(　　　)

ア　顔とアブラナの花は動かさず，ルーペを前後に動かす。

イ　ルーペを目に近づけて持ち，アブラナの花だけを前後に動かす。

ウ　ルーペをアブラナの花からおよそ30cm離して持ち，顔だけを前後に動かす。

エ　ルーペを目からおよそ30cm離して持ち，アブラナの花だけを前後に動かす。

(2)　アブラナの花全体を観察したとき，花の中心にめしべが観察できた。次のa～cは，花の中心から外側に向かってどのような順についているか。めしべに続けてa～cの記号で書け。

(めしべ→　　→　　→　　)

a　がく　　b　おしべ　　c　花弁

(3)　図2と図4のA～Dのうち，花粉がついて受粉が起こる部分はどこか。次のア～エのうち，その組み合わせとして，適当なものを1つ選び，ア～エの記号で書け。(　　　)

ア　A，C　　イ　A，D　　ウ　B，C　　エ　B，D

(4)　次の文の①，②の｛　｝の中から，それぞれ適当なものを1つずつ選び，その記号を書け。
①(　　　)　②(　　　)

アブラナとマツのうち，被子植物に分類されるのは①｛ア　アブラナ　　イ　マツ｝であり，被子植物の胚珠は，②｛ウ　子房の中にある　　エ　むき出しである｝。

2　図5は，ヒトの血液の循環の様子を模式的に表したものである。

(1)　図5のe～hのうち，栄養分を含む割合が最も高い血液が流れる部分として，最も適当なものを1つ選び，その記号を書け。

（　　　）

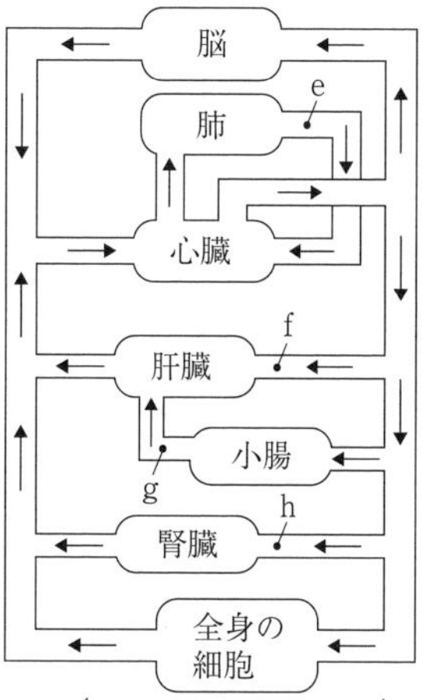

図5（→は血管中の血液が流れる向きを示す。）

(2)　図6は，肺の一部を模式的に表したものである。気管支の先端にたくさんある小さな袋は何と呼ばれるか。その名称を書け。（　　　）

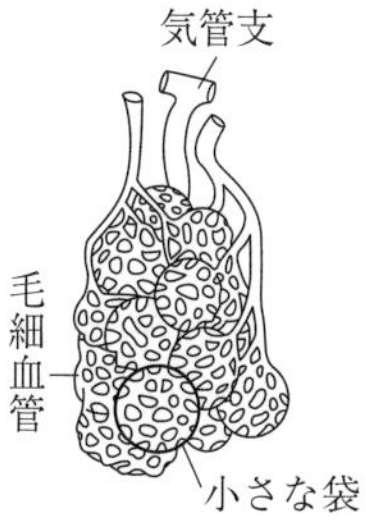

図6

(3)　血液が，肺から全身の細胞に酸素を運ぶことができるのは，赤血球に含まれるヘモグロビンの性質によるものである。その性質を，酸素の多いところと酸素の少ないところでの違いが分かるように，それぞれ簡単に書け。

酸素の多いところ（　　　　　　　　　　　）　酸素の少ないところ（　　　　　　　　　　　）

(4)　次の文の①，②の｛　　｝の中から，それぞれ適当なものを1つずつ選び，その記号を書け。

①（　　　）　②（　　　）

細胞の生命活動によってできた有害なアンモニアは，①｛ア　腎臓　　イ　肝臓｝で無害な②｛ウ　グリコーゲン　　エ　尿素｝に変えられる。

(5)　ある人の心臓は1分間に75回拍動し，1回の拍動で右心室と左心室からそれぞれ80cm^{3}ずつ血液が送り出される。このとき，体循環において，全身の血液量に当たる5000cm^{3}の血液が，心臓から送り出されるのにかかる時間は何秒か。（　　　秒）

4　気象と天体に関する次の1・2の問いに答えなさい。

1　表1は，湿度表の一部，表2は，気温と飽和水蒸気量との関係を表したものである。

表1

乾球の示度〔℃〕	乾球の示度−湿球の示度〔℃〕						
	0.0	1.0	2.0	3.0	4.0	5.0	6.0
26	100	92	84	76	69	62	55

表2

気温〔℃〕	14	16	18	20	22	24	26
飽和水蒸気量〔g/m^3〕	12.1	13.6	15.4	17.3	19.4	21.8	24.4

［実験］　よく晴れた夏の日，冷房が効いた実験室の室温と湿度を，乾湿計を用いて調べると，ⓐ室温26.0℃，湿度62％であった。この実験室で，金属製のコップPに実験室の室温と同じ温度の水を $\frac{1}{3}$ くらい入れ，図1のように，氷水を少しずつ加えて水温を下げていくと，コップPの表面がくもった。氷水を加えるのをやめ，しばらくコップPを観察すると，ⓑコップPの中の水温が上がり，表面のくもりがなくなった。ただし，コップPの表面付近の空気の温度はコップPの中の水温と等しく，実験室の室温と湿度は変化しないものとする。

図1

(1)　下線部ⓐのとき，乾湿計の湿球の示度は何℃か。(　　　　℃)

(2)　下線部ⓑで，コップPの表面のくもりがなくなったのは，物質の状態変化によるものである。物質の状態変化に着目し，このときに起こった変化を，「水滴」という言葉を用いて，解答欄の書き出しに続けて簡単に書け。(コップPの表面の　　　　　　　　　　　　　　　　　　　　　　　　　　)

(3)　下線部ⓑで，コップPの表面のくもりがなくなった直後の，コップPの中の水温はおよそ何℃か。次のア～エのうち，最も適当なものを1つ選び，その記号を書け。(　　　)

ア　14℃　　イ　16℃　　ウ　18℃　　エ　20℃

(4)　実験を行っている間，実験室の外の廊下の気温は30.0℃，湿度は62％であった。次の文の①，②の｛　　｝の中から，それぞれ適当なものを1つずつ選び，その記号を書け。

①(　　　)　②(　　　)

実験室と廊下のそれぞれにおける空気1m^3中に含まれる水蒸気の量を比べると，①｛ア　実験室が多い　　イ　廊下が多い　　ウ　同じである｝。また，実験室と廊下のそれぞれにおける露点を比べると，②｛ア　実験室が高い　　イ　廊下が高い　　ウ　同じである｝。

2　ある日の23時に，日本のある地点で，図2のように，土星，木星，さそり座が南の空に見えた。このとき，さそり座の恒星Sは，日周運動により，真南から西へ30°移動した位置にあった。

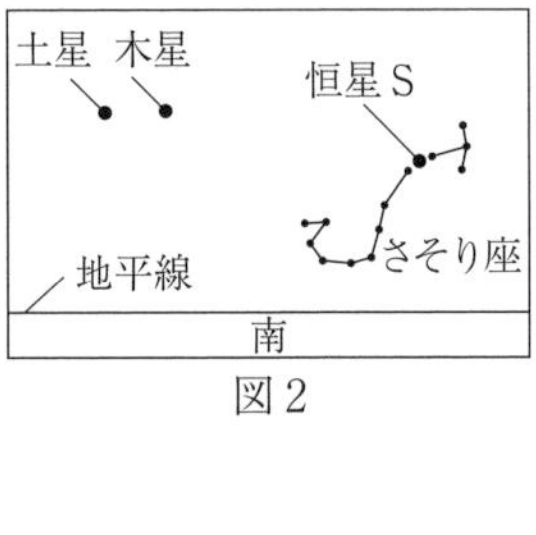

図2

(1)　天体の位置や動きを表すのに用いられる，観測者を中心とした，実際には存在しない見かけ上の球状の天井を何というか。(　　　)

⑵　図2に示す，土星，木星，恒星Sを，地球からの距離が近い順に並べるとどうなるか。次のア～エから，適当なものを1つ選び，その記号を書け。(　　　)

ア　土星→木星→恒星S　　イ　木星→土星→恒星S　　ウ　恒星S→土星→木星

エ　恒星S→木星→土星

⑶　下線部の日から1か月後の同じ時刻に，同じ場所で観察すると，図2に示す恒星Sの方位と高度は，下線部の日と比べてどうなるか。次のア～エのうち，最も適当なものを1つ選び，その記号を書け。(　　　)

ア　方位は東に寄り，高度は高くなる。　　イ　方位は東に寄り，高度は低くなる。

ウ　方位は西に寄り，高度は高くなる。　　エ　方位は西に寄り，高度は低くなる。

⑷　図3は，太陽を中心とした地球の公転軌道と，地球がA～Dのそれぞれの位置にあるときの，真夜中に南中する星座を模式的に表したものである。図3で，地球がA→B→C→D→Aの順に公転するとき，下線部の日の地球はどの区間にあるか。次のア～エのうち，最も適当なものを1つ選び，ア～エの記号で書け。(　　　)

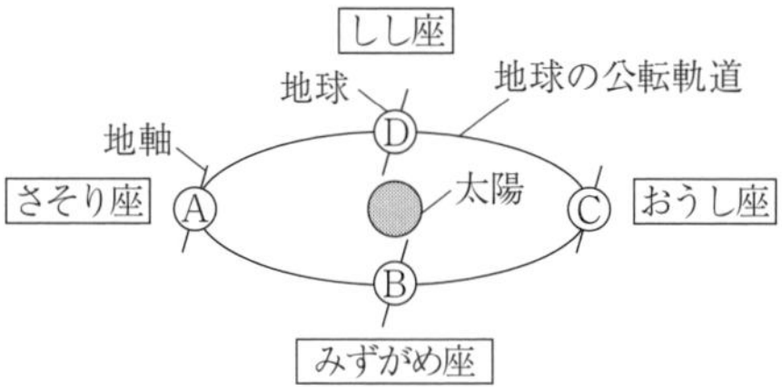

図3

ア　A→Bの区間　　イ　B→Cの区間　　ウ　C→Dの区間　　エ　D→Aの区間

5　次の1～4の問いに答えなさい。

1［実験1］　図1のように，なめらかな水平面上に台車Xを置き，台車Xを手で押しはなした。このときの台車Xの運動の様子を，1秒間に60打点記録する記録タイマーを用いて調べた。図2は，この実験で記録した紙テープを6打点ごとに区切り，打点P以降の各区間の長さを表したものである。

［実験2］　図3のように，傾きが一定のなめらかな斜面上に台車Xを置いて手で支え，その後，台車Xから静かに手をはなした。

［実験3］　図4のように，図3の装置を用いて，斜面の傾きを大きくし，実験2と同じ方法で実験を行った。点Rは点Qと同じ高さである。

ただし，摩擦や空気抵抗，紙テープの質量はないものとする。

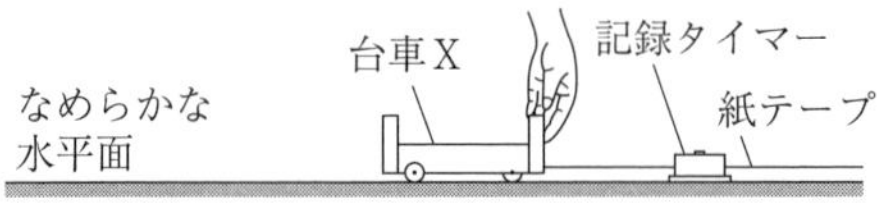

図1

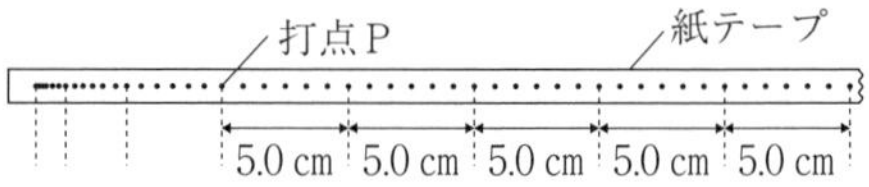

図2

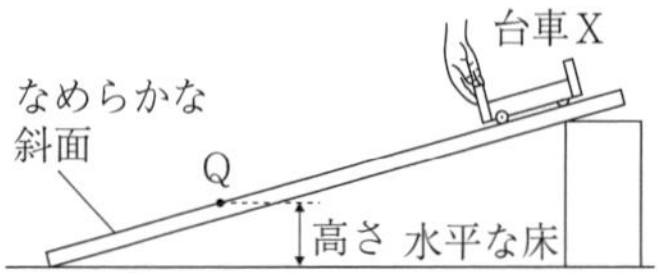

図3

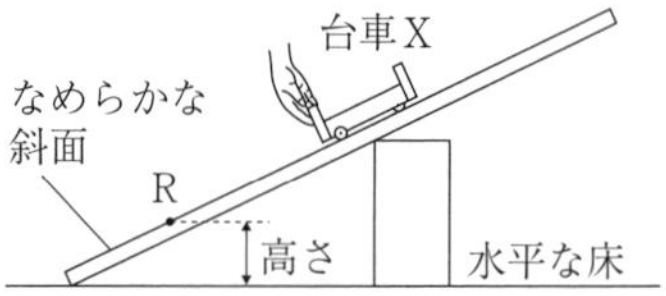

図4

(1)　実験1で，打点Pを打ってから経過した時間と，その間に台車Xが移動した距離との関係はどうなるか。図2をもとに，その関係を表すグラフをかけ。

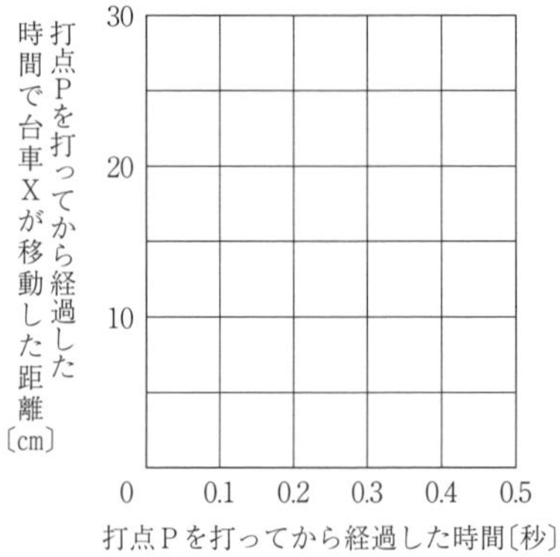

(2)　実験2・3について述べた次の文の①～④の｛　　｝の中から，それぞれ適当なものを1つずつ選び，その記号を書け。ただし，斜面を下っている台車Xについて考えるものとし，それぞれの位置での台車Xの速さは，台車Xの先端が通過するときの速さとする。

①(　　　)　②(　　　)　③(　　　)　④(　　　)

台車Xにはたらく重力を，斜面に垂直な方向と平行な方向に分解したときの，重力の斜面に平行な方向の分力の大きさは，実験2より実験3が①｛ア　大きい　　イ　小さい｝。台車Xにはたらく垂直抗力の大きさは，実験2より実験3が②｛ア　大きい　　イ　小さい｝。また，点Qと点Rの位置での台車Xの速さが同じとき，点Q，Rから斜面に沿って同じ距離だけ下った位置での台車Xの速さを比べると，点Qから下った位置での速さより点Rから下った位置での速さが③｛ア　大きく　　イ　小さく｝，点Q，Rから斜面に沿って同じ距離だけ手前にある位置での台車Xの速さを比べると，点Qの手前の位置での速さより点Rの手前の位置での速さが④｛ア　大きい　　イ　小さい｝。

2　5種類の水溶液A～Eがある。これらは，砂糖水，塩化ナトリウム水溶液，塩酸，水酸化ナトリウム水溶液，水酸化バリウム水溶液のいずれかである。A～Eが何かを調べるために，次のⅠ～Ⅴの実験を，順にそれぞれ行った。

Ⅰ　A～Eをそれぞれ試験管にとり，フェノールフタレイン溶液を数滴ずつ加えると，CとDだけ水溶液の色が赤色になった。

Ⅱ　CとDをそれぞれ試験管にとり，うすい硫酸を加えると，Dだけ水溶液中に白色の沈殿ができた。

Ⅲ　A～Eをそれぞれビーカーにとり，図5のような装置を用いて電圧を加えると，A～Dでは豆電球が点灯したが，Eでは豆電球が点灯しなかった。

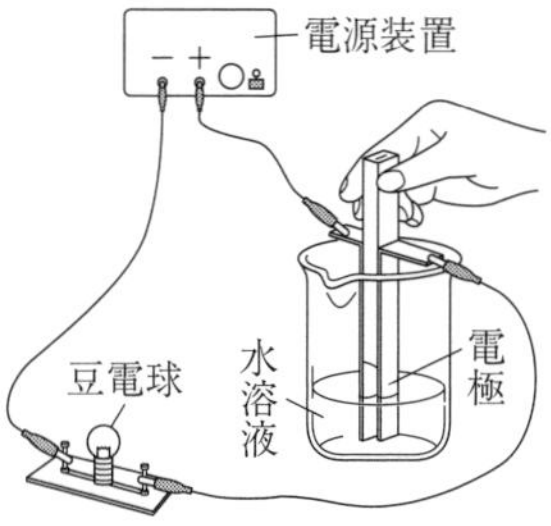

図5

Ⅳ　A～Dをそれぞれ電気分解装置に入れ，電流を流すと，AとBだけ陽極から刺激臭のある塩素が発生した。

Ⅴ　AとBをそれぞれⓐ蒸発皿にとり，水分がなくなるまで加熱すると，Aを入れた蒸発皿にだけⓑ白色の物質が残った。

下線部ⓑの物質は何か。その物質の化学式を書け。また，B～Eから2つを選んで混合したものを，下線部ⓐのように加熱したとき，下線部ⓑと同じ物質ができるのは，どの水溶液を混合し加熱したときか。B～Eのうち，混合した水溶液として，適当なものを2つ選び，その記号を書け。化学式(　　　)　混合した水溶液(　　と　　)

3　理科の授業で，花子さんは，エンドウの種子の形には丸形としわ形の対立形質があることや，丸形が優性形質，しわ形が劣性形質であることを学習した。花子さんが，丸形の種子を一粒育て，自家受粉させたところ，丸形の種子としわ形の種子ができた。次の会話文は，花子さんが，先生と話をしたときのものである。

先　　生：種子を丸形にする遺伝子をA，しわ形にする遺伝子をaとすると，花子さんが育てた丸形の種子の遺伝子の組み合わせは，どのように考えられますか。

花子さん：自家受粉の結果，しわ形の種子もできたことから，私が育てた丸形の種子の遺伝子の組み合わせは，AAではなくAaであると考えられます。

先　　生：そうですね。では，自家受粉による方法以外にも，丸形の種子の遺伝子の組み合わせを調べる方法はありますか。

花子さん：遺伝子の組み合わせを調べたい丸形の種子と，［①］形の種子をつくる純系の種子とを，それぞれ育てて，かけ合わせる方法があります。このとき，調べたい丸形の種子の遺伝子の組み合わせは，丸形の種子だけができた場合はAAであると考えられ，丸形の種子としわ形の種子の両方ができた場合はAaであると考えられます。なお，調べたい丸形の種子の遺伝子の組み合わせがAaであるとき，この方法によってできる丸形の種子としわ形の種子の数の比は，理論的には［②］：［③］になります。

先　　生：そのとおりです。

(1)　生殖細胞がつくられるとき，減数分裂が行われ，1つの形質を決める対になっている遺伝子が［X］して，別々の生殖細胞に入る。この法則を，［X］の法則という。Xに当てはまる

適当な言葉を書け。(　　　)

(2)　①に当てはまるのは，丸，しわのどちらか。また，下線部の比が，最も簡単な整数の比となるように，②，③に当てはまる適当な数値をそれぞれ書け。

①(　　　)　②(　　　)　③(　　　)

4　図6は，日本列島周辺のプレートとその境界を表したものである。

図6（……はプレートの境界を示している。）

(1)　次の文の①～③の｛　　｝の中から，それぞれ適当なものを1つずつ選び，ア，イの記号で書け。

①(　　　)　②(　　　)　③(　　　)

西日本の太平洋沖には，ユーラシアプレートとプレートXとの境界があり，①｛ア　ユーラシアプレート　　イ　プレートX｝は，②｛ア　ユーラシアプレート　　イ　プレートX｝の下に少しずつ沈み込んでいる。プレートXは，③｛ア　フィリピン海プレート　　イ　太平洋プレート｝と呼ばれる。

(2)　プレートの運動による大きな力を長時間受けると，地層は，図7のように波打ち大きく曲げられることがある。このような地層の曲がりを何というか。(　　　)

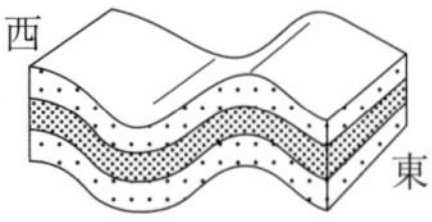

図7

(3)　図8は，ある地層の様子を模式的に表しており，断層が見られる場所Yを境に，東西の地層は上下の方向にずれている。また，図7の地層は，東西方向に，押す力，引く力のいずれかの力がはたらいて曲げられており，図8の地層に対しても，同じ力がはたらいたことで断層ができたとすると，場所Yで見られる断層は，地層がどのようにずれてできたと考えられるか。次のア～エのうち，最も適当なものを1つ選び，その記号を書け。(　　　)

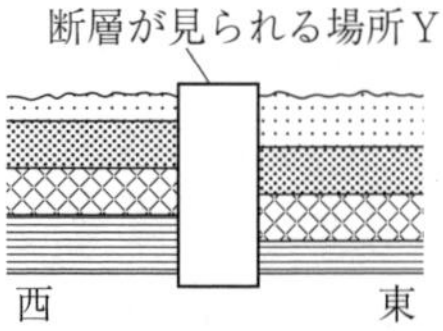

（同じ模様で表されているところは，同じ層である。地層は水平に積み重なっている。）
図8

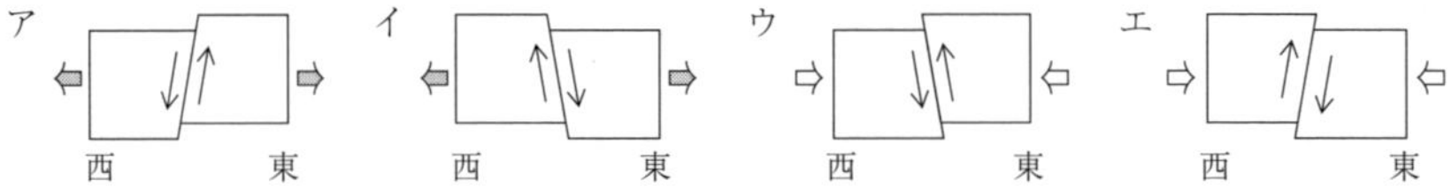

（地層がずれるときに地層にはたらいた力のうち，➡は引く力，⇨は押す力を示している。→は地層のずれの向きを示しており，図8で各層を表している模様は省略している。）

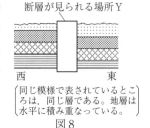

先生　「師である芭蕉は、其角を責めたりせず、その話をうれしそうに聞いた上で、其角が示した考えを［b］と評価して、褒めていましたね。」

哲也さん　「そうしたことで、諸侯は、機嫌を直したのでしょうね。」

明子さん　「本来なら、書き損じで不用となるはずの画幅が、芭蕉と其角のやりとりを記したものになって、諸侯が満足していることは、その画幅を［c］として大切にしていることからも、十分にわかりますね。」

5　次の文章を読んで、1～4の問いに答えなさい。

昔、芭蕉《ばせう》(注1)の弟子宝井其角《たからいきかく》、ある諸侯《しょこう》(注2)の御前に召されて俳諧しける時、侯これ見よとて一画幅(注3)を出して、①其角に見せたまひけるを、さらさらと開きて見るに、何某《なにがし》の画工の、萩《はぎ》に月を最もをかしげにゑがきたるに、芭蕉の讃《さん》(注4)あり、

しら露《つゆ》をこぼさぬ萩のうねり哉《かな》

と読み下して、其角ことさらに感じ入りたる体《てい》にて、小首かたぶけてしばし沈吟しけるが、何思ひけむ、側《そば》の硯《すずり》なる筆押し取り、しら露をの五《いつ》(注5)文字を抹却(注6)して、月影をと書き改めけり。侯殊の外に御不興(注7)に見えさせたまへば、近習《きんじゅ》(注8)の人々もその失礼を怒れども、其角自若として、少しも屈する色なかりしかば、今はせんすべなくて(注9)、②彼は性質ものぐるほしければなどと③言《い》ひこしらへる者の有りて、御前をまかでぬ(注10)。さて、後に芭蕉を召されて、右の話を語らせたまへば、芭蕉常よりも心よげに、画幅を開きうちほほゑみながら、筆をそめて月影をといへる傍《そば》に、この五文字其角が妙案と書きそへてければ、侯も御気色《けしき》なほらせたまひしとぞ。この一幅、今に芭蕉其角の反古《ほご》(注11)の画幅とて、かの御家の重宝の一つなりとかや。

（「燕居雑話《えんきょざつわ》」より）

（注1）　芭蕉＝松尾芭蕉。
（注2）　諸侯＝大名。「侯」も同じ。
（注3）　画幅＝掛け軸にしてある絵。
（注4）　讃＝絵に添え書きする言葉。
（注5）　五文字＝和歌や俳句の最初の五音。初句。
（注6）　抹却＝消すこと。
（注7）　不興＝機嫌を損ねること。
（注8）　近習＝主君の近くに仕える者。
（注9）　せんすべなくて＝どうしようもなくて。
（注10）　まかでぬ＝退出した。
（注11）　反古＝書き損じ。

1　――線③「言ひこしらへる」を現代仮名遣いに直し、**全て平仮名**で書け。（　　　）

2　――線②「彼」とあるが、ここでは誰のことか。最も適当なものを、次のア～エの中から一つ選び、その記号を書け。（　　）

ア　芭蕉　　イ　其角　　ウ　諸侯　　エ　近習の人々

3　――線①「其角に見せたまひけるを、」とあるが、諸侯が見せた画幅の中の芭蕉の俳句について、深く考え込んでいる其角の様子が具体的な動作とともに記された部分を、文中から**十五字**でそのまま抜き出して書け。

4　次の会話は、この文章を読んだ哲也《てつや》さんと明子《あきこ》さんが、先生と一緒に、其角と芭蕉の行動について話し合った内容の一部である。会話の中の［a］、［b］、［c］に当てはまる適当な言葉を書け。ただし、［a］は、「初句」という言葉を使って、**十五字以上二十五字以内**の現代語で書くこと。また、［b］、［c］は**二字**で、最も適当な言葉をそれぞれ文中からそのまま抜き出して書くこと。

a［　　　　　　　　　　　　　］　b［　　］　c［　　］

哲也さん　「其角の行動が、諸侯や周りの人々を怒らせていましたが、芭蕉のおかげで無事に解決しましたね。」

明子さん　「そうですね。其角が、画幅に書かれた芭蕉の俳句に対し、［a］という行為をして、諸侯や周りの人々を怒らせているのに、本人は全く動じていない様子がおもしろかったです。」

東京への出店を通じてやろうとしていること	イタリアンと懐石のフュージョン料理の店を成功させて事業を拡大し、[a]ことで、万石をこれまで以上に繁盛させる。
	北陸の食材や料理の魅力を伝え、それらを目当てにする客や、扱う店を増やすことによって、北陸の農作物、水産物の市場拡大、ひいては[b]につなげる。このことは、[c]ことを目指して、新事業を行おうとする梅森の考えと重なる。

4　本文中の[A]には、東京への出店に関して、梅森が亜佑子に伝えようとしていることが簡潔に示されたあることわざが当てはまる。そのことわざとして最も適当なものを、次のア～エの中から一つ選び、その記号を書け。（　　）

ア　鉄は熱いうちに打て　　イ　果報は寝て待て

ウ　急がば回れ　　エ　石の上にも三年

5　本文についての説明として最も適当なものを、次のア～エの中から一つ選び、その記号を書け。（　　）

ア　順平は、東京への出店に自信満々の亜佑子に対し、梅森の説得に便乗しながらその軽率さをたしなめ、出店を思いとどまらせようとしている。

イ　梅森は、新事業の成功に相当な決意を抱いており、東京への出店を目指す重則や亜佑子の夢を叶えつつ自分の事業につながる提案をしている。

ウ　亜佑子は、周囲からの助言を聞き入れず、自分の無謀な計画を押し通そうとして、無礼な態度をとり続けたことを梅森にわびようとしている。

エ　重則は、亜佑子を説得するための方便に、梅森が調子を合わせてくれたことで勢いづき、梅森の言葉を巧みに利用して熱い思いを語っている。

そこで、梅森は亜佑子に視線を転ずると、「失敗できないのは、亜佑子さんだけじゃないんですよ。私だって、同じなんですよ。」と諭すように言った。

「社長……私……。」

顔を上げた亜佑子が何かを言いかけたが、続かない。

「何も、東京に店を出すのをやめろと言っているのではありません。やるなら、一度あのビルでテストしてみませんかと言っているだけなんです。実際にやってみれば、お客様の反応を直《じか》に見ることができますし、改善点だって見つかるでしょう。そうした点を潰していけば、お二人が始められる事業が成功する確率は、格段に高くなる。要は、［A］と言っているだけなんです。」

梅森が、目元を緩ませながら、そう諭すと、

「［A］か……。そのとおりですよね……。一度テストしてみるべきですよね。夢の店を出すのは、それからでも遅くはありませんものね……。」

自らに言い聞かせるようにつぶやいた。

「だから亜佑子さん、あなたとご主人がおやりになろうとしているお店を、是非、あのビルに出店していただきたいんです。新事業のスタートアップ(注7)のラインナップ(注8)に加わっていただきたいんです。」

梅森は声に力を込めて、決断を迫った。

（楡　周平「食王」より）

（注1）魔の通り＝ビルがある通りは人通りが少なく、商売をするには不向きと言われていた。
（注2）SNS＝インターネット上での交流サイト。
（注3）面従腹背＝表面では服従するように見せかけて、内心では背くこと。
（注4）懐石＝高級な日本料理。
（注5）フュージョン＝融合。
（注6）伴侶＝配偶者。ここでは夫のこと。
（注7）スタートアップ＝始めること。立ち上げること。
（注8）ラインナップ＝顔ぶれ。

1　――線①「大仰に」の意味として最も適当なものを、次のア～エの中から一つ選び、その記号を書け。（　　）

ア　えらそうに　　イ　控えめに

ウ　不満そうに　　エ　おおげさに

2　――線②「亜佑子はきまり悪そうな顔をして口をつぐむ。」とあるが、亜佑子がそうしたのは、自分自身の考えを梅森に見抜かれ、指摘されたことを恥ずかしく思ったからである。梅森に見抜かれた亜佑子の考えを含んだ連続する**二文**を、――線②より前の文中から抜き出し、その最初の**四字**を書け。［　　　　］

3　――線③「重則が初めて口を開いた。」とあるが、重則は、いずれ万石の経営を担うことになる一人として、梅森が亜佑子に対して言ったことを自分のこととして捉え、自分の夢について述べている。その重則の夢についてまとめた次の表の［a］、［b］、［c］に当てはまる適当な言葉を書け。ただし、［a］は「客」という言葉を使って、**二十五字**以上**三十五字**以内で書くこと。また、［b］は**八字**で、［c］は**九字**で、最も適当な言葉をそれぞれ文中からそのまま抜き出して書くこと。

a［　　　　　　　　　　　　　　　　　　　　　　　　　　　　　　　　　　　］

b［　　　　　　　　］

c［　　　　　　　　　］

反撃を予想していなかったらしく、口籠もった亜佑子に、

「夢は誰にでもあります。」

梅森は言った。「でもね、亜佑子さん。夢は叶《かな》えなければ意味がない。あなたは、東京進出が失敗しても万石の屋台骨は揺らぐことはない。駄目なら駄目で、やり直せばいい。そう考えているのかもしれませんが、もしそうならば大間違いですよ。」

どうやら、図星であったらしく、②亜佑子はきまり悪そうな顔をして口をつぐむ。

梅森は続けた。「周りの人が無謀だと止める事業を強行した挙げ句、失敗に終わろうものなら、あなたは経営者の資質を疑われることになります。それは、信頼を失うということでもあるんです。口に出す、出さないにかかわらずね。そして、一旦失った信頼を取り戻すのは極めて困難。人心が離れれば、組織はもちません。万石で育った職人さん、従業員の皆さんが、いなくなってしまったら、店がなくなるその時まで、面従腹背（注3）なんてことになったら、どうなさるんです？　それとも、ご主人と二人で、イタリアンと懐石（注4）のフュージョン（注5）料理の店をやっていけるなら万石はどうなってもいいとでもお考えなんですか？　それが、あなたの夢なんですか。」

亜佑子は、身じろぎひとつせず、考えているようだった。

「そうじゃないでしょう。」

梅森は言った。「あなたの夢は、そんなものじゃないはずです。万石をこれまで以上に繁盛《はんじょう》させる一方で、イタリアンと懐石のフュージョン料理の店を成功させ、事業を拡大していく。そこで、万石に興味を持ってくださったお客さんが、金沢を訪れたら万石へ。そうした流れを作るのが、あなたの夢なんじゃないんですか。」

「そのとおりです。」

③重則が初めて口を開いた。その目に浮かぶのは、婿のそれではない。亜佑子の伴侶（注6）として、いや、いずれ万石の経営を担《にな》うことになる一人としての決意だ。

「私が新しい店でやろうとしているのは、単にイタリアンと懐石のフュージョンというだけではありません。金沢、ひいては北陸近辺の食材を使うことで、地場産業の活性化につなげたい。こうした動きが広がっていけば、その願いが叶う日が必ずやって来る。それが私の夢だからです。私が今回やろうとしている事業は、まさにそこに発想の原点があるんですよ。」

梅森は、それからなぜこの事業を思いついたのかを話して聞かせると、

「衰退する一方の地方の現状を、何とかしたい。多くの人が打開策を見《み》出《いだ》そうと、必死に知恵を絞っています。当たり前ですよね。人口の減少は、市場の縮小を意味するんですから、このままではあらゆる産業が成り立たなくなってしまいますからね。そして、地方を活性化させるためには、まず仕事をつくること。確たる生活基盤なくして、人口は絶対に増えることはあり得ないからです。」

「そのとおりなんです。」

重則は梅森の言葉に相槌《あいづち》を打つと、熱の籠もった声で続けた。「北陸の食材に興味を持ち、実際にその土地を訪れなければ食べられない食材や料理がある。食を目当てに観光客が訪れ、使ってくれる店が、全国に広がれば、農作物、水産物の市場拡大につながる。安定需要が生まれれば、従事者の需要が拡大する。安定収入が得られる仕事になれば、安心して家庭を持てるし、子供も持てるようになると思うんです。」

「だからこそ、この事業には夢があるし、絶対に失敗できないんです。」

3　次の1～4の各文の――線の部分を漢字で書きなさい。ただし、必要なものには送り仮名を付けること。

1　富士山にとうちょうする。（　　　）

2　大臣をごえいする。（　　　）

3　水槽でメダカをかう。（　　　）

4　火花がちる。（　　　）

4　東京で外食チェーンを経営する「梅森《うめもり》」は、所有する空きビルを利用して、地方の名店に期間限定で店舗を貸し出して定期的に入れ替えを行う新事業を計画している。一方、梅森の計画を知らない北陸金沢の有名懐石料理店「万石《まんごく》」の娘「亜佑子《あゆこ》」とその夫「重則《しげのり》」は、東京への出店を計画しており、梅森の空きビルを出店地の候補にしていた。次の文章は、万石の板前である「順平《じゅんぺい》」からそのことを聞いた梅森が、亜佑子と重則を東京に招待してビルを案内した後、本格的な出店ではなく、まずは自分の事業に参加するよう、彼女を説得している場面である。これを読んで、1～5の問いに答えなさい。

「じゃあ、お訊《き》きしますが亜佑子さん、あなた、あの通りが飲食業界では、(注1)魔の通りと言われているのをご存じでしたか。」

梅森は、皆まで聞かずに問いかけた。

「魔の通り？」

亜佑子は顔を上げ、驚いたように言う。

「そんなことも知らなかったんですか。」

梅森が①大仰に驚いてみせると、亜佑子は、「順平さん。あなた、それ知ってたの？」

お嬢様気質をむき出しにして、順平を非難するような口ぶりで言った。

「もちろん知ってましたよ。」

順平は平然と頷《うなず》く。「最寄《もよ》り駅は六本木《ろっぽんぎ》と広尾《ひろお》だけど、徒歩十分かかるって言ったじゃないですか。」

「魔の通りなんて言わなかったじゃない。」

「(注2)SNSを使えば、不便な場所でも客は呼べるって、お嬢さん、言ったじゃないですか。」

「そ……それは……。」

で、それぞれそのまま抜き出して書け。

a [　　　] b [　　　　　　　　　　　　　　　　]

本は、誰が書いたのかがはっきりしており、作者が社会的評価をかけて、内容の誤りや剽窃に注意して書いている。一方、誰が書いたのかが [a] された上で、公開されているネット情報は、[b] と考えられていて、みんなで集合的に作り上げることによって正しさが相当程度保証されている。

5 [5]段落の——線③「情報と知職の決定的な違い」について、本文の趣旨に添って説明した次の文の[　]に当てはまる最も適当な言葉を、[5]段落の文中から**十五字**以上**二十字**以内でそのまま抜き出して書け。

[　　　　　　　　　　　　　　　　　　　　]

情報とは要素であり、知識とは、それらの要素が[　　]ものである。

6 [7]段落の——線④「今のところ、必要な情報を即座に得るためならば、ネット検索よりも優れた仕組みはありません。」とあるが、必要な情報を即座に得るのにネット検索が優れているのは、ネット検索によって、どのようなことが可能となるからか。次の文の[　]に当てはまる最も適当な言葉を、[5]～[7]段落の文中から**五十字**以上**五十五字**以内でそのまま抜き出し、その最初と最後のそれぞれ**五字**を書け。

最初 [　　　　　] 最後 [　　　　　]

ネット検索によって、[　　　　]が可能となるから。

7 [8]段落の——線⑤「本の読者は、一般的な検索システムよりもはるかに深く、そこにある知識の構造を読み取ることができます。」とあるが、本の中にある知識の構造を読み取るとは、どうすることを言うのか。——線⑤より前の文中の言葉を使って、**五十五字**以上**六十五字**以内で書け。

[　　　　　　　　　　　　　　　　　　　　　　　　　　]
[　　　　　　　　　　　　　　　　　　　　　　　　　　]
[　　　] こと。

8 本文に述べられていることと最もよく合っているものを、次のア～エの中から一つ選び、その記号を書け。(　　)

ア　ネット検索は、読書と比較して情報収集の即時性は高いが、知識が断片化されて扱われるという問題がある。

イ　レポートや記事を書くときは、ネット検索を利用することで、迅速な情報収集とより深い考察が可能となる。

ウ　ネット検索の利用を控えることにより、図書館の本の中から必要な情報を抜き出すことができるようになる。

エ　ネット検索と読書それぞれの長所をうまく生かした、新しい知的生産のスタイルを構築していくべきである。

[2] 次の1～4の各文の——線の部分の読み方を平仮名で書きなさい。

1 士気を鼓舞する。(　　　)

2 ヨーロッパへ渡航する。(　　　)

3 相手に論争を挑む。(　　む)

4 寄付で経費を賄う。(　　う)

な経験です。少なくとも哲学や社会学、政治学、歴史学などの本に関する限り、それらの読書で最も重要なのは、そこに書かれている情報を手に入れることではありません。その本の中には様々な事実についての記述が含まれていると思いますが、重要なのはそれらの記述自体ではなく、著者がそれらの記述をどのように結びつけ、いかなる論理に基づいて全体の論述に展開しているのかを読みながら見つけ出していくことなのです。

[7]　④今のところ、必要な情報を即座に得るためならば、ネット検索よりも優れた仕組みはありません。ネット検索ならば、はるかに短時間で、関係のありそうな本を読むよりもかなり高い確率で求めていた情報には行き当たります。[B]、ある単一の情報を得るには、ネット検索のほうが読書よりも優れているとも言えるのです。

[8]　それでも、⑤本の読者は、一般的な検索システムよりもはるかに深く、そこにある知識の構造を読み取ることができます。調べものをしていて、なかなか最初に求めていた情報に行き着かなくても、自分が考えを進めるにはもっと興味深い事例があるのを読書を通じて発見するかもしれません。それに図書館まで行って本を探していたならば、その目当ての本の近くには、関連するいろいろな本が並んでいて、その中の一冊に手を伸ばすことから研究を大発展させるきっかけが見つかるかもしれません。このように様々な要素が構造的に結びつき、さらに外に対して体系が開かれているのが知識の特徴です。ネット検索では、そもそもこのような知識の構造には至らない。なぜなら検索システムは、そもそも知識を断片化し、情報として扱うことによって大量の迅速処理を可能にしているからです。

（吉見俊哉「知的創造の条件」より）

（注1）グーグル検索＝グーグル社が提供する、ネット上の検索システムを使って検索すること。
（注2）アクセシビリティ＝近づきやすさ。
（注3）剽窃＝他人の文章・言葉を盗んで使うこと。
（注4）コンテンツ＝情報の内容。
（注5）ウィキペディア＝ネット上の百科事典。

1　[1]段落の——線①「ない」の品詞名を**漢字**で書け。（　　）

2　[3]段落の——線②「二つの面で質的な違いがあります」を文節に区切ったものとして最も適当なものを、次のア～エの中から一つ選び、その記号を書け。（　　）

ア　二つの面で／質的な違いが／あります
イ　二つの／面で／質的な違いが／あり／ます
ウ　二つの／面で／質的な／違いが／あります
エ　二つ／の／面／で／質的な／違い／が／あり／ます

3　[3]段落の[A]、[7]段落の[B]にそれぞれ当てはまる言葉の組み合わせとして最も適当なものを、次のア～エの中から一つ選び、その記号を書け。（　　）

ア　A　すなわち　　B　しかし
イ　A　けれども　　B　それゆえに
ウ　A　それとも　　B　ただし
エ　A　あるいは　　B　したがって

4　[3]・[4]段落には、本とネット情報の、作者性における違いが述べられているが、それぞれの作者性と内容の正しさについて、本文の趣旨に添って説明した次の文章の[a]、[b]に当てはまる最も適当な言葉を、[3]・[4]段落の文中から、[a]は**三字**で、[b]は**二十二字**

国語

時間　四五分
満点　五〇点(作文共)

1　次の文章を読んで、1～8の問いに答えなさい。(1～8は、それぞれ段落を示す番号である。)

1　(注1)グーグル検索等によるネット上の莫大《ばくだい》な情報への(注2)アクセシビリティの拡大と、それらの情報の編集可能性の拡大は、私たちの知的生産のスタイルを大きく変えました。この変化の中で、今日、ネット情報をコピーしてレポートを作成する学生や、報道機関の記者が十分な取材をし①ないままネット情報を利用して記事を書いてしまい、後でその情報が間違っていたことがわかって問題となるケースなどが生じています。

2　こうした状況を受け、レポートや記事を書く際、ネット情報の利用はあくまで補助的で、図書館に行って直接文献を調べ、現場へ足を運んで取材をすべきだと主張する人もいます。他方、そんなことをしていては変化に追いつけないので、ネット検索で得た情報を基に書くことも認めるべき、さらに踏み込んで、書物や事典を参照して書くことと、ネット検索で得た情報を基に書くことの間に本質的な差はないと主張する人もいます。ネット情報と図書館に収蔵されている本の間には、そもそもどんな違いがあるのでしょう。

3　私の考えでは、両者には作者性と構造性という②二つの面で質的な違いがあります。まず本の場合、誰が書いたのか作者がはっきりしていることが基本です。本というのは、基本的にはその分野で定評のある書き手、【A】定評を得ようとする書き手が、社会的評価をかけて出版するものです。ですから、書かれた内容に誤りがあったり、誰か他人の著作の(注3)剽窃《ひょうせつ》があったりした場合、責任の所在は明確です。その本の作者が責任を負うのです。

4　これに対してネット上の(注4)コンテンツでは、(注5)ウィキペディアに象徴されるように、特定の個人だけが書くというよりも、みんなで集合的に作り上げるという発想が強まる傾向にあります。作者性が匿名化され、誰にでも開かれていることが、ネット上のコンテンツの強みでもあります。そこでは複数の人がチェックしているから相対的に正しいという前提があって、この仮説は実際、相当程度正しいのです。つまり、本の場合は、その内容について著者が責任を取るのに対し、ネットの場合は、みんなが共有して責任を取る点に違いがあるわけです。

5　二つ目の、構造性における違いですが、これを説明するためには、③情報と知識の決定的な違いを確認しておく必要があります。一言で言うならば、情報とは要素であり、知識とはそれらの要素が集まって形作られる体系です。たとえば、私たちが何か知らない出来事についてのニュースを得たとき、それは少なくとも情報ですが、知識と言えるかどうかはまだわかりません。その情報が、既存の情報や知識と結びついて、ある状況を解釈するための体系的な仕組みとなったとき、そのニュースは初めて知識の一部となるのです。知識というのはバラバラな情報やデータの集まりではなく、様々な概念や事象の記述が相互に結びつき、全体として体系をなす状態を指します。ネットの検索システムの最大のリスクは、この情報と知識の質的な違いを曖昧にしてしまうことにあると私は考えています。というのもネット検索の場合、社会的に蓄積されてきた知識の構造やその中での個々の要素の位置関係など知らなくても、知りたい情報を瞬時に得ることができるわけです。

6　本を読んだり書いたりすることが可能にするのは、これとは対照的

300字

400字

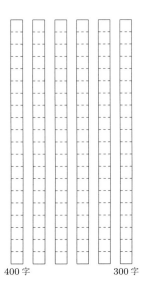

作文

時間　二五分
満点　五〇点（国語共）

1 〔作文問題〕

次の資料を見て、普段の食生活で大切にしたいことについてのあなたの考えを、なぜそう考えるかという理由を含めて、後の注意に従って述べなさい。

資料

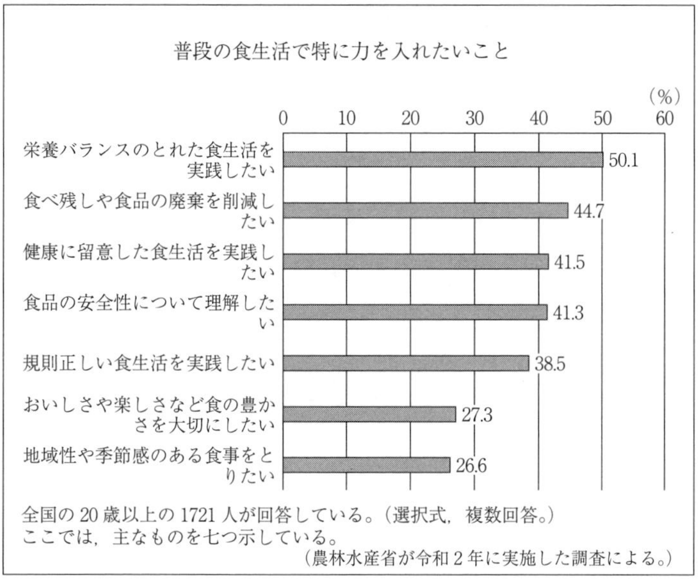

全国の20歳以上の1721人が回答している。(選択式，複数回答。)
ここでは，主なものを七つ示している。
(農林水産省が令和2年に実施した調査による。)

〈注意〉

1　上の資料を見て気づいたことを交えて書くこと。
2　あなたが体験したことや見聞したことを交えて書いてもよい。
3　段落は、内容に応じて設けること。
4　文章の長さは、三百字以上、四百字以内とする。
5　資料の中の数値を使う場合は、次の例に示したどちらの書き方でもよいこととする。

例　四四・七%　または　四十四・七%
　　五〇・一%　または　五十・一%

なお、「%」は、「パーセント」と書いてもよい。

6　**文題は書かないこと。**

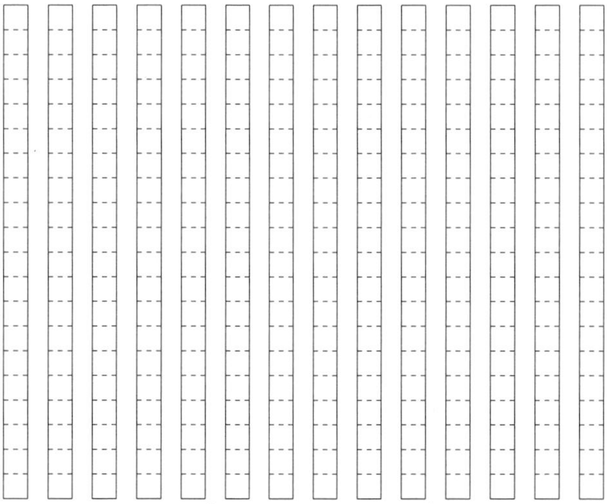

200字　100字

2021年度／解答

数学

1 【解き方】1. 与式 $= -(3\times5) = -15$

2. 与式 $= \dfrac{x}{2} - 2 + \dfrac{x}{5} - 1 = \dfrac{5}{10}x + \dfrac{2}{10}x - 3 = \dfrac{7}{10}x - 3$

3. 与式 $= -\dfrac{24xy^2\times2x}{8xy} = -6xy$

4. 与式 $= 6 + \sqrt{6} + 2\sqrt{6} + 2 + \sqrt{6} = 8 + 4\sqrt{6}$

5. 与式 $= x^2 - 6x + 9 - (x^2 - 16) = x^2 - 6x + 9 - x^2 + 16 = -6x + 25$

【答】1. -15　2. $\dfrac{7}{10}x - 3$　3. $-6xy$　4. $8 + 4\sqrt{6}$　5. $-6x + 25$

2 【解き方】1. 積が12，和が-8の2数は-2と-6だから，与式 $=(x-2)(x-6)$

2. $2000\div100=20$ より，$0.6\times20=12$(℃)低くなるから，$7.6-12=-4.4$(℃)

3. 直線BCと平行でなく交わらない直線なので，ウとエ。

4. 13人の中央値は小さい方から7番目の26mだから，太郎さんを合わせたときの中央値は，$26+1=27$(m)　太郎さんが26m以下だと，中央値も26m以下になり，太郎さんが29m以上だと中央値は，$(26+29)\div2=27.5$(m)となり適さない。よって，太郎さんの記録を am ($26 < a < 29$) とすると，26mと太郎さんの記録の平均が中央値の27mになるから，$(26+a)\div2=27$ より，$a=28$

5. 取り出し方は，袋Aから3通り，袋Bから3通りなので，全部で，$3\times3=9$(通り)　あいこになるのは，Aからチョキを選び，Bからは2枚のチョキのどちらかを選んだ場合の，$1\times2=2$(通り)なので，求める確率は $\dfrac{2}{9}$。

6. 点Aを通る辺BCの垂線をひき，辺BCとの交点をPとする。

(例)

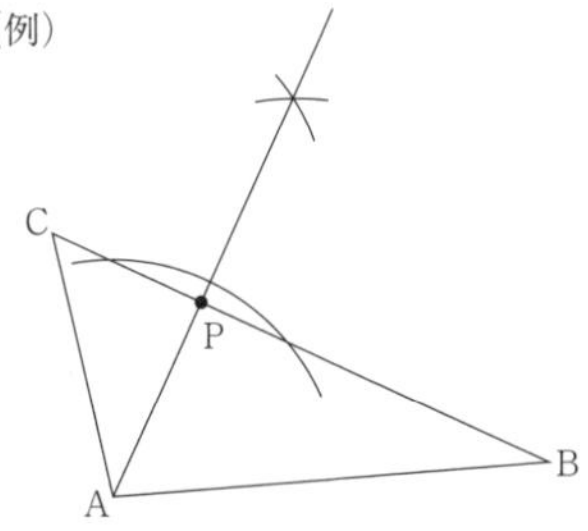

7. A地点からB地点までの道のりを$x$km，B地点からC地点までの道のりを$y$kmとすると，$\begin{cases} x+y=13\cdots\cdots① \\ \dfrac{x}{3}+\dfrac{20}{60}+\dfrac{y}{5}=4\cdots\cdots② \end{cases}$　②の両辺を15倍して，$5x+5+3y=60$ より，$5x+3y=55\cdots\cdots③$　③$-$①$\times3$ より，$2x=16$ なので，$x=8$　①に代入して，$8+y=13$ より，$y=5$

【答】1. $(x-2)(x-6)$　2. -4.4(℃)　3. ウ，エ　4. 28(m)　5. $\dfrac{2}{9}$　6. (前図)

7. A地点からB地点までの道のり 8km，B地点からC地点までの道のり 5km

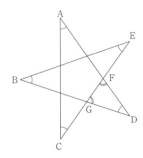

3 【解き方】1. xの値を正多角形の1つの外角の大きさにすればよいので，正方形にするには，xの値を90にして，$360\div90=4$(回)押せばよく，3回で正三角形になるには，xの値を，$360\div3=120$にすればよい。また，正五角形になるには，xの値を，$360\div5=72$にすればよい。また，右図で，△ACFの内角と外角の関係より，∠A＋∠C＝∠DFG，△BGEの内角と外角の関係より，∠B＋∠E＝∠FGDだから，∠A～∠Eの和は△DFGの内角の和と等しく180°。よって，1つの角は，$180°\div5=36°$だから，xの値は，$180-36=144$

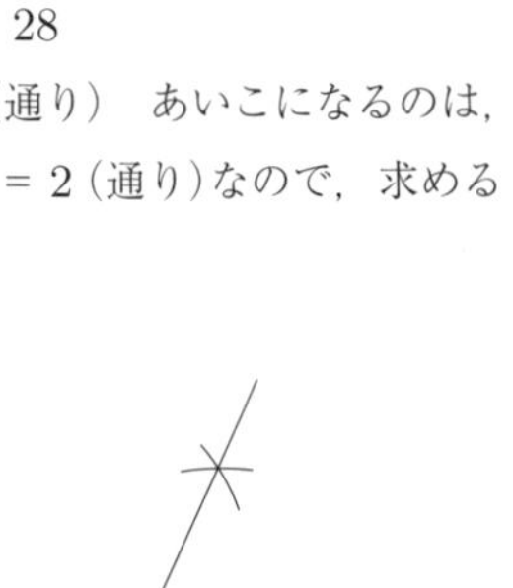

2. 正多角形になるとき，x の値は，外角の和である 360 の約数となるが，180，360 のときは条件に合わないので，$24 - 2 = 22$ (個)

【答】1. ア．4　イ．120　ウ．72　エ．144　2. 22 (個)

4 【解き方】1. 図より，$x < 0$ であれば，x の値が増加すると y の値が減少するので，正しいのはイ。

2. 点 A の y 座標は，$y = \dfrac{16}{4} = 4$ だから，A (4，4) を①に代入すると，$4 = a \times 4^2$　よって，$a = \dfrac{1}{4}$

3. 点 B の y 座標は，$y = \dfrac{1}{4} \times (-2)^2 = 1$ だから，B (－2，1)　直線 AB の傾きは，$\dfrac{4-1}{4-(-2)} = \dfrac{1}{2}$ だから，式を $y = \dfrac{1}{2}x + b$ とすると点 A を通るので，$4 = \dfrac{1}{2} \times 4 + b$ より，$b = 2$　したがって，$y = \dfrac{1}{2}x + 2$

4. AB∥CO より，$\triangle ABC = \triangle ABO = \dfrac{1}{2} \times 2 \times 2 + \dfrac{1}{2} \times 2 \times 4 = 2 + 4 = 6$

5. 直線 AB と y 軸との交点を D (0，2) とする。P (0，p) とすると，$p < 2$ のとき，$DP = 2 - p$　$\triangle AOP = \triangle ABP$ より，$\dfrac{1}{2} \times p \times 4 = \dfrac{1}{2} \times (2-p) \times 2 + \dfrac{1}{2} \times (2-p) \times 4$ だから，$2p = 2 - p + 4 - 2p$　これを解いて，$p = \dfrac{6}{5}$　また，$p > 2$ のとき，$PD = p - 2$　$\triangle AOP = \triangle ABP$ より，$\dfrac{1}{2} \times p \times 4 = \dfrac{1}{2} \times (p-2) \times 2 + \dfrac{1}{2} \times (p-2) \times 4$ だから，$2p = p - 2 + 2p - 4$　これを解いて，$p = 6$

【答】1. イ　2. $\dfrac{1}{4}$　3. $y = \dfrac{1}{2}x + 2$　4. 6　5. $\dfrac{6}{5}$，6

5 【解き方】2. $EF = BF = 10 - 4 = 6$ (cm)　△AEF で三平方の定理より，$AE = \sqrt{6^2 - 4^2} = 2\sqrt{5}$ (cm)

3. 線分 BE をひくと，$\triangle BEF = \dfrac{1}{2} \times 6 \times 2\sqrt{5} = 6\sqrt{5}$ (cm^2)　また，△AEF ∽ △DCE より，AF : DE = AE : DC なので，$4 : DE = 2\sqrt{5} : 10$ から，$DE = \dfrac{20}{\sqrt{5}} = 4\sqrt{5}$ (cm)　ED∥BC より，DG : GB = ED : BC = $4\sqrt{5} : (2\sqrt{5} + 4\sqrt{5}) = 4\sqrt{5} : 6\sqrt{5} = 2 : 3$　$\triangle BDE = \dfrac{1}{2} \times 4\sqrt{5} \times 10 = 20\sqrt{5}$ (cm^2)，$\triangle BGE = \triangle BDE \times \dfrac{3}{3+2} = 20\sqrt{5} \times \dfrac{3}{5} = 12\sqrt{5}$ (cm^2) だから，四角形 BGEF = △BEF + △BGE = $6\sqrt{5} + 12\sqrt{5} = 18\sqrt{5}$ (cm^2)

【答】1. △AEF と△DCE において，四角形 ABCD は長方形だから，∠FAE = ∠EDC = 90°……①　∠FEC = 90° だから，∠AEF = 180° − ∠FEC − ∠DEC = 90° − ∠DEC……②　また，△DCE で，∠DCE = 180° − ∠EDC − ∠DEC = 90° − ∠DEC……③　②，③から，∠AEF = ∠DCE……④　よって，①，④より，2 組の角がそれぞれ等しいので，△AEF ∽ △DCE

2. $2\sqrt{5}$ (cm)　3. $18\sqrt{5}$ (cm^2)

英　語

1 【解き方】1. ケンは母親に「このピザを食べてもいい？」と聞いている。

2. 現在の時刻は2時30分。「映画まであと1時間ある」という言葉から，映画の開始時刻は3時30分であることがわかる。

3. アキラは「動物園に行ってたくさんの動物を見た」と言っている。

【答】1. エ　2. ウ　3. ア

◀全訳▶　1.

A：おかえり，ケン。

B：ただいま，お母さん。このピザを食べてもいい？

A：いいわよ。

質問：ケンは何を欲しがっていますか？

2.

A：今，何時ですか？

B：2時30分です。

A：映画まであと1時間あります。

B：では，お茶を飲みましょう。

質問：映画は何時に始まりますか？

3.

A：アキラ，オーストラリアへの旅行はどうでしたか？

B：素晴らしかったです。私は動物園に行ってたくさんの動物を見ました。

A：あなたは海で泳ぎましたか？

B：いいえ，泳ぎませんでした。少し寒かったので，父と一緒に海まで歩きました。父は美しい海の写真をたくさん撮りました。

質問：アキラはオーストラリアで何をしましたか？

2 【解き方】1.「いつ行く予定ですか？」という質問に対する返答を選ぶ。

2.「テーブルを運ぼうとしているが，運べない」という相手に対するせりふを選ぶ。

【答】1. ウ　2. イ

◀全訳▶　1.

A：私は祖母に会うため大阪に行く予定です。

B：それはいいですね。いつそこに行く予定ですか？

A：来月です。

2.

A：あなたは何をしているのですか？

B：このテーブルを運ぼうとしているのですが，運べないのです。

A：私が手伝いましょう。

3 【解き方】1. 2人の少年は7月4日に彼らの市にやってきて，その翌日に学校に来る予定である。

2. 2人の少年は，滞在中に日本語を学びたいと言っている。

3. 2人の少年に尋ねる質問の内容は，生徒たちが考える。

4. 山田先生は生徒たちに，三つ目のイベントでしたいことのアイデアを翌週伝えるように言っている。

【答】1. イ　2. ウ　3. イ　4. エ

◀全訳▶　みなさん，聞いてください。今日は大切なお知らせがあります。アメリカから2人の少年がこの学校を訪れます。彼らは7月4日に私たちの市にやってきます。その翌日，彼らは私たちの学校に来ます。彼らの名前はトムとジョンです。彼らはみなさんと同じ年齢です。彼らはみなさんと一緒に2週間勉強し，8月にアメリカに戻ります。みなさんが彼らと英語で楽しく話してくれることを私は望んでいます。そして彼らが日本について多くのことを学んでくれたらいいと思います。滞在中，彼らはみなさんから日本語を学びたいと言っています。役立つ日本語をいくつか彼らに教えてあげてください。

彼らとの最初の授業で，みなさんは三つのイベントを行う予定です。まず，質問の時間があります。みなさんは英語で彼らにいくつかの質問をします。その授業の前に，いくつかの質問を作っておいてほしいです。二つ目に，みなさんは私たちの学校や市に関するいくつかのことを，英語で彼らに教えます。このクラスにはすでに六つのグループがあります。みなさんは各グループ内で何を言いたいのか決めておく必要があります。明日，それをしてもらう予定です。三つ目のイベントについては，まだ何も決めていません。彼らと一緒に何がしたいですか？　来週，みなさんのアイデアを私に教えてください。

1. トムとジョンはいつ学校に来る予定ですか？
2. トムとジョンは何をしたがっていますか？
3. 最初のイベントのために，だれが英語の質問を作るのですか？
4. 三つ目のイベントのために，山田先生は生徒たちに何をするように言っていますか？

4 **【解き方】** 1. (1)「あなたは彼女がいつ駅に着く予定なのか知っていますか？」。Do you know のあとは間接疑問文〈疑問詞＋主語＋動詞〉の語順になる。「～に着く」＝ get to ～。Do you know when she'll get to the station?となる。(2)「明日，それをあなたに持ってきてあげましょう」。「A に B を持ってくる」＝ bring B to A。I'll bring it to you tomorrow.となる。

2. (1) ①「家族のために夕食を作った」,「海へ泳ぎに行った」,「家族と北海道に行った」など，一般動詞の過去形を用いて文を作る。②「だれかのために料理をするのは楽しかった」などのように，感想を具体的に述べる。(2)「季節ごとにたくさんのきれいな花を見ることができる」,「私たちが楽しむことのできる行事がたくさんある」など，直後の「だから私たちは自分たちの学校が大好きです」という1文につながる英文を作る。

【答】 1. (1) エ，ウ，イ，ア　(2) ウ，ア，イ，エ

2. (例) (1) ① I cooked dinner for my family.　② It was fun to cook for someone.　(2) We can see many beautiful flowers here in each season. (10語)

5 **【解き方】** 1. ① 博物館に行きたがっている美香の言葉。直後にケイトが「はい，もちろんです。次の日曜日にそこへ行きましょう」と答えていることから，美香がケイトを誘うせりふが入る。② 直前の「でも私たちは若すぎるのでインターネットでチケットを購入することができません」という言葉から考える。ケイトは父親にチケットを買ってくれるように頼もうと思っている。

2. (ア)「～そうに見える」＝〈look ＋～(形容詞)〉。(イ)「～したい」＝ want to ～。「午前中に」＝ in the morning。「長い間」＝ for a long time。「～するために」は不定詞〈to ＋動詞の原形〉で表す。

3. ちらしのチケット料金の表によると，ペアチケットは「大人1人と子ども（5歳から15歳）1人で15ドル」である。前回両親と博物館に行ったとき，ケイトは13歳でボブは10歳だったので，本来の料金は34ドルだが，ペアチケット2枚分の30ドルで入館することができた。

4. 直前の美香の「会員になる方法が知りたい」という言葉に着目する。

5. (1) ケイトの2番目のせりふを見る。ケイトは博物館のちらしを学校で受け取った。(2) 美香の5番目のせりふと，それに続くケイトのせりふを見る。2人は「次の土曜日に自転車で」博物館に行くことにした。(3) ちらしの右下にある会員特典の部分を見る。会員になると，歴史に関する e メールを毎週受け取ることができる。

【答】 1. ① イ　② ア

2. (例) (ア) This museum looks interesting.　(イ) I want to leave home in the morning to stay there for a long time.

3. 4（ドル）　4. 会員になる方法（同意可）　5. (1) エ　(2) イ　(3) ウ

◀全訳▶

ケイト：こんにちは，美香。こちらでの生活はどうですか？

美香　：とても楽しんでいます。伝統的な場所がたくさんあるので，私はこの市が好きです。私は歴史に非常に興味を持っています。私はこの市の歴史について学びたいと思っています。

ケイト：本当ですか？　この市には大きな歴史博物館があります。そこはとても人気があるのですよ。多くの大人や子どもがその博物館に行くとよく聞きます。待ってください…。ここにちらしがあります。2週間前に学校で受け取ったのです。

美香　：この博物館はおもしろそうに見えます。あなたは今までにそこへ行ったことがありますか？

ケイト：はい。私は昨年，家族と一緒にそこへ行って，この市の歴史や過去の人々の生活について多くのことを学びました。素晴らしい時間が過ごせましたよ。

美香　：わあ，私はそこに行きたいです！　私と一緒に行ってくれませんか？

ケイト：はい，もちろんです。次の日曜日にそこへ行きましょう。父が車で私たちをそこまで連れていってくれると思います。

美香　：そうですね…，そのちらしには毎週土曜日に博物館で特別イベントがあると書いてあります。それは何ですか？

ケイト：私たちは過去の生活を体験して楽しむことができるのです。昨年私がそこに行ったとき，私は伝統的な衣服を試着しました。それはとても楽しかったです。それに特別イベントは無料でした。

美香　：わあ！　私はそれがしてみたいです！　次の土曜日にそこへ行きませんか？

ケイト：いいですよ。でも父は毎週土曜日に仕事をしています。だから私たちは自転車で博物館に行かなければなりません。

美香　：大丈夫です。ケイト，ちらしに開館時間が書いてあります。私は長い間そこに滞在するために午前中に家を出発したいです。

ケイト：いいですよ。それから，博物館のレストランで昼食を食べましょう。だからいくらかお金が必要です。

美香　：わかりました。それに，チケットを購入するために6ドル必要なのですね？

ケイト：その通りです。ああ，博物館のウェブサイトで今チケットを購入すれば，10パーセント割引になるとちらしに書いてあります。でも私たちは若すぎるのでインターネットでチケットを購入することができません。だから父にそれらを買ってくれるように頼んでおきます。

美香　：ありがとう。

ケイト：その博物館では他にも割引があります。昨年家族と一緒にそこへ行ったとき，私たちはペアチケットを2枚買いました。私たちはお金が節約できました。ちらしを見れば，私たちがいくら節約できたのかわかりますよ。

美香　：わかりました。あなたはお父さん，お母さん，そして弟のボブとそこに行ったのですね？

ケイト：そうです。

美香　：そのとき，あなたは13歳で，ボブは10歳でした…。あなたたちは確かにお金を節約しましたね！

ケイト：美香，これを見てください！　もし博物館の会員になれば，いくつかのことをすることができます。

美香　：それは素晴らしいですね！　私は実地見学や特別授業に興味があります。会員になる方法が知りたいです。

ケイト：いいですよ。ウェブサイトでそれを見つけましょう。

美香　：わかりました。

ケイト：美香，あなたは本当に歴史が好きですね。あなたは博物館でたくさんのことを学ぶことができますよ。

美香　：はい。早く週末になってほしいです。

6【解き方】1.「あなたはどんな人になりたいですか？」という意味の文。「どんな～」= what kind of ～。最終段落中の kind は「親切な」という意味で用いられている。

2. (B)「彼は自分の職業を『選んだ』」。choose の過去形は chose。(C)「インドのジャールカンド州に『住んでいる』少女」。「～している」は現在分詞を用いて表す。

3. 強い意志を持って勉強している少女による，「私には夢があります」に続く言葉。アの「だれもそれを止めることはできません」が適切。

4. 和也が治療してあげたいと思っている人たち→直前の文中の「多くの病気の子どもたち」を指している。

5. ア．第2段落の2文目を見る。和也のおじは小児科医として病院で働いている。イ．和也のおじが自分の病院をより大きなものにしたがっているという記述はない。ウ．第3段落の後半を見る。アメリカの女性がコロラド州に行ったのは，医学部を卒業した数年後。エ．「アメリカの女性は50年間コロラド州で医者として働いた」。第3段落の最後の2文を見る。正しい。オ．「インドの少女は医者になるために，早起きして一生懸命勉強している」。第4段落の後半を見る。インドの少女は毎朝3時30分に起き，医者になるという夢を実現するために一生懸命勉強している。正しい。カ．第4段落の後半を見る。少女が父親を自慢に思っているのではなく，父親が少女のことを自慢に思っている。キ．最終段落の最終文を見る。和也は，人々がお互いに助け合うことで，世界はよりよい場所になると思っている。

6. 医者になって外国で働きたいという「将来の夢」についてのスピーチである。

【答】1. kind　2. (B) chose　(C) living　3. ア　4. a lot of sick children　5. エ・オ　6. ウ

◀全訳▶ あなたは将来，何がしたいですか？　あなたはどんな人になりたいですか？　今日，私は3人の人についてお話しします。

最初の人は私のおじです。彼は小児科医として病院で働いています。彼はなぜ小児科医になると決心したのでしょう？　中学生だったとき，ある日，彼は世界中のとても多くの子どもたちが，貧しいために病院で治療を受けることができないということをテレビで知りました。彼は私に「だれも私が医者になるとは思っていなかった。でも私はとても一生懸命に勉強したんだ」と言いました。高校を卒業してから，彼は自分の職業を選びました。彼はまた，「私は自分の病院にいたすべての子どもたちを覚えている。私はよりよい医者になるために，より一生懸命勉強する必要がある，そしてより多くの子どもたちを助けるつもりだ」と言いました。彼は将来，外国で働くつもりだそうです。私は，彼が世界中の多くの病気の子どもたちを助けるだろうと思います。

2人目は，約150年前にアメリカで生まれた女性です。10歳のとき，私はアメリカのコロラド州にある小学校に通っていました。ある日，私たちの先生が私たちにある黒人女性について話しました。彼女の父親と母親は奴隷にされていました。当時，アメリカでは多くの黒人が彼らのように生きなければなりませんでした。私はそれを聞いてとても驚きました。彼女の父親と母親は逃れて自由になりました。その後，彼女が生まれました。小さな子どもだった頃，彼女は母親のようになりたいと思っていました。彼女の母親は看護師でした。彼女はしばしば，母親と一緒に病人のところを訪れました。彼女は学校でとても優秀な生徒でした。彼女はとても一生懸命に勉強しました。とうとう，彼女は医学部を卒業しました。それは約120年前のことでした。数年後，彼女はコロラド州に移りました。彼女はコロラド州で初めての黒人女医となりました。彼女は50年間そこで病気の人々を助けました。

3人目は，インドのジャールカンド州に住んでいる少女です。私はインターネットで彼女のことを知りました。彼女は13歳です。彼女の夢は医者になることです。しかし彼女の家の近くに住んでいる人々，特に高齢者の中には，18歳の誕生日までに彼女に結婚してほしいと思っている人もいます。ジャールカンド州では，約40パーセントの少女が，18歳になるまでに結婚します。彼女はインドの子どもたちの問題に取り組み，彼女の国をよりよくするための方法を見つけようとしています。彼女はしばしば友人たちに，自分と一緒に勉強しようと言います。もっと一生懸命に勉強すれば，彼女たちは将来を変えることができるのだと彼女は言います。彼女は毎朝3時30分に起き，自分の夢を実現するために一生懸命勉強しています。彼女の父親は「一生懸命勉強することはよいことです。私は彼女を自慢に思います」と言っています。彼女はそれを聞いて喜んでいます。彼女は「私には夢があります。だれもそれを止めることはできません」と言います。彼女は今とても一生懸命に勉強していると思います。

将来，私は医者になって外国で働きたいと思います。これらの３人のように，私は他の人々に親切にし，自分の夢を実現するために一生懸命勉強したいと思います。多くの病気の子どもたちが，支援してくれる人を必要としていると思います。私は自分が彼らに治療をしてあげることができたらいいなと思っています。そのため，私は毎日とても一生懸命，特に英語を勉強しています。英語を使えば，私は世界中のより多くの人々と一緒に働くことができます。だれもが支援を必要とする人を助けることができます。人々がお互いに助け合えば，世界はよりよい場所になると私は信じています。

社　会

1 【解き方】1. 推古天皇のおいの聖徳太子は，摂政として天皇中心の政治を目指した。「中大兄皇子」と「中臣鎌足」は，聖徳太子の死後に大化の改新を行った中心人物。

2. 鑑真は唐の高僧。聖武天皇のまねきに応じて，6回目の渡航で来日に成功し，日本の寺院や僧の制度を整えた。「空海」は遣唐使とともに唐に渡り，帰国後に真言宗を開いた僧。

3. 院政の開始（1086年）から鎌倉幕府がほろびる（1333年）までのできごとを選ぶ。アは1467年，イは1167年，ウは1016年，エは1221年のできごと。

5. 「バテレン」とはキリスト教の宣教師のこと。アは江戸時代に徳川家光が，イは安土桃山時代に九州のキリシタン大名が，エは室町時代に足利義満がそれぞれ行った政策。

6. 参勤交代により領地と江戸の往復にかかる費用や江戸滞在のための費用がかかり，大名の経済力は弱められた。

7. 18世紀末から，外国船による通商の要求などが相次ぎ，江戸幕府は異国船打払令を出していた。

【答】1. エ　2. ウ　3. イ(→)エ　4. 建武　5. ウ　6. 参勤交代

7. 幕府が外国船の打ち払いを命令した（同意可）

2 【解き方】1. 大政奉還の後に王政復古の大号令が出され，約260年続いた江戸幕府は滅亡した。

2. 都市部の人々を中心に洋服や靴，人力車など新しい生活様式が受け入れられた。

3. 「板垣退助」は自由党を結成した人物。

4. アは1905年，イは1899年，ウは1894年，エは1911年のできごと。

5. 第一次世界大戦をきっかけに日本の重化学工業は発達し始め，工業生産額が農業生産額を上回るようになった。

7. 農地改革や日本国憲法の公布など，太平洋戦争後の民主化政策に深く関わった内閣総理大臣。

【答】1. 政権を朝廷に返した（同意可）　2. 文明　3. エ　4. ウ(→)イ(→)ア(→)エ　5. ウ　6. フランス

7. 吉田茂

3 【解き方】1. 「公正」とは手続きの公正さ，機会や結果の公正さのこと。「効率」とは時間や労力を無駄なく使うこと。

2. (1) 2015年に公職選挙法が改正され，選挙権年齢が「20歳以上」から「18歳以上」に引き下げられた。(2) 一票の格差があることは憲法第14条の「法の下の平等」に反するとして最高裁判所で違憲判決も出されている。

4. 個人や会社の権利をめぐる争いを扱うのは民事裁判。訴えた側を原告，訴えられた側を被告という。

5. 条例の制定・改廃には，有権者の50分の1以上の署名が必要。住民が集めた署名を首長に提出することで，条例の制定や改廃を請求できる。その後，議会が招集され，過半数の同意があれば条例の制定や改廃が行われる。

【答】1. イ　2. (1) 公職選挙法　(2) 議員一人当たりの有権者数（同意可）　3. 閣議　4. イ

5. Z (→) X (→) Y

4 【解き方】1. 労働条件の最低基準を定めた法律。

3. ① 需要量とは消費者が買おうとする商品の量のこと。価格が安いほど需要量は多くなる。② 需要量と供給量が一致する価格を均衡価格という。

4. 介護サービスの利用には，介護の必要の度合いを判断する介護認定を受ける必要がある。

5. ア．2015年の百貨店の年間販売額の総額は，1990年の百貨店の年間販売額の約6割ほどで半分以下ではない。イ．2015年の大型スーパーの事業所数は，1985年の大型スーパーの事業所数の約2.5倍で，3倍以上ではない。ウ．「2005年」ではなく，2010年が正しい。

【答】1. イ　2. クーリング・オフ　3. ① ア　② 需要量と供給量が一致する（同意可）　4. 介護　5. エ

5 【解き方】1. ⑴ 主曲線が20mごとにかかれていれば，5万分の1の地形図となる。⑵ 海面であれば標高は0mとなるはず。

2. 冬に大陸から冷たく乾燥した北西の季節風が吹き，日本海を流れる暖流の対馬海流の上で水蒸気を含み，日本海側に多くの雪を降らせる。

3. 秋田すぎは，津軽ひば・木曽ひのきとともに日本三大美林の一つとなっている。安価な外国産の木材の輸入量が増加したため，国産材の供給量は減少傾向にある。

4. 北九州工業地帯は太平洋ベルトに含まれている。

5. ① 現在最も就業者数が多いのは商業やサービス業などの第3次産業。② 第2次産業には建設業のほか，工・鉱業が含まれる。

【答】1. ⑴ 主曲線が10m間隔でかかれているから。(同意可)　⑵ ① ア　② エ　③ オ　2. エ　3. ウ
4. ㋋，福岡(県)　5. ① ア　② ウ

6 【解き方】1. ⑴ Eは北緯40度の緯線。ヨーロッパではイタリアやスペインなどを通る。⑵ Dは赤道。赤道直下の熱帯地域ではタロイモやキャッサバなどのいも類が主食となっている。⑶ 冬の気温が氷点下であることから高緯度に位置する都市の雨温図と判断できる。Pは㋋，Rは㋑，Sは㋒の雨温図があてはまる。

2. 本初子午線の通るイギリスから，西経90度の経線が通る北アメリカ大陸の間に位置する大洋と考える。Ⅱはインド洋，Ⅲは太平洋。

3. ほかにも，アジアやアフリカの発展途上国では労働力とするために子どもを多く産むことが原因としてあげられる。現在，アフリカでは人口爆発が起こっている国もある。

4. 一人当たりのエネルギー消費量は，先進国が占める北アメリカ州は高く，貧しく人口の多い発展途上国が占めるアフリカ州は低くなる。

【答】1. ⑴ B　⑵ エ　⑶ ㋐，ノルウェー　2. 大西洋
3. 医療が普及して死亡率が下がったが，出生率が高いままであった(同意可)　4. ウ

理　科

[1]【解き方】1. (2) 図1で，電子は－極からとび出して＋極へ向かう。図2で，電子は－の電気をもつので，電極C，D間で＋極側に曲がる。

2. (1) 8.0V の電圧を加えると 2.0A の電流が流れたので，オームの法則より，$\frac{8.0\,(\mathrm{V})}{2.0\,(\mathrm{A})} = 4.0\,(\Omega)$

(2) ① 図4より，電流を流した時間が同じとき，水の上昇温度は電熱線 a の方が大きい。発熱量は消費電力に比例する。② 発熱量は電流と電圧の積に比例する。加える電圧は電熱線 a，b ともに 8.0V なので，流れる電流が大きい方，つまり抵抗の値が小さい方の発熱量が大きい。

(3) 電圧 8.0V のとき電流計は 2.0A を示したので，電力は，$8.0\,(\mathrm{V}) \times 2.0\,(\mathrm{A}) = 16.0\,(\mathrm{W})$　電圧 4.0V のとき電流計は 1.0A を示したので，電力は，$4.0\,(\mathrm{V}) \times 1.0\,(\mathrm{A}) = 4.0\,(\mathrm{W})$　よって，電圧 4.0V のときの水の上昇温度は電圧 8.0V のときと比べて，$\frac{4.0\,(\mathrm{W})}{16.0\,(\mathrm{W})} = \frac{1}{4}$ になる。8.0V の電圧を加えた時間を x 分，4.0V の電圧を加えた時間を $(8 - x)$ 分とすると，図4より，電圧 8.0V のとき1分ごとに2℃ずつ上昇しているので，$2\,(℃) \times \frac{x\,(分)}{1\,(分)} + 2\,(℃) \times \frac{(8 - x)\,(分)}{1\,(分)} \times \frac{1}{4} = 8.5\,(℃)$　$x = 3$ (分)より，180秒後。

3. (1) 物体が水面に浮いているとき，重力と浮力はつりあっている。

(2) 浮力の大きさは空気中での重さと水中での重さの差で表される。図6より，物体Xにはたらく浮力の大きさは，$0.84\,(\mathrm{N}) - 0.73\,(\mathrm{N}) = 0.11\,(\mathrm{N})$　図7より，物体X，Yにはたらく浮力の大きさは，$(0.84 + 0.24)\,(\mathrm{N}) - 0.64\,(\mathrm{N}) = 0.44\,(\mathrm{N})$　よって，物体Yにはたらく浮力の大きさは，$0.44\,(\mathrm{N}) - 0.11\,(\mathrm{N}) = 0.33\,(\mathrm{N})$

【答】1. (1) 電子　(2) A. －(極)　C. －(極)　2. (1) 4.0 (Ω)　(2) ① ア　② エ　(3) ウ
3. (1) ① イ　② ウ　(2) 0.33 (N)

[2]【解き方】1. (1) 融解の始まりから融解の終わりまでは温度が一定。すべてとけ終わると温度が上がる。

(2) 温度Tは融点で，融点は物質の質量に関係なく，物質によって決まっている。

(3) 融点より低い温度では固体，融点と沸点の間の温度では液体，沸点より高い温度では気体。60℃のとき，物質Bは気体，物質Cは固体。

2. (1) 金属は電気をよく通す。磁石につく金属は，鉄などの一部の金属。

(3) 酸化銅＋炭素→銅＋二酸化炭素

(4) 発生した二酸化炭素の質量は，質量保存の法則より，$2.00\,(\mathrm{g}) + 0.12\,(\mathrm{g}) - 1.68\,(\mathrm{g}) = 0.44\,(\mathrm{g})$　酸化銅 2.00g 中の酸素の質量は，$2.00\,(\mathrm{g}) \times \frac{1}{4 + 1} = 0.40\,(\mathrm{g})$　このうち炭素粉末 0.12g と化合した酸素の質量は，$0.44\,(\mathrm{g}) - 0.12\,(\mathrm{g}) = 0.32\,(\mathrm{g})$　よって，加熱後の酸化銅中の酸素の質量は，$0.40\,(\mathrm{g}) - 0.32\,(\mathrm{g}) = 0.08\,(\mathrm{g})$　0.08g の酸素を含む酸化銅の質量は，$0.08\,(\mathrm{g}) \times \frac{4 + 1}{1} = 0.40\,(\mathrm{g})$

【答】1. (1) ウ　(2) イ
(3) (記号) A　(理由) (選んだ物質では，物質の温度(60℃)が)融点より高く，沸点より低いから。(同意可)
2. (1) ① イ　② エ　(2) ウ　(3) $(2CuO + C \rightarrow)\ 2Cu + CO_2$
(4) (二酸化炭素) 0.44 (g)　(黒色の酸化銅) 0.40 (g)

[3]【解き方】1. (3) 図2のAは柱頭，Bは胚珠。図3で若い枝の先端についている花Pは雌花，花Qは雄花。図4のCは胚珠，Dは花粉のう。Cの胚珠はりん片にむき出しでついているので，花粉が直接つく。

2. (1) ブドウ糖やアミノ酸は，小腸で吸収された後，肝臓に運ばれるので，小腸から出ていく血液に最も多く含まれる。

(5) 体循環の血液の流れは，左心室→大動脈→全身→大静脈→右心房。$5000\mathrm{cm}^3$ の血液が送り出されるのにかかる時間は，$1\,(\text{分}) \times \dfrac{5000\,(\mathrm{cm}^3)}{80\,(\mathrm{cm}^3) \times 75\,(\text{回})} = \dfrac{5}{6}\,(\text{分})$ より，50 秒。

【答】1. (1) イ　(2) (めしべ→) b → c → a　(3) ア　(4) ① ア　② ウ

2. (1) g　(2) 肺胞

(3) (酸素の多いところ) 酸素と結びつく。(酸素の少ないところ) 酸素をはなす。(それぞれ同意可)

(4) ① イ　② エ　(5) 50 (秒)

4 【解き方】1. (1) 表 1 より，湿度 62 %のとき，「乾球の示度－湿球の示度」が 5.0 ℃なので，湿球の示度は，26 (℃) － 5.0 (℃) = 21 (℃)

(3) 表 2 より，気温 26.0 ℃，湿度 62 %の空気 $1\,\mathrm{m}^3$ 中の水蒸気量は，$24.4\,(\mathrm{g/m}^3) \times \dfrac{62}{100} = 15.128\,(\mathrm{g/m}^3)$

この水蒸気量が飽和水蒸気量になる気温は約 18 ℃。

(4) ① 気温が高いほど飽和水蒸気量は大きくなる。② 露点は空気 $1\,\mathrm{m}^3$ 中に含まれる水蒸気量が多いほど高くなる。

2. (2) 太陽系の惑星は，太陽からの距離が近い順に並べると，水星，金星，地球，火星，木星，土星，天王星，海王星。

(3) 地球が，1 年 = 365 日で 360° 西から東へ公転しているため，ある星座を毎日同じ時刻に観察すると，その位置は 1 日に約 1° ずつ東から西へ動いたように見える。

(4) さそり座が真夜中に南中する地球の位置は A。3 か月後，地球が B の位置にあるとき，さそり座は真夜中に西の空に見える。図 2 は，23 時に真南から西へ 30° 移動した位置にさそり座が見られるので，A → B の区間とわかる。

【答】1. (1) 21 (℃)　(2) (コップ P の表面の) 水滴が水蒸気になった。(同意可)　(3) ウ　(4) ① イ　② イ

2. (1) 天球　(2) イ　(3) エ　(4) ア

5 【解き方】1. (1) 1 秒間に 60 打点するので，6 打点するのに要する時間は，$1\,(\text{秒}) \times \dfrac{6\,(\text{打点})}{60\,(\text{打点})} = 0.1\,(\text{秒})$　図 2 より，打点 P を打ってからは，0.1 秒間に 5.0cm ずつ移動している。速さは一定なので，移動した距離は時間に比例する。

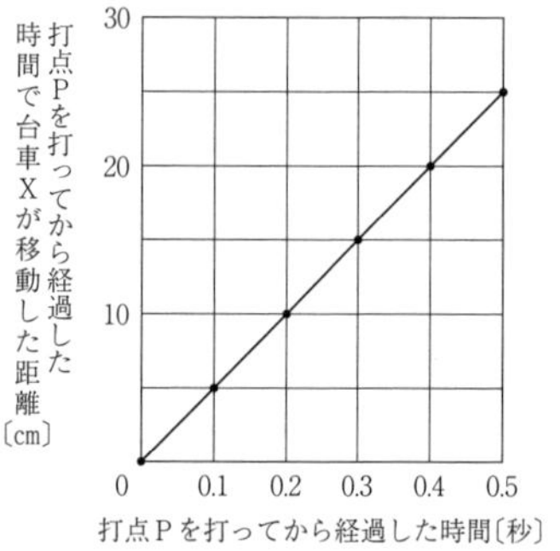

(2) ①・② 斜面上の台車にはたらく重力の大きさは変わらないので，斜面の傾きを大きくすると，斜面に平行な方向の分力の大きさが大きくなり，垂直抗力の大きさが小さくなる。③・④ 斜面の傾きが大きいほど運動の向きにはたらく力の大きさが大きくなり，力が大きいほど速さの増え方が大きくなる。よって，同じ距離を下ったとき，台車 X の速さは実験 2 より実験 3 が大きい。

2. Ⅰより，C と D はアルカリ性なので，水酸化ナトリウム水溶液か水酸化バリウム水溶液のいずれか。Ⅱより，C と D のうち，うすい硫酸と反応して白色沈殿($BaSO_4$)を生じるのは D。よって，C は水酸化ナトリウム水溶液，D は水酸化バリウム水溶液。Ⅲより，E は非電解質の水溶液なので，砂糖水。Ⅳより，A と B は電気分解で塩素を発生したので，塩化ナトリウム水溶液か塩酸のいずれか。Ⅴより，A は固体の水溶液，B は気体の水溶液なので，A は塩化ナトリウム水溶液，B は塩酸。塩化ナトリウムを生じるのは，塩酸と水酸化ナトリウム水溶液を混合したとき。

3. (2) しわ形の種子の遺伝子の組み合わせは aa。AA と aa をかけ合わせると，すべて Aa (丸形) となる。Aa と aa をかけ合わせると，Aa・Aa・aa・aa となり，Aa (丸形)：aa (しわ形) = 1：1

4. (1) フィリピン海プレートは北西に移動し，ユーラシアプレートの下に沈み込む。(3) 図 8 より，場所 Y を境

に西側の地層が上にずれている。図7のように，地層に両側から押す力がはたらくと，上にのっている地層がずり上がった状態になる。

【答】1. (1) (前図) (2) ① ア ② イ ③ ア ④ イ 2. (化学式) NaCl (混合した水溶液) B (と) C
3. (1) 分離 (2) ① しわ ② 1 ③ 1 4. (1) ① イ ② ア ③ ア (2) しゅう曲 (3) エ

国　語

1【解き方】1. 活用のある付属語。

2. 文節は，文を，発音や意味のうえで不自然にならないように，できるだけ小さくくぎったときのまとまり。

3. Aでは，本を書いた者について，「その分野で定評のある書き手」と「定評を得ようとする書き手」を並べている。Bでは，「ネット検索」ならば「短時間」「高い確率」で「求めていた情報」には行き当たることを理由に，「ある単一の情報を得るには，ネット検索のほうが読書よりも優れているとも言える」と結論を導いている。

4. a. 本は誰が書いているのかはっきりしている「一方」とあるので，ネット情報ではその「作者」がわからないことを表す言葉を探す。b. ネット情報の「正しさ」について述べているところに着目する。4段落で，「みんなで集合的に作り上げるという発想が強まる傾向」にある「ネット上のコンテンツ」では，「複数の人がチェックしているから相対的に正しいという前提」があり，「この仮説は実際，相当程度正しいのです」と述べている。

5. 直後の，「情報とは要素であり，知識とはそれらの要素が集まって形作られる体系です」に注目。さらに「ニュースを得たとき」の例をふまえて，「知識」とは「バラバラな情報やデータの集まりではなく…全体として体系をなす状態を指します」とくわしく説明している。

6. ネット検索で「可能となる」ことなので，ネット情報と本の違いを述べた上で，ネット検索の場合は短時間かつ高確率で求めていた情報を得ることが「できる」と述べていることをおさえる。

7. 前で，本を読む際に重要なのは，「様々な事実についての記述」そのものではなく，「著者がそれらの記述をどのように結びつけ，いかなる論理に基づいて全体の論述に展開しているのかを読みながら見つけ出していくこと」だと述べている。

8.「必要な情報を即座に得る」ことにおいては「ネット検索よりも優れた仕組みはありません」と認めているが，検索システムはそもそも「知識を断片化し，情報として」扱っていると述べている。

【答】1. 助動詞　2. ウ　3. エ　4. a. 匿名化　b. 複数の人がチェックしているから相対的に正しい

5. 相互に結びつき，全体として体系をなす（18字）　6.（最初）社会的に蓄　（最後）に得ること

7. 著者が様々な事実についての記述をどのように結びつけ，いかなる論理に基づいて全体の論述に展開しているのかを読みながら見つけ出していく(こと。)（65字）（同意可）　8. ア

2【答】1. こぶ　2. とこう　3. いど(む)　4. まかな(う)

3【答】1. 登頂　2. 護衛　3. 飼う　4. 散る

4【解き方】2.「そう考えているのかもしれませんが」という言葉に着目し，梅森が指摘した亜佑子の「考え」をおさえる。

3. a. 前で，「イタリアンと懐石のフュージョン料理の店を成功させ，事業を拡大」した上で「万石に興味を持ってくださったお客さんが，金沢を訪れたら万石へ」という流れを作るのが「あなたの夢なんじゃないんですか」という亜佑子に向けられた梅森の言葉に，重則は「そのとおりです」と答えている。b. 梅森の言葉に「そのとおりです」と答えた重則は，新しい店を開くのは「金沢，ひいては北陸近辺の食材を使うことで，地場産業の活性化につなげたい」からだと言っている。c.「地場産業の活性化につなげたい」という重則の言葉を聞いた梅森は，「私が今回やろうとしている事業は，まさにそこに発想の原点があるんですよ」と賛同した後で，事業を思いついたのは「衰退する一方の地方の現状を，何とかしたい」と思い，「地方を活性化させるためには，まず仕事をつくること」から始めなくてはならないと考えたからだと言っている。

4. 梅森は，「一度…テストして」から店を出すほうが「事業が成功する確率は，格段に高くなる」と言っているので，遠回りでも安全確実な道を選んだほうがよいという意味のことわざが当てはまる。アは，時期を逃さず実行すべきだという意味。イは，あせらず時機を待つほうがよいこと。エは，がまん強く辛抱すれば成

功するという意味。

5.「この事業には夢があるし，絶対に失敗できないんです」と語る梅森は，「東京に店を出す」という夢を持つ重則や亜佑子に対して，二人の夢や自分の新事業が成功するためにも「あのビルに出店していただきたいんです」と考えを話している。

【答】 1. エ　2. あなたは

3. a. 万石に興味を持った客が，金沢を訪れたら万石へ行く流れを作る（29字）（同意可）　b. 地場産業の活性化　c. 地方を活性化させる

4. ウ　5. イ

5 **【解き方】** 1. 語頭以外の「は・ひ・ふ・へ・ほ」は「わ・い・う・え・お」にする。

2. 芭蕉の句の「しら露を」を消して「月影を」と書き入れた其角は，その行いが大名や近習の人々の不興を買い，「性質ものぐるほしければ」などと言われている。

3. 芭蕉の句を読んだ後で，其角は「ことさらに感じ入りたる体にて，小首かたぶけてしばし沈吟し」ている。

4. a. 其角が「しら露をの五文字を抹却して，月影をと書き改め」たところ，大名や近習の人々は「その失礼」な行為に怒っている。b. 其角の話を聞いた芭蕉は「常よりも心よげに」ほほえみながら，「月影を」と書かれたそばに「この五文字其角が妙案」と書き添えている。c. 芭蕉が「月影を」と書かれたそばに「この五文字其角が妙案」と書き添えたことで，この絵は「芭蕉其角の反古の画幅」となり，「かの御家の重宝の一つ」となったと述べている。

【答】 1. いいこしらえる　2. イ　3. 小首かたぶけてしばし沈吟しける

4. a. しら露をの初句を消して，月影をと書き改める（21字）（同意可）　b. 妙案　c. 重宝

◀口語訳▶　昔，芭蕉の弟子の宝井其角は，ある大名の前に呼ばれて俳句を詠んだときに，大名はこれを見なさいと言って一枚の絵を出して，其角にお見せなさったので，さらさらと開いて見ると，何とかという画工が，萩と月を風流に描いたもので，芭蕉の言葉が添えてあり，

　萩には白露がのっているがそれらをこぼさないで萩が揺れていることよ

と読んで，其角はことさらに感じ入っている様子で，小首をかしげてしばらく考え込んでいたが，何を思ったか，そばにあった硯の筆をつかみ，しら露の五文字を消して，月影をと書き改めてしまった。大名はことのほかに機嫌を損なわれた様子で，大名のそばに仕えていた者たちもその無礼な行いに腹を立てたが，其角は平然として，少しも動じていない様子であったので，今はどうしようもなくて，彼は少し変わったところがありますからなどととりつくろう者もあって，大名の前から退出した。さて，その後に大名は芭蕉にお呼びになって，この話を語りなさったところ，芭蕉はいつもより上機嫌で，絵を開いてほほえんで見ながら，筆を染めて月影をと書かれたそばに，この五文字は其角の妙案であると書き添えたので，大名もご機嫌を直されたということである。この絵は，今も芭蕉と其角の書き損じの絵として，その大名家の家宝として大切にされているということである。

作　文

1 **【答】**（例）

資料では，回答した人のうち約半数の人が「栄養バランスのとれた食生活を実践したい」と答え，「規則正しい食生活を実践したい」と回答した人を上回っている。具体的にどのような食事がバランスのいいものか，よくわからないので，私は，まずはすぐに実践することができる「規則正しい食生活」を心がけたいと思う。

食事を抜くと，食後の血糖値が高くなりやすいということを聞いた。そして，血糖値が高い状態が続くと，さまざまな病気にかかる可能性が高くなるという。私も，忙しかったり，面倒くさかったりして，つい朝食を抜いてしまいがちだが，そうした不規則な食事を続けていると，将来，病気になってしまうかもしれないので，今から気をつけていきたいと思う。（324字）

~MEMO~

愛媛県公立高等学校

2020年度
入学試験問題

数学

時間　50分　　　満点　50点

（注）答えに$\sqrt{\ }$が含まれるときは，$\sqrt{\ }$を用いたままにしておくこと。
また，$\sqrt{\ }$の中は最も小さい整数にすること。

1　次の計算をして，答えを書きなさい。

1　$-5+2$　(　　　)

2　$3(4a-3b)-6\left(a-\dfrac{1}{3}b\right)$　(　　　)

3　$4x^2y\times3y\div6x^2$　(　　　)

4　$(2\sqrt{5}+1)(2\sqrt{5}-1)+\dfrac{\sqrt{12}}{\sqrt{3}}$　(　　　)

5　$(x-4)(x-3)-(x+2)^2$　(　　　)

2　次の問いに答えなさい。

1　$a=2$，$b=-3$のとき，$-\dfrac{12}{a}-b^2$の値を求めよ。(　　　)

2　二次方程式$x^2+2x-35=0$を解け。(　　　)

3　yはxに反比例し，比例定数は-6である。xとyの関係を式に表し，そのグラフをかけ。式(　　　)

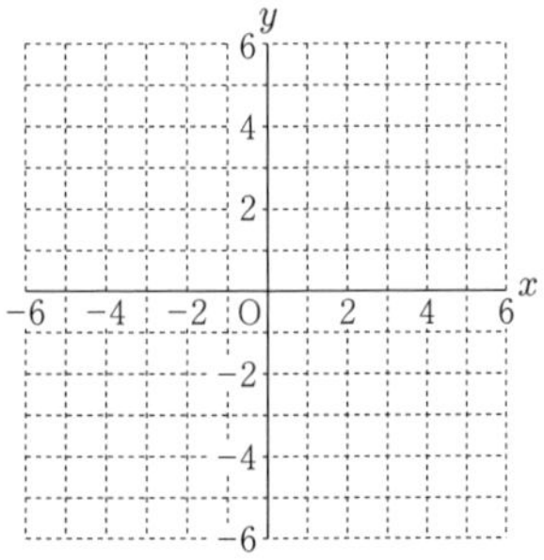

4　右の表は，あるみかん農園でとれたみかん8000個から，無作為に抽出したみかん40個の糖度を調べ，その結果を度数分布表に表したものである。

(1)　表のアに当てはまる数を書け。(　　　)

(2)　この結果をもとにすると，このみかん農園でとれたみかん8000個のうち，糖度が11度以上13度未満のみかんの個数は，およそ何個と推測されるか。(およそ　　　個)

抽出したみかん40個の糖度

階級(度)	度数(個)
9以上～10未満	2
10 ～ 11	ア
11 ～ 12	13
12 ～ 13	12
13 ～ 14	9
計	40

5　右の図のように，箱の中に，－3，－2，0，1，2，3の数字が1つずつ書かれた6枚のカードが入っている。この箱の中から同時に2枚のカードを取り出すとき，2枚のカードに書かれた数の和が正の数となる確率を求めよ。ただし，どのカードが取り出されることも同様に確からしいものとする。(　　　)

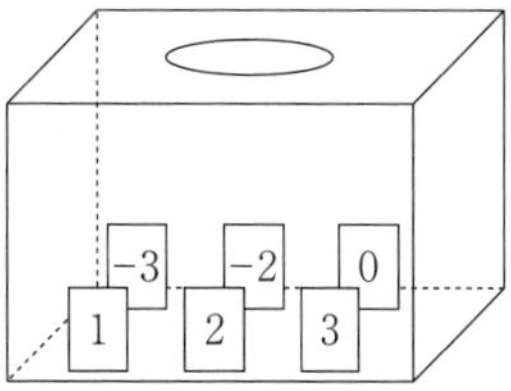

6　下の図のように，3点A，B，Cがある。2点A，Bから等しい距離にある点のうち，点Cから最も近い点Pを，解答欄に作図せよ。ただし，作図に用いた線は消さずに残しておくこと。

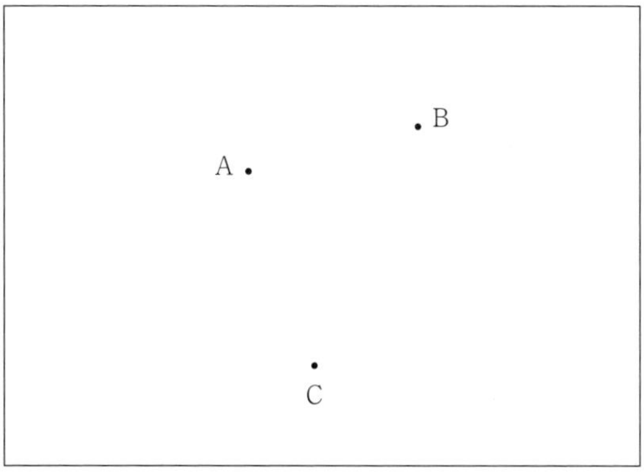

7　太郎さんは1日の野菜摂取量の目標値の半分である175gのサラダを作った。このサラダの材料は，大根，レタス，赤ピーマンだけであり，入っていた赤ピーマンの分量は50gであった。また，右の表をもとに，このサラダに含まれるエネルギーの合計を求めると33 kcal《キロカロリー》であった。このサラダに入っていた大根とレタスの分量は，それぞれ何gか求めよ。ただし，用いる文字が何を表すかを最初に書いてから連立方程式をつくり，答えを求める過程も書くこと。

	100g当たりのエネルギー(kcal)
大根	18
レタス	12
赤ピーマン	30

(解)(　　　　　　　　　　　　　　　　　　　　　　　　　　　　)　答(　　　　　)

③　ある遊園地で，太郎さんたちは下の図1のような観覧車に乗った。その観覧車には，ゴンドラ24台が，半径20mの円の円周上に等間隔で設置されており，ゴンドラは，一定の速さで円周上を動き，16分かけて1周する。下の図2は，この観覧車を模式的に表したものである。乗客は，地面からの高さが5mである点Pからゴンドラに乗り，ゴンドラが1周したのち，点Pで降りる。また，点Pは，円周上の最も低い位置にある。

このとき，次の問いに答えなさい。ただし，ゴンドラの大きさは考えないものとする。(円周率はπを用いること。)

図1

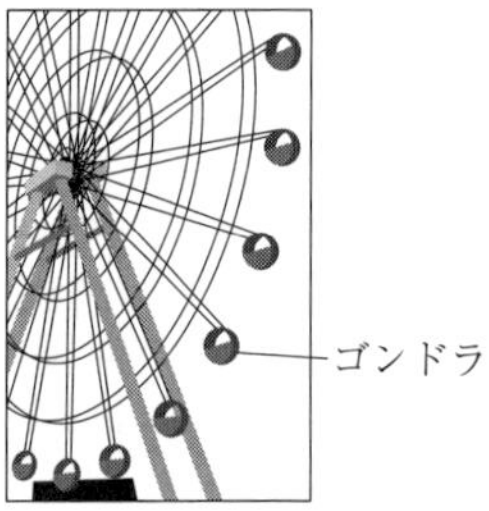

図2

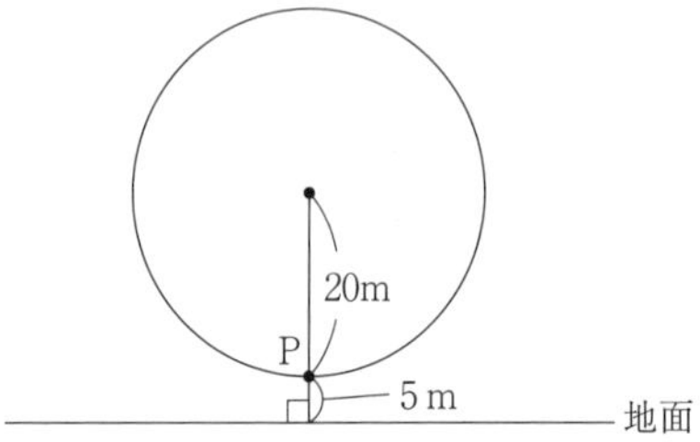

1　太郎さんがゴンドラに乗ってからの4分間で，太郎さんが乗っているゴンドラが円周上を動いてできる弧の長さを求めよ。(　　　m)

2　花子さんは，太郎さんが乗っているゴンドラの8台あとのゴンドラに乗った。

(1)　花子さんがゴンドラに乗ったのは，太郎さんがゴンドラに乗ってから何分後か求めよ。

(　　　分後)

(2)　しばらくして，太郎さんが乗っているゴンドラと花子さんが乗っているゴンドラの，地面からの高さが同じになった。このときの地面からの高さを求めよ。(　　　m)

3　まことさんは，太郎さんが乗っているゴンドラのn台あとのゴンドラに乗った。太郎さんがゴンドラに乗ってからt分後に，太郎さんが乗っているゴンドラとまことさんが乗っているゴンドラの，地面からの高さが同じになった。このとき，tをnの式で表せ。ただし，nは24より小さい自然数とする。t = (　　　)

④　右の図のような1辺が6cmの正方形ABCDがある。点P，Qは，点Aを同時に出発して，点Pは毎秒2cmの速さで正方形の辺上を反時計回りに動き，点Qは毎秒1cmの速さで正方形の辺上を時計回りに動く。また，点P，Qは出会うまで動き，出会ったところで停止する。

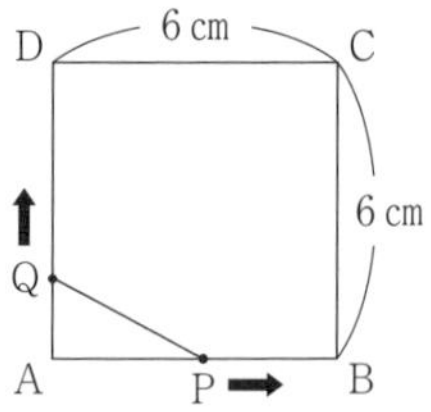

点P，Qが点Aを出発してからx秒後の△APQの面積を$y\,\mathrm{cm}^2$とするとき，次の問いに答えなさい。ただし，$x = 0$のときと，点P，Qが出会ったときは，$y = 0$とする。

1　$x = 1$のときと，$x = 4$のときの，yの値をそれぞれ求めよ。

$x = 1$のとき y = (　　　)　$x = 4$のとき y = (　　　)

2　点P，Qが出会うのは，点P，Qが点Aを出発してから何秒後か求めよ。(　　　秒後)

3　次のア～エのうち，xとyの関係を表すグラフとして，最も適当なものを1つ選び，その記号を書け。(　　　)

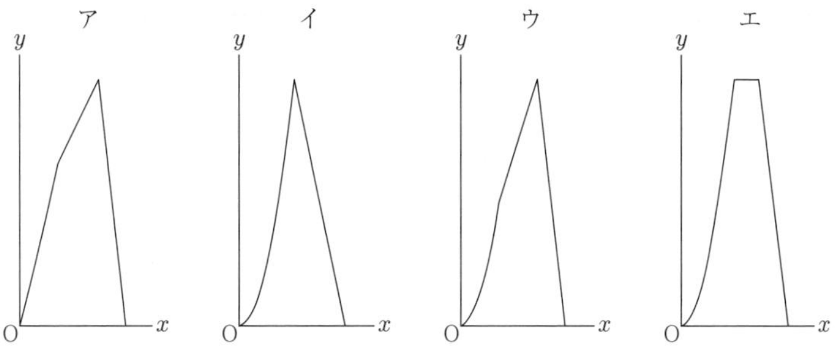

4　$y=6$ となるときの x の値を**全て**求めよ。$x=($　　　$)$

5　線分 AB を直径とする半円 O がある。右の図のように，$\overset{\frown}{\mathrm{AB}}$ 上に点 C を，AC ＝ BC となるようにとり，$\overset{\frown}{\mathrm{BC}}$ 上に点 D を，点 B，C と異なる位置にとる。また，直線 AC と直線 BD の交点を E，線分 AD と線分 BC の交点を F とする。

このとき，次の問いに答えなさい。

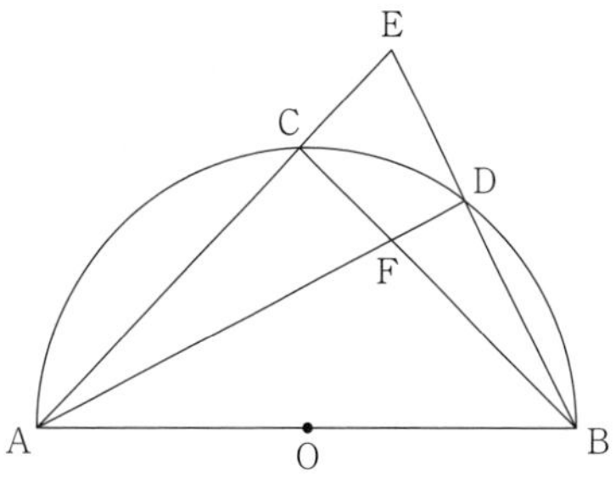

1　下の会話文は，花子さんと太郎さんが，右の図を見ながら話をしたときのものである。

花子さん：太郎さん，線分 AF と同じ長さの線分があるよね。

太郎さん：線分［ ア ］のような気がするけど，この 2 つの線分の長さが等しいことを証明するには，どうすればよいのか分からないな。

花子さん：線分 AF と線分［ ア ］を，それぞれ 1 辺にもつ 2 つの三角形が合同であることを示せばいいのよ。合同な図形では，対応する辺の長さは等しいからね。

太郎さん：なるほど。つまり△AFC と△BEC が合同であることを示すことができれば，線分 AF の長さと線分［ ア ］の長さが等しいことを証明することができるんだね。

(1)　会話文中のアに当てはまるものを書け。(　　　)

(2)　△AFC ≡△BEC であることを証明せよ。

(　　　　　　　　　　　　　　　　　　　　　　)

2　△ABE の面積が $40\mathrm{cm}^2$，△ABF の面積が $20\mathrm{cm}^2$ であるとき，線分 AF の長さを求めよ。

(　　　cm)

英語

時間　60分　　　　満点　50点

（編集部注）放送問題の放送原稿は英語の末尾に掲載しています。
音声の再生についてはもくじをご覧ください。

1　聞き取りの問題　1（　　　）　2（　　　）　3（　　　）

	ア	イ	ウ	エ
1				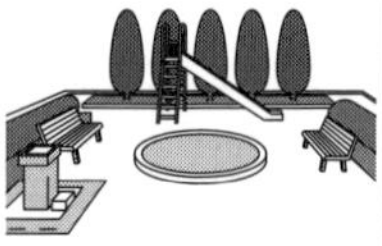

	ア	イ	ウ	エ
2				

3	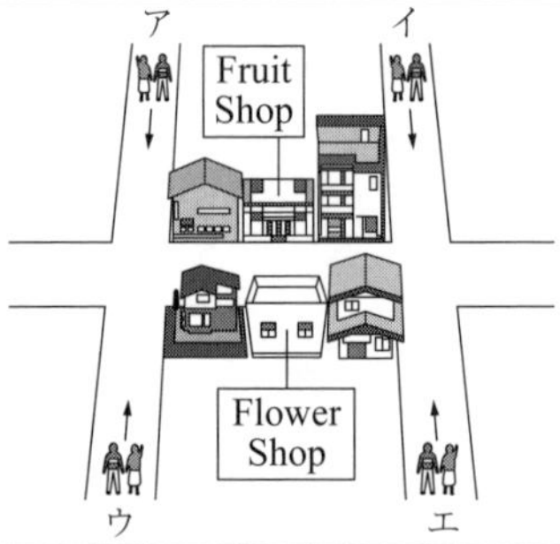

2　聞き取りの問題　1（　　　）　2（　　　）

1　ア　It’s my own computer.　　イ　You don’t like it.　　ウ　It’s too expensive for me.
　エ　I’ll sell it.

2　ア　I watched it with you.　　イ　I found it yesterday.　　ウ　I watched it again.
　エ　I found it under the table.

3 聞き取りの問題 1( ) 2( ) 3( ) 4( )

1 ア Mariko did. イ Mariko's father did. ウ Mariko's mother did.
エ Mariko's grandmother did.

2 ア Because Mariko's grandmother made a bag for her.
イ Because Mariko's grandmother asked her to make a cake.
ウ Because Mariko couldn't buy a cake at the cake shop.
エ Because Mariko makes a birthday cake every year.

3 ア One hour. イ Four hours. ウ Six hours. エ Nine hours.

4 ア She showed the bag to her grandmother.
イ She said to her grandmother, "Thank you."
ウ She sang a birthday song for her grandmother.
エ She enjoyed a special lunch with her grandmother.

4 次の1，2の問いに答えなさい。

1 次の(1)，(2)の各対話文の文意が通るように，( )の中のア～エを正しく並べかえて，左から順にその記号を書け。(1)( )( )( )( ) (2)( )( )( )( )

(1) A： The cameras made (ア used イ Japan ウ in エ are) all over the world.
B： You're right. Japanese people make many good things.

(2) A： I need to go to the hospital now, but it's raining. Where is my umbrella?
B： Don't worry. You don't (ア to イ it ウ take エ have). I'll take you there by car.

2 次の(1)，(2)について，それぞれの指示に従って英語で書け。ただし，(1)の①と②，(2)は，三つとも，それぞれ6語以上の1文で書くこと。(「.」「?」などの符号は語として数えない。)

(1) 次の①，②の質問に答える文を書け。

① あなたは，将来，どのような仕事に就きたいですか。
( )

② また，なぜその仕事に就きたいのですか。
( )

(2) 相手の放課後の予定を知りたい場合，その相手に尋ねる文を書け。
( )

5　中学生の早紀（Saki），留学生のメアリー（Mary），そして養護教諭の田中先生（Ms. Tanaka）の三人が保健室で話をしている。対話文と後のプリント（handout）をもとにして，1～5の問いに答えなさい。

Saki　　　　：Excuse me, Ms. Tanaka. Mary says she doesn't feel good.

Ms. Tanaka：Do you feel sick, Mary? You should rest in bed.

Mary　　　：I will. Ms. Tanaka, could you give me some water?

Ms. Tanaka：Sure. [　①　].

Mary　　　：Thank you so much.

Saki　　　　：Mary, I must go back to the classroom now. I'll come to see you later.

Mary　　　：Thank you, Saki.

〈*At lunch time*〉

Saki　　　　：Hi, Mary. How are you feeling?

Mary　　　：I feel better now. Thank you.

Saki　　　　：I'm [　(A)　] to know you feel better. Why did you feel sick?

Mary　　　：Because I studied hard and didn't sleep enough last night.

Ms. Tanaka：What did you study?

Mary　　　：I studied math. (ア)<u>それは私のお気に入りの授業の一つです</u>。

Ms. Tanaka：Studying hard is good, but you should sleep enough. I often worry about the lifestyles of the students at our school. Look at this handout. I'll give it to the students next week. It shows the average sleeping hours of the students.

Saki　　　　：Oh, [　②　].

Ms. Tanaka：That's right. If people don't sleep enough, they'll have some problems. You can learn that on the handout. For example, they'll feel more stressed or get sick more easily.

Mary　　　：I see. And that isn't good for their brain, right?

Ms. Tanaka：You're right. The handout also shows how often the students eat breakfast. Mary, did you eat breakfast today?

Mary　　　：No. I usually get up at six thirty and eat breakfast, but today I got up at seven thirty and didn't have time to eat it.

Ms. Tanaka：[　③　]. Breakfast is very important for your health.

Saki　　　　：I sometimes don't eat it. When I don't eat it, I often feel tired. Oh, look! 2% of the students never eat breakfast. I'm very [　(B)　]. That's not good for their health.

Ms. Tanaka：That's right. If people don't eat breakfast, they'll have some problems. The handout shows them. Eating it is as important as sleeping enough.

Mary　　　：I think so, too.

Ms. Tanaka：I hear many young people in Japan don't do those two things. What do you think about the lifestyles of young people in your country, Mary?

Mary　：We also have that problem in my country. We should think hard about (C) it.

Ms. Tanaka：The students at our school should be more careful about their own lifestyles. I want all of them and their families to read this handout.

Saki　：I'll talk about my lifestyle with my family. Thank you, Ms. Tanaka. Mary, I haven't eaten lunch yet because I want to eat it with you. (イ)昼食を食べませんか。

Mary　：OK. Thank you so much, Ms. Tanaka.

(注) rest 休む　enough 十分に　lifestyle(s) 生活習慣　average 平均の
sleeping hours 睡眠時間　stressed ストレスのある　easily たやすく　brain 脳
careful 注意深い

Handout

保健だより

生活習慣に関するアンケート結果（対象：全校生徒）

【一日の睡眠時間はどれくらいですか】

	2017年	2018年	2019年
平均睡眠時間	7時間47分	7時間35分	7時間21分

※望ましい睡眠時間：8～10時間程度

【朝食を毎日食べますか】

毎日食べる	71%	時々食べない	22%
ほとんど食べない	5%	全く食べない	2%

睡眠不足の影響	朝食欠食の影響
○脳の働きの低下 ○ストレスの増加 ○病気のリスクの増加 ○血圧の上昇　など	○脳の働きの低下 ○疲労感の増大 ○体重の増加 ○便秘　など

1　対話文中の①～③に当てはまる最も適当なものを，それぞれ次のア～エの中から一つずつ選び，その記号を書け。①(　　) ②(　　) ③(　　)

① ア No, I couldn't　イ Don't drink it　ウ You gave it to me
　エ Here you are

② ア the average sleeping hours are getting shorter
　イ the average sleeping hours will get longer
　ウ all of them sleep longer than me each year
　エ all of them sleep for more than eight hours

③ ア That's also very good　イ You must sleep longer
　ウ That also made you sick　エ You ate enough this morning

2　対話文中の(ア)，(イ)の日本語の内容を英語に直せ。

(ア)(　　　　　　　　　　　　　　　　)

(イ)(　　　　　　　　　　　　　　　　)

3　対話文中の(A), (B)に入る最も適当なものの組み合わせを，次のア～エの中から一つ選び，その記号を書け。(　　　)

ア　(A)　glad　　(B)　excited　　イ　(A)　glad　　(B)　surprised

ウ　(A)　sad　　(B)　excited　　エ　(A)　sad　　(B)　surprised

4　次の英文は，対話文中の(C)の指す内容を，具体的に英語でまとめたものである。英文中の(a), (b)に入る語句を，対話文中からそれぞれ連続する2語でそのまま抜き出して書け。((a), (b)の順序は問わない。) (a)(　　　)(　　　)　(b)(　　　)(　　　)

Many young people don't ＿(a)＿ and don't ＿(b)＿.

5　次の(1)～(3)の英文の内容が，対話文，Handout の内容に合うように，〔　　〕のア～エの中から，最も適当なものをそれぞれ一つずつ選び，その記号を書け。

(1)(　　　)　(2)(　　　)　(3)(　　　)

(1)　Saki〔ア　went back to the classroom to see Ms. Tanaka　イ　didn't feel good and rested in bed　ウ　came to see Mary at lunch time　エ　told her friends to make the handout〕.

(2)　Ms. Tanaka hopes that〔ア　the students will get the handout next month　イ　the students will worry about the lifestyles of their families　ウ　the students will think about the lifestyles of people in Mary's country　エ　the students and their families will read the handout〕.

(3)　The handout shows that〔ア　about 70% of the students eat breakfast every day　イ　more than 30% of the students sometimes don't eat breakfast　ウ　only 2% of the students feel stressed　エ　the students who sleep enough eat breakfast every day〕.

6　次の英文は，英雄（Hideo）が英語の時間に発表したものである。これを読んで，1～6の問いに答えなさい。(1～5は，それぞれ段落を示す番号である。)

1　My father and mother like reading books. There have been many kinds of books in my house since I was a small child. When I went to bed, my father usually came to my room with me and read a picture book to me. I began to read books when I was about four years old. After I read a book, I liked talking about the story with my mother. She always listened to me and said in a kind voice, "How did you feel after you read that story?" or "What do you think about that story?" I (A) more interested in reading because of that.

2　I like reading very much even now. I read about ten books in a month. I don't have enough money to buy all of the books I want to read. So I often go to the library which was built near my house two years ago. My sister began to work there last spring. She told me about the history of libraries. The first library in the world was built about 2,700 years ago. The first library in Japan was built by a nobleman around the year 800. About 1,100 years later, people used libraries in some parts of Japan. But the libraries at that time were not like the libraries which we usually use today. People couldn't borrow books from the library and had to read them in the library. [　ア　]

3　After my sister told me about libraries, I wanted to know about the history of books and went to the library. About 3,000 years ago, in some parts of the world, people recorded their life on shells, wood, and other things. After a very long time passed, people began to use paper to record things. [　イ　] A man in China invented paper around the year 100. People there began to make books by using it because they thought that they could record more things. People in other countries also thought so and began (B) <u>to do the same thing</u>. When did paper come to Japan? I learned from a book that a man came across the sea to Japan in 610 and showed Japanese people how to make paper. After that, people in Japan began to read paper books.

4　Today, some people enjoy reading without paper books. [　ウ　] I learned on the Internet that digital comics got more popular than paper ones in 2017. Some of my friends don't have paper comics at home, and they read digital ones on the Internet. Even my father's electronic dictionary has 1,000 Japanese stories and the same number of foreign ones. I think that it is good to carry many stories comfortably. But I like reading paper books better than digital ones. [　エ　]

5　I think that my life will be very different without books. I have learned from books what people thought and did. Books have (C) me many things about the world. What will the world be like? What should I do? Reading many kinds of books has given me chances to think about my future. What chances have books given to you?

（注）enough　十分な　　nobleman　貴族　　around ～　～頃　　record ～　～を記録する
shell(s)　貝殻　　wood　木材　　pass　経過する　　invent ～　～を発明する

across ～ ～を越えて　digital デジタルの　electronic 電子の　foreign 外国の
comfortably 楽に

1 本文中の(A)，(C)に入る英語として最も適当なものを，次の中から一つずつ選び，それぞれ正しい形の１語に直して書け。(A)(　　) (C)(　　)

become　call　choose　look　save　teach　throw

2 本文中の(B)の指す内容を，日本語で具体的に説明せよ。
(　　)

3 次の【説明】に最も近い意味を持つ１語を，3～5段落の文中から，そのまま抜き出して書け。
(　　)

【説明】 a book people use to understand what words mean

4 次の１文が入る最も適当な場所を，本文中のア～エの中から一つ選び，その記号を書け。
(　　)

And they needed money to read there.

5 本文中に書かれている内容と一致するものを，次のア～キの中から二つ選び，その記号を書け。
(　　)(　　)

ア Hideo's mother often read a lot of picture books to him after he went to bed.
イ Hideo buys about ten books which he wants to read almost every month.
ウ Hideo's sister works in the library which a nobleman built in her city.
エ People could use libraries and read there in some parts of Japan around 1900.
オ People in some parts of the world read paper books about 3,000 years ago.
カ Hideo's father has already read 2,000 foreign stories on the Internet.
キ Hideo has thought about what to do in the future after reading many kinds of books.

6 この発表の題名として最も適当なものを，次のア～エの中から一つ選び，その記号を書け。
(　　)

ア My Life with Books　イ Libraries and My Sister　ウ Chances to Give Books
エ The Future of My Family

〈放送原稿〉

2020 年度愛媛県公立高等学校入学試験英語の聞き取りの問題を始めます。

1 次の 1～3 の英語による対話とそれについての質問が 2 回ずつ読まれます。その英文を聞いて，質問に対する答えとして最も適当なものを，問題用紙のア～エの中からそれぞれ一つ選び，その記号を解答欄に記入しなさい。

1 A： Mom, I'm going to play baseball in the park. I'll go there by bike.

B： Ken, you need this on your head when you ride your bike.

A： Thank you.

Question：What does Ken need on his head?

(1 を繰り返す)

2 A： Taro, I want eggs, two oranges and three apples. Can you go to the store to buy them?

B： OK, Mom. Oh, can I buy juice, too?

A： Yes, you can.

Question：What will Taro buy?

(2 を繰り返す)

3 A： I'm looking for the flower shop. Do you know where it is?

B： Yes. Go straight and turn right at the first street. And you'll see it on your left. It's in front of the fruit shop.

A： Turn left at the first street?

B： No. Turn right.

A： I see. Thank you.

Question：Where are they now?

(3 を繰り返す)

2 次の 1，2 の英語による対話が 2 回ずつ読まれます。その英文を聞いて，チャイムの部分に入る受け答えとして最も適当なものを，問題用紙のア～エの中からそれぞれ一つ選び，その記号を解答欄に記入しなさい。

1 A： Excuse me. I want to buy this computer. How much is it?

B： It's 3,000 dollars.

A： (チャイム)

(繰り返す)

2 A： Lucy, is this your watch?

B： Yes, it is. Where did you find it?

A： (チャイム)

(繰り返す)

3 次の英文が通して 2 回読まれます。その英文を聞いて，内容についての 1～4 の英語の質問に対する答えとして最も適当なものを，問題用紙のア～エの中からそれぞれ一つ選び，その記号を解答欄に記入しなさい。

Today, I'll tell you about my grandmother's birthday party. Before her birthday, I talked about a birthday present for her with my father and mother. My father said, "Let's go to a cake shop and buy a birthday cake." My mother said, "That's a good idea. I know a good cake shop." But when I saw my bag, I had another idea. I said, "My grandmother made this bag as my birthday present last year, so I want to make a cake for her." They agreed.

On her birthday, I started making the cake at nine in the morning. My father and mother helped me because that was my first time. I finished making it at one in the afternoon. We visited my grandmother at six and started the party for her. First, we enjoyed a special dinner with her. After that, I showed her the cake. When she saw it, she said, "Wow, did you make it? I'm so happy. Thank you, Mariko." I was happy to hear that. Then we sang a birthday song for her and ate the cake with her. I'll never forget that wonderful day.

〔質問〕

1 Who knew a good cake shop?

2 Why did Mariko want to make a cake for her grandmother?

3 How many hours did Mariko need to make the cake?

4 What did Mariko do at her grandmother's birthday party?

(英文と質問を繰り返す)

これで聞き取りの問題を終わります。

社会

時間　50分　　　　　満点　50点

1　次の資料は，日本のできごとを年代の古い順に上から並べたものである。これを読んで，1～7の問いに答えなさい。

○　①聖徳太子《しょうとくたいし》が，推古《すいこ》天皇の摂政《せっしょう》となった。
○　中大兄皇子《なかのおおえのおうじ》が，②大化《たいか》の改新と呼ばれる改革を始めた。
○　北条時宗《ほうじょうときむね》が，③元《げん》軍の襲来を退けた。
○　足利義満《あしかがよしみつ》が，幕府を④室町に移した。
○　［　⑤　］が，壮大な天守を持つ安土《あづち》城を築いた。
○　徳川家康《とくがわいえやす》が，征夷大将軍《せいいたいしょうぐん》に任命され，⑥江戸に幕府を開いた。
○　⑦徳川吉宗《よしむね》が，享保《きょうほう》の改革と呼ばれる改革を始めた。

1　①が政治を行った頃に栄えた飛鳥《あすか》文化について説明するときに使う資料として最も適当なものを，ア～エから一つ選び，その記号を書け。(　　　)

ア

イ

ウ

エ

2　②が始められた年から源頼朝《みなもとのよりとも》が征夷大将軍に任命された年までの期間に起こった，次のア～エのできごとを年代の古い順に左から並べ，その記号を書け。(　　)→(　　)→(　　)→(　　)

ア　桓武《かんむ》天皇が都を平安京に移した。　　イ　平治《へいじ》の乱が起こった。
ウ　平将門《たいらのまさかど》が反乱を起こした。　　エ　大宝律令《たいほうりつりょう》がつくられた。

3　③が起こったとき，北条時宗は，鎌倉幕府において，［　X　］と呼ばれる地位にあった。［　X　］は，将軍を補佐する地位であり，この地位には，代々，北条氏が就任した。［　X　］に当てはまる地位の名称を書け。(　　　)

4　④時代には，民衆の力が強まり，［　　　　］しくみがみられた。このようなしくみは，一般に惣《そう》と呼ばれ，土《つち》《ど》一揆の基盤となった。［　　　］に適当な言葉を書き入れて，文を完成させよ。ただし，［　　　］には，次の［語群Ⅰ］，［語群Ⅱ］の言葉の中からそれぞれ一つずつ選び，その二つの言葉と，**自治**の言葉の，合わせて三つの言葉を含めること。

(　　　　　　　　　　　　　　　　　　　　　　　　　　　　　　　)

［語群Ⅰ］　有力な農民　　商人や手工業者

［語群Ⅱ］　町　　村

5　⑤ には，足利義昭《よしあき》を京都から追放し，室町幕府を滅亡させた大名の氏名が当てはまる。⑤ に当てはまる大名の氏名を書け。(　　　)

6　次の表は，⑥時代の，江戸，大阪，京都における，それぞれの都市の総面積に占める，公家《くげ》地，武家《ぶけ》地，町人地，寺社地などの面積の割合を表したものであり，表中のA～Cは，それぞれ江戸，大阪，京都のいずれかに当たる。A～Cにそれぞれ当たる都市の組み合わせとして適当なものを，ア～エから一つ選び，その記号を書け。(　　　)

（単位：%）

都市＼項目	公家地	武家地	町人地	寺社地	その他
A	—	77.4	9.8	10.3	2.5
B	3.3	5.0	40.1	14.0	37.6
C	—	22.3	57.7	7.8	12.2

（注）17 世紀中頃の様子である。公家地，武家地，町人地は，それぞれ，公家，武士，町人が居住する区域であり，寺社地は，寺や神社が所有する区域である。その他は，空き地などである。—は，面積の割合が少なく，数値化されていないことを表している。

（歴史公論による）

ア　A　江戸　B　大阪　C　京都　　イ　A　江戸　B　京都　C　大阪

ウ　A　大阪　B　江戸　C　京都　　エ　A　大阪　B　京都　C　江戸

7　⑦が行った政策について述べた次の文のa，bの｛　｝の中から適当なものを，それぞれ一つずつ選び，その記号を書け。a(　　　)　b(　　　)

⑦は，新しい知識の導入をはかるため，a｛ア　中国語　イ　オランダ語｝に翻訳されたヨーロッパの書物のうち，b｛ウ　儒教　エ　キリスト教｝に関係のない書物の輸入を許可した。

② 右の略年表を見て，1～7 の問いに答えなさい。

年代	できごと	
1860	・①日米修好通商条約が結ばれる	
	・②岩倉《いわくら》使節団が出発する	
1880		
	・③下関条約が結ばれる	
1900		
	・第一次世界大戦が始まる	↑
1920		④
	・⑤世界恐慌《きょうこう》が始まる	↓
1940	・日本が ⑥ 宣言を受諾する	
1960		
	・⑦沖縄が日本に復帰する	

1　略年表中の①が結ばれた後，大老《たいろう》の井伊直弼《いいなおすけ》は，幕府の政策に反対する大名や公家《くげ》，尊王攘夷《そんのうじょうい》派の武士を処罰した。このできごとは，一般に［　　］の大獄《たいごく》と呼ばれている。［　　］に当てはまる年号を書け。(　　　)

2　略年表中の②に，最年少の女子留学生として同行した［X］は，帰国後，［Y］。［X］，［Y］にそれぞれ当てはまる言葉の組み合わせとして最も適当なものを，ア～エから一つ選び，その記号を書け。(　　　)

ア　X　津田梅子《つだうめこ》
　　Y　日本の女子教育の発展に貢献した
イ　X　津田梅子
　　Y　文学者として多くの小説を書いた
ウ　X　樋口一葉《ひぐちいちよう》
　　Y　日本の女子教育の発展に貢献した
エ　X　樋口一葉
　　Y　文学者として多くの小説を書いた

3　略年表中の③で，清《しん》が日本に遼東《りょうとう》《リアオトン》半島をゆずることを認めると，［　　］は，ドイツ，フランスをさそい，日本に対して，遼東半島を清に返すようせまった。このできごとは，三国干渉と呼ばれている。［　　］に当てはまる国の名を書け。(　　　)

4　略年表中の④の期間に起こった日本のできごととして適当なものを，ア～エから二つ選び，年代の古い順に左から並べ，その記号を書け。(　　)→(　　)

ア　大政翼賛会《たいせいよくさんかい》が発足した。　　イ　第1回衆議院議員選挙が行われた。
ウ　原敬《はらたかし》が内閣を組織した。　　エ　加藤高明《かとうたかあき》内閣が普通選挙法を成立させた。

5　略年表中の⑤について，右のⅠ，Ⅱのグラフは，それぞれ，イギリスの，1929年と1936年のいずれかの年における，輸入総額に占める，イギリス経済圏からの輸入額とイギリス経済圏以外からの輸入額の割合を表したものである。グラフについて述べた次の文の［a］に適当な言葉を書き入れて文を完成させよ。ただし，［a］には，**イギリス経済圏・イギリス経済圏以外・関税・高く**の四つの言葉を含めること。また，bの｛　｝の中から適当なものを一つ選び，その記号を書け。

(注)　イギリス経済圏とは，イギリスの植民地や自治領など，イギリスと経済的な結びつきが強い国と地域のことである。

(近代国際経済要覧による)

a (　　　　　　　　　　　　　　　　　　　　　　)
b (　　　)

略年表中の⑤が起こると，イギリスは，自国に入る輸入品について，［　a　］する政策を行った。その結果，イギリスの輸入の状況は，b｛ア　ⅠからⅡ　　イ　ⅡからⅠ｝へと変化した。

6　略年表中の ⑥ には，ドイツの，ある都市の名が当てはまる。連合国は，この都市で，日本に対して軍隊の無条件降伏や民主主義の復活を求める宣言を発表した。 ⑥ に当てはまる都市の名を書け。(　　　)

7　略年表中の⑦のできごとについて述べた次の文のc，dの｛　　｝の中から適当なものを，それぞれ一つずつ選び，その記号を書け。c(　　　)　d(　　　)

沖縄は，c｛ア　中華人民共和国　　イ　アメリカ合衆国｝の統治下にあったが，日本への復帰を求める住民の運動が続けられ，d｛ウ　佐藤栄作《さとうえいさく》　　エ　田中角栄《たなかかくえい》｝内閣のとき，日本に復帰した。

3 次の1～6の問いに答えなさい。

1 次のA～Cは，人権思想の発展に関するできごとが書かれたカードである。A～Cのカードを年代の古い順に左から並べ，その記号を書け。(　　)→(　　)→(　　)

A	フランスで，人は生まれながらに自由であり，平等な権利を持つことをうたった，フランス人権宣言が出された。
B	イギリスで，国王の絶対的な権力を制限して議会の権限を認める，権利の章典が制定された。
C	ドイツで，人間らしい生活を保障する社会権の考えを取り入れた，ワイマール憲法が制定された。

2 日本国憲法は，労働者に対して，労働組合をつくることができる団結権と，労働条件について使用者と[X]することができる団体[X]権，ストライキなどを行うことができる団体行動権を保障しており，これらの権利は，合わせて労働三権と呼ばれる。[X]に当てはまる最も適当な言葉を書け。(　　　)

3 右の表は，平成20年9月に，衆議院と参議院のそれぞれで行われた，内閣総理大臣の指名の議決における国会議員の得票数を表したものであり，次の文は，議決後の経過について述べたものである。文中の[Y]，[Z]にそれぞれ当てはまる言葉の組み合わせとして適当なものを，後のア～エから一つ選び，その記号を書け。(　　　)

衆議院と参議院が異なる議決をしたために[Y]が開かれた。しかし，意見が一致しなかったので，表中の国会議員[Z]を内閣総理大臣に指名することが，国会の議決となった。

ア Y 公聴会 Z a

イ Y 公聴会 Z b

ウ Y 両院協議会 Z a

エ Y 両院協議会 Z b

衆議院

国会議員	得票数
a	337
b	117
c	9
d	7
e	7
f	1

参議院

国会議員	得票数
b	120
a	108
c	7
d	5

決選投票

国会議員	得票数
b	125
a	108
白票	7

(注) 表中の同一記号は同一人物を示す。
参議院では，最初の投票で過半数の票を得た国会議員がいなかったので，上位2名による決選投票が行われた。また，白票とは，何も記入していない白紙による投票のことである。

(参議院資料ほかによる)

4 次の文は，我が国の行政改革の事例について述べたものである。文中の[　　]に適当な言葉を書き入れて文を完成させよ。ただし，[　　]には，自由な経済活動・規制・緩和の三つの言葉を含めること。

(　　　　　　　　　　　　　　　　　　　　　　　　　　　　　　　　)

行政改革の一環として，[　　　　]することが行われている。コンビニエンスストアやインターネット販売において，一部の医薬品の販売が認められたことは，その例である。

5 地方自治法では，地方公共団体の住民に直接請求権が認められており，住民は地方公共団体独自の法である[　　]の制定または改廃を求めることができるとされている。[　　]に当てはまる最も適当な言葉を書け。(　　　)

6 次の表は，2016年における，主な先進国のODAの実績を表したものである。表から読み取れ

ることを述べた文として適当なものを，ア～エから一つ選び，その記号を書け。(　　　)

項目／国	援助総額（百万ドル）	GDPに対する援助総額の割合（%）	国民一人当たりの負担額（ドル）	二国間援助の額（百万ドル）	国際機関への出資と拠出の額（百万ドル）
アメリカ合衆国	34,412	0.18	106.5	28,535	5,877
ドイツ	24,736	0.71	300.7	19,637	5,099
イギリス	18,053	0.68	275.0	11,517	6,536
日本	10,417	0.21	82.1	7,049	3,368
フランス	9,622	0.39	144.2	5,642	3,980
イタリア	5,087	0.27	84.0	2,420	2,667
オランダ	4,966	0.64	290.6	3,157	1,809
スウェーデン	4,894	0.95	489.6	3,452	1,442
ノルウェー	4,380	1.18	832.7	3,451	929
スペイン	4,278	0.35	92.1	2,597	1,681

（注）　二国間援助とは，発展途上国に対して直接的に行う援助のことである。

（総務省資料ほかによる）

ア　日本は，表中の10か国のうち，援助総額と，国際機関への出資と拠出の額が，いずれも4番目に多い。

イ　表中の10か国とも，国際機関への出資と拠出の額よりも二国間援助の額の方が多い。

ウ　日本とドイツを比べると，GDPに対する援助総額の割合は，日本の方が大きい。

エ　ノルウェーの国民一人当たりの負担額は，日本の国民一人当たりの負担額の10倍以上である。

4 次の1～5の問いに答えなさい。

1 次の会話文は，直子さんと先生が，株式会社と株主の関係について，話をしたときのものである。文中の［　　］に適当な言葉を書き入れて，文を完成させよ。ただし，［　　］には，**株式の数・会社の利益**の二つの言葉を含めること。

(　　　　　　　　　　　　　　　　　　　　　　)

先　　生：株式会社は，株式を発行して出資者を集めており，出資者は，株主と呼ばれます。株主は，どのようなことを期待して，出資するのですか。

直子さん：株式会社には，配当というしくみがあり，株主は，［　　　　］ことができます。株主は，それを期待して，出資します。

先　　生：そのとおりです。

2 市場経済において，特定の商品を供給する企業が1社だけの状態を［①］と呼ぶ。我が国では，企業の自由な競争が阻害されないように，［①］禁止法が制定されている。［①］に当てはまる適当な言葉を書け。(　　　)

3 次の図は，日本銀行が景気の安定化をはかるために行う代表的な金融政策の流れとその効果を模式的に表したものである。図中の［a］～［c］にそれぞれ当てはまる言葉の組み合わせとして適当なものを，後のア～エから一つ選び，その記号を書け。(　　　)

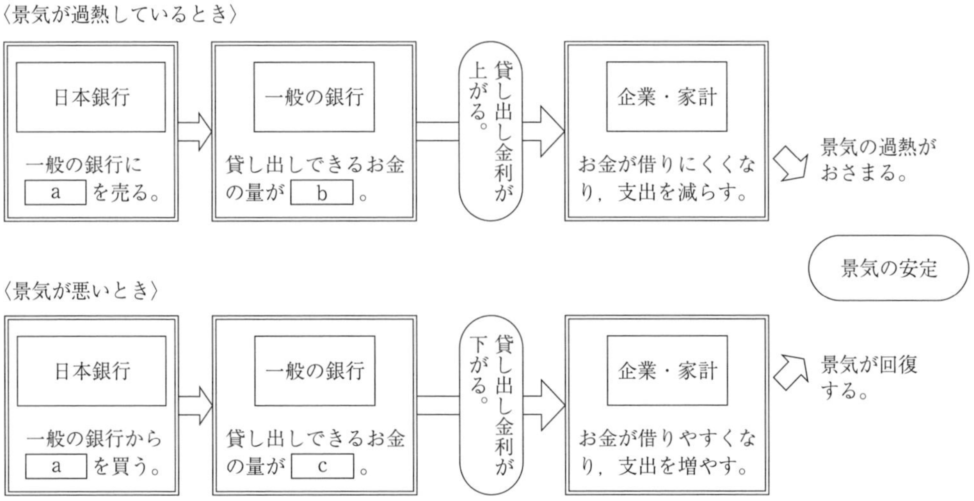
〈景気が過熱しているとき〉
日本銀行
一般の銀行に［a］を売る。
一般の銀行
貸し出しできるお金の量が［b］。
貸し出し金利が上がる。
企業・家計
お金が借りにくくなり，支出を減らす。
景気の過熱がおさまる。
景気の安定
〈景気が悪いとき〉
日本銀行
一般の銀行から［a］を買う。
一般の銀行
貸し出しできるお金の量が［c］。
貸し出し金利が下がる。
企業・家計
お金が借りやすくなり，支出を増やす。
景気が回復する。

ア　a　国債　　b　増える　　c　減る

イ　a　国債　　b　減る　　c　増える

ウ　a　円　　b　増える　　c　減る

エ　a　円　　b　減る　　c　増える

4 我が国の社会保障制度は，主として，後のア～エの四つの分野に分けられる。次の文に述べられている分野として最も適当なものを，ア～エから一つ選び，その記号を書け。(　　　)

感染症の予防，公害対策，上下水道の整備など，人々の健康増進をはかり，生活環境を整えるために行われる。

ア　社会保険　　イ　公的扶助　　ウ　社会福祉　　エ　公衆衛生

5　次の表は，国際経済における地域協力についてまとめたものである。表中の ② に適当な言葉を書き入れて表を完成させよ。(　　　)

協定の種類	略称	説明	例
自由貿易協定	FTA	貿易の自由化を目指す。	NAFTA (北米自由貿易協定)
経済連携協定	②	貿易の自由化に加え，投資や人の移動など，幅広い経済関係の強化を目指す。	TPP (環太平洋経済連携協定 環太平洋パートナーシップ協定)

5 次の1～5の問いに答えなさい。

1 右の地図を見て，(1)，(2)の問いに答えよ。

(1) 地図中の⬭印で示した区域には，飛騨《ひだ》山脈，木曽山脈，［　　］山脈からなる日本アルプスがある。［　　］に当てはまる山脈の名を書け。(　　　)

(2) 右の表は，2017年における，地図中のあ～えのそれぞれの県の，米，りんご，ぶどう，キャベツの生産量を表したものであり，表中のa～dは，それぞれあ～えのいずれかに当たる。dに当たる県を，あ～えから一つ選び，その記号と県名を書け。(　　)(　　　県)

(単位：千t)

	米	りんご	ぶどう	キャベツ
a	611.7	—	2.1	—
b	357.5	—	2.1	110.9
c	258.7	415.9	3.9	17.0
d	27.2	0.9	43.2	3.8

(注) —は，生産量が少なく，データがないことを表している。

(2019—20年版 日本国勢図会ほかによる)

2 右のⅠ，Ⅱのグラフは，それぞれ，2016年における，全国と瀬戸内工業地域のいずれかの，工業製品出荷額の工業別の割合を表したものであり，グラフⅠ，Ⅱ中のA，Bは，それぞれ機械，化学のいずれかに当たる。化学に当たる記号と，瀬戸内工業地域の工業製品出荷額の工業別の割合を表したグラフに当たる記号の組み合わせとして適当なものを，ア～エから一つ選び，その記号を書け。(　　　)

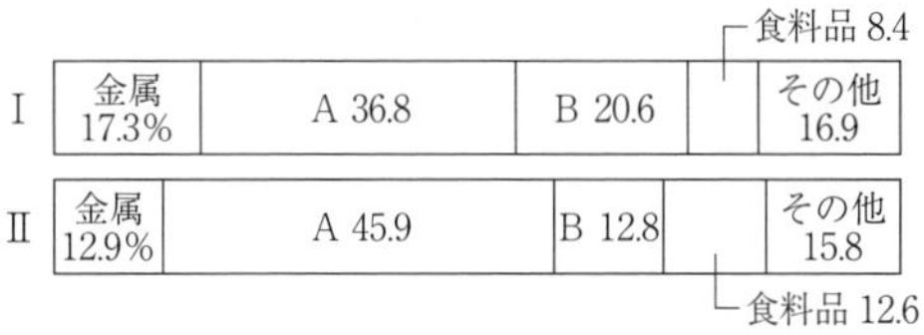

(2019—20年版 日本国勢図会による)

ア AとⅠ　イ AとⅡ　ウ BとⅠ　エ BとⅡ

3 右のグラフは，2018年における，我が国の7地方の，人口と人口密度を表したものであり，グラフ中のア～エは，それぞれ東北地方，関東地方，中部地方，近畿地方のいずれかに当たる。中部地方に当たるものを，ア～エから一つ選び，その記号を書け。(　　　)

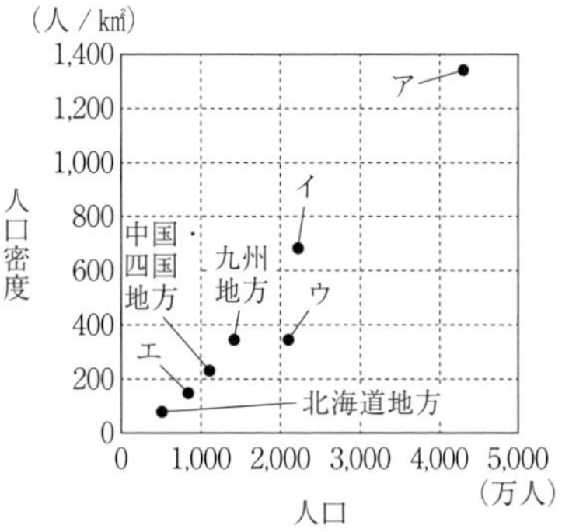

(2019—20年版 日本国勢図会による)

4 次のグラフは，2017年度における我が国の，国内の貨物輸送における，輸送量とエネルギー消費量の，輸送機関別の割合を，それぞれ表したものである。また，後の会話文は，健太さんと先生が，グラフを見ながら，「モーダルシフト」について話をしたときのものである。文中の［P］［Q］に，それぞれ適当な言葉を書き入れて文を完成させよ。ただし，［P］には，**船と鉄道・同じ輸送量・エネルギー消費量**の三つの言葉を，[Q]には**二酸化炭素**の言葉を，それぞれ含めること。

P(　　　　　　　　　　　　　　　　　　　　　　　　　　　　　　　　　)

Q(　　　　　　　　　　　　　　　　　　　　　　　　　　　　　　　　　)

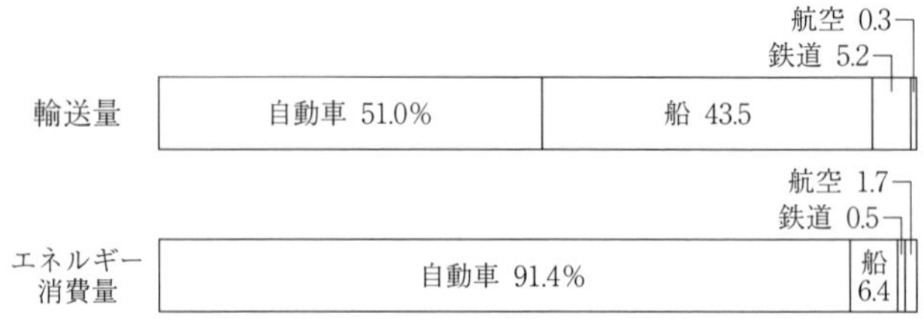

(注)　輸送量は，輸送貨物の重量（トン）に，輸送距離（km）をかけて算出したものである。エネルギー消費量は，輸送したときに消費したエネルギーを熱量（キロカロリー）に換算したものである。

(2019年版　EDMC／エネルギー・経済統計要覧による)

先　　生：国土交通省では，貨物輸送について，トラックなどの自動車の利用から，船と鉄道の利用へと転換をはかる「モーダルシフト」を推進しています。グラフから，国土交通省が期待していることは何か分かりますか。

健太さん：自動車に比べて，[P]ので，[Q]ということです。

先　　生：そのとおりです。

5　右のグラフは，2010年と2016年における，我が国の発電量の内訳を表したものであり，グラフ中のX～Zは，それぞれ火力，水力，原子力のいずれかに当たる。X～Zにそれぞれ当たるものの組み合わせとして適当なものを，ア～エから一つ選び，その記号を書け。(　　　)

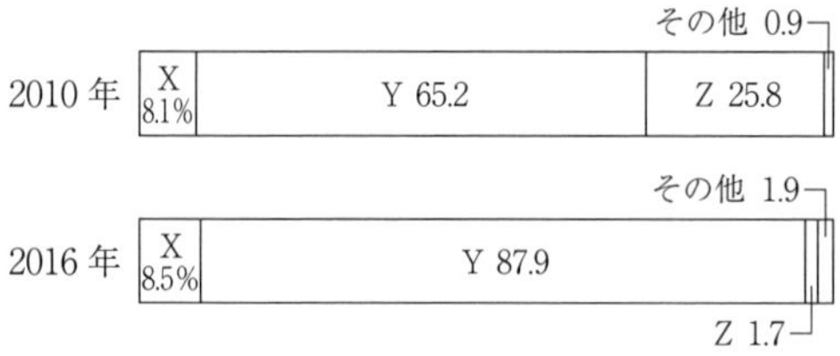

(2019―20年版　世界国勢図会ほかによる)

ア　X　水力　　Y　火力　　Z　原子力

イ　X　水力　　Y　原子力　　Z　火力

ウ　X　火力　　Y　水力　　Z　原子力

エ　X　火力　　Y　原子力　　Z　水力

6　次の1～3の問いに答えなさい。

1　右の地図は，ロンドンからの距離と方位が正しい地図であり，緯線と経線は，それぞれ，30度ごとにかかれている。地図を見て，(1)～(4)の問いに答えよ。

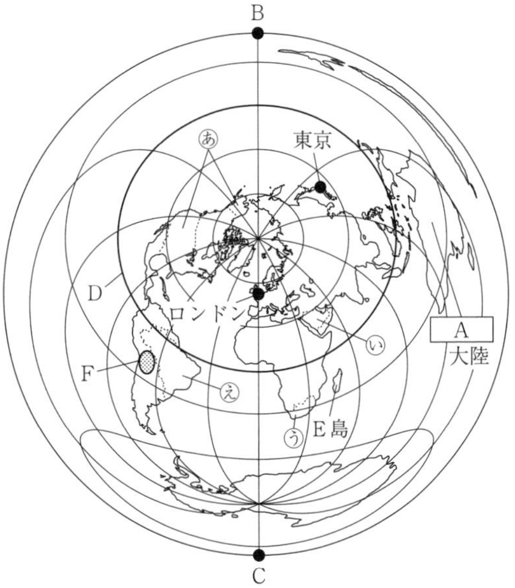

(1)　地図中の[　A　]大陸は，六大陸の一つである。[　A　]に当てはまる大陸の名として適当なものを，ア～エから一つ選び，その記号を書け。(　　　)

ア　南アメリカ　　イ　アフリカ

ウ　南極　　　　　エ　オーストラリア

(2)　地図をもとにして述べた文として最も適当なものを，ア～エから一つ選び，その記号を書け。(　　　)

ア　点Bとロンドンを結ぶ線は，本初子午線である。

イ　ロンドンから，点Cまでの実際の距離は，約4万kmである。

ウ　Dの曲線で囲まれた範囲より内側は，北半球に当たる。

エ　E島は，東京から見てほぼ南の方向にある。

(3)　右のグラフは，2017年における世界の，国別の小麦の生産量の割合を表したものである。グラフ中のXに当たる国として適当なものを，地図中の(あ)～(え)から一つ選び，その記号と国の名を書け。(　　)(　　　)

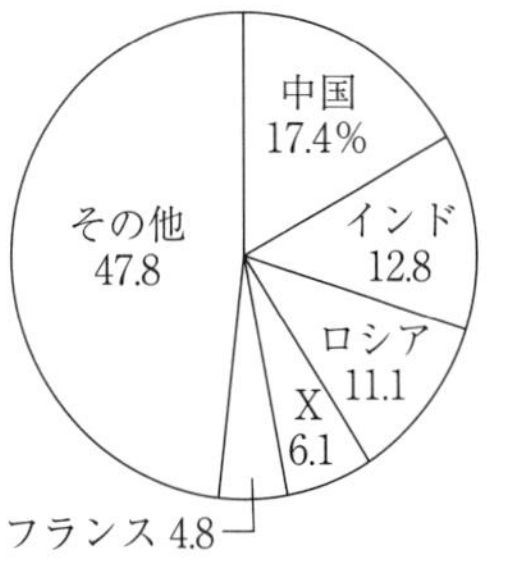

(2019―20 年版　世界国勢図会による)

(4)　資料1は，地図中の◯印で示したFの区域の，標高と主な土地利用を模式的に表したものであり，資料1中のP，Qは，それぞれ，リャマやアルパカの放牧，とうもろこしの栽培のいずれかに当たる。また，資料2は，資料1中の地点Rと地点Sの，月別の平均気温を模式的に表したものであり，資料2中のⅠ，Ⅱは，それぞれ地点R，地点Sのいずれかの，月別の平均気温に当たる。リャマやアルパカの放牧に当たる記号と，地点Rの月別の平均気温に当たる記号の組み合わせとして適当なもの

資料1

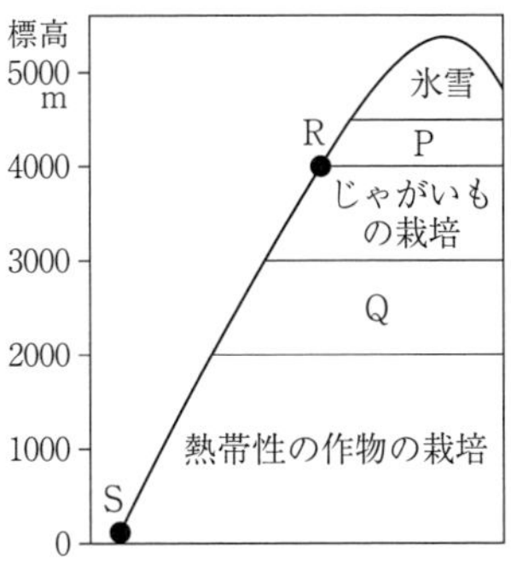

資料2

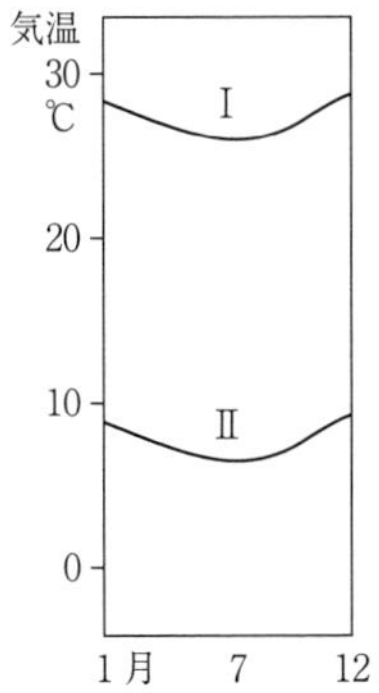

を，ア～エから一つ選び，その記号を書け。(　　　)

ア　PとⅠ　　イ　PとⅡ　　ウ　QとⅠ　　エ　QとⅡ

2　次の表は，世界にみられる，伝統的な住居についてまとめたものである。表中の［ Y ］に適当な言葉を書き入れて表を完成させよ。ただし，［ Y ］には，**降水量**・**樹木**の二つの言葉を含めること。

(　　　　　　　　　　　　　　　　　　　　　　　　　　)

地域	主な材料	共通点
熱帯雨林が広がる地域	木や葉	地域の気候に合わせて，手に入りやすい材料を使用している。
［ Y ］地域	日干しれんが	

3　航空機を使った交通や輸送において，放射状に伸びる，国際線や国内線の航空路線を持ち，乗客の乗り継ぎや貨物の積み替えを効率的に行うことができる空港の整備が，世界各地で進められている。このような国際空港は，一般に［　　］空港と呼ばれている。［　　］に当てはまる最も適当な言葉を書け。(　　　)

理科

時間 50分　　満点 50点

1 光と力に関する次の1～3の問いに答えなさい。

1［実験1］ 図1のように，正方形のマス目の描かれた厚紙の上に，透明で底面が台形である四角柱のガラスXと，スクリーンを置き，光源装置から出た光の進み方を調べた。図2は，点Pを通り点Qからガラスに入る光aの道筋を厚紙に記録したものである。次に，光源装置を移動し，図2の点Rを通り点Sに進む光bの進み方を調べると，光bは，面Aで屈折してガラスXに入り，ガラスXの中で面B，Cで反射したのち，面Dで屈折してガラスXから出てスクリーンに達した。このとき，面B，Cでは，通り抜ける光はなく，全ての光が反射していた。

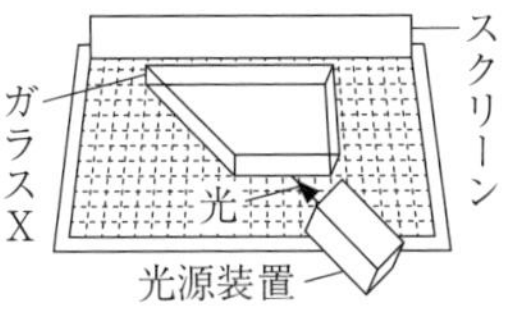

図1 (ガラスXは，側面が底面に垂直である。)

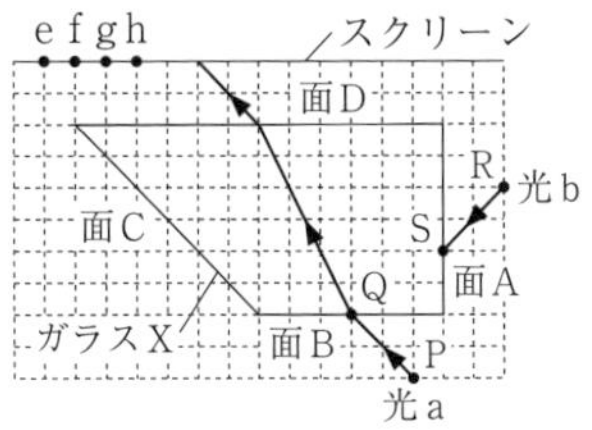

図2 (図中のガラスXは，ガラスXの形を写し取ったものである。)

(1) 次の文の①，②の{　}の中から，それぞれ適当なものを1つずつ選び，その記号を書け。また，③に当てはまる最も適当な言葉を書け。①(　　) ②(　　) ③(　　)

光がガラスから空気中へと屈折して進むとき，屈折角は入射角より① {ア 大きく　イ 小さく} なる。また，このとき，入射角を② {ウ 大きく　エ 小さく} していくと，下線部のような反射が起こる。この下線部のように反射する現象を ③ という。

(2) 図2の点e～hのうち，光bが達する点として，最も適当なものを1つ選び，e～hの記号で書け。(　　)

2［実験2］ 図3のように，質量80gの物体EをばねYと糸でつないで電子てんびんにのせ，ばねYを真上にゆっくり引き上げながら，電子てんびんの示す値とばねYの伸びとの関係を調べた。表1は，その結果をまとめたものである。ただし，糸とばねYの質量，糸の伸び縮みは考えないものとし，質量100gの物体にはたらく重力の大きさを1.0Nとする。

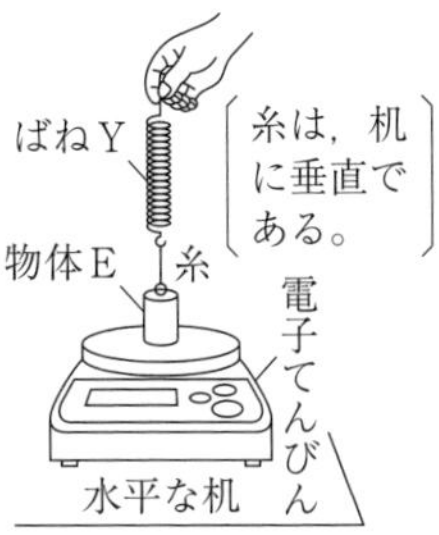

図3

表1

電子てんびんの示す値〔g〕	80	60	40	20	0
電子てんびんが物体Eから受ける力の大きさ〔N〕	0.80	0.60	0.40	0.20	0
ばねYの伸び〔cm〕	0	4.0	8.0	12.0	16.0

(1)　表１をもとに，手がばねＹを引く力の大きさとばねＹの伸びとの関係を表すグラフをかけ。

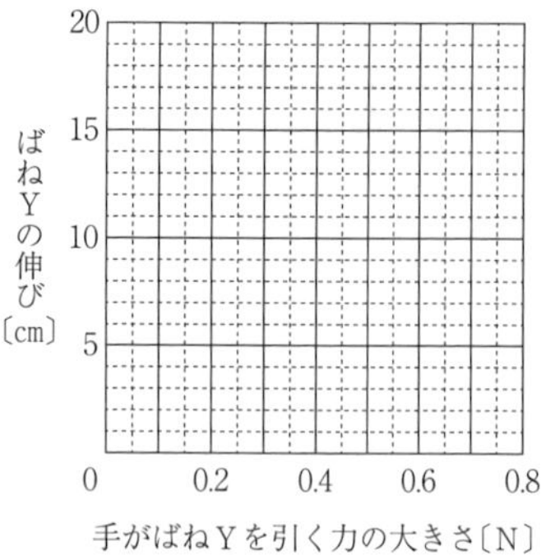

(2)　実験２で，ばねＹの伸びが 6.0cm のとき，電子てんびんの示す値は何 g か。(　　　g)

(3)　図３の物体Ｅを，質量 120g の物体Ｆにかえて，実験２と同じ方法で実験を行った。電子てんびんの示す値が 75g のとき，ばねＹの伸びは何 cm か。(　　　cm)

3［実験３］　図４のように，糸Ｇ～Ｉを１か所で結んで結び目をつくり，糸Ｇをスタンドに固定して，糸ＨにおもりＪをつるし，糸Ｉを水平に引いて，糸Ｉを延長した直線と糸Ｇとの間の角度が 45° になるように静止させた。このとき，糸Ｉが結び目を引く力の大きさは 3.0N であった。

次に，図５のように，糸Ｉを水平に引いて，糸Ｉを延長した直線と糸Ｇとの間の角度が図４のときより小さくなるように静止させた。

次の文の①に当てはまる適当な数値を書け。また，②，③の｛　　｝の中から，それぞれ適当なものを１つずつ選び，その記号を書け。ただし，糸の質量，糸の伸び縮みは考えないものとする。①(　　　)　②(　　　)　③(　　　)

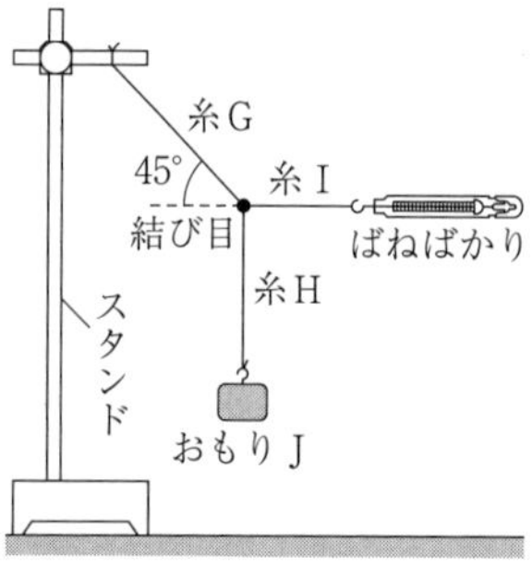

図４〔糸Ｉは，水平である。〕

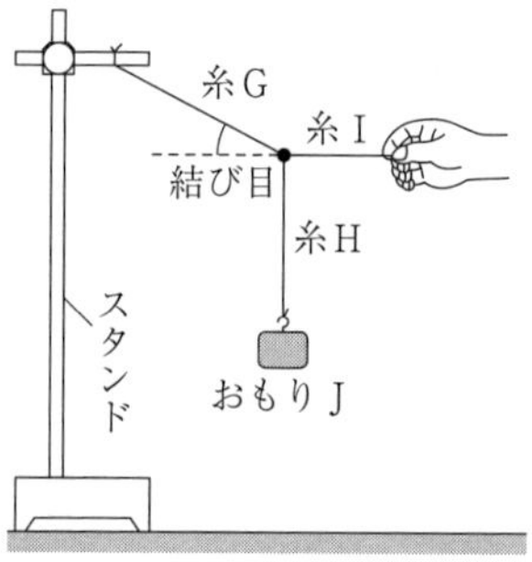

図５〔糸Ｉは，水平である。〕

おもりＪの重さは［　①　］Ｎである。糸Ｉが結び目を引く力の大きさを，図４と図５で比べると，②｛ア　図４が大きい　　イ　図５が大きい　　ウ　同じである｝。糸Ｉと糸Ｇが結び目を引く力の合力の大きさを，図４と図５で比べると，③｛ア　図４が大きい　　イ　図５が大きい　　ウ　同じである｝。

2　水溶液とイオン，化学変化に関する次の1・2の問いに答えなさい。

1 [実験1]　図1のように，電流を流れやすくするために中性の水溶液をしみ込ませたろ紙の上に，青色リトマス紙A，Bと赤色リトマス紙C，Dを置いたあと，うすい水酸化ナトリウム水溶液をしみ込ませた糸を置いて，電圧を加えた。しばらくすると，赤色リトマス紙Dだけ色が変化し，青色になった。

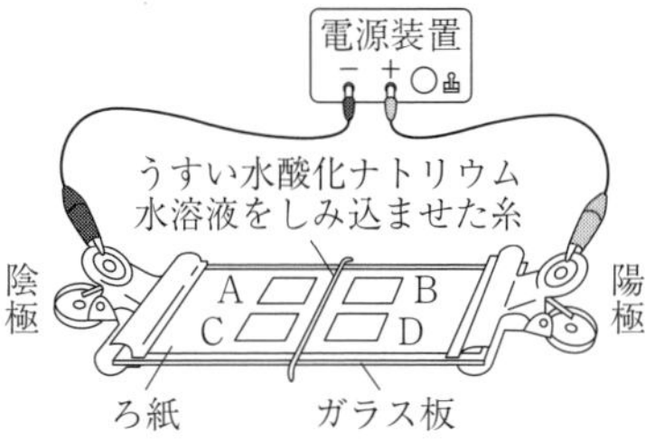

図1　(AとBは青色リトマス紙，CとDは赤色リトマス紙)

(1)　水酸化ナトリウムのような電解質が，水に溶けて陽イオンと陰イオンに分かれる現象を□という。□に当てはまる適当な言葉を書け。(　　　)

(2)　次の文の①，②の｛　　｝の中から，それぞれ適当なものを1つずつ選び，その記号を書け。
①(　　　)　②(　　　)

実験1で，赤色リトマス紙の色が変化したので，水酸化ナトリウム水溶液はアルカリ性を示す原因となるものを含んでいることが分かる。また，赤色リトマス紙は陽極側で色が変化したので，色を変化させたものは①｛ア　陽イオン　　イ　陰イオン｝であることが分かる。これらのことから，アルカリ性を示す原因となるものは②｛ウ　ナトリウムイオン　　エ　水酸化物イオン｝であると確認できる。

(3)　うすい水酸化ナトリウム水溶液を，ある酸性の水溶液にかえて，実験1と同じ方法で実験を行うと，リトマス紙A～Dのうち，1枚だけ色が変化した。色が変化したリトマス紙はどれか。A～Dの記号で書け。(　　　)

2 [実験2]　図2のように，試験管Pに入れた炭酸水素ナトリウムを加熱し，発生する気体Xを試験管に集めた。しばらく加熱を続け，気体Xが発生しなくなったあと，ⓐある操作を行い，加熱を止めた。加熱後，試験管Pの底には固体Yが残り，口近くの内側には液体Zがついていた。気体Xを集めた試験管に石灰水を加えて振ると，白く濁った。また，液体Zに塩化コバルト紙をつけると，ⓑ塩化コバルト紙の色が変化したことから，液体Zは水であることが分かった。

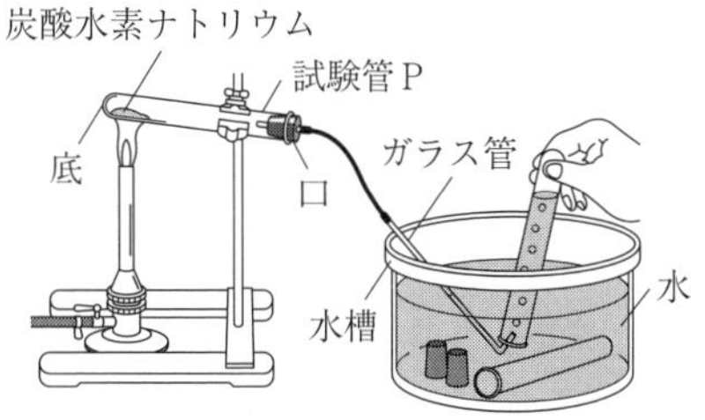

図2

[実験3]　図3のように，試験管Qに炭酸水素ナトリウム1.0g，試験管Rに固体Y 1.0gをとったあと，ⓒ1回の操作につき，試験管QとRに水を$1.0cm^3$ずつ加え，20℃での水への溶けやすさを調べた。ある回数この操作を行ったとき，試験管Rの固体Yだけが全て溶けた。次に，この試験管Q，Rにⓓ無色の指示薬を加えると，水溶液はどちらも赤色に変化したが，その色の濃さに違いが見られた。これらのことから，固体Yが炭酸ナトリウムであると確認できた。

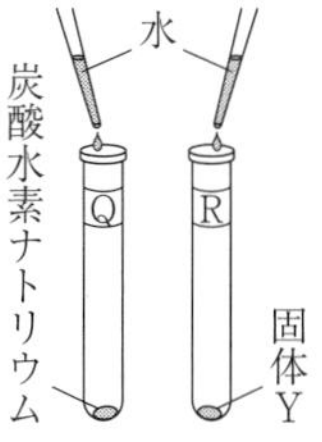

図3

(1)　下線部ⓐの操作は，試験管Pが割れるのを防ぐために行う。この操作を簡単に書け。

(　　　　　　　　　　　　　　　　　　　　　　　　　　　　　　　　　　　)

(2)　次のア～エから，下線部ⓑの色の変化として，最も適当なものを１つ選び，その記号を書け。

(　　　)

ア　青色→赤色　　イ　青色→緑色　　ウ　赤色→青色　　エ　赤色→緑色

(3)　実験２では，炭酸水素ナトリウムから炭酸ナトリウムと水と気体Ｘができる化学変化が起こった。この化学変化を化学反応式で表すとどうなるか。解答欄に当てはまる化学式をそれぞれ書き，化学反応式を完成させよ。($2NaHCO_3 \rightarrow$ 　　　＋　　　＋　　　)

(4)　実験３で，試験管Ｒの固体Ｙ（炭酸ナトリウム）だけが全て溶けたのは，下線部ⓒの操作を，少なくとも何回行ったときか。ただし，炭酸ナトリウムは，水100gに20℃で最大22.1g溶けるものとし，20℃での水の密度は$1.0g/cm^3$とする。(　　　回)

(5)　下線部ⓓの指示薬の名称を書け。また，指示薬を加えたあと，試験管Ｑ，Ｒの水溶液の色を比べたとき，赤色が濃いのはどちらか。Ｑ，Ｒの記号で書け。

指示薬(　　　溶液)　記号(　　　)

3 植物の葉のはたらき，動物の仲間と体のつくりに関する次の１・２の問いに答えなさい。

1［実験］ ふた付きの透明な容器と光を通さない箱を用いて，図１のような装置Ａ～Ｄを作り，植物の光合成と呼吸による気体の出入りについて調べた。装置Ａは，容器に葉が付いたツバキの枝を入れて息を十分に吹き込みふたをしたもの，装置Ｂは，容器に葉が付いたツバキの枝を入れて息を十分に吹き込みふたをして箱をかぶせたもの，装置Ｃは，容器に息を十分に吹き込みふたをしたもの，装置Ｄは，容器に息を十分に吹き込みふたをして箱をかぶせたものである。これらの装置Ａ～Ｄに６時間光を当てた。このとき，光を当てる前後の，容器内の，酸素と二酸化炭素それぞれの体積の割合を測定し，増減を調べた。表１は，その結果をまとめたものである。

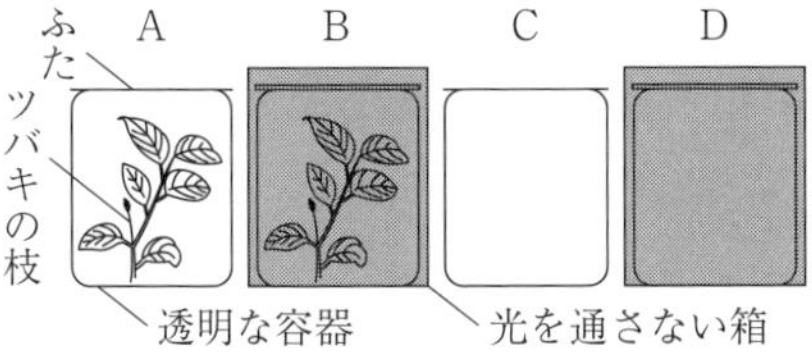

図１

表１

	A	B	C	D
酸素の割合	増加した	減少した	変化なし	変化なし
二酸化炭素の割合	減少した	増加した	変化なし	変化なし

(1) 図２は，顕微鏡で観察したツバキの葉の断面を模式的に表したものである。図２で示された，光合成を行う緑色の粒は何と呼ばれるか。その名称を書け。
（　　　）

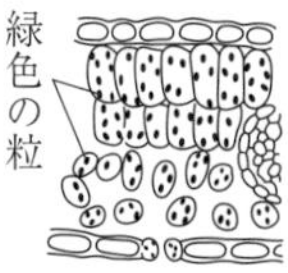

図２

(2) ツバキは，光が当たっているときのみ光合成を行うことが分かっている。ツバキの呼吸による酸素と二酸化炭素それぞれの出入りの様子を確認するためには，表１のＡ～Ｄのうち，どの２つを比較すればよいか。Ａ～Ｄから２つ選び，その記号を書け。（　　と　　）

(3) 図３は，装置Ａの葉の，酸素と二酸化炭素それぞれの出入りの様子を模式的に表したものである。ＸとＹには，それぞれ図４のａ～ｄのどれが当てはまるか。表２のア～エから，最も適当なものを１つ選び，ア～エの記号で書け。（　　　）

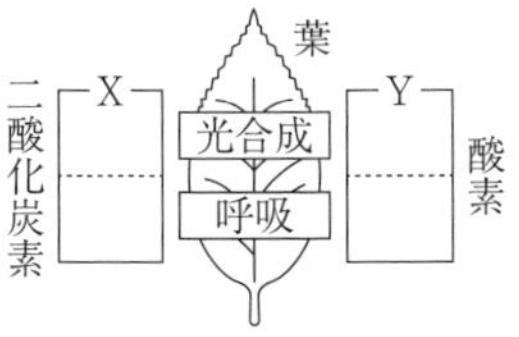

図３

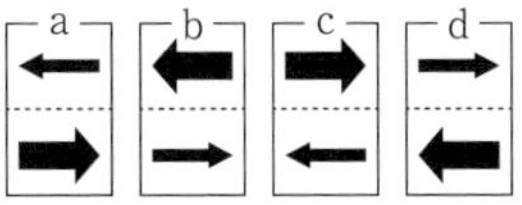

図４ ｛気体の出入りの向きは矢印の向きで示し，気体の量は矢印の太さで示している。｝

表２

	X	Y
ア	a	a
イ	a	b
ウ	c	c
エ	c	d

2 図５のように，コウモリ，ニワトリ，トカゲ，アサリを，それぞれが持つ特徴をもとに分類した。Ｐ～Ｓは，それぞれ卵生，胎生，恒温動物，変温動物のいずれかである。

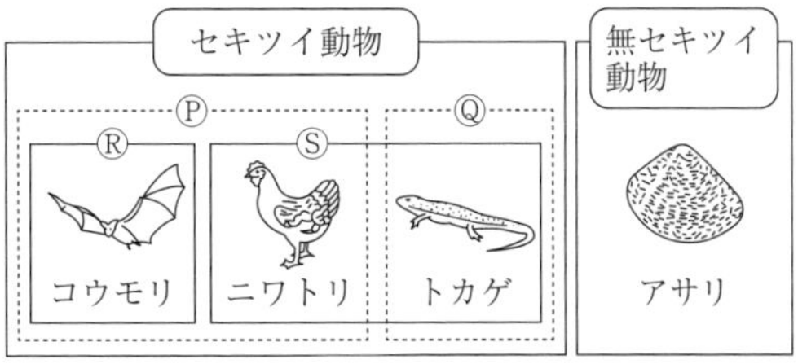

図５

(1) 図５において，アサリは，無セキツイ動物に分類されるが，内臓などが［　　　］膜と呼ばれる膜でおおわれているという特徴を持つこと

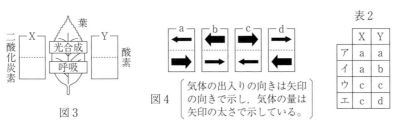

から，さらに軟体動物に分類される。[　　　] に当てはまる適当な言葉を書け。(　　　)

(2) 次の文の①，②の｛　　｝の中から，それぞれ適当なものを1つずつ選び，その記号を書け。

①(　　　)　②(　　　)

トカゲは，① ｛ア　えら　　イ　肺｝ で呼吸を行い，体表は② ｛ウ　外骨格　　エ　うろこ｝ でおおわれている。

(3) 胎生と変温動物は，図5のP〜Sのどれに当たるか。それぞれ1つずつ選び，P〜Sの記号で書け。胎生(　　　)　変温動物(　　　)

(4) 図6は，コウモリの翼とヒトのうでをそれぞれ表したものである。この2つは，[　　　] が同じであることから，もとは同じ器官であったと考えられる。このような器官を相同器官という。[　　　] に当てはまる適当な言葉を，「形やはたらき」「基本的なつくり」の2つの言葉を用いて，簡単に書け。

(　　　　　　　　　　　　　　　　　　　　が同じであることから，)

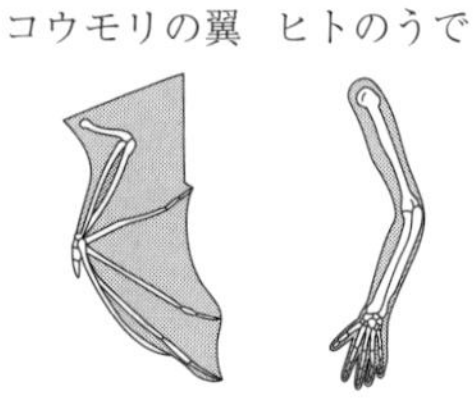

図6

(5) 次の文の①，②の｛　　｝の中から，それぞれ適当なものを1つずつ選び，その記号を書け。

①(　　　)　②(　　　)

皮をはいだニワトリの手羽先を用意し，図7のように，ピンセットでつまんだ筋肉Mと，Nで示された，骨と筋肉Mをつなぐ① ｛ア　関節　　イ　けん｝ の様子を観察した。筋肉Mを ➡ の向きに引っぱると，Nが引っぱられ，手羽先の先端は ⇨ の向きに動いた。下線部のような動きは，実際には，筋肉Mが② ｛ウ　縮む　　エ　ゆるむ｝ ことで起こる。

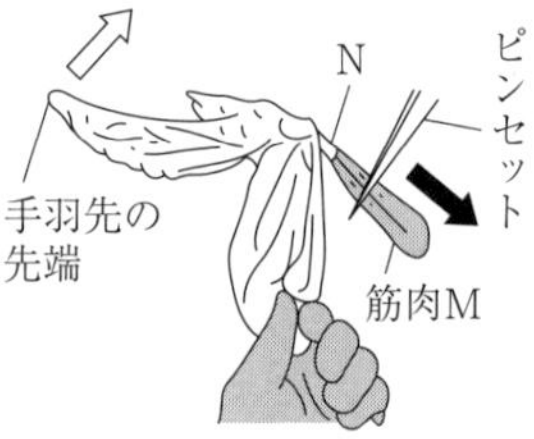

図7

4 気象と天体に関する次の1・2の問いに答えなさい。

1 図1は，ある年の11月24日21時と翌日の25日21時の天気図である。

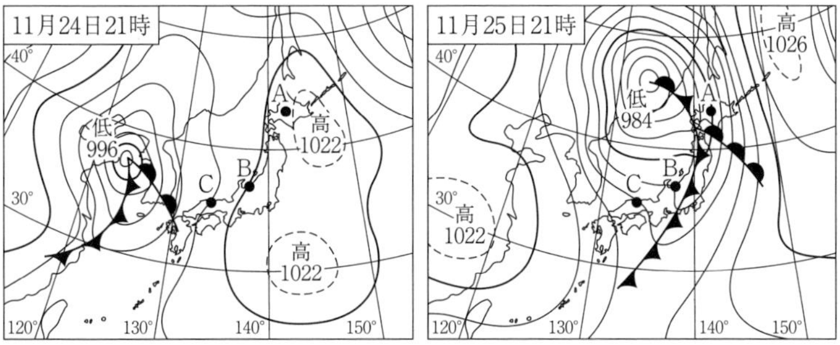

図1

(1) 図2は，図1の24日21時の地点Aの風向，風力，天気を，天気図で使われる記号を用いて表したものである。図2の記号が表している，地点Aの風向，風力，天気をそれぞれ書け。風向(　　　) 風力(　　　) 天気(　　　)

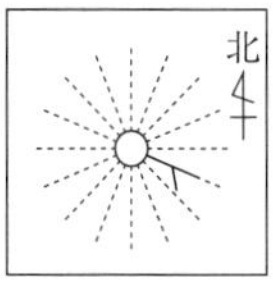

図2

(2) 図1の地点Bにおける，24日21時と25日21時の気圧の差は何hPaか。ただし，24日と25日の地点Bは，それぞれ等圧線と重なっている。

(　　　hPa)

(3) 図3は，24日21時から25日21時までの，図1の地点Cにおける気温と湿度の1時間ごとの記録をグラフで表したものである。図3の，ある時間帯に，図1の ▲▲▲ の記号で示されている前線が地点Cを通過した。次のア～エのうち，この前線が地点Cを通過したと考えられる時間帯として，最も適当なものを1つ選び，その記号を書け。(　　　)

ア 25日 4～6時　　イ 25日 9～11時

ウ 25日 12～14時　　エ 25日 17～19時

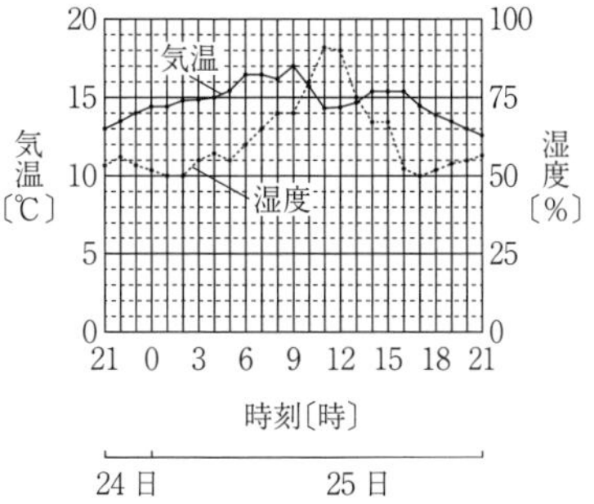

図3

(4) 次の文の①，②の { } の中から，それぞれ適当なものを1つずつ選び，その記号を書け。

①(　　　) ②(　　　)

図1の25日の天気図で，低気圧の中心付近にある，▲●▲● の記号で示されている前線は，① {ア 停滞前線　イ 閉そく前線} であり，その前線の地表付近が寒気におおわれると，低気圧は② {ウ 発達　エ 衰退} していくことが多い。

2 ある年に，X市（北緯43°，東経141°）やY市（北緯35°，東経135°）など，日本各地で，太陽が月によって部分的にかくされる部分日食が見られた。また，同じ年に，アルゼンチンやチリでは，太陽が月によって完全にかくされる日食が見られた。

(1) 太陽の1日の動きを観察すると，太陽は，東の空から南の空を通り，西の空へ動くように見える。また，地平線の下の太陽の動きも考えると，1日に1回地球のまわりを回るように見える。このような見かけの動きを，太陽の何というか。(　　　)

(2)　Y 市で太陽が南中する時刻は，X 市で太陽が南中する時刻の何分後か。次のア～エのうち，最も適当なものを 1 つ選び，その記号を書け。(　　　)

ア　12 分後　　イ　16 分後　　ウ　24 分後　　エ　32 分後

(3)　次の文の①，②の ｛　　｝ の中から，それぞれ適当なものを 1 つずつ選び，その記号を書け。

①(　　　)　②(　　　)

下線部のような日食を①｛ア　金環《きんかん》日食　　イ　皆既《かいき》日食｝ という。また，太陽が月によって完全にかくされるときに観察される，太陽をとり巻く高温のガスの層は②｛ウ　コロナ　　エ　黒点｝ と呼ばれる。

(4)　図 4 は，太陽，月，地球の位置関係を模式的に表したものである。次の文の①，②の ｛　　｝ の中から，それぞれ適当なものを 1 つずつ選び，ア～エの記号で書け。

①(　　　)　②(　　　)

地球の自転により，月は太陽と同じ向きに天球上を移動する。月が地球のまわりを，図 4 の①｛ア　a　　イ　b｝ の向きに公転することと，地球の自転の向きとを合わせて考えると，天球上を移動する見かけの動きは，月の方が太陽よりも②｛ウ　速く　　エ　遅く｝ なることが分かる。

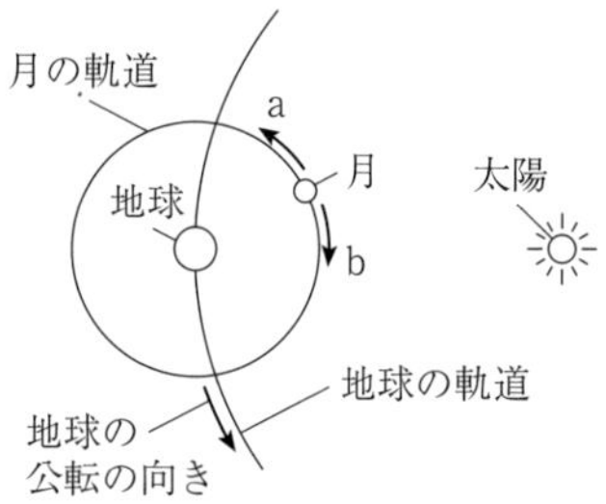

図 4

5　次の1～4の問いに答えなさい。

1［実験1］　抵抗器a～cを用意し，それぞれの抵抗器の両端に加わる電圧とその抵抗器に流れる電流の大きさとの関係を調べた。図1は，その結果を表したグラフである。

［実験2］　図2のような，端子A～Dがついた中の見えない箱と実験1で用いた3個の抵抗器a～cでつくった装置Xがある。この箱の内部では，抵抗器bがCD間につながれ，抵抗器a，cがそれぞれAB間，BC間，DA間のうち，いずれかの異なる区間につながれている。次に，この装置Xを用いて図3と図4の回路をつくり，電圧計の示す値と電流計の示す値との関係をそれぞれ調べた。図5は，その結果を表したグラフである。

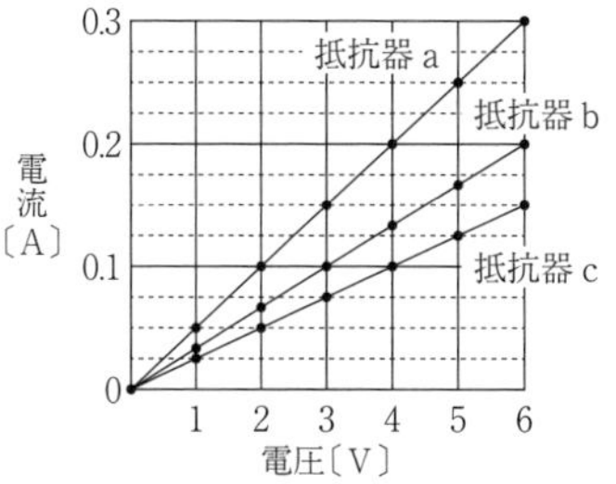

図1

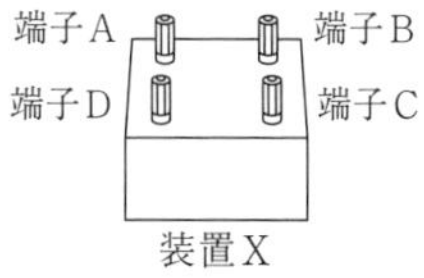

図2

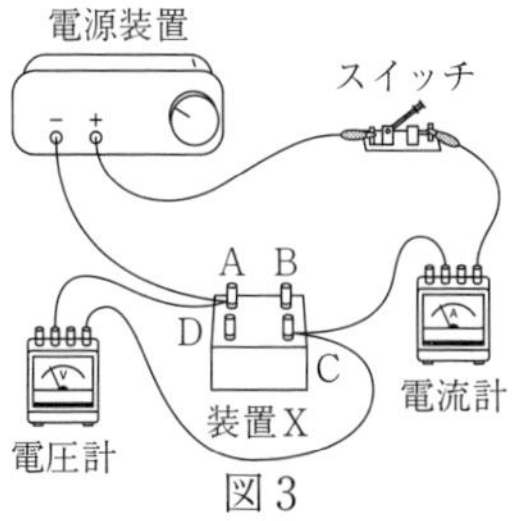

図3

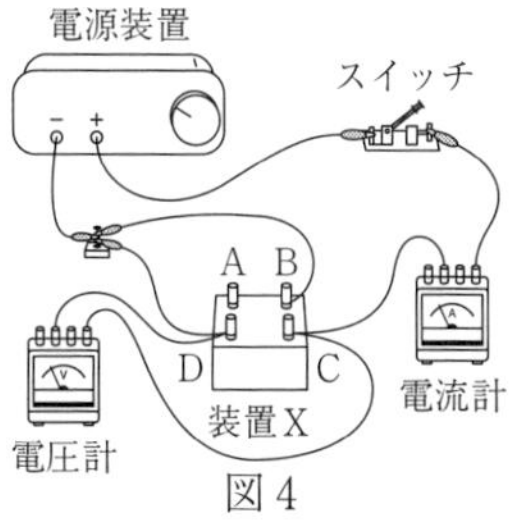

図4

(1)　実験1で，抵抗器aと抵抗器cに同じ大きさの電流が流れているとき，抵抗器cが消費する電力は，抵抗器aが消費する電力の何倍か。次のア～エのうち，最も適当なものを1つ選び，その記号を書け。(　　　)

ア　0.25倍　　イ　0.5倍　　ウ　2倍　　エ　4倍

(2)　抵抗器a，cは，装置XのAB間，BC間，DA間のうち，どの区間にそれぞれつながれているか。表1のア～エから，最も適当なものを1つ選び，ア～エの記号で書け。(　　　)

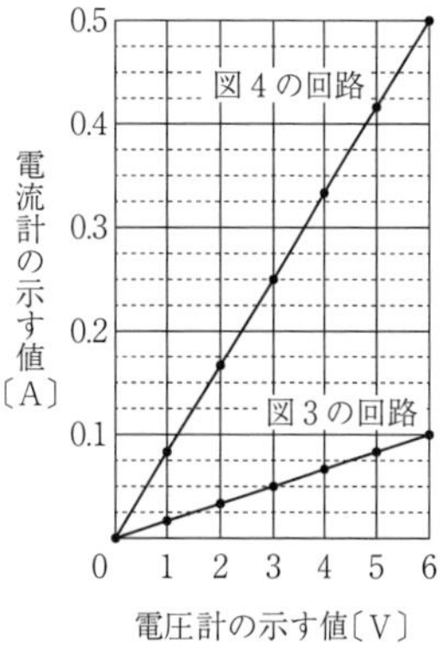

図5

表1

	抵抗器a	抵抗器c
ア	AB間	BC間
イ	BC間	AB間
ウ	BC間	DA間
エ	DA間	BC間

2　太郎さんは，土の中の微生物が有機物を分解するはたらきを確認する実験方法を考え，次のようにノートにまとめたあと，実験を行った。

【実験方法】

[1]　ビーカーに野外の土50gと水150cm^{3}を入れ，ガラス棒でよくかき混ぜ，しばらく放置する。

[2]　試験管A，Bに，上ずみ液を5cm^{3}ずつとる。

[3]　試験管Bを加熱し，上ずみ液を沸騰させて冷ます。

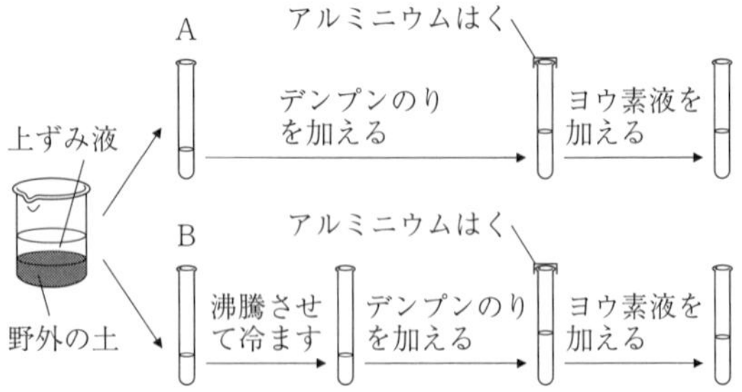

[4]　試験管A，Bに，1％デンプンのりを5cm^{3}ずつ加え，アルミニウムはくでふたをし，2時間放置する。

[5]　試験管A，Bに，ヨウ素液を数滴ずつ加える。

(1)　[5]の操作後，試験管A，Bのうち，[X]のみが青紫色に変化すれば，微生物のはたらきを確認できるが，太郎さんの実験では，試験管A，Bともに青紫色に変化してしまった。そこで，太郎さんが，花子さんから助言を得て，再び実験を行ったところ，[X]のみが青紫色に変化した。Xに当てはまるのは，試験管A，試験管Bのどちらか。A，Bの記号で書け。また，次のア～エのうち，花子さんの助言として，最も適当なものを1つ選び，その記号を書け。

X(　　　)　助言(　　　)

ア　[1]で，土の量を少なくする。　　イ　[3]で，加熱時間を長くする。

ウ　[4]で，デンプンのりの濃度を高くする。　　エ　[4]で，放置する時間を長くする。

(2)　有機物を分解する微生物の例として，カビや大腸菌があげられる。次のア～エのうち，カビと大腸菌について述べたものとして，適当なものを1つ選び，その記号を書け。(　　　)

ア　カビと大腸菌は，ともに細菌類に含まれる。

イ　カビは細菌類，大腸菌は菌類に含まれる。

ウ　カビは菌類，大腸菌は細菌類に含まれる。

エ　カビと大腸菌は，ともに菌類に含まれる。

3　銅球と金属球A～Gの密度を求めるために，次の実験を行った。

［実験3］　銅球の質量を測定し，糸で結んだあと，図6のように，メスシリンダーに水を50cm^{3}入れ，銅球全体を沈めて，体積を測定した。次に，A～Gについても，それぞれ同じ方法で実験を行い，その結果を図7に表した。ただし，A～Gは，4種類の金属のうちのいずれかでできた空洞の無いものであり，それぞれ純物質とする。また，質量や体積は20℃で測定することとし，糸の体積は考えないものとする。

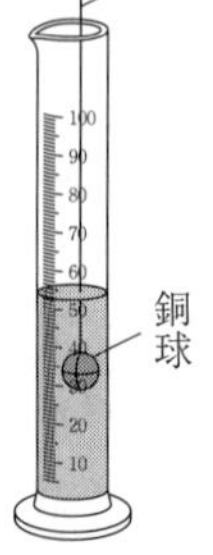

図6

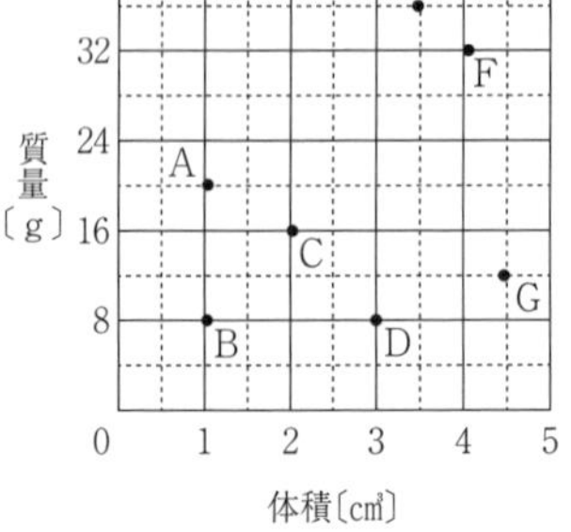

図7

⑴ 18gの銅球を用いたとき，実験後のメスシリンダーは図8のようになった。銅の密度は何 g/cm^3 か。(　　　g/cm^3)

⑵ 4種類の金属のうち，1つは密度 $7.9g/cm^3$ の鉄である。A～Gのうち，鉄でできた金属球として，適当なものを**全て**選び，A～Gの記号で書け。(　　　)

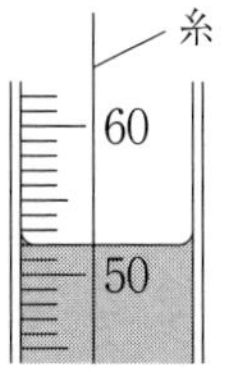

〔図6の液面付近を模式的に表しており，液面のへこんだ面は，真横から水平に見て，目盛りと一致している。〕

図8

⑶ 図9は，図7に2本の直線 ℓ，m を引き，Ⅰ～Ⅳの4つの領域に分けたものである。次のア～エのうち，Ⅰ～Ⅳの各領域にある物質の密度について述べたものとして，最も適当なものを1つ選び，その記号を書け。ただし，Ⅰ～Ⅳの各領域に重なりはなく，直線 ℓ，m 上はどの領域にも含まれないものとする。(　　　)

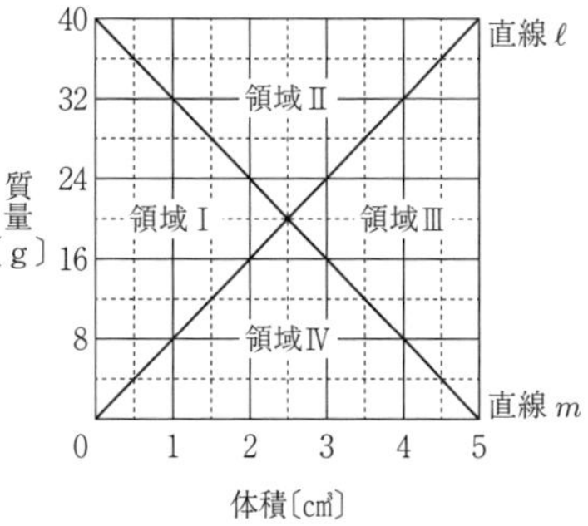

図9 〔図7の点A～Gは省略している。〕

ア　領域Ⅰにあるどの物質の密度も，領域Ⅳにあるどの物質の密度より小さい。

イ　領域Ⅱにある物質の密度と領域Ⅳにある物質の密度は，全て等しい。

ウ　領域Ⅲにあるどの物質の密度も，領域Ⅳにあるどの物質の密度より大きい。

エ　領域Ⅲにあるどの物質の密度も，領域Ⅰにあるどの物質の密度より小さい。

4　図10は，ある露頭《ろとう》の模式図である。太郎さんは，この露頭で見られる地層P～Sについて観察し，地層Rの泥岩から，図11のようなアンモナイトの化石を見つけた。

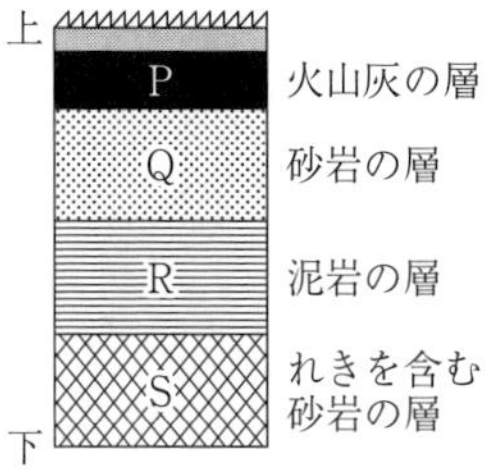

〔地層には上下の逆転はない。〕

図10

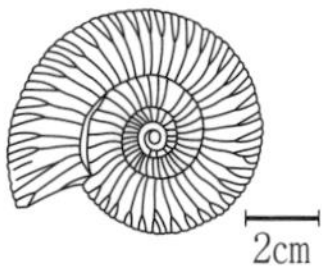

図11

⑴ 地層Q～Sの岩石に含まれる粒については，風によって広範囲に運ばれる地層Pの火山灰の粒とは異なる方法で運搬され，堆積していることが分かっている。また，地層Q～Sの岩石に含まれる粒と地層Pの火山灰の粒では，形の特徴にも違いが見られた。地層Q～Sの岩石に含まれる粒の形の特徴を，その粒が何によって運搬されたかについて触れながら，解答欄の書き出しに続けて簡単に書け。

(地層Q～Sの岩石に含まれる粒は，　　　　　　　　　　　　　)

⑵ 次の文の①，②の｛　｝の中から，それぞれ適当なものを1つずつ選び，ア～エの記号で書け。①(　　　)　②(　　　)

太郎さんは，後日，下線部の露頭をもう一度観察した。すると，地層Q，Sのいずれかの地層の中から，図12のようなビカリアの化石が見つかった。ビカリアの化石が見つかったのは，①｛ア　地層Q　　イ　地層S｝であり，その地層が堆積した地質年代は②｛ウ　中生代　　エ　新生代｝である。

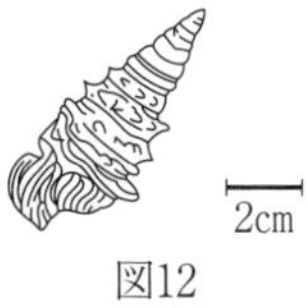

図12

5　次の文章を読んで、1～4の問いに答えなさい。

この頃(注1)関先民《せきせんみん》の宅を問ひし時、いたく古びたる巻軸の、紙も所々破《や》れたる画《ゑ》を見せたり。白き鷹《たか》の図なり。名もなければ「誰《た》がかきし。」と問ひしに、「こは先《せん》に由《よし》ある人の得させていと正しきものなるが、(注2)大猷院《たいいうゐん》様の(注3)遊ばされしなり。」と①言ふ。この君の御画(注4)かくまでめでたく遊ばされんとは、思ひかけねば、めづらかにてしばしまもりゐたるに、先民また言ふ、「この君は鷹の御画には(注5)わけて巧みにいらせられしと聞きしなり。されども後には(注6)たえて画を遊ばされず。その子細は、ある時御近臣を召《め》して、世の人鷹の画と言へばきそうきそうと言ふなるが、きそうとはいづくいかなる人ぞと②問ひ給ひしに、『これは(注7)宋《そう》の世の徽宗《きそう》皇帝と申す天子に(注8)おはします。』と御答へ申せしかば、『予は今日よりして鷹の画かくことをやめぬべし、世の人きそうきそうと呼び捨てぬればいやしき人とこそ思ひつれ、予がかきつる画も後の世には(注9)かかるたぐひにやなりなん。』とのたまひて、これより後はたえて御画を遊ばされざりし。」とぞ。いと③たふとき御こころざしなりけり。

（「みみと川」より）

（注1）関先民＝人名。
（注2）大猷院＝江戸幕府第三代将軍である徳川家光《とくがわいえみつ》のこと。
（注3）遊ばされしなり＝おかきになったのである。
（注4）かくまでめでたく＝これほどまですばらしく。
（注5）わけて＝とりわけ。　（注6）たえて＝まったく。
（注7）宋＝中国の王朝名。　（注8）おはします＝いらっしゃる。
（注9）かかる＝このような。

1　――線③「たふとき」を現代仮名遣いに直し、**全て平仮名**で書け。（　　）

2　――線①「言ふ」とあるが、このとき言ったのは誰か。最も適当なものを、次のア～エの中から一つ選び、その記号を書け。（　　）

ア　関先民　イ　大猷院　ウ　近臣　エ　筆者

3　――線②「問ひ給ひしに」とあるが、このとき大猷院が言った言葉を文中からそのまま全て抜き出し、その最初と最後のそれぞれ**三字**を書け。最初［　　］　最後［　　］

4　次の会話は、この文章を読んだ健太《けんた》さんと美咲《みさき》さんが、先生と一緒に、大猷院の考えについて話し合った内容の一部である。会話の中の［a］、［b］、［c］に当てはまる適当な言葉を書け。ただし、［a］は**六字**で、［c］は**三字**で、最も適当な言葉をそれぞれ文中からそのまま抜き出して書くこと。また、［b］は、**七字以上十字以内**の**現代語**で書くこと。

a［　　　　　　］　b［　　　　　　　　　　］　c［　　　］

健太さん　「大猷院は、得意とする鷹の絵をどうしてかかなくなったのでしょうか。」

美咲さん　「筆者が思わず見入ってしまうほどの鷹の絵をかくことができていたのにね。きっかけは、［a］という世間の人たちの言葉ですね。」

先生　「そうですね。［a］というふうに、徽宗皇帝の名前が、世間の人たちから［b］ことに気づいて、大猷院は、鷹の絵をかくことをやめる決意をしていましたね。」

健太さん　「大猷院は、このまま鷹の絵をかき続けていくと、いずれは自分も［c］の人たちから同じような扱いを受けてしまうと考えたのでしょうね。」

美咲さん　「高貴で、鷹の絵が得意だった徽宗皇帝に関する話題を、大猷院は自分自身に置き換えて捉えたのでしょうね。」

めている。

ウ　勝目から示された内容を、到底許せないことだと怒りをあらわにしている。

エ　勝目から示された内容を、不本意ではあるが受け入れる覚悟を決めている。

4　――線②「自分の信条」とあるが、勝目は、今回のクッキーの開発において、社長の方針よりも自分の信条を優先させたいということを、どのような言葉で表現しているか。その言葉を、――線②より前の文中から**二十五字**以上**三十字**以内でそのまま抜き出して書け。

5　――線③「ロングセラーを作り続けましょう、と言っているんですよ。」とあるが、田中は、勝目の提案を、長く売れ続けるお菓子を作ることと捉えている。田中は、今回の依頼で勝目に作ってもらいたかった、長く売れ続けるお菓子とは、どのように作った、どのようなお菓子であると具体的に言っているか。文中の言葉を使って**十五字**以上**二十字**以内で書け。

お菓子。

6　本文についての説明として最も適当なものを、次のア～エの中から一つ選び、その記号を書け。（　）

ア　利益を優先して厳しい態度をとる社長に対し、自分の経験や技術を示しながら説得に当たる勝目と田中の苦しい状況が重々しく描かれている。

イ　職人としての考えを重視するあまり社長と対立してしまう勝目に同情し、手助けしようとする田中の懸命な姿が社長の視点から描かれている。

ウ　勝目と田中がそれぞれの立場で持ち味を存分に発揮して、社長の承諾を得るための計画を着実に実行している様子がありありと描かれている。

エ　勝目の菓子に対する思い入れと田中の東京會舘に対する思いとを実感して、迷いながらも提案を承諾する社長の様子が写実的に描かれている。

頑固だと言われようと構わない。これが勝目にできるクッキーだ。

ならば勝手にすればいい、もう結構、と勝目が話を終わらせてしまおうとした、その時、それまで自分たち二人の様子を見守っていた田中が「社長。」と、声を上げた。

「いいじゃありませんか。勝目さんはつまり、この東京會舘で、ベストセラーではなくて③ロングセラーを作り続けましょう、と言っているんですよ。」

それは場違いなほど明るい声だった。

その場にいた誰もがそれまでの険悪なムードを一瞬忘れてぽかんとしたほどだ。勝目もそうだった。④［C］子抜けして、え？　とこの若い事業部長の方を見る。田中は微笑《ほほえ》んでいた。

「そうですよね、勝目さん。」と勝目を見る。

「一時の人気で量産するよりも、勝目さんのレシピを丁寧に守ることで、長く続けられるお菓子の在り方を考案してくれた、ということなんだと思います。私がお願いしたかったお菓子というのはそういうものです。丁寧で、何より、おいしくなくては意味がありません。」

田中が社長に向き直る。

「私からもお願いします。合理性よりおいしさを。それが東京會舘らしさなのだと思います。」

田中の言葉に社長はしばらく、動かなかった。けれど、その場の皆が自分の方をじっと見つめていることを察して、ややあってから、ゆっくりとうなずいた。手にしていたクッキーは、長時間彼の指につまれていたために、既にかなり崩れている。中のクリームが、人差し指の腹についていた。

社長が言った。

「わかった。――やってみてくれ。」

言うなり、手にしていたソフトクッキーの残りを口に入れる。

（辻村深月「東京會舘とわたし」より）

（注1）田中への宣言＝勝目はクッキーの開発を引き受けたとき、田中に対して自分の思いを伝えていた。

（注2）ガトー＝洋菓子。

（注3）會舘＝「東京會舘」。大正時代に国際的な社交場として創業した、レストラン、ウエディングホールを有する複合施設。

（注4）レシピ＝料理、菓子などの調理法。

1　本文中の［A］、［B］にそれぞれ当てはまる言葉の組み合わせとして最も適当なものを、次のア～エの中から一つ選び、その記号を書け。（　　）

ア　A　淡々と　　B　悩んでいた

イ　A　ぼそぼそと　B　おびえていた

ウ　A　堂々と　　B　怒っていた

エ　A　はきはきと　B　戸惑っていた

2　――線④「［C］子抜け」が、「緊張が緩み、気が抜けること」という意味の言葉になるように、［C］に当てはまる最も適当な**漢字一字**を書け。（　　）

3　――線①「社長が目を見開いた。」とあるが、このときの社長について説明したものとして最も適当なものを、次のア～エの中から一つ選び、その記号を書け。（　　）

ア　勝目から示された内容が、自分の思惑と一致していたことに満足している。

イ　勝目から示された内容が、予想外のものであったことに驚きを強

4　次の文章は、「東京會舘《かいかん》」の製菓部長である「勝目《かつめ》」が、事業部長の「田中《たなか》」から、土産用として箱売りできるクッキーの開発を依頼されて試作品を作り、それを「社長」らが試食している場面を描いたものである。これを読んで、１～６の問いに答えなさい。

「おいしい。」と全員の声がそろった時、勝目は当然であろうと思ったが、それでも安堵《あんど》を感じている自分もどこかにいた。どうやら一抹の不安を抱えていたのだということを、安堵して初めて自覚する。

「このクッキーは柔らかいな。こんなものは食べたことがない。これが本当に箱売りできれば人気になるぞ。」

「ありがとうございます。」

田中(注1)への宣言の通り、このガトー(注2)の開発に際して勝目は一切の妥協をしなかった。會舘(注3)で食べる通りのさっくりとした食感にすること。この柔らかさと口当たりを損なうものには絶対にしないこと。そのため、崩れやすいことを承知の上で、粉に対してのフレッシュバターの配分は変えないこと、などを心掛けた。これらの工程は、全て手作りだ。

「このクッキーの口当たりは本当にいいな。口に入れた瞬間にまるでほろっと溶けるようだ。すばらしいよ、勝目さん。」

社長の絶賛はなおも続き、試作品の二つ目に手が伸びる。

その姿を前にしながら、勝目は礼を言う。

「ありがとうございます。」

「この柔らかさが箱売りには向かないと前に言っていたと思うが、崩れにくくする工夫は何か思いついたのか。」

「いいえ。」と勝目が答えると、社長がクッキーを食べる手を止めて、驚いたように勝目を見た。

「この口当たりを守るためには、材料の分量は変えられません。クッキーは相変わらず柔らかく崩れやすいままです。」

「では、土産用には……。」

「なので、ロスが出ることは仕方ないものと覚悟してください。」

勝目のきっぱりとした口調に①社長が目を見開いた。しかし、勝目のこの決断に迷いはない。 A した口調で言い切る。

「ガトーは、この厚さであることに意味があります。ガトーの厚さはガトーの命。この厚さでなければならない以上、合理的であるよりもおいしさを守り続けることを第一に考えたいと思います。ロスが出ることも考えのうちに入れながら、なるべくそれを出さないように、一つ一つを大事に扱う。手作りで、注意を払って作り続けていけば、商品化は不可能ではありません。」

「しかし、無駄が出ることを最初から……。」

「私のレシピ(注4)は。」

社長が渋い顔をするのを見て、勝目は自分の目つきが鋭くなるのを止めることができなかった。勝手なことばかり言って、と相手をにらみそうになる。

「たくさん作るためのレシピではないんです。それは、この先、他のクッキーやケーキを作ったところで自然とそうなります。保存料も使いませんし、手作りのまま、おいしさを持ち帰っていただかなくては意味がありません。」

「しかし、こちらとしては人気商品となってもらいたいわけだから……。」

社長がなおも渋り、試作品のクッキーと勝目とを交互にちらちらと見る。

勝目は B 。職人の苦労を知らない側の勝手な言い分に、なぜ、②自分の信条を曲げてまで付き合わなくてはならないのか。

[　　　　　　　　　　]

人間は、自らの行為について、[　　　]自由があるということ。

6　⑨段落の――線⑥「人間は悪いことだと知っていて選択することがあるだろうか。」とあるが、次の表は、この問いに対するソクラテスとアリストテレスの考えをまとめたものである。表の[a]、[b]、[c]に当てはまる最も適当な言葉を、[a]は**二字**で、[b]は**十四字**で、[c]は**五字**で、それぞれ⑨・⑩段落の文中からそのまま抜き出して書け。

a [　　]　b [　　　　　　　　　　　　　　]　c [　　　　　]

ソクラテス	人間は悪いことだと知っていて、悪いことを選択することはない。悪いことを選択するのは[a]によるものであるから、善悪を教える教育が必要だ。
アリストテレス	人間は悪いことだと知っていても、[b]のせいで悪いことを選択することがある。[c]によって誤った選択を行った後悔や反省を契機に、人間は成長する。

7　⑪段落の――線⑦「わたしたち人類の人生は、惑星上で営まれる迷う人生である。」とあるが、文中には、わたしたち人類の人生が迷う人生であることを述べている一文がある。その一文として最も適当な**一文**を、――線⑦より前の文中から抜き出し、その最初の**三字**を書け。[　　　]

8　本文に述べられていることと最もよく合っているものを、次のア～エの中から一つ選び、その記号を書け。（　　）

ア　物事の事実関係を見極めつつ、より多くの選択肢を設定して賢明な選択をする必要がある。

イ　選択する人間を理解するためには、文系の学問より理系の学問を重点的に学ぶべきである。

ウ　地球の将来はわたしたちの選択にかかっており、よりよい選択肢を見抜く力が求められる。

エ　人間がもたらした深刻な自然の破壊は、便利さを追求する近代科学技術の負の遺産である。

② 次の1～4の各文の――線の部分の読み方を平仮名で書きなさい。

1　郷愁にかられる。（　　）

2　明るい旋律の曲が流れる。（　　）

3　弟を伴ってプールに行く。（　　って）

4　言葉を濁す。（　　す）

③ 次の1～4の各文の――線の部分を漢字で書きなさい。ただし、必要なものには送り仮名を付けること。

1　屋根の上にかんばんを立てる。（　　）

2　市長がしゅくじを述べる。（　　）

3　鳥がかごの中であばれる。（　　）

4　返事にこまる。（　　）

間はよいことだと知っていれば、そのよいことを行い、悪いことだと知っていれば、そのようなことはしないものだ。なぜなら、そのようなことをするのは無知だからだ、というのである。ソクラテスの考えでは、よい行為をするようになるためには、善とは何か、悪とは何かを知らなければならない。それを教えるのが教育だというのである。

[10] アリストテレスは、ソクラテスに反論して、人間は悪いと知っていても、悪いことを選択することがあると主張した。悪と知りながら悪を行うのは、知を負かしてしまうほどの欲望があるからだというのである。無知が人間の判断を誤らせるというより、人間には意志の弱さというものがあり、だからこそ、後悔したり反省したりする。後悔することや反省することが人間が成長するための契機になるというのである。

[11] ⑦わたしたち人類の人生は、惑星上で営まれる迷う人生である。いわば惑星的人生こそがわたしたちの人生なのである。その迷いの道筋の上に、地球の将来がかかっている。地球と人間の将来に向けて、どのような選択を行うかがわたしたちに託されている。どのような選択肢があるのかを見抜いて、しっかり迷い考えることが大切である。

（桑子敏雄「何のための『教養』か」より）

（注1）　万学＝多くの学問。
（注2）　アリストテレス＝古代ギリシャの科学者、哲学者。
（注3）　倫理学＝道徳の本質や善悪の基準などについて研究する学問。
（注4）　ソクラテス＝古代ギリシャの哲学者。

1　[1]段落の――線①「創」とあるが、行書で書かれた次のア～エの漢字のうち、楷書で書いた場合の総画数が、楷書で書かれた「創」の総画数と同じになるものを一つ選び、その記号を書け。（　）

ア 稿　イ 補　ウ 詰　エ 漁

2　[2]段落の――線②「わたしの関心は」の述部に当たる**二文節**を、文中からそのまま抜き出して書け。（　）

3　[7]段落の――線⑤「大切な」の品詞名を**漢字**で書け。また、――線⑤「大切な」の活用形として適当なものを、次のア～エの中から一つ選び、その記号を書け。品詞名（　）活用形（　）

ア 未然形　イ 連用形　ウ 終止形　エ 連体形

4　[3]段落の――線③「人間が自らの行為を選択すること」とあるが、「人間が自らの行為を選択することのできる能力」について、本文の趣旨に添って説明した次の文の[a]、[b]、[c]に当てはまる最も適当な言葉を書け。ただし、[a]は**六字**で、[b]は**四字**で、[c]は**十七字**で、それぞれ[4]～[7]段落の文中からそのまま抜き出して書くこと。

a [　　　　　　] b [　　　　] c [　　　　　　　　　　　　　　　　　]

人間の行為の中には、自然を破壊するという、自然に対する[a]行為も存在するが、よりよい行為を選択するためには、[b]を持つことが重要であり、よりよい行為を選択し、実現できることを積み重ねることによって、[c]ができる。

5　[5]段落の――線④「人間には自由がある」とあるが、「自由」の内容について、本文の趣旨に添って説明した次の文の[　]に当てはまる適当な言葉を、――線④より前の文中の言葉を使って、**四十字以上五十字以内**で書け。

[　　]

国語

時間　四五分
満点　五〇点(作文共)

[1]　次の文章を読んで、1～8の問いに答えなさい。（[1]～[11]は、それぞれ段落を示す番号である。）

[1]　万学(注1)の祖と言われる科学者であったアリストテレス(注2)は、天文学や生物学と並び、社会的生活を営む存在である人間の研究である倫理学(注3)、政治学、さらに、詩学や弁論術といった言語についての研究など、今でいう理系と文系の学問の①創始者であり、同時に、理系と文系をつなぐ学問の原理の研究を第一哲学とする哲学者でもあった。

[2]　②わたしの関心は、自然に対する研究が生み出した近代の科学技術が、どうして人間の行為によって自然の破壊をもたらすのかということに向かっていたから、アリストテレスの思考の中で、自然に対する研究と人間社会に対する研究とがどのようにつながっているかをテーマに研究を進めた。

[3]　わたしが学んだ最も重要な思想の一つは、人間には二種類の知的な能力が備わっているということである。それは、自然の必然的な法則性を認識する能力、すなわち真理を認識する能力と、③人間が自らの行為を選択することのできる能力、すなわち善を目指し、よりよい行為を選択することを可能にする能力の二つである。

[4]　人間が自らの行為を選択することのできる能力、「フロネーシス」を、わたしは「思慮深さ」と訳した。思慮深い人は、自分の目の前にある選択肢を思慮深く選択することができる。思慮深く選択できるということは、選択することによって実現できることを積み上げ、目標とする願望の対象を達成することができるということである。

[5]　行為を選択できる存在であり、その選択を行う能力を持つ存在こそが人間であるということの意味は、人間のふるまいは、自然の必然的な法則によって決まっているのではなく、複数の選択肢から自らの意思に基づいて一つを選択できるということを意味している。このことは、選択の自由を持っているということである。④人間には自由があるということ、そのことをアリストテレスは、人間は選択する存在であり、思慮深さを持つ存在であると表現したのである。

[6]　さて、人間が自然の必然的な法則を認識する能力を持つだけでなく、自然を利用したり、支配したり、あるいは破壊したりする自然に対する行為を選択することのできる存在であるならば、自然に対する行為の選択は、人間が持っている思慮深さにかかっていることになる。人間が行う行為の中には、自然に対する思慮深い行為もあるし、自然に対する思慮を欠いた行為も存在する。

[7]　わたしは、人間にとって⑤大切なことは、その選択であり、選択を支える思慮深さであるということを学び、選択する人間を自分の哲学の根幹に据えようと考えた。

[8]　思慮深さがあることと、迷い、また後悔することとは切っても切れない関係にある。誰もが与えられた人生の中で、迷うことなく選択することなどありえない。ただ、思慮深い人は、複数の中から賢くよりよい選択肢を見抜くのである。

[9]　人間は、選択すべき対象を知っていて選択するのか、という問いは、ソクラテス(注4)のパラドクスと言われる論争を引き起こした。⑥人間は悪いことだと知っていて選択することがあるだろうか。この問いにソクラテスは、人間が誤った選択をするのは無知だからだと主張した。人

300字

400字

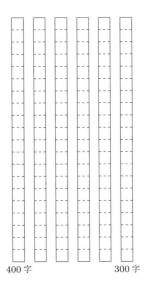

作文

時間　二五分
満点　五〇点(国語共)

1 〔作文問題〕

あなたは、あなた自身がチームやグループで活動するときに、どのようなことを大切にしたいと考えるか。次の資料を参考にしながら、そう考える理由を含めて、後の注意に従って述べなさい。

資料

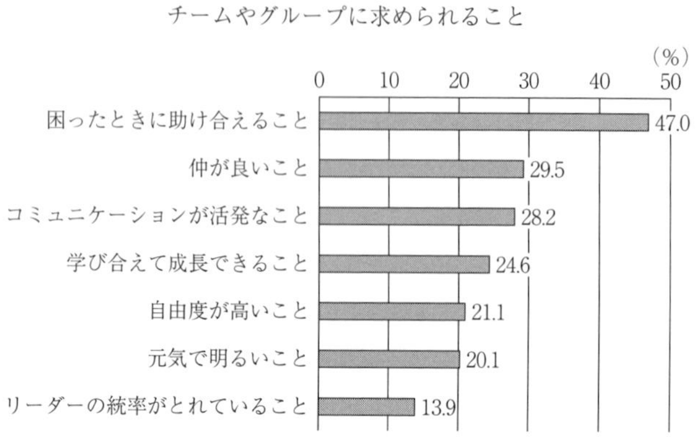

全国の20歳以上の1,000人が回答している。(選択式，複数回答。)
ここでは，主なものを七つ示している。

(ある研究所が平成30年に実施した調査による。)

〈注意〉

1　この資料を見て気づいたことを交えて書くこと。
2　あなたが体験したことや見聞したことを交えて書いてもよい。
3　段落は、内容に応じて設けること。
4　文章の長さは、三百字以上、四百字以内とする。
5　資料の中の数値を使う場合は、次の例に示したどちらの書き方でもよいこととする。

例　二〇・一%　または　二十・一%
　　四七・〇%　または　四十七%

なお、「%」は、「パーセント」と書いてもよい。

6　**文題は書かないこと。**

100字

200字

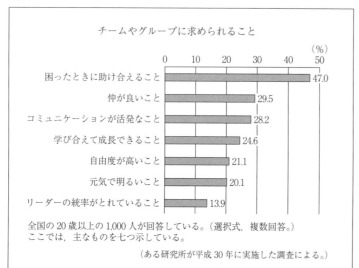

2020年度／解答

数　学

1 【解き方】2. 与式$= 12a - 9b - 6a + 2b = 6a - 7b$

3. 与式$= 4x^2y \times 3y \times \dfrac{1}{6x^2} = 2y^2$

4. 与式$=(2\sqrt{5})^2 - 1^2 + \dfrac{2\sqrt{3}}{\sqrt{3}} = 20 - 1 + 2 = 21$

5. 与式$= x^2 - 7x + 12 - (x^2 + 4x + 4) = x^2 - 7x + 12 - x^2 - 4x - 4 = - 11x + 8$

【答】1. -3　2. $6a - 7b$　3. $2y^2$　4. 21　5. $-11x + 8$

2 【解き方】1. 与式$= -\dfrac{12}{2} - (-3)^2 = -6 - 9 = -15$

2. $(x - 5)(x + 7) = 0$ より，$x = 5,\ -7$

4. (1) ア$= 40 - (2 + 13 + 12 + 9) = 40 - 36 = 4$　(2) $8000 \times \dfrac{13 + 12}{40} = 8000 \times \dfrac{5}{8} = 5000$ (個)

5. 2枚のカードの選び方は，$(-3,\ -2)$，$(-3,\ 0)$，$(-3,\ 1)$，$(-3,\ 2)$，$(-3,\ 3)$，$(-2,\ 0)$，$(-2,\ 1)$，$(-2,\ 2)$，$(-2,\ 3)$，$(0,\ 1)$，$(0,\ 2)$，$(0,\ 3)$，$(1,\ 2)$，$(1,\ 3)$，$(2,\ 3)$の15通り。2枚の数の和が正の数となるのは，$(-2,\ 3)$，$(0,\ 1)$，$(0,\ 2)$，$(0,\ 3)$，$(1,\ 2)$，$(1,\ 3)$，$(2,\ 3)$の7通りだから，確率は$\dfrac{7}{15}$。

6. 2点A，Bから等しい距離にあるので，線分ABの垂直二等分線を作図する。作図した直線と点Cが最短距離になる点がPなので，点Cから垂線を作図した交点がPとなる。

7. 大根の分量をx g，レタスの分量をy gとすると，$x + y + 50 = 175$……①，$\dfrac{18}{100}x + \dfrac{12}{100}y + \dfrac{30}{100} \times 50 = 33$……②　①より，$x + y = 125$……③　②より，$3x + 2y = 300$……④　よって，④－③×2より，$x = 50$　③に代入して，$50 + y = 125$から，$y = 75$

【答】1. -15　2. $x = 5,\ -7$　3. (式) $y = -\dfrac{6}{x}$，(次図Ⅰ)　4. (1) 4　(2) (およそ) 5000 (個)　5. $\dfrac{7}{15}$

6. (次図Ⅱ)　7. 大根の分量50g，レタスの分量75g

図Ⅰ

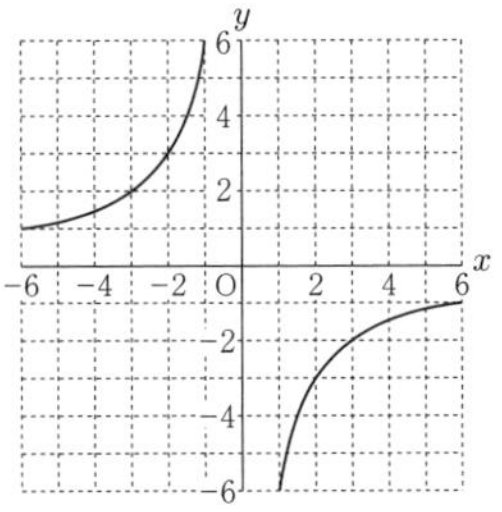

図Ⅱ

(例)

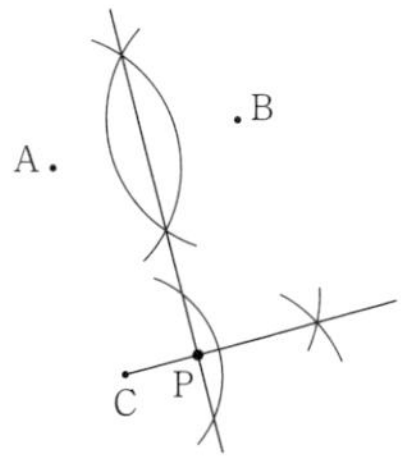

3 【解き方】1. 16分で1周するので，弧の長さは，$2\pi \times 20 \times \dfrac{4}{16} = 10\pi$ (m)

2. (1) 1台のゴンドラが点Pを通過してから次のゴンドラが通過するまでは，$16 \div 24 = \dfrac{2}{3}$ (分)なので，花子さんがゴンドラに乗ったのは，太郎さんの，$\dfrac{2}{3} \times 8 = \dfrac{16}{3}$ (分後)　(2) 図2でゴンドラは時計回りに移動するものとし，太郎さんのゴン

図Ⅰ

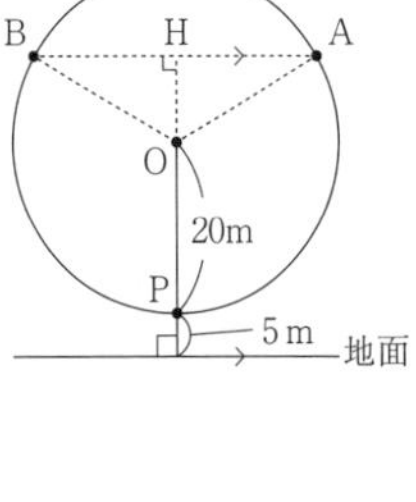

ドラをA，花子さんのゴンドラをB，円の中心をOとすると，前図Ⅰのようになる。このとき，$\angle AOB = 360^\circ \times \dfrac{8}{24} = 120^\circ$　OからABに垂線OHをひくと，△OHAは30°，60°の直角三角形になるから，$OH = \dfrac{1}{2}OA = 10$ (m)　よって，地面からの高さは，$10 + 20 + 5 = 35$ (m)

3. 右図Ⅱで，2人が乗ったそれぞれのゴンドラと中心がなす角 a は，$360^\circ \times \dfrac{n}{24} = 15n^\circ$ で，角 b ＝角 $c = (360^\circ - 15n^\circ) \div 2 = 180^\circ - \dfrac{15}{2}n^\circ$ だから，太郎さんが乗っているゴンドラが動いた角は，角 b ＋角 $a = 180^\circ - \dfrac{15}{2}n^\circ + 15n^\circ = 180^\circ + \dfrac{15}{2}n^\circ$　ここで，ゴンドラは $\dfrac{2}{3}$ 分で，$360^\circ \div 24 = 15^\circ$ 動くから，$t : \left(180 + \dfrac{15}{2}n\right) = \dfrac{2}{3} : 15$ が成り立つ。よって，$t = \left(180 + \dfrac{15}{2}n\right) \times \dfrac{2}{3} \div 15 = \dfrac{1}{3}n + 8$

図Ⅱ

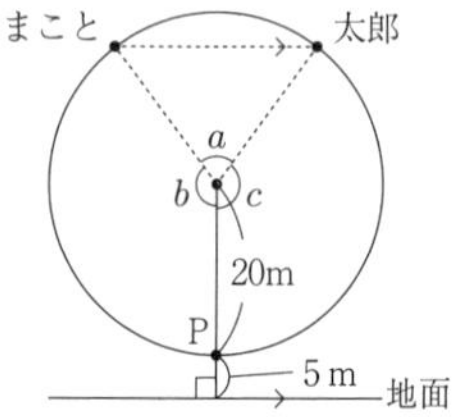

【答】 1. 10π (m)　2. (1) $\dfrac{16}{3}$ (分後)　(2) 35 (m)　3. (t ＝) $\dfrac{1}{3}n + 8$

④ **【解き方】** 1. $x = 1$ のとき，$PA = 1 \times 2 = 2$ (cm)，$QA = 1 \times 1 = 1$ (cm)より，$y = \dfrac{1}{2} \times 2 \times 1 = 1$　また，$x = 4$ のとき，Pは，$4 \times 2 = 8$ (cm)動くので辺BC上にあり，$QA = 1 \times 4 = 4$ (cm)だから，底辺がQAで高さが6cmになる。よって，$y = \dfrac{1}{2} \times 4 \times 6 = 12$

2. t 秒後とすると，2点が動いた和が1周分の，$6 \times 4 = 24$ (cm)になるときだから，$2t + t = 24$ が成り立つ。これを解いて，$t = 8$

3. PがBに着く，$6 \div 2 = 3$ (秒後)までの式は，$y = \dfrac{1}{2} \times 2x \times x = x^2$　Pが辺BC上でQがDに着くまでの，3秒後から，$6 \div 1 = 6$ (秒後)までの式は，$y = \dfrac{1}{2} \times x \times 6 = 3x$　さらに，PはCに6秒後に着き，そこからPとQが出会う8秒後までは，2点P，Qがともに辺CD上にある。このとき，$PQ = 24 - 2x - x = 24 - 3x$ (cm)だから，$y = \dfrac{1}{2} \times (24 - 3x) \times 6 = 72 - 9x$　よって，求める答えはウとなる。

4. $6 = x^2$ より，$x = \sqrt{6}$　また，$6 = 3x$ より，$x = 2$ だが，条件に適さない。さらに，$6 = 72 - 9x$ より，$x = \dfrac{22}{3}$　よって，求める答えは，$x = \sqrt{6}$，$\dfrac{22}{3}$

【答】 1. ($x = 1$ のとき) (y ＝) 1　($x = 4$ のとき) (y ＝) 12　2. 8 (秒後)　3. ウ　4. (x ＝) $\sqrt{6}$，$\dfrac{22}{3}$

⑤ **【解き方】** 1. (1) △AFC ≡△BECであれば，線分AFと対応する辺は，線分BEとなる。

2. △AFC＋△BEC ＝ $40 - 20 = 20$ (cm^2)で，△AFC ≡△BECより，△AFC＝△BEC ＝ $20 \div 2 = 10$ (cm^2)　$AC = BC = t$ cmとすると，△ABCは直角二等辺三角形で，△ABC ＝ $10 + 20 = 30$ (cm^2)だから，$\dfrac{1}{2} \times t \times t = 30$ が成り立つ。これより，$t^2 = 60$ だから，$t > 0$ より，$t = 2\sqrt{15}$　BF : FC ＝△ABF : △AFC ＝ $20 : 10 = 2 : 1$ より，$FC = BC \times \dfrac{1}{2 + 1} = 2\sqrt{15} \times \dfrac{1}{3} = \dfrac{2\sqrt{15}}{3}$ (cm)　よって，△AFCで三平方の定理より，$AF = \sqrt{\left(\dfrac{2\sqrt{15}}{3}\right)^2 + (2\sqrt{15})^2} = \dfrac{10\sqrt{6}}{3}$ (cm)

【答】 1. (1) BE　(2) △AFCと△BECにおいて，仮定より，AC ＝ BC……①　$\overset{\frown}{CD}$に対する円周角より，∠CAF＝∠CBE……②　線分ABは直径なので，∠ACF ＝ 90°……③，∠BCE ＝ 180°－∠ACF ＝ 90°……

④ ③，④から，$\angle ACF = \angle BCE$……⑤ ①，②，⑤より，1組の辺とその両端の角がそれぞれ等しいので，$\triangle AFC \equiv \triangle BEC$

2. $\dfrac{10\sqrt{6}}{3}$ (cm)

英　語

1 【解き方】1. 自転車に乗るときに頭にかぶる必要があるもの→「ヘルメット」。

2. 母親はタロウに「卵，オレンジ2つ，リンゴ3つ」を買ってくるように頼み，タロウが「ジュース」も買っていいかと聞くと「いいわよ」と答えている。

3. 花屋を探している人と，そこへの行き方を教えている人との会話。「最初の角を右に曲がると左側に見える」という説明から，二人のいる場所がイであることがわかる。

【答】1. ア　2. エ　3. イ

◀全訳▶　1.

A：お母さん，公園で野球をする予定なんだ。公園まで自転車で行ってくるよ。

B：ケン，自転車に乗るときには，頭にこれをかぶる必要があるわ。

A：ありがとう。

質問：ケンは頭に何をかぶる必要があるのですか？

2.

A：タロウ，卵と，オレンジが二つと，リンゴが三つ欲しいの。それらを買うためにお店まで行ってくれる？

B：いいよ，お母さん。ああ，ジュースも買っていい？

A：ええ，いいわよ。

質問：タロウは何を買うでしょうか？

3.

A：私は花屋を探しています。どこにあるかわかりますか？

B：はい。真っすぐ行って，最初の通りを右に曲がってください。すると左側にそれが見えます。果物店の前です。

A：最初の角を左に曲がるのですか？

B：いいえ。右に曲がるのです。

A：わかりました。ありがとう。

質問：今，彼らはどこにいるのですか？

2 【解き方】1. 3,000ドルというコンピュータの値段を聞いて言った言葉。too expensive =「高価過ぎる」。

2. ルーシーの「どこで見つけたのですか？」という質問に対する返答。under the table =「テーブルの下で」。

【答】1. ウ　2. エ

◀全訳▶　1.

A：すみません。このコンピュータが買いたいのです。いくらですか？

B：3,000ドルです。

A：それは私には高価過ぎます。

2.

A：ルーシー，これはあなたの時計ですか？

B：はい，そうです。どこで見つけたのですか？

A：テーブルの下で見つけました。

3 【解き方】1. 祖母の誕生日プレゼントの話をしていたときに，母親が「いいケーキ屋を知っている」と言った。

2. マリコは祖母が自分への誕生日プレゼントとしてバッグを作ってくれたことを思い出した。

3. 午前9時にケーキ作りを始め，完成したのは午後1時だった。

4. マリコが作ったケーキを祖母に見せた後，みんなで祖母のためにバースデーソングを歌った。

【答】1. ウ　2. ア　3. イ　4. ウ

◀全訳▶ 今日は祖母の誕生日パーティーについてお話しします。祖母の誕生日の前に，私は父や母と祖母の誕生日プレゼントについて話しました。父は「ケーキ屋に行って誕生日ケーキを買おう」と言いました。母は「それはいい考えね。いいケーキ屋を知っているわ」と言いました。でも自分のバッグを見たとき，私は別のアイデアを思いつきました。私は「昨年，おばあちゃんは私の誕生日プレゼントとしてこのバッグを作ってくれたの，だから私がおばあちゃんにケーキを作ってあげたい」と言いました。両親は同意してくれました。

祖母の誕生日の当日，私は午前9時にケーキを作り始めました。私がケーキを作るのは初めてだったので，父と母が手伝ってくれました。私は午後1時にケーキを作り終えました。私たちは6時に祖母のところを訪れ，彼女のためのパーティーを始めました。最初，私たちは祖母と一緒に特別な夕食を楽しみました。その後，私は祖母にケーキを見せました。それを見ると，祖母は「わあ，あなたが作ったの？　とてもうれしいわ。ありがとう，マリコ」と言いました。私はその言葉を聞いてとてもうれしくなりました。それから，祖母のためにバースデーソングを歌い，一緒にケーキを食べました。私はあの素晴らしい日のことを決して忘れません。

1. いいケーキ屋を知っていたのは誰ですか？
2. マリコはなぜ祖母のためにケーキが作りたかったのですか？
3. ケーキを作るのにマリコは何時間必要としましたか？
4. マリコは祖母の誕生日パーティーで何をしましたか？

4 **【解き方】** 1. (1)「日本製のカメラは世界中で使われています」。「～製のカメラ」= the cameras made in ～。The cameras made in Japan are used all over the world.となる。(2)「あなたはそれを持っていく必要はありません」。「～する必要はない」= don't have to ～。You don't have to take it.となる。

2. (1) ①「～になりたい」= want to be ～。② because を用いて「～が好きだから」，「～することができるから」のように理由を答える。(2)「あなたは放課後何をするつもりですか？」と尋ねる文にする。

【答】 1. (1) ウ，イ，エ，ア　(2) エ，ア，ウ，イ

2. (例) (1) ① I want to be a musician.　② Because I like playing the guitar.　(2) What are you going to do after school?

5 **【解き方】** 1. ① メアリーの「少し水をいただけますか？」という言葉に対する返答。Here you are.=「はいどうぞ」。② 田中先生の「このプリントを見て。…それは生徒たちの平均睡眠時間を示しているわ」という言葉を聞いた早紀の返答。「保健だより」より，生徒たちの睡眠時間は年々減少している。③ メアリーの「今日は7時30分に起きたので朝食を食べる時間がなかった」という言葉に対する返答。That also made you sick.=「それも気分が悪くなった理由よ」。

2. (ア)「私のお気に入りの～」= my favorite ～。「～の一つ」= one of ～。「～」の部分には複数形が入ることに注意。(イ)「～しませんか？」= Shall we ～?(または，Why don't we ～?)。

3. (A) 同文後半の you feel better から考える。「よくなったことがわかって『うれしい』」。(B) 生徒たちの2パーセントが朝食を全く食べないことを知って早紀は驚いている。「驚く」= be surprised。

4. 田中先生が「朝食を食べる」ことと「十分な睡眠をとる」ことの大切さを説明していることから考える。「多くの若者は『朝食を食べ』ず，『十分に睡眠をとって』いない」。

5. (1) 昼食時間に早紀はメアリーの様子を見るため保健室に戻ってきた。(2) 田中先生の最後のせりふを見る。田中先生は生徒とその家族にプリントを読んでもらうことを望んでいる。(3) 保健だよりの「朝食を毎日食べますか」の回答結果を見る。生徒たちの約70パーセントが「毎日食べる」と答えている。

【答】 1. ① エ　② ア　③ ウ　2. (例) (ア) It is one of my favorite classes.　(イ) Shall we eat lunch?　3. イ

4. (a) eat，breakfast　(b) sleep，enough（順不同）　5. (1) ウ　(2) エ　(3) ア

◀全訳▶

早紀　　：すみません，田中先生。メアリーが気分がすぐれないと言っているのです。

田中先生：メアリー，気分が悪いの？　ベッドで休んでいなさい。

メアリー：そうします。田中先生，少し水をいただけますか？

田中先生：いいわよ。はいどうぞ。

メアリー：どうもありがとうございます。

早紀　　：メアリー，私はもう教室に戻らないといけないわ。後でまた来るわね。

メアリー：ありがとう，早紀。

〈昼食時間〉

早紀　　：こんにちは，メアリー。気分はどんな感じ？

メアリー：よくなったわ。ありがとう。

早紀　　：よくなったことがわかってうれしいわ。どうして気分が悪くなったの？

メアリー：昨夜，一生懸命勉強して十分に寝なかったのよ。

田中先生：何を勉強していたの？

メアリー：数学です。それは私のお気に入りの授業の一つです。

田中先生：熱心に勉強するのはいいけれど，よく眠らないといけないわ。私はよく学校の生徒たちの生活習慣について心配しているの。このプリントを見て。来週それを生徒たちに配布する予定なの。それは生徒たちの平均睡眠時間を示しているわ。

早紀　　：ああ，平均睡眠時間が短くなっています。

田中先生：その通り。もし人々が十分な睡眠時間をとらなければ，何らかの問題を起こしてしまうの。そのプリントからそのことがわかるわ。例えば，よりストレスを感じたり，すぐに気分が悪くなったりするのよ。

メアリー：なるほど。それに脳にとってもよいことではないのですね？

田中先生：その通り。そのプリントは生徒たちがどれくらい朝食を食べているのかということも示しているわ。メアリー，今日は朝食を食べたの？

メアリー：いいえ。たいてい6時30分に起きて朝食を食べるのですが，今日は7時30分に起きたので食べる時間がなかったのです。

田中先生：それも気分が悪くなった理由よ。朝食はあなたたちの健康にとってとても大切なの。

早紀　　：私は時々朝食を食べないことがあります。朝食を食べないと，私はよく疲れた感じがします。ああ，見てください！　生徒たちの2パーセントが朝食を全く食べないのですね。とても驚きました。それは彼らの健康によくありません。

田中先生：その通り。もし朝食を食べなければ，何らかの問題を起こしてしまうわ。そのプリントにはそのことが書いてあるの。朝食を食べることは，よく眠ることと同じくらい大切なの。

メアリー：私もそう思います。

田中先生：日本の多くの若者は，それら2つのことをしないと聞いているわ。メアリー，あなたの国の若者の生活習慣についてどう思う？

メアリー：私の国にもその問題があります。私たちはそのことについてしっかり考えるべきです。

田中先生：私たちの学校の生徒は自分自身の生活習慣についてもっと注意するべきね。私は彼ら全員とその家族にこのプリントを読んでほしいの。

早紀　　：私は家族と一緒に自分の生活習慣について話そうと思います。ありがとうございます，田中先生。メアリー，私はあなたと食べたかったからまだ昼食を食べていないの。昼食を食べない？

メアリー：いいわよ。どうもありがとうございました，田中先生。

6 【解き方】1. (A)「私は読書により興味を持つようになった」。「～により興味を持つようになる」= become more interested in ～。become の過去形は became。(C)「本は私に世界について多くのことを教えてくれた」。現在完了〈have ＋過去分詞〉の文。teach の過去分詞は taught。

2. 直前の文中にある to make books by using it の部分を指している。it は「紙」を指している。

3. 単語が何を意味するのか理解するために人々が用いる本→「辞書」。

4. 「それに彼らがそこで読むためにはお金が必要でした」という意味の文。昔の図書館の様子を述べた第 2 段落の最後に入る。

5. ア. 第 1 段落の前半を見る。英雄が寝るときに絵本を読んだのは彼の父親。イ. 第 2 段落の前半を見る。英雄は 1 か月に本を約 10 冊読むが，十分なお金がないので図書館によく行く。ウ. 第 2 段落の中ほどを見る。貴族が建てた図書館は 800 年頃に日本で最初に建てられたもので，姉が働いている図書館とは無関係。エ. 「1900 年頃，日本のいくつかの場所で人々は図書館を利用し，そこで読むことができた」。第 2 段落の後半を見る。正しい。オ. 第 3 段落の 2 文目を見る。約 3,000 年前には，紙ではなく貝殻や木材やその他のものに記録していた。カ. 英雄の父親がインターネットで 2,000 の外国の物語を読んだという記述はない。キ. 「たくさんの種類の本を読んで，英雄は将来何をするべきなのかについて考えた」。最終段落を見る。正しい。

6. 本とともに成長してきた発表者の経験や本に対する考えが述べられた内容。

【答】 1. (A) became (C) taught 2. 紙を使って本を作ること。(同意可) 3. dictionary 4. ア 5. エ・キ 6. ア

◀全訳▶ [1] 私の父と母は読書が好きです。私が小さな子どもだった頃から，私の家にはたくさんの種類の本がありました。私が寝るときには，たいてい一緒に父が私の部屋に来て，私に絵本を読んでくれました。私は 4 歳ぐらいのときに本を読み始めました。私は本を読んだ後，母とその物語について話すのが好きでした。母はいつも私の話を聞いてくれて，「その話を読んでどんなふうに感じたの？」とか「その話についてどう思う？」と優しい声で言うのでした。そのおかげで，私は読書により興味を持つようになりました。

[2] 私は今でも読書が大好きです。私は 1 か月に約 10 冊の本を読んでいます。私には読みたい本を全て買うだけのお金がありません。だから 2 年前に家の近くに建てられた図書館によく行きます。私の姉が昨年の春にそこで働き始めました。彼女は私に図書館の歴史について話してくれました。世界で最初の図書館は約 2,700 年前に建てられました。日本で最初の図書館は，800 年頃に貴族によって建てられました。約 1,100 年後，日本のいくつかの場所で，人々が図書館を利用するようになりました。しかし当時の図書館は，現在私たちが普段使っているような図書館ではありませんでした。人々は図書館から本を借りることができず，図書館内で読まなければなりませんでした。それに彼らがそこで読むためにはお金が必要でした。

[3] 姉が図書館について教えてくれた後で，私は本の歴史が知りたくなり，図書館に行きました。約 3,000 年前，世界のいくつかの地域で，人々が貝殻や木材，その他のものに自分たちの生活を記録しました。とても長い年月が経過した後に，人々はものごとを記録するために紙を利用し始めました。100 年頃に，中国のある人が紙を発明しました。より多くのことを記録することができると考えたため，中国の人々は紙を使って本を作り始めました。他の国の人々も同様に考え，同じことをし始めました。紙はいつ日本にやってきたのでしょうか？私はある本から，610 年にある人が海を越えて日本にやってきて，日本人に紙の作り方を教えたということを知りました。その後，日本の人々は紙の本を読み始めました。

[4] 今日では，紙の本なしで読書を楽しむ人々もいます。2017 年には，紙のマンガよりデジタルのマンガの方がより人気のあるものになったということを，私はインターネットで知りました。私の友人の中には，家に紙のマンガを所有せず，インターネットでデジタルのマンガを読んでいる人もいます。私の父の電子辞書にも 1,000 の日本の物語と，同数の外国の物語が入っています。多くの物語を楽に持ち運びできるのはよいことであると私は思います。でも私はデジタルの本より紙の本を読む方が好きです。

[5] 本がなければ私の生活はとても違ったものになるだろうと思います。私は人々が何を考え，何をしたのかということを本から学びました。本は私に世界について多くのことを教えてくれました。世界はどのようになっていくのでしょう？　私は何をすべきなのでしょう？　多くの種類の本を読むことは，自分の将来について考えるチャンスを私に与えてくれました。本はあなたにどんなチャンスを与えてくれましたか？

社　会

[1] 【解き方】1. イは飛鳥時代につくられた広隆寺の弥《み》勒《ろく》菩《ぼ》薩《さつ》像《ぞう》。アは室町時代に建てられた慈照寺銀閣。ウは縄文時代の土偶。エは江戸時代に描かれた喜多川歌麿の浮世絵。

2. 645年から1192年までのできごとを並べかえる。アは794年，イは1159年，ウは935年，エは701年のできごと。

4. 惣は村の神社や寺などで寄合を開き，村の運営について相談したり，惣のおきてを定めたりした。

6. 参勤交代で江戸に大名やその家族・武士が多く住んだことから「武家地」が最も大きな割合を占めるAが江戸，天皇や公家が住む土地であったことから「公家地」があるBが京都，商業がさかんであったことから「町人地」が大きな割合を占めるCが大阪と判断する。

7. 漢訳された洋書の輸入を許可したことから，自然科学を中心とする西洋の学問である洋学(または，蘭学)がさかんになった。

【答】1. イ　2. エ→ア→ウ→イ　3. 執権　4. 有力な農民が村の自治を行う（同意可）　5. 織田信長　6. イ
7. a. ア　b. エ

[2] 【解き方】2. 津田梅子は2024年から発行予定の新五千円札の肖像となる人物。「樋口一葉」は現在の五千円札の肖像となっている人物で，『たけくらべ』『にごりえ』などの小説を書いた。

3. 三国干渉によって国民の間にはロシアに対する怒りが高まり，政府もロシアに対する軍備拡大政策をすすめ，1904年には日露戦争がおこった。

4. アは1940年，イは1890年，ウは1918年，エは1925年のできごと。

5. イギリスが行った政策を「ブロック経済」といい，フランスもこのような貿易政策をとった。

7. c. 現在も沖縄にはアメリカ軍基地が多く存在している。d.「田中角栄」は日中共同声明を発表し，中国との国交回復を実現した首相。

【答】1. 安政　2. ア　3. ロシア　4. ウ→エ
5. a. イギリス経済圏以外に対する関税を，イギリス経済圏よりも高く（同意可）　b. ア　6. ポツダム
7. c. イ　d. ウ

[3] 【解き方】1. Aの人権宣言が出されたのは1789年，Bの権利の章典が制定されたのは1689年，Cのワイマール憲法が制定されたのは1919年。

3. 予算の議決や内閣総理大臣の指名では，両院協議会でも意見が一致しなかった場合に，衆議院の議決が国会の議決となる。これを衆議院の優越という。

4. 国の仕事を民間に任せる民営化や，国が行っていた仕事を地方公共団体に任せる地方分権なども行政改革の事例といえる。

5. 条例の制定や改廃は地方議会が決めるが，住民の直接請求権により制定や改廃を要求することもできる。

6. ア. 国際機関への出資と拠出の額は5番目に多い。イ. イタリアが当てはまらない。ウ. GDPに対する援助総額の割合はドイツの方が大きい。

【答】1. B→A→C　2. 交渉　3. ウ　4. 自由な経済活動を推進するために規制を緩和（同意可）　5. 条例
6. エ

[4] 【解き方】1. 株式会社は有限責任の株主の出資によって成り立つ。株主総会は会社の経営方針を決定したり，取締役を任命できる株式会社の最高機関。

2. 独占禁止法は，内閣府に所属するが独立性の高い公正取引委員会が運用している。

3. 景気が過熱しているときは景気を抑えるために通貨量を減らす政策，景気が悪いときは景気を刺激するために通貨量を増やす政策が行われる。

5. 貿易の自由化を進めると，国内産業の衰退につながる可能性があるため，慎重な交渉と制度の運用が望まれ

ている。

【答】1. 所有する株式の数に応じて，会社の利益の一部を受け取る（同意可） 2. 独占 3. イ 4. エ
5. EPA

5 【解き方】1. (2) d はぶどうの生産量が多いので，甲府盆地でぶどうやももの生産がさかんなⓔの山梨県とわかる。a は米の生産量が多いので，ⓘの新潟県。c はりんごの生産量が多いので，ⓐの青森県。残った b は近郊農業がさかんなⓤの茨城県。

2. 日本の工業の中心は機械工業だが，瀬戸内工業地域には岡山県の倉敷市などに石油化学コンビナートが建設されており，全国に比べて化学工業の割合が高い。

3. 人口の多い順に関東＞近畿＞中部＞東北となる。中部と近畿の人口は大きく変わらないが，面積は中部の方が近畿よりも広いので，人口密度は中部の方が低い。

4. エネルギー消費量の約 9 割を占める自動車の輸送量の割合が，全体の半分ほどである点に注目。

5. 2011 年の東日本大震災の際に起こった原子力発電所の事故の影響が大きく，原子力発電の割合は大幅に低下した。その後，天然ガスを使った火力発電量が大幅に増えた。

【答】1. (1) 赤石 (2) ⓔ，山梨(県) 2. ウ 3. ウ
4. P. 船と鉄道は，同じ輸送量に対するエネルギー消費量が少ない Q. 二酸化炭素の排出を削減することができる（それぞれ同意可） 5. ア

6 【解き方】1. (2) ア. ロンドンを通過して北極点と南極点を結ぶ経線が本初子午線。イ. 正距方位図法の外円は中心からの地球の真裏を表す。中心（ロンドン）から外円（点 C）までは地球半周分なので約 2 万 km となる。ウ. D の曲線は赤道を表すので，その内側は北半球に当たる。エ. 正距方位図法は中心からの距離と方位が正しいので，中心ではない東京から E 島までの正しい方位は，この地図からはわからない。(3) 内陸部のグレートプレーンズやプレーリーでの小麦栽培がさかん。(4) 標高 4000m 以上の場所は気温が低く，作物が育たないため，リャマやアルパカを放牧している。

2. 日干しれんがは粘土や泥を自然乾燥させてつくられ，石や樹木が入手困難な降水量の少ない地域でよく用いられる。

【答】1. (1) エ (2) ウ (3) ⓐ，アメリカ合衆国 (4) イ 2. 降水量が少なく，樹木が育ちにくい（同意可）
3. ハブ

理　科

1 【解き方】1. (1) ① 入射角，屈折角とも光の道筋と境界面に立てた垂線との間の角。図2の光aの道筋からどちらの角が大きいかを読みとることができる。

(2) 右図アのように，面Aでの光bの入射角は面Bでの光aの入射角と同じなので，面Aでの光bの屈折角は面Bでの光aの屈折角と同じになる。光bが面B，Cで反射するとき，入射角と反射角は等しい。面Dでの光aと光bの入射角は同じなので，屈折角も同じになる。

図ア
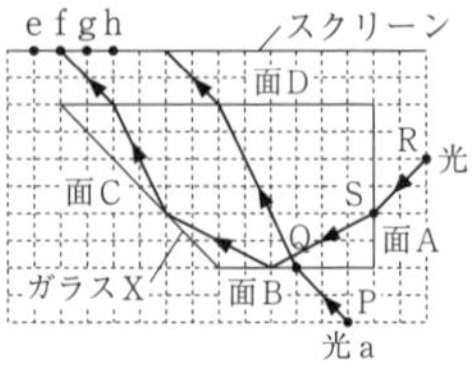

2. (1) 表1より，物体Eにはたらく重力は0.8Nなので，電子てんびんの示す値が80gのとき，手がばねYを引く力の大きさは，0.8 (N) − 0.8 (N) = 0 (N)　電子てんびんの示す値が60gのとき，手がばねYを引く力の大きさは，0.8 (N) − 0.6 (N) = 0.2 (N)　このとき，ばねYの伸びは4.0cm。以下，同様に求めて方眼に点を打ってグラフをかく。

図イ
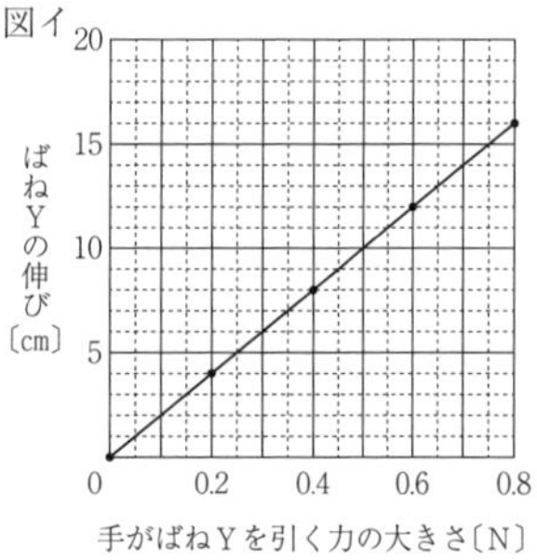

(2) (1)のグラフより，ばねYの伸びが6.0cmのとき，手がばねYを引く力の大きさは0.3N。このとき，電子てんびんの示す値は，0.8 (N) − 0.3 (N) = 0.5 (N)より，50g。

(3) 物体Fにはたらく重力は1.2Nなので，手がばねYを引く力の大きさは，

1.2 (N) − 0.75 (N) = 0.45 (N)　ばねYを0.8Nの力で引くと16.0cm伸びるので，$16.0\ (\mathrm{cm}) \times \dfrac{0.45\ (\mathrm{N})}{0.8\ (\mathrm{N})} =$ 9.0 (cm)

3. ① 図4で，結び目は静止しているので，糸G，H，Iを引く3つの力はつり合っている。糸Gを引く力を鉛直方向と水平方向に分解すると，糸Gを引く力の鉛直方向の分力は糸Hを引く力とつり合い，糸Gを引く力の水平方向の分力は糸Iを引く力とつり合う。糸Iを延長した直線と糸Gとの間の角度が45°なので，糸Gを引く力の鉛直方向の分力と水平方向の分力は正方形の2辺となり，力の大きさは同じ。よって，糸Hを引く力の大きさは糸Iを引く力と同じになる。② 糸Iを延長した直線と糸Gとの間の角度が小さくなると，糸Gを引く力の水平方向の分力は鉛直方向の分力より大きくなる。③ 糸G，H，Iを引く3つの力がつり合うためには，糸Iと糸Gを引く力の合力は糸Hを引く力の大きさになる。糸Hを引く力の大きさは，おもりJの重さによるので大きさは同じ。

【答】1. (1) ① ア　② ウ　③ 全反射　(2) f　2. (1) (前図イ)　(2) 50 (g)　(3) 9.0 (cm)

3. ① 3.0　② イ　③ ウ

2 【解き方】1. (2) 水酸化ナトリウムの電離は，$NaOH \rightarrow Na^{+} + OH^{-}$　−の電気を帯びた陰イオンは陽極側に引かれる。

(3) 酸性の水溶液には，陽イオンである水素イオンが含まれる。＋の電気を帯びた陽イオンは陰極側に引かれ，青色リトマス紙を赤色に変える。

2. (1) ガラス管を水に入れたまま加熱を止めると，水が逆流し試験管が割れることがある。

(3) 気体Xは石灰水が白く濁ったので二酸化炭素。化学反応式の矢印の左側と右側とで原子の種類と数が等しくなる。

(4) 炭酸ナトリウムは水100gに最大22.1g溶けるので，炭酸ナトリウム1.0gを溶かすのに必要な水の質量は，$100\ (\mathrm{g}) \times \dfrac{1.0\ (\mathrm{g})}{22.1\ (\mathrm{g})} \fallingdotseq 4.5\ (\mathrm{g})$　水の密度は$1.0\mathrm{g/cm^3}$なので，水4.5gの体積は，$\dfrac{4.5\ (\mathrm{g})}{1.0\ (\mathrm{g/cm^3})} = 4.5$ $(\mathrm{cm^3})$

(5) フェノールフタレイン溶液は，酸性・中性で無色，アルカリ性で赤色を示し，赤色が濃いほどアルカリ性が

強い。

【答】1. (1) 電離 (2) ① イ ② エ (3) A

2. (1) ガラス管を水から取り出す。(同意可) (2) ア (3) ($2NaHCO_3 \rightarrow$) $Na_2CO_3 + H_2O + CO_2$

(4) 5 (回) (5) (指示薬) フェノールフタレイン(溶液) (記号) R

3 【解き方】1. (2) 光が当たらないときに呼吸のみを行う。ツバキを入れた容器と入れない容器を用意し，他の条件を同じにして実験を行うことで，装置BとDの結果の違いがツバキのはたらきによるものであることが分かる。

(3) 光合成により二酸化炭素をとり入れ，酸素を放出する。呼吸により酸素をとり入れ，二酸化炭素を放出する。光合成でとり入れる二酸化炭素の量は，呼吸で放出する量より多い。

2. (2) トカゲはハチュウ類。ハチュウ類の体はうろこやこうらでおおわれている。外骨格でおおわれているのは節足動物。

(3) 卵生はS，恒温動物はP。

(5) 筋肉が縮むと，けんにつながっている骨がその筋肉のほうへ引きよせられる。

【答】1. (1) 葉緑体 (2) B (と) D (3) ウ 2. (1) 外とう (2) ① イ ② エ (3) (胎生) R (変温動物) Q

(4) 形やはたらきは異なっていても，基本的なつくり(が同じであることから，) (同意可) (5) ① イ ② ウ

4 【解き方】1. (1) 風向は風が吹いてくる方向を矢の向きで表す。

(2) 等圧線は1000hPaを基準として4hPaごとに引かれる。20hPaごとに太線にするので，図1の太線は1020hPa。図1より，地点Bにおける24日21時の気圧は1020hPa，25日21時の気圧は1004hPa。よって，1020 (hPa) − 1004 (hPa) = 16 (hPa)

(3) 寒冷前線が通過すると，急激に気温が下がる。

(4) 閉そく前線は，寒冷前線が温暖前線に追いつき，暖気が押し上げられて寒気どうしが接してできる。

2. (2) 太陽は1時間 = 60分に15°東から西へ動くので，東の地点ほど南中時刻が早い。よって，60 (分) × $\frac{141^\circ - 135^\circ}{15^\circ}$ = 24 (分)

(4) 地球の自転の向きは月の公転の向きと同じ。

【答】1. (1) (風向) 東南東 (風力) 1 (天気) 快晴 (2) 16 (hPa) (3) イ (4) ① イ ② エ

2. (1) 日周運動 (2) ウ (3) ① イ ② ウ (4) ① ア ② エ

5 【解き方】1. (1) 図1より，抵抗器aと抵抗器cに0.1Aの電流が流れたとき，抵抗器aに加わる電圧は2V，抵抗器cに加わる電圧は4V。したがって，抵抗器aの消費電力は，2 (V) × 0.1 (A) = 0.2 (W)，抵抗器cの消費電力は，4 (V) × 0.1 (A) = 0.4 (W) よって，$\frac{0.4\,(\mathrm{W})}{0.2\,(\mathrm{W})}$ = 2 (倍)

(2) 図1より，抵抗器aの抵抗の大きさは，オームの法則より，$\frac{2\,(\mathrm{V})}{0.1\,(\mathrm{A})}$ = 20 (Ω) 抵抗器bの抵抗の大きさは，$\frac{3\,(\mathrm{V})}{0.1\,(\mathrm{A})}$ = 30 (Ω) 抵抗器cの抵抗の大きさは，$\frac{4\,(\mathrm{V})}{0.1\,(\mathrm{A})}$ = 40 (Ω) 図5より，図3の全体の抵抗の大きさは，$\frac{6\,(\mathrm{V})}{0.1\,(\mathrm{A})}$ = 60 (Ω)なので，20 (Ω) + 40 (Ω) = 60 (Ω)より，AB間，BC間につながれているのは抵抗器aと抵抗器cの組み合わせになり，電流はC → B → Aと流れる。図4は並列回路で，電流はC → DとC → Bに枝分かれしている。図5より，回路全体に流れる電流を0.5Aとすると，CD間の抵抗器bに加わる電圧は6Vなので，抵抗器bに流れた電流は，$\frac{6\,(\mathrm{V})}{30\,(\Omega)}$ = 0.2 (A) このとき，BC間に流れる電流は，0.5 (A) − 0.2 (A) = 0.3 (A)より，BC間の抵抗の大きさは，$\frac{6\,(\mathrm{V})}{0.3\,(\mathrm{A})}$ = 20 (Ω) よって，BC間につ

ながれているのは抵抗器 a となり，AB 間には抵抗器 c がつながれている。

2. ⑴ デンプンにヨウ素液を加えると青紫色になる。試験管 A では，微生物がデンプンを分解してデンプンがなくなれば，デンプンとヨウ素液の反応は見られない。試験管 B では，沸騰により微生物が死滅しているので，デンプンが分解されることはなく，デンプンとヨウ素液の反応が見られる。助言ア，イ，ウの操作で試験管 A のデンプンがなくなることはない。

3. ⑴ 図 8 より，銅球の体積は，$52.0\,(\mathrm{cm^3}) - 50\,(\mathrm{cm^3}) = 2.0\,(\mathrm{cm^3})$　よって，$\dfrac{18\,(\mathrm{g})}{2.0\,(\mathrm{cm^3})} = 9.0\,(\mathrm{g/cm^3})$

⑵ 密度は物質の種類によってきまっているので，質量と体積は比例する。図 7 で，金属球 B は $1\,\mathrm{cm^3}$ の質量が約 8 g。同じ物質のグラフは原点を通る直線になる。

⑶ ア．領域Ⅰにある体積 $2\,\mathrm{cm^3}$，質量 20g の物質と，領域Ⅳにある体積 $2\,\mathrm{cm^3}$，質量 8 g の物質は適さない。
イ．領域Ⅱにある体積 $2\,\mathrm{cm^3}$，質量 32g の物質と，領域Ⅳにある体積 $2\,\mathrm{cm^3}$，質量 8 g の物質は適さない。
ウ．領域Ⅲにある体積 $4\,\mathrm{cm^3}$，質量 12g の物質と，領域Ⅳにある体積 $2\,\mathrm{cm^3}$，質量 12g の物質は適さない。

4. ⑵ 地層の逆転がなければ下の層ほど古い。アンモナイトは中生代の示準化石。

【答】 1. ⑴ ウ　⑵ イ　2. ⑴ X. B　(助言) エ　⑵ ウ　3. ⑴ 9.0 ($\mathrm{g/cm^3}$)　⑵ B・C・F　⑶ エ
4. ⑴ (地層 Q～S の岩石に含まれる粒は,) 流水によって運搬されたことで，丸みを帯びた形となっている。(同意可)　⑵ ① ア　② エ

国　語

[1]【解き方】1.「創」の総画数は12画。アは「稿」で15画。イは「補」で12画。ウは「詰」で13画。エは「漁」で14画。

2.「わたしの関心」は「近代の科学技術が，どうして人間の行為によって自然の破壊をももたらすのかということ」に「向かっていた」と述べている。「わたしの関心は・向かっていた」が「何が（は）・どうする」という主語・述語の関係になっている。述部は二文節で「向かって／いたから」となる。

3. 活用のある自立語で，言い切りの形が「～だ」となる語。活用形は，後に「こと」という名詞（体言）が続いていることから考える。

4. a. [6]段落で，人間は自然を「破壊」することもあるとした上で，「人間が行う行為の中」には「自然に対する…行為も存在する」と述べている。b. [6]段落で，人間は自然を「利用したり，支配したり，あるいは破壊したりする」行為を選択できるとした上で，その選択を支えるものについて述べた部分に注目する。c.「行為」「選択」「積み重ねる」などの言葉から，[4]段落に着目する。「思慮深く選択すること」によって「実現できること」を積み上げた結果，「できる」と述べていることをおさえる。

5.「人間のふるまい」が，「自然の必然的な法則によって決まっているのではなく…自らの意思に基づいて一つを選択できる」とした上で，このことを「選択の自由を持っている」と表現している。

6. a. [9]段落に「ソクラテスは，人間が誤った選択をするのは…からだと主張した」とある。b. [10]段落で，「アリストテレスは…人間は悪いと知っていても，悪いことを選択することがあると主張した」とした上で，その理由について「悪と知りながら悪を行うのは…からだ」と述べている。c. [10]段落で，「後悔したり反省したりする」の直前に「だからこそ」があることに着目する。その前で「後悔や反省」の理由を述べている。

7. [8]段落で，「思慮深さがあることと，迷い，また後悔することとは切っても切れない関係にある」とした上で，誰もが「与えられた人生の中」で「迷うこと」を経験していると述べている。

8. [11]段落で，わたしたちは誰もが「迷う人生」を生きているが，「その迷いの道筋の上に，地球の将来がかかっている」とした上で，「どのような選択肢があるのかを見抜いて，しっかり迷い考えることが大切である」と述べている。

【答】1. イ　2. 向かっていたから　3.（品詞名）形容動詞　（活用形）エ

4. a. 思慮を欠いた　b. 思慮深さ　c. 目標とする願望の対象を達成すること

5. 自然の必然的な法則に決められることなく，複数の選択肢から自らの意思に基づいて一つを選択できる（46字）（同意可）

6. a. 無知　b. 知を負かしてしまうほどの欲望　c. 意志の弱さ　7. 誰もが　8. ウ

[2]【答】1. きょうしゅう　2. せんりつ　3. ともな(って)　4. にご(す)

[3]【答】1. 看板　2. 祝辞　3. 暴れる　4. 困る

[4]【解き方】1. A.「決断に迷いはない」勝目の「口調」を考える。B. 前で，社長の「渋い顔」を見た勝目の「目つきが鋭く」「にらみそうに」なっていることや，社長の言い分を聞いて「なぜ…付き合わなければならないのか」と反発していることから考える。

3.「ロスが出ることは…覚悟してください」と言い切った勝目の言葉が社長にとって意外であったことをおさえる。「この柔らかさが箱売りには…工夫は何か思いついたのか」という社長の問いに，勝目が「いいえ」と答えたことで，社長が「驚いたように勝目を見た」後の発言であることもふまえて考える。

4. 勝目は，「ガトーの厚さはガトーの命」だとした上で，「ガトーの開発」に際しての自分の主張を続けて述べている。

5. 田中は「そうですよね」と勝目に同意を求めた後，自分が「お願いしたかったお菓子」は「勝目さんのレシピを丁寧に守ることで，長く続けられるお菓子」で，「丁寧で，何より，おいしくなくては意味がありません」

と説明している。

6.「おいしさ」が第一なので「ロス」は覚悟してほしいという勝目の主張に対し，社長は「クッキーと勝目とを交互にちらちらと見」て渋っている。その後，「合理性よりおいしさを。それが東京會舘らしさなのだと思います」という田中の言葉に「しばらく，動かなかった…ややあってから，ゆっくりとうなずいた」と，社長の様子を事実として細かく描いている。

【答】 1. ウ　2. 拍　3. イ　4. 合理的であるよりもおいしさを守り続けることを第一に考えたい（29字）

5. 勝目のレシピを丁寧に守って作ったおいしい(お菓子。)（20字）（同意可）　6. エ

5 **【解き方】** 1. 語頭以外の「は・ひ・ふ・へ・ほ」は「わ・い・う・え・お」にし，「au」は「ô」と発音するので，「たふ」は「とう」にする。

2.「誰がかきし」という筆者の質問に答えているので，「画」のかかれた「巻軸」の持ち主を考える。

3. 大猷院は，世間では「鷹の画と言へばきそうきそう」と言われているが，「きそうとはいづくいかなる人」なのかと近臣に尋ねている。

4. a. 世間の人，すなわち「世の人」が「鷹の画」について言っている言葉に着目する。b.「予は…鷹の画かくことをやめぬべし」という言葉の後にその理由を続けている。大猷院は，「徽宗皇帝」がいやしい人のように呼び捨てにされていることを気にしている。c.「徽宗皇帝」が「きそう」と呼び捨てにされていることに気づいた大猷院は，「予がかきつる画も後の世には」同じような扱いを受けるのではないかと心配している。

【答】 1. とうとき　2. ア　3.（最初）世の人　（最後）る人ぞ

4. a. きそうきそう　b. 呼び捨てにされている（同意可）　c. 後の世

◀口語訳▶ 最近関先民の家を訪ねた時，とても古びた巻き軸で，紙も所々破れている絵を彼が見せた。白い鷹の絵である。かいた人の名前が記されていないので「誰がかいたのか。」と問うと，「これは昔からゆかりのある人が手に入れさせたとても正当なものであるが，大猷院様がおかきになったのである。」と言う。あの大猷院様が絵をこれほどまですばらしくおかきになろうとは，思ってもいなかったので，めったにない機会だとしばらくの間じっと見ていたところ，先民がまた，「大猷院様は鷹の絵をとりわけ巧みにおかきになったということである。ところがその後まったく絵をおかきにならない。そのわけは，ある時近臣をお呼びになって，『世間の人が鷹の絵といえばきそうきそうと言うが，きそうとはどこの誰なのか』とお尋ねになったので，近臣が『それは宋の時代の徽宗皇帝という天子でいらっしゃる。』とお答え申し上げると，『私は今日からは鷹の絵をかくのをやめることにする。世間の人がきそうきそうと呼び捨てにするのを聞くといやしい人に思え，私がかいた絵も後の世でこのようなことになるであろう。』とおっしゃって，それからはまったく絵をおかきにならなかった。」と言う。とても気高いこころざしであった。

作　文

1 **【答】**（例）

資料では，回答した人のうち，半数近くの人が「困ったときに助け合えること」を挙げている。また，「コミュニケーションが活発なこと」を挙げる人も全体の三割近くいた。この二つは深い関係にあると思うので，チームやグループで活動するときには，この二つを大切にしたいと考える。

私は中学校での三年間，吹奏楽部でトロンボーンを担当していた。吹奏楽では，それぞれが自分の担当の楽器を演奏するのだが，個々の演奏技術だけでなく，みんなで呼吸を合わせ，音をそろえて，一つの曲を作り上げていくことが求められる。そのときに大切なのが，担当の違う演奏者同士のコミュニケーションだ。それぞれの担当が困っていること，うまくいかないことをみんなで共有し，それをふまえて協力し合っていくと，演奏が格段によくなる。吹奏楽部の活動で学んだことを，他のチーム活動やグループ活動でも生かしていきたいと思う。（388字）

2025年度 受験用

公立高校入試対策シリーズ(赤本) ラインナップ

入試データ	前年度の各高校の募集定員,倍率,志願者数等の入試データを詳しく掲載しています。
募集要項	公立高校の受験に役立つ募集要項のポイントを掲載してあります。ただし,2023年度受験生対象のものを参考として掲載している場合がありますので,2024年度募集要項は必ず確認してください。
傾向と対策	過去の出題内容を各教科ごとに分析して,来年度の受験について,その出題予想と受験対策を掲載してあります。予想を出題範囲として限定するのではなく,あくまで受験勉強に対する一つの指針として,そこから学習の範囲を広げて幅広い学力を身につけるように努力してください。
くわしい解き方	模範解答を載せるだけでなく,詳細な解き方・考え方を小問ごとに付けてあります。解き方・考え方をじっくり研究することで応用力が身に付くはずです。また,英語長文には全訳,古文には口語訳を付けてあります。
解答用紙と配点	解答用紙は巻末に別冊として付けてあります。 解答用紙の中に問題ごとの配点を掲載しています(配点非公表の場合を除く)。合格ラインの判断の資料にしてください。

府県一覧表

3021 岐阜県公立高
3022 静岡県公立高
3023 愛知県公立高
3024 三重県公立高【後期選抜】
3025 滋賀県公立高
3026-1 京都府公立高【中期選抜】
3026-2 京都府公立高【前期選抜 共通学力検査】
3027-1 大阪府公立高【一般選抜】
3027-2 大阪府公立高【特別選抜】
3028 兵庫県公立高
3029-1 奈良県公立高【一般選抜】
3029-2 奈良県公立高【特色選抜】
3030 和歌山県公立高
3033-1 岡山県公立高【一般選抜】
3033-2 岡山県公立高【特別選抜】
3034 広島県公立高
3035 山口県公立高
3036 徳島県公立高
3037 香川県公立高
3038 愛媛県公立高
3040 福岡県公立高
3042 長崎県公立高
3043 熊本県公立高
3044 大分県公立高
3046 鹿児島県公立高

滋賀県特色選抜・学校独自問題

2001 滋賀県立石山高
2002 滋賀県立八日市高
2003 滋賀県立草津東高
2004 滋賀県立膳所高
2005 滋賀県立東大津高
2006 滋賀県立彦根東高
2007 滋賀県立守山高
2008 滋賀県立虎姫高
2020 滋賀県立大津高

京都府前期選抜・学校独自問題

2009 京都市立堀川高・探究学科群
2010 京都市立西京高・エンタープライジング科
2011 京都府立嵯峨野高・京都こすもす科
2012 京都府立桃山高・自然科学科

2025 年度
受験用

公立高校入試対策シリーズ 3038

愛媛県公立高等学校

別冊

解答用紙

- この冊子は本体から取りはずして
ご使用いただけます。
- 解答用紙（本書掲載分）を
ダウンロードする場合はこちら↓
https://book.eisyun.jp/

※なお，予告なくダウンロードを
終了することがあります。

英俊社

●解答用紙の四隅にあるガイドに合わせて指定の倍率で拡大すると，実物とほぼ同じ大きさでご使用いただけます(一部例外がございます)。

全日制 定時制	科	受検番号	号	氏名	

令和 6 年度　数　学　解 答 用 紙

問題		解答欄
(一)	1	
	2	
	3	
	4	
	5	
(二)	1	
	2	
	3	
	4	個
	5	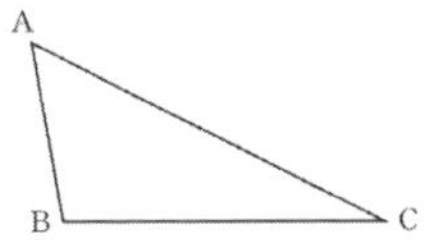
	6	cm^2
	7	（解） 答

問題			解答欄
(三)	1		
	2		
	3		
	4		cm
(四)	1		
	2		
	3	(1)	
		(2)	$t =$
(五)	1	(1)	（証明）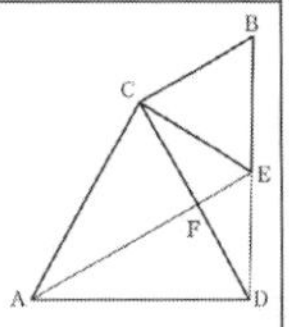
		(2)	
	2		倍

問題	(一)	(二)	(三)	(四)	(五)	合計
得点						

※実物の大きさ：173% 拡大（B4 用紙）

※個別の配点は非公表。

全日制 定時制	科	受検番号	号	氏名	

令和 6 年度　英　語　解答用紙

問題	解答欄							
(一)	1		2		3			
(二)	1		2					
(三)	1		2		3		4	
(四)	1	(1)	(　)(　)(　)(　)	(2)	(　)(　)(　)(　)			
	2	(1)	①					
			②					
		(2)						
(五)	1	①		②		③		
	2	(ア)						
		(イ)						
	3	(a)	(b)	(c)	(d)			
	4	(1)		(2)		(3)		
(六)	1	(A)		(B)				
	2							
	3							
	4							
	5			6				

問題	(一)	(二)	(三)	(四)	(五)	(六)	合計
得点							

※実物の大きさ：173% 拡大（B4 用紙）

※個別の配点は非公表。

全日制 定時制	科	受検番号	号	氏名	

令和６年度　社　会　解答用紙

問題			解答欄	
（一）	1		の制度	
	2			
	3			
	4		同業者	
	5			
	6			
	7			
（二）	1	X	こと	
		Y	こと	
	2			
	3			
	4			
	5		a	b
	6			
	7		（　　）→（　　）	
（三）	1		政権	
	2		という	
	3			
	4			
	5		①	②
	6			

問題			解答欄		
（四）	1				
	2		①		②
	3				
	4				
	5				
（五）	1	(1)	記号		県名
					県
		(2)	記号		
			理由		
	2				
	3				
	4				
	5				
（六）	1				
	2	(1)			
		(2)			
		(3)	記号		国の名
		(4)			
	3		が		

問題	（一）	（二）	（三）	（四）	（五）	（六）	合計
得点							

※実物の大きさ：173% 拡大（B4 用紙）

※個別の配点は非公表。

全日制 定時制	科	受検番号	号	氏名	

令和6年度　理　科　解答用紙

問題			解答欄			
(一)	1	(1)				
		(2)	Hz			
		(3)	①		②	
	2	(1)	①		②	
		(2)	秒			
		(3)	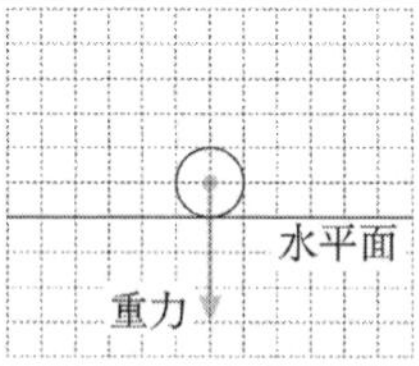			
		(4)	倍			
		(5)	①		②	
(二)	1	(1)	＋ → ＋			
		(2)	①		②	
		(3)				
	2	(1)				
		(2)	g			
		(3)	ⓒ			
			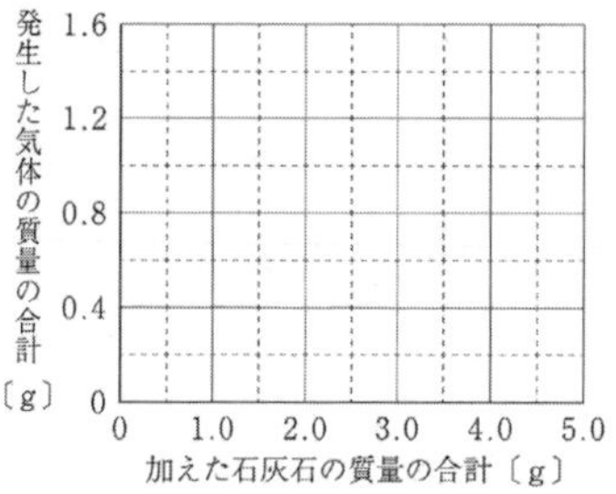			
		(4)	cm³			

問題			解答欄			
(三)	1	(1)				
		(2)	①		②	
		(3)	g			
		(4)	より多くの葉に,			
	2	(1)				
		(2)	①		②	
		(3)	①		②	
		(4)				
(四)	1	(1)				
		(2)	①		②	
		(3)	→ →			
		(4)	①		②	
	2	(1)	①		②	
		(2)				
		(3)				
		(4)				
(五)	1	(1)				
		(2)	①		②	
	2	(1)				
		(2)				
	3	(1)	X			
			Y	で見られることから		
		(2)				
	4	(1)	①	g	②	
		(2)	A		C	

問題	(一)	(二)	(三)	(四)	(五)	合計
得点						

※実物の大きさ：173% 拡大（B4 用紙）

※個別の配点は非公表。

全日制 定時制	科	受検番号	号	氏名	

令和六年度　国語　解答用紙

問題			解答欄
(一)	1		
	2		
	3	(1)	(2)
	4	a	
		b	最初　　最後
	5		(こと。)
	6	a	b
		c	
	7		(から。)
	8		

問題		解答欄
(三)	1	
	2	
	3	(す)
	4	(かな)

問題		解答欄
(四)	1	
	2	
	3	
	4	

問題			解答欄
(二)	1		
	2		
	3	a	最初　　最後
		b	
		c	
	4		
	5		

問題			解答欄
(五)	1	(1)	
		(2)	最初
			最後
	2	a	
		b	
		c	

問題	(一)	(二)	(三)	(四)	(五)	作文	合計
得点							

※実物の大きさ：173% 拡大（B4 用紙）

※個別の配点は非公表。

全日制 定時制	科	受検番号	号	氏名	

〔**令和六年度　国語　作文問題**〕

中学校のあるクラスで、言語コミュニケーションについての話し合いが行われた。次は、話し合いで使用した**【資料】**と**【話し合いの一部】**である。あなたは、言語コミュニケーションにおいてどのようなことが大切だと考えるか。**【資料】**と**【話し合いの一部】**を読んで、そう考える理由を含めて、後の〈**注意**〉に従って述べなさい。

【資料】

私たちは、一人一人が異なる存在である。現代は価値観が多様化し、共通の基盤が見つけにくい時代になっている。こうした社会で生きていくためには、言語コミュニケーションによって、情報や考え、気持ちを互いにやり取りし、共通理解を深めていくことが欠かせない。

（文化庁「分かり合うための言語コミュニケーション」により作成。）

【話し合いの一部】

Aさん

情報の送り手は、受け手の気持ちを考えるなど、伝え方を工夫することが大切だと思います。

Bさん

情報の受け手の態度も大切ですね。受け手も積極的に関わらないと、伝え合いにならないと思います。

〈**注意**〉
1　**【話し合いの一部】**に示された意見のうち、どちらか一つ、または、両方の意見を交えて書くこと。
2　**【資料】**に示された内容を交えて書いてもよい。
3　あなたが体験したことや見聞したことを交えて書いてもよい。
4　段落は、内容に応じて設けること。
5　文章の長さは、三百字以上、四百字以内とする。
6　氏名は右の氏名欄に書き、**文題は書かない**こと。

得点	

100字

200字

300字

400字

※実物の大きさ：173% 拡大（B4 用紙）

※個別の配点は非公表。

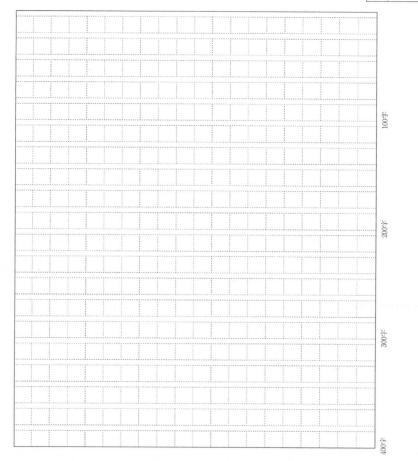

全日制 定時制	科	受検番号	号	氏名	

令和 5 年度　数　学　解 答 用 紙

問題			解答欄
(一)	1		
	2		
	3		
	4		
	5		
(二)	1		
	2		
	3		
	4		
	5		回
	6		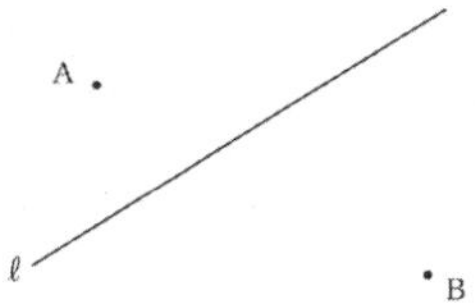
	7		(解) 答
(三)	1	(1)	
		(2)	① ②
	2	(1)	午前　時　分
		(2)	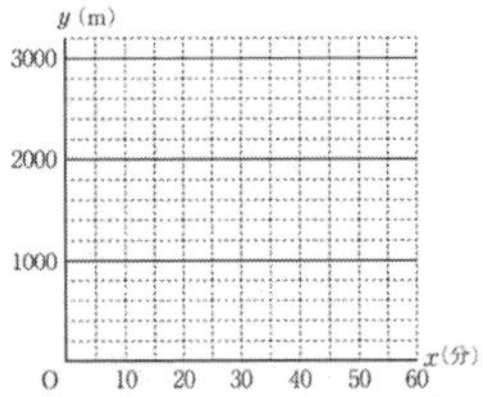
		(3)	午前　時　分　秒
(四)	1		
	2		$a =$
	3	(1)	
		(2)	
(五)	1		(証明) 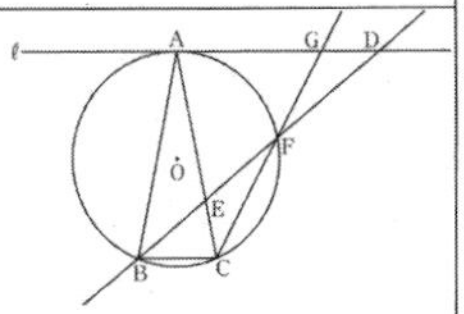
	2	(1)	cm
		(2)	cm²

問題	(一)	(二)	(三)	(四)	(五)	合計
得点						

※実物の大きさ：173% 拡大（B4 用紙）

※個別の配点は非公表。

全日制 定時制	科	受検番号	号	氏名	

令和5年度　英　語　解答用紙

問題	解答欄							
(一)	1		2		3			
(二)	1		2					
(三)	1		2		3		4	
(四)	1	(1)	(　　)(　　)(　　)(　　)	(2)	(　　)(　　)(　　)(　　)			
	2	(1)	①					
			②					
		(2)						
(五)	1	①		②		③		
	2	(ア)						
		(イ)						
	3							
	4	(1)		(2)		(3)		
(六)	1							
	2							
	3	(C)		(D)				
	4	①						
		②						
	5		6					

問題	(一)	(二)	(三)	(四)	(五)	(六)	合計
得点							

※実物の大きさ：173% 拡大（B4 用紙）

※個別の配点は非公表。

全日制 定時制	科	受検番号	号	氏名	

令和5年度　社　会　解答用紙

問題			解答欄		
（一）	1				
	2		に		
	3		（　　）→（　　）		
	4				
	5				
	6				
	7				
（二）	1				
	2		（　）→（　）→（　）→（　）		
	3				
	4				
	5				
	6				
	7				
（三）	1	⑴	から		
		⑵			
	2				
	3		A党	B党	C党
			人	人	人
	4				
	5				

問題			解答欄	
（四）	1		経路	
	2		銀行	
	3		①	②
	4			
	5			
（五）	1	⑴	山脈	
		⑵	記　号	県　名
				県
		⑶	暖流の　　ので	
	2			
	3			
	4			
（六）	1	⑴		
		⑵		
		⑶	①	②
		⑷	記　号	国の名
	2			
	3		ので	

問題	（一）	（二）	（三）	（四）	（五）	（六）	合計
得点							

※実物の大きさ：173% 拡大（B4 用紙）

※個別の配点は非公表。

全日制 定時制	科	受検番号	号	氏名	

令和5年度　理　科　解　答　用　紙

問題			解答欄
(一)	1	(1)	A
		(2)	
	2	(1)	
		(2)	
	3	(1)	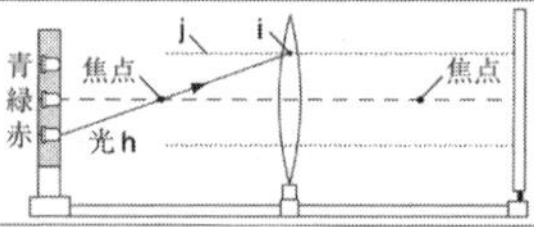
		(2)	cm
		(3)	①　　②
(二)	1	(1)	$CuCl_2$ →
		(2)	
		(3)	①　　②
		(4)	
	2	(1)	
		(2)	
		(3)	
		(4)	%
		(5)	
(三)	1	(1)	Ⅰ（　）と（　）　Ⅱ（　）と（　）
		(2)	
		(3)	① ②　　③
	2	(1)	子は，親と
		(2)	①　　②　　③
		(3)	生殖細胞　　胚の細胞

問題			解答欄
(四)	1	(1)	① ②
		(2)	
		(3)	9時（　　）分（　　）秒
		(4)	
	2	(1)	
		(2)	
		(3)	
(五)	1	(1)	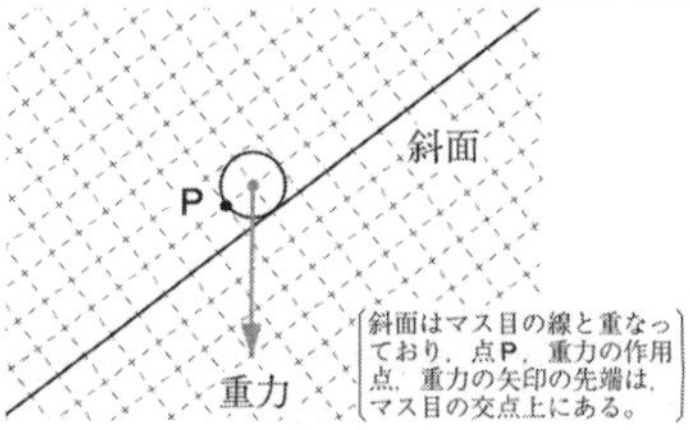
		(2)	①　　②
	2	(1)	
		(2)	N
	3	(1)	質量 理由　発生した気体が
		(2)	法則　　の法則 理由
	4	(1)	
		(2)	① ②

問題	(一)	(二)	(三)	(四)	(五)	合計
得点						

全日制・定時制	科	受検番号	号	氏名	

令和五年度　国語　解答用紙

問題			解答欄
(一)	1		異なるものの記号　　助詞の種類の記号
	2		
	3		
	4	a	最初　　最後
		b	
	5		
	6		（という過程を経て、さらに複雑な共感が生じる。）
	7	a	
		b	
		c	
	8		

問題		解答欄
(二)	1	
	2	
	3	（たり）
	4	（びる）

問題		解答欄
(三)	1	
	2	
	3	
	4	

問題			解答欄
(四)	1		
	2		
	3	(1)	
		(2)	（にしたいと考えた。）
	4	a	
		b	
	5		

問題			解答欄
(五)	1		
	2		
	3	a	
		b	
		c	

問題	(一)	(二)	(三)	(四)	(五)	作文	合計
得点							

※実物の大きさ：173% 拡大（B4用紙）

※個別の配点は非公表。

全日制 定時制	科	受検番号	号	氏名		

〔令和五年度　国語　作文問題〕

次の資料を見て、大切にしたい時間についてのあなたの考えを、なぜそう考えるかという理由を含めて、後の**注意**に従って述べなさい。

資料

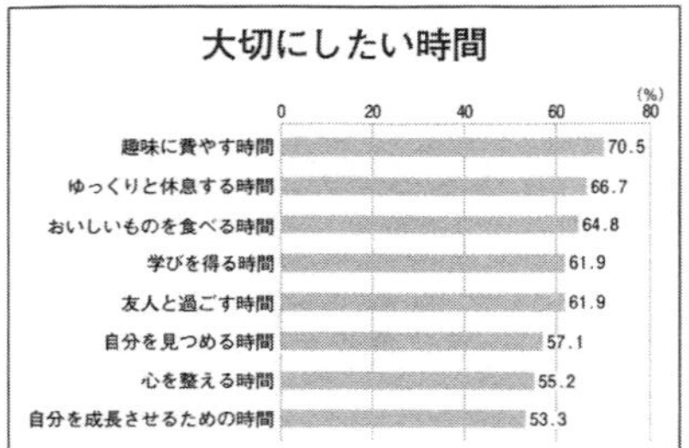

全国の18歳、19歳の105人が回答している。（選択式、複数回答。）ここでは、主なものを八つ示している。

（ある会社が令和３年に実施した調査による。）

〈**注意**〉

1　上の資料を見て気づいたことを交えて書くこと。
2　あなたが体験したことや見聞したことを交えて書いてもよい。
3　段落は、内容に応じて設けること。
4　文章の長さは、三百字以上、四百字以内とする。
5　資料の中の数値を使う場合は、次の例に示したどちらの書き方でもよいこととする。

例　七〇・五％　または　七十・五％

六六・七％　または　六十六・七％

なお、「％」は、「パーセント」と書いてもよい。

6　氏名は右の氏名欄に書き、**文題は書かないこと**。

得点	

100字

200字

300字

400字

全日制 定時制	科	受検番号	号	氏名	

令和4年度　数　学　解答用紙

問題		解答欄
(一)	1	
	2	
	3	
	4	
	5	
(二)	1	
	2	度
	3	
	4	
	5	cm^3
	6	
	7	(解) 答

問題			解答欄
(三)	1	ア	
	2	イ	
		ウ	
	3	(1)	通り
		(2)	
(四)	1		$y=$
	2	(1)	
		(2)	$a=$
			$b=$
(五)	1		(証明) 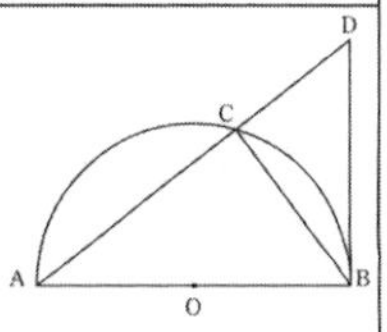
	2	(1)	cm
		(2)	cm^2

問題	(一)	(二)	(三)	(四)	(五)	合計
得点						

※実物の大きさ：173% 拡大（B4 用紙）

※個別の配点は非公表。

全日制 定時制	科	受検番号	号	氏名	

令和4年度　英　語　解答用紙

問題	解		答			欄	
(一)	1			2		3	
(二)	1			2			
(三)	1		2		3		4
(四)	1	(1)	(　)(　)(　)(　)	(2)	(　)(　)(　)(　)		
	2	(1)	①				
			②				
		(2)					
(五)	1	①		②		③	
	2	(ア)					
		(イ)					
	3						
	4	(1)		(2)		(3)	
(六)	1	(A)		(B)			
	2						
	3						
	4	①		②			
		③					
	5					6	

問題	(一)	(二)	(三)	(四)	(五)	(六)	合計
得点							

全日制 定時制	科	受検番号	号	氏名	

令和4年度　社　会　解答用紙

問題			解答欄	
（一）	1			
	2		（　）→（　）→（　）→（　）	
	3			
	4		して	
	5			
	6			
	7		の改革	
（二）	1			
	2			
	3			
	4			
	5			
	6		（　）→（　）	
	7			
（三）	1		①	②
	2	(1)		
		(2)		
		(3)	X	Y
	3		を	
	4			

問題			解答欄	
（四）	1			
	2	(1)		
		(2)	こと	
	3			
	4			
（五）	1	(1)		
		(2)	記号	県名
				県
	2	(1)		
		(2)		
	3			
	4			
（六）	1	(1)	ほど	
		(2)	記号	国の名
		(3)	（　）→（　）→（　）→（　）	
		(4)	造山帯	
	2			
	3			

問題	（一）	（二）	（三）	（四）	（五）	（六）	合計
得点							

※実物の大きさ：173% 拡大（B4 用紙）

※個別の配点は非公表。

全日制 定時制	科	受検番号	号	氏名	

令和4年度　理　科　解答用紙

問題			解答欄
(一)	1	(1)	Ω
		(2)	①　　②
		(3)	W
		(4)	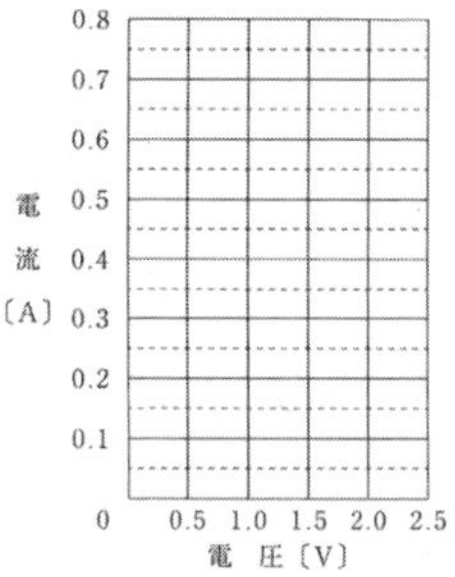
	2	(1)	N
		(2)	ばねばかりが引く力：物体Tが引く力：地球が引く力＝　：　：
	3	(1)	秒
		(2)	cm
(二)	1	(1)	→ →
		(2)	
		(3)	①　　②
		(4)	
		(5)	①　　②
	2	(1)	
		(2)	g
		(3)	

問題			解答欄
(三)	1	(1)	
		(2)	①
			②　　③
		(3)	ユリ　　ブロッコリー
	2	(1)	
		(2)	①　　②
		(3)	菌類・細菌類　　カビ
		(4)	肉食動物　　数量の変化
(四)	1	(1)	
		(2)	
		(3)	
		(4)	①　　②
		(5)	①　　②
	2	(1)	①　　②
		(2)	
		(3)	①　　②
(五)	1	(1)	
		(2)	度
	2	(1)	
		(2)	①　　②
	3	(1)	①　　②
			③
		(2)	
	4	(1)	
		(2)	

問題	(一)	(二)	(三)	(四)	(五)	合計
得点						

※実物の大きさ：173% 拡大（B4用紙）

※個別の配点は非公表。

全日制 定時制	科	受検番号	号	氏名	

令和四年度　国語　解答用紙

問題			解答欄
(一)	1		
	2		
	3		
	4	a	
		b	
		c	
	5		
	6	a	
		b	
		c	
	7		(という関係。)
	8		

問題		解答欄
(二)	1	
	2	
	3	(む)
	4	(り)

問題		解答欄
(三)	1	
	2	
	3	
	4	

問題			解答欄
(四)	1		
	2		
	3		
	4	a	
		b	
	5		(によって上達できる。)
	6		

問題			解答欄
(五)	1		
	2		
	3		最初　　最後
	4	a	
		b	
		c	

問題	(一)	(二)	(三)	(四)	(五)	作文	合計
得点							

※実物の大きさ：173% 拡大（B4 用紙）

※個別の配点は非公表。

全日制・定時制	科	受検番号	号	氏名

〔**令和四年度　国語　作文問題**〕

あなたは、創造力とはどのような力であると考えるか。次の資料を参考にしながら、そう考える理由を含めて、後の**注意**に従って述べなさい。

資料

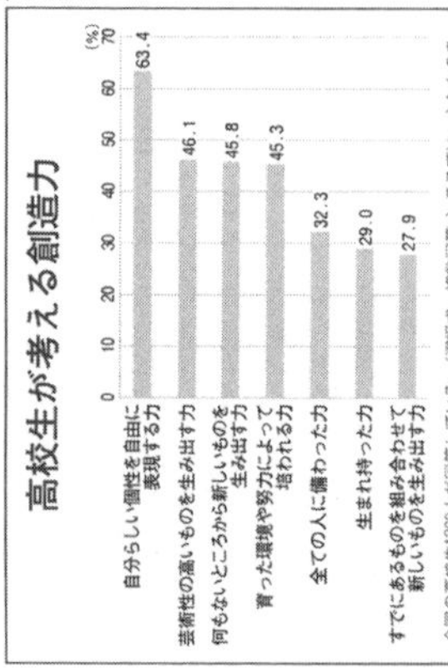

全国の高校生1200人が回答している。（選択式、複数回答。）ここでは、主なものを七つ示している。

（ある会社が令和２年に実施した調査による。）

〈**注意**〉

1　上の資料を見て気づいたことを交えて書くこと。

2　あなたが体験したことや見聞したことを交えて書いてもよい。

3　段落は、内容に応じて設けること。

4　文章の長さは、三百字以上、四百字以内とする。

5　資料の中の数値を使う場合は、次の例に示したどちらの書き方でもよいこととする。

例　六三・四％　または　六十三・四％

　　二九・〇％　または　二十九・〇％

なお、「％」は、「パーセント」と書いてもよい。

6　氏名は右の氏名欄に書き、**文題は書かないこと**。

得点	

100字

200字

300字

400字

※実物の大きさ：173% 拡大（B4 用紙）

※個別の配点は非公表。

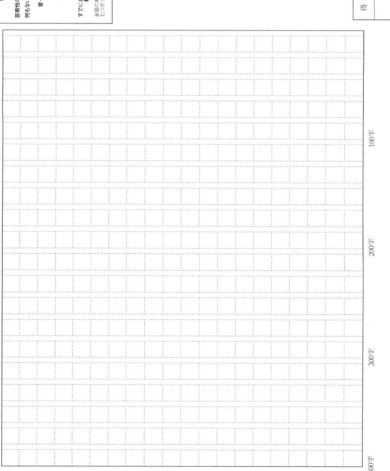

全日制 定時制	科	受検番号	号	氏名	

令和3年度　数　学　解答用紙

問題		解答欄
(一)	1	
	2	
	3	
	4	
	5	
(二)	1	
	2	℃
	3	
	4	m
	5	
	6	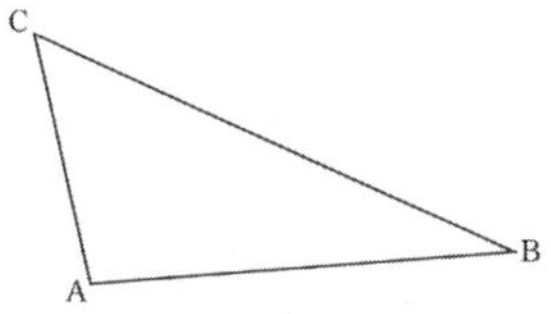
	7	(解) 答

問題			解答欄
(三)	1	ア	
		イ	
		ウ	
		エ	
	2		個
(四)	1		
	2		$a =$
	3		
	4		
	5		
(五)	1		(証明) 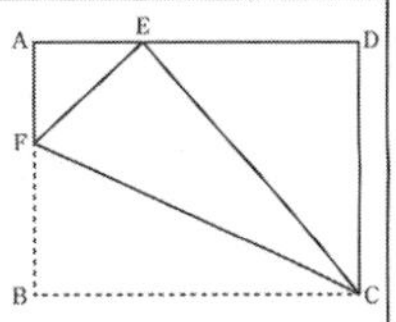
	2		cm
	3		cm^2

問題	(一)	(二)	(三)	(四)	(五)	合計
得点						

※実物の大きさ：173% 拡大（B4 用紙）

※個別の配点は非公表。

全日制 定時制	科	受検番号	号	氏名	

令和3年度　英　語　解答用紙

問題	解答欄							
（一）	1		2		3			
（二）	1		2					
（三）	1		2		3		4	
（四）	1	⑴	（　）（　）（　）（　）	⑵	（　）（　）（　）（　）			
	2	⑴	① ②					
		⑵						
（五）	1	①		②				
	2	(ア)						
		(イ)						
	3	（　）ドル						
	4							
	5	⑴		⑵		⑶		
（六）	1							
	2	(B)		(C)				
	3							
	4							
	5			6				

問題	（一）	（二）	（三）	（四）	（五）	（六）	合計
得点							

※実物の大きさ：173% 拡大（B4 用紙）

※個別の配点は非公表。

全日制 定時制	科	受検番号	号	氏名	

令和3年度　社　会　解答用紙

問題			解答欄
(一)	1		
	2		
	3		（　　）→（　　）
	4		
	5		
	6		
	7		こと
(二)	1		
	2		開化
	3		
	4		（　）→（　）→（　）→（　）
	5		
	6		
	7		
(三)	1		
	2	(1)	
		(2)	に
	3		
	4		
	5		（　　）→（　　）→（　　）

問題			解答欄		
(四)	1				
	2				
	3	①			
		②	状態		
	4				
	5				
(五)	1	(1)			
		(2)	①	②	③
	2				
	3				
	4		記号	県名	
				県	
	5		①	②	
(六)	1	(1)			
		(2)			
		(3)	記号	国の名	
	2				
	3		から		
	4				

問題	(一)	(二)	(三)	(四)	(五)	(六)	合計
得点							

全日制 定時制	科	受検番号	号	氏名	

令和３年度　理　科　解答用紙

問題			解答欄
(一)	1	(1)	
		(2)	A　　極　C　　極
	2	(1)	Ω
		(2)	①　　②
		(3)	
	3	(1)	①　　②
		(2)	N
(二)	1	(1)	
		(2)	
		(3)	記号
			理由　選んだ物質では，物質の温度(60℃)が
	2	(1)	①　　②
		(2)	
		(3)	2CuO ＋ C →
		(4)	二酸化炭素　　g
			黒色の酸化銅　　g
(三)	1	(1)	
		(2)	めしべ →　　→　　→
		(3)	
		(4)	①　　②
	2	(1)	
		(2)	
		(3)	酸素の多いところ
			酸素の少ないところ
		(4)	①　　②
		(5)	秒

問題			解答欄
(四)	1	(1)	℃
		(2)	コップPの表面の
		(3)	
		(4)	①　　②
	2	(1)	
		(2)	
		(3)	
		(4)	
(五)	1	(1)	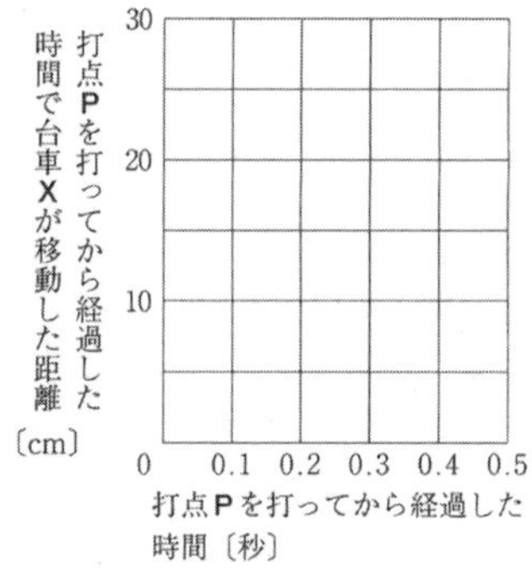
		(2)	①　　②　 ③　　④
	2		化学式
			混合した水溶液　（　　）と（　　）
	3	(1)	
		(2)	①　　形　②　　③
	4	(1)	①　　②　　③
		(2)	
		(3)	

問題	(一)	(二)	(三)	(四)	(五)	合計
得点						

※実物の大きさ：173% 拡大（B4 用紙）

※個別の配点は非公表。

全日制・定時制	科	受検番号	号	氏名	

令和三年度　国語　解答用紙

問題			解答欄
(一)	1		
	2		
	3		
	4	a	
		b	
	5		
	6	最初	最後
	7		(こと。)
	8		

問題		解答欄
(二)	1	
	2	
	3	(む)
	4	(う)

問題		解答欄
(三)	1	
	2	
	3	
	4	

問題			解答欄
(四)	1		
	2		
	3	a	
		b	
		c	
	4		
	5		

問題			解答欄
(五)	1		
	2		
	3		
	4	a	
		b	
		c	

問題	(一)	(二)	(三)	(四)	(五)	作文	合計
得点							

※実物の大きさ：173% 拡大（B4 用紙）

※個別の配点は非公表。

全日制 定時制	科	受検番号	号	氏名

〔令和三年度　国語　作文問題〕

次の資料を見て、普段の食生活で大切にしたいことについてのあなたの考えを、なぜそう考えるかという理由を含めて、後の**注意**に従って述べなさい。

資料

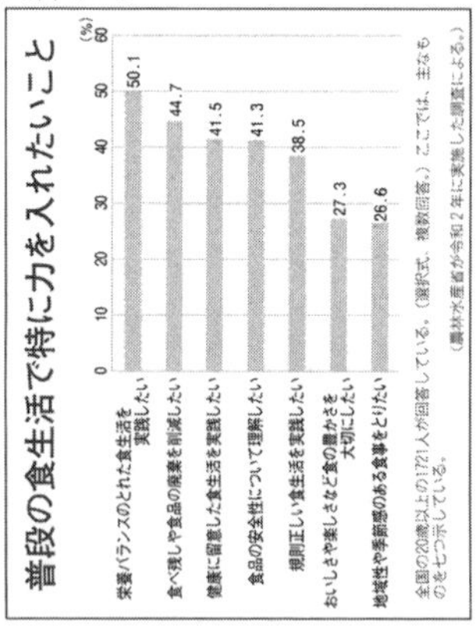

（農林水産省が令和２年に実施した調査による。）

〈**注意**〉

1　上の資料を見て気づいたことを交えて書くこと。
2　あなたが体験したことや見聞したことを交えて書いてもよい。
3　段落は、内容に応じて設けること。
4　文章の長さは、三百字以上、四百字以内とする。
5　資料の中の数値を使う場合は、次の例に示したどちらの書き方でもよいこととする。

例　四四・七％　または　四十四・七％

五〇・一％　または　五十・一％

なお、「％」は、「パーセント」と書いてもよい。

6　氏名は右の氏名欄に書き、**文題は書かない**こと。

得点	

100字

200字

300字

400字

※実物の大きさ：173% 拡大（B4 用紙）

※個別の配点は非公表。

全日制 定時制	科	受検番号	号	氏名	

令和２年度　数　学　解答用紙

問題			解答欄
(一)	1		
	2		
	3		
	4		
	5		
(二)	1		
	2		
	3	式	
	4	(1)	
		(2)	およそ　　　個
	5		
	6		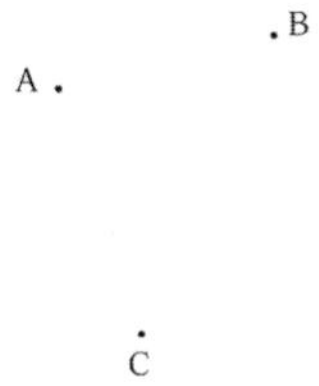
	7	(解)	答

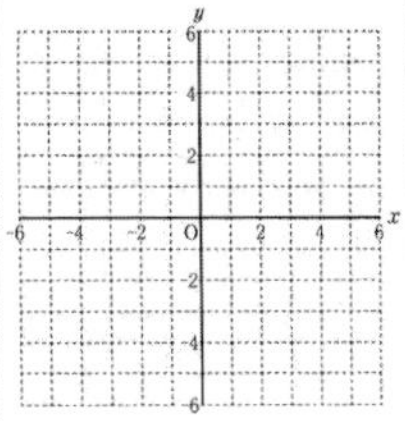

問題			解答欄	
(三)	1			m
	2	(1)		分後
		(2)		m
	3		$t=$	
(四)	1		$x=1$ のとき	$y=$
			$x=4$ のとき	$y=$
	2			秒後
	3			
	4		$x=$	
(五)	1	(1)		
		(2)	(証明) 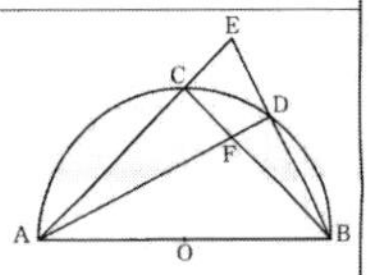	
	2			cm

問題	(一)	(二)	(三)	(四)	(五)	合計
得点						

全日制 定時制	科	受検番号	号	氏名	

令和2年度　英　語　解答用紙

問題	解答欄						
(一)	1		2		3		
(二)	1		2				
(三)	1		2		3		4
(四)	1	(1)	(　)(　)(　)(　)	(2)	(　)(　)(　)(　)		
	2	(1)	① ②				
		(2)					
(五)	1	①		②		③	
	2	(ア)					
		(イ)					
	3						
	4	(a)	(　)(　)	(b)	(　)(　)		
	5	(1)		(2)		(3)	
(六)	1	(A)		(C)			
	2						
	3						
	4						
	5			6			

問題	(一)	(二)	(三)	(四)	(五)	(六)	合計
得点							

※実物の大きさ：173% 拡大（B4 用紙）

※個別の配点は非公表。

全日制 定時制	科	受検番号	号	氏名	

令和２年度　社　会　解答用紙

問題			解答欄	
（一）	1			
	2		（　）→（　）→（　）→（　）	
	3			
	4		しくみ	
	5			
	6			
	7		a	b
（二）	1		の大獄	
	2			
	3			
	4		（　）→（　）	
	5	a	する	
		b		
	6			
	7		c	d
（三）	1		（　）→（　）→（　）	
	2			
	3			
	4		すること	
	5			
	6			

問題			解答欄	
（四）	1		こと	
	2			
	3			
	4			
	5			
（五）	1	(1)	山脈	
		(2)	記号	県名
				県
	2			
	3			
	4	P	ので	
		Q	ということ	
	5			
（六）	1	(1)		
		(2)		
		(3)	記号	国の名
		(4)		
	2		地域	
	3		空港	

問題	（一）	（二）	（三）	（四）	（五）	（六）	合計
得点							

※実物の大きさ：173% 拡大（B4 用紙）

※個別の配点は非公表。

全日制 定時制	科	受検番号	号	氏名	

令和2年度　理　科　解答用紙

問題			解答欄
(一)	1	(1)	①　　②
			③
		(2)	
	2	(1)	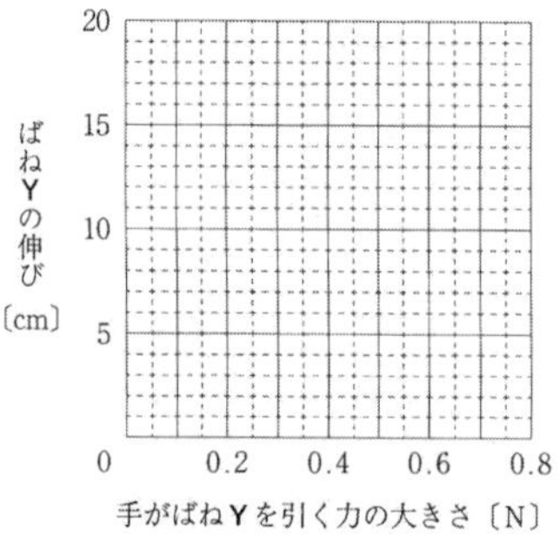
		(2)	g
		(3)	cm
	3		①　N
			②　　③
(二)	1	(1)	
		(2)	①　　②
		(3)	
	2	(1)	
		(2)	
		(3)	$2NaHCO_3$ →　□ ＋ □ ＋ □
		(4)	回
		(5)	指示薬　溶液
			記号

問題			解答欄
(三)	1	(1)	
		(2)	(　　)と(　　)
		(3)	
	2	(1)	
		(2)	①　　②
		(3)	胎生　　変温動物
		(4)	が同じであることから,
		(5)	①　　②
(四)	1	(1)	風向　　風力　　天気
		(2)	hPa
		(3)	
		(4)	①　　②
	2	(1)	
		(2)	
		(3)	①　　②
		(4)	①　　②
(五)	1	(1)	
		(2)	
	2	(1)	X　　助言
		(2)	
	3	(1)	g/cm³
		(2)	
		(3)	
	4	(1)	地層Q～Sの岩石に含まれる粒は,
		(2)	①　　②

問題	(一)	(二)	(三)	(四)	(五)	合計
得点						

※実物の大きさ：173% 拡大（B4 用紙）

※個別の配点は非公表。

全日制 定時制	科	受検番号	号	氏名	

令和二年度　国語　解答用紙

問題			解答欄	
(一)	1			
	2			
	3		品詞名	活用形
	4	a		
		b		
		c		
	5		(自由があるということ。)	
	6	a		
		b		
		c		
	7			
	8			

問題		解答欄
(二)	1	
	2	
	3	(って)
	4	(す)

問題		解答欄
(三)	1	
	2	
	3	
	4	

問題		解答欄
(四)	1	
	2	
	3	
	4	
	5	(お菓子。)
	6	

問題			解答欄	
(五)	1			
	2			
	3		最初	最後
	4	a		
		b		
		c		

問題	(一)	(二)	(三)	(四)	(五)	作文	合計
得点							

※実物の大きさ：173% 拡大（B4 用紙）

※個別の配点は非公表。

全日制 定時制	科	受検番号	号	氏名	

〔**令和二年度　国語　作文問題**〕

あなたは、あなた自身がチームやグループで活動するときに、どのようなことを大切にしたいと考えるか。次の資料を参考にしながら、そう考える理由を含めて、後の**注意**に従って述べなさい。

資料

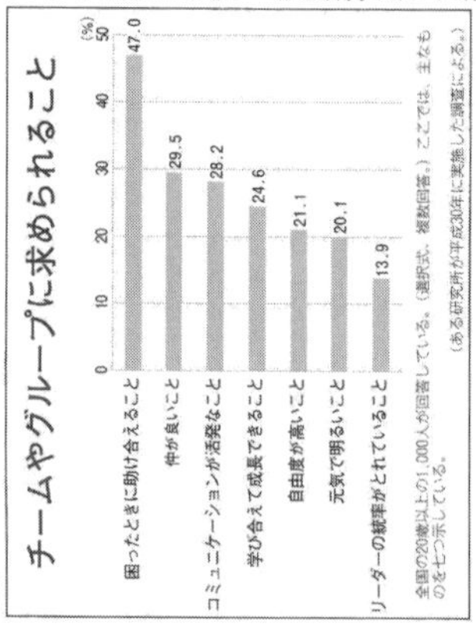

全国の20歳以上の1,000人が回答している。（選択式、複数回答。）ここでは、主なものを七つ示している。

（ある研究所が平成30年に実施した調査による。）

〈**注意**〉

1　上の資料を見て気づいたことを交えて書くこと。
2　あなたが体験したことや見聞したことを交えて書いてもよい。
3　段落は、内容に応じて設けること。
4　文章の長さは、三百字以上、四百字以内とする。
5　資料の中の数値を使う場合は、次の例に示したどちらの書き方でもよいこととする。

例　二〇・一%　または　二十・一%

四七・〇%　または　四十七%

なお、「%」は、「パーセント」と書いてもよい。

6　氏名は右の氏名欄に書き、**文題は書かないこと**。

得点

100字

200字

300字

400字

※実物の大きさ：173% 拡大（B4 用紙）

※個別の配点は非公表。

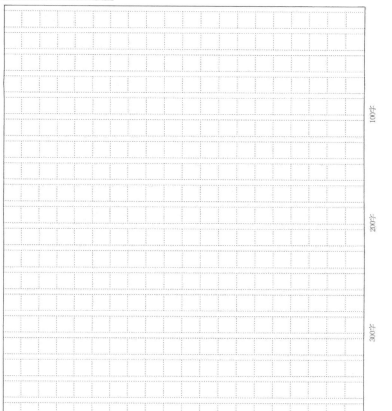